머신러닝을 활용한 R 데이터 분석

머신러닝을 활용한
R 데이터 분석

초판 인쇄 2020년 3월 10일
초판 발행 2020년 3월 17일

지은이 | 장용식, 최진호
펴낸이 | 김승기
펴낸곳 | ㈜생능출판사 / **주소** 경기도 파주시 광인사길 143
출판사 | 등록일 2005년 1월 21일 / **신고번호** 제406-2005-000002호
대표전화 | (031) 955-0761 / **팩스** (031) 955-0768
홈페이지 | www.booksr.co.kr

책임편집 | 김민보 / **편집** 신성민, 유제훈, 명하나, 권소정 / **디자인** 유준범
마케팅 | 최복락, 김민수, 심수경, 차종필, 백수정, 최태웅, 김범용, 김민정
인쇄 제본 | 상지사P&B

ISBN 978-89-7050-396-7 93000
값 28,000원

- 이 책의 국립중앙도서관 출판예정도서목록(CIP)은 서지정보유통지원시스템 홈페이지(http://seoji.nl.go.kr)와 국가자료공동목록시스템(http://www.nl.go.kr/kolisnet)에서 이용하실 수 있습니다.(CIP제어번호: CIP2020007520)

COMPUTATIONAL
THINKING

머신러닝을 활용한

R 데이터 분석

장용식 · 최진호 지음

생능출판

머리말

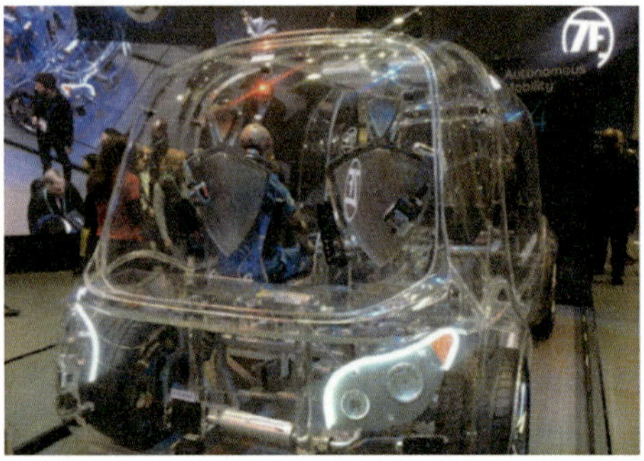

우리는 현재 인공지능시스템이 하루가 다르게 발전하는 시대에 살고 있다. 전 세계 주요 기술 전시회에서는 각 분야의 기업들이 앞다퉈 신기술과 신상품들을 선보이고 있으며, 이제 산업은 물론, 사회 및 생활 전반으로 인공지능 기술이 확산되고 있다. 인공지능 기술은 자율 주행 차, 암 진단, 얼굴 인식, 통역과 번역, 범죄 예방, 사이버 보안 등 다양한 분야에서 활용되고 있다.

인공지능이 가능하도록 만드는 기반기술에는 어떤 것들이 있을까? 머신러닝(기계학습)은 기반기술 중의 하나로서, 대용량의 데이터를 학습하여 사람보다 월등한 성능을 보이고 있다. 최근, 이미지 인식에서 딥러닝 기반 머신러닝은 인간의 인식률을 넘어서고 있다.

데이터로 학습한다는 것은 어떤 의미일까? 전통적인 수리적 기법은 데이터를 입력하면 수학적 함수로 계산하고 문제의 해를 출력한다. 이는 복잡한 문제의 경우, 수학적 표현의 한계로 인해 해를 찾는 데 어려움이 있다. 반면 머신러닝은 문제의 해를 구하는 절차를 기술하는 알고리즘과 수학적 모형을 기반으로, 다량의 입력 데이터 세트에서 특정 패턴이나 서로 간의 연관성을 발견하거나, 새로운 입력에 대한 추론 결과를 제공한다.

이 책은 머신러닝의 원리를 이해하고 활용하는 방법을 익히는 입문서이다. 본 교재를 통해 머신러닝의 핵심 기법들을 이해하고 기초적인 능력을 함양하는데 있어 미력하나마 도움이 되었으면 한다.

이 책이 나오기까지 조언과 많은 아이디어를 주신 생능출판사의 김민수 이사님과 좋은 책을 만들고자 동분서주해 주신 편집부의 김민보 차장님께 깊이 감사드린다.

2020년 2월 15일
저자 일동

학습 내용과 절차

학습 내용은 3부로 구성되어 있다. 1부에서는 데이터 분석에 대한 개요와 데이터 분석의 주요 도구인 R의 사용법을 학습한다. R을 처음 접하는 학습자는 R 환경 구축과 핵심 문법을 자세히 살펴볼 것을 권장한다. 2부에서는 수리적 모형을, 3부에서는 머신러닝을 학습한다. 각 부의 주제들은 학문 및 산업분야에서 활용하고 있는 대표적인 모형들로 구성하였다.

2부의 수리적 모형으로 학습할 기법들은 RFM 분석, AHP 분석, 선형계획법, 감성분석이다. RFM 분석은 고객들의 최근 구매일, 구매빈도, 구매금액을 기준으로 매출의 기여를 점수화하는 방법이다. AHP 분석은 평가목표와 평가기준, 그리고 대안들 간 쌍대비교를 통해 우선순위를 계산하여 대안을 선정하는 방법이다. 선형계획법은 목적함수와 제약식으로 구성되는 수리적 모형으로 최적해를 구하는 방법이다. 한편, 감성분석은 영화 또는 상품리뷰와 같은 문장에서

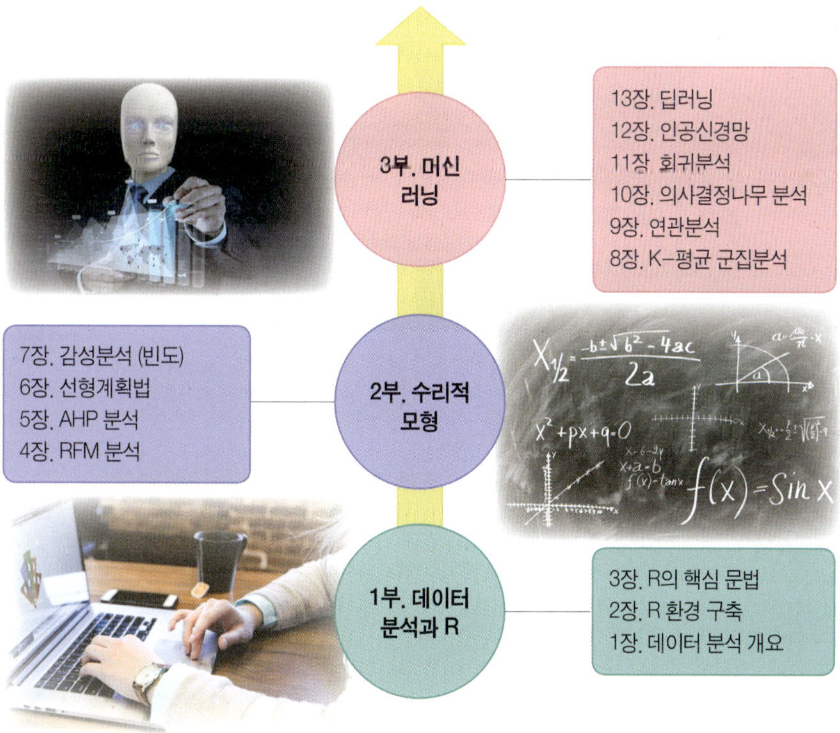

긍정 및 부정 의견의 주관성을 평가하는 방법이다. 최근 딥러닝의 머신러닝으로 발전하고 있지만, 기초적인 개념을 살펴보기 위해 간단히 문장 내의 긍정과 부정 단어의 빈도로 주관성을 평가해 본다.

3부의 머신러닝에서 살펴 볼 주요 기법들은 K-평균 군집분석, 연관분석, 의사결정나무, 인공신경망, 딥러닝이다. K-평균 군집분석은 데이터들을 서로 간의 거리에 따라 K개의 군집으로 분류하는 방법이다. 연관분석은 개체 간 연관성을 바탕으로 연관규칙을 발견하는 방법이다. 의사결정나무는 입력변수들에서 목표변수에 이르기까지 데이터들을 단계적으로 분류하는 방법이다. 인공신경망은 생물학적 신경망을 컴퓨터에 응용하여 입력 데이터로부터 출력 값을 추론하는 방법이며, 딥러닝은 입력과 출력 사이에 다수 뉴런 층이 있는 심층 인공신경망에 기반한 학습을

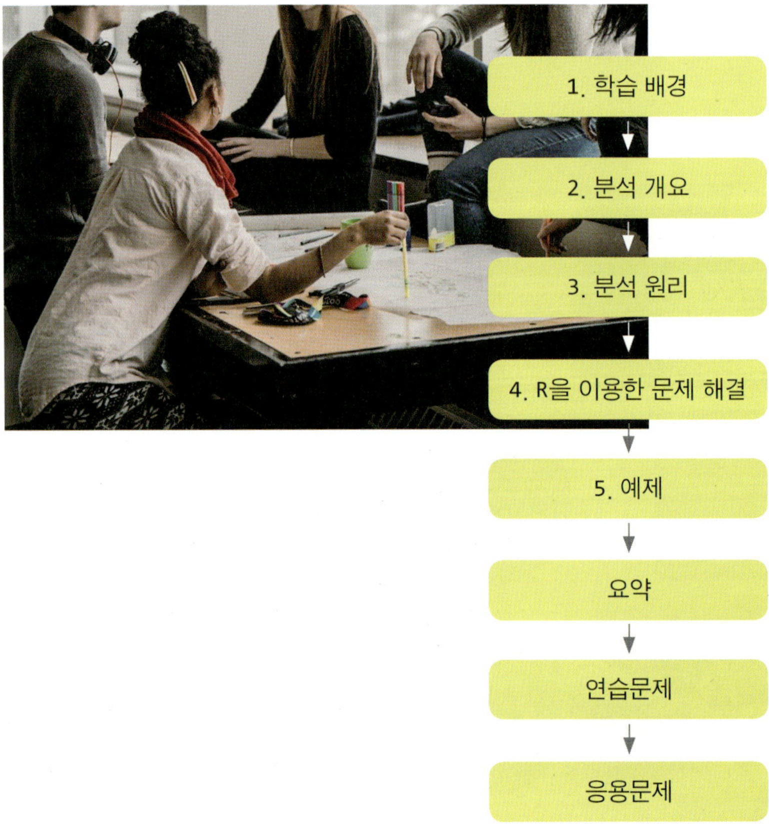

통해 성능을 개선하는 방법을 말한다.

이 책은 기본적으로 학습자들이 개인 또는 그룹으로 공부하면서 스스로 내용을 이해하고 실습할 수 있도록 구성하였다. 특히, 2부의 수리적 모형과 3부의 머신러닝에서의 각 장별 학습 절차는 '배경 → 분석 개요 → 분석 원리 → R을 이용한 문제 해결 → 예제 → 요약 → 연습 문제 → 응용문제' 순으로 구성하였다.

1절의 배경은 문제에 접근하는 동기와 원리를 이해하고 문제를 해결하는 방법론에 대한 의문을 제기한다. 2절의 분석 개요는 기법에 대한 개요와 활용, 역사, 데이터 예시를 통한 문제를 설명한다. 3절의 분석 원리는 문제를 푸는 단계별로 기법의 원리를 설명하고, 계산과 함께 해를 구하는 과정을 설명한다. 4절의 R을 이용한 문제 해결은 3절의 분석 원리에 따라 R로 해를 구하는 방법을 설명한다. 5절의 예제에서는 실제 활용할 수 있는 데이터 세트로 활용 능력을 키울 수 있도록 하였다. 한편, 요약 부분에서는 핵심 내용을 개략적으로 기술하면서 각 주제를 정리할 수 있도록 하였다. 연습문제는 각 기법의 원리와 R 활용법에 대한 기초적인 문제들로 학습자의 이해 수준을 파악할 수 있도록 하였다. 마지막으로 응용문제는 다양한 데이터 세트로 각 기법을 응용할 수 있는 능력을 키울 수 있도록 구성하였다.

PART

1

데이터 분석과 R

1장 산업 트렌드와 데이터 분석 개요 / 2장 R 개발환경 구축과 시작 / 3장 R 데이터 구조와 핵심 문법

1 산업 트렌드와 데이터 분석 개요

학습목표

산업 트렌드 변화에 따른 데이터 분석 환경 이해

학습내용

산업 트렌드 이해
데이터 분석 활용과 분석 기법 개요 이해

1.1 배경

세계는 정치, 경제, 사회문화, 예술과 과학 모든 분야에서 급변하고 있다. 특히, 최근의 제4차 산업혁명은 비즈니스와 학문은 물론 우리 생활에도 많은 영향을 주고 있다. 이 근간에는 거대한 데이터의 흐름이 있다. 우리는 이를 빅데이터라고 한다. 빅데이터는 우리 생활과 기업활동에 어떤 영향을 미치고 있을까? 왜 데이터 분석이 중요할까?

빅데이터는 분석을 통해 다양한 분야에 활용되고 있으며, 자율주행차, 인공지능과 로봇, 증강현실과 가상현실 등 다양한 기술이 빛을 발할 수 있도록 연료와 같은 역할을 한다. 1.2절에서는 산업 트렌드의 변화에 따른 빅데이터의 관심에 대해 알아보고, 1.3절에서는 데이터 활용의 예, 1.4절에서는 이 책에서 다룰 데이터 분석 기법들에 대해 살펴보자.

1.2 산업 트렌드의 변화와 빅데이터

사회는 수렵사회, 농경사회를 거쳐, 산업사회로 발전해 왔다. 1차 산업혁명은 1769년 영국에서 제임스 와트의 증기기관 발명에 따른 생산의 기계화로 시작되었다. 1855년에는 Bessemer가 Bessemer Converter(선철을 산업현장에서 유용한 강철로 대량생산하는 전로)를 발명하고 전기와 더불어 컨베이어 벨트 등의 대량생산 체계가 가능하게 되면서 2차 산업혁명이 일어났다. 3차 산업혁명은 1946년 전기적 수치 계산용 컴퓨터인 에니악(ENIAC)의 발명, 그 후 인터넷과 스마트폰의 등장에 따른 디지털 혁명으로 나타나게 되었고, 생산의 자동화와 함께 정보가 중심이 되는 정보화 사회로 발전하게 되었다. 이제 세계는 4차 산업혁명의 시대로 접어들었다. 세계 경제 지도자들이 매년 스위스 다보스에 모여 세계경제를 주제로 토론하는 비영리재단인 세계경제포럼(World Economic Forum)이 있다. 지난 2016년 1월의 핵심 주제인 『4차 산업혁명의 이해』에서, 그 포럼의 클라우스 슈밥 회장은 이전과는 확연히 다른 새로운 세상이 올 것으로 전망하였고, 우리는 그 변화를 실감하고 있다.

4차 산업혁명의 시대에서 산업과 우리 실생활에 활용되는 주요 기술에는 모바일, 사물인터넷(IoT: Internet of Things), 자율주행차(Self-Driving Car), 로봇(Robot), 증강현실(AR: Augmented Reality)과 가상현실(VR: Virtual Reality), 3D 프린팅(3D Printing), 드론(Drone), 클라우드(Cloud), 인공지능(AI: Artificial Intelligence), 빅데이터(Big Data) 등이 있다. 이런 기술들은 기업 환경은 물론, 우리 생활과 사회 전반에 큰 영향을 미치며 패러다임의 변화를 주도하고 있다. 이 중에서 빅데이터는 각 기술들은 서로 연관성을 가지고 융합적으로 발전하게 하며, 사람과 사람, 사물과 사물, 사람과 사물이 사이버 공간을 매개로 하는 초연결사회를 가능하게 한다. 즉, 빅데이터는 기술과 사회가 살아 숨쉬게 하는 연료와 같다. 이즈음에 빅데이터가 우리에게 어떤 가치를 주는지 살펴보는 것은 큰 의미가 있을 것이다. 나아가 빅데이터의 분석 능력을 키우는 것은 경쟁력 제고는 물론 사회를 바라보는 새로운 관점을 가지게 될 것이다.

1.3 인공지능 시대

최근에 인공지능과 소프트웨어가 비전문가들에게까지 널리 알려진 계기는 알파고와 이세돌 간의 바둑 격돌이었다. 알파고(AlphaGo)는 구글 딥마인드(Google DeepMind)가 빅데이터를 기반으로 하는 인공지능 기법을 이용해 만든 바둑 전문 컴퓨터 프로그램이다. 2016년 3월 서울에서 5회에 걸쳐 치러진 대국 중에서 4회째에 이세돌이 이기고, 나머지는 모두 알파고가 우승함으로써 인공지능은 세상의 이목을 끄는 계기가 되었다. 이후 알파고는 알파고 마스터, 알파고 제로로 계속 진화하면서 인간의 기보에 의존하는 지도학습 없이 바둑 규칙만으로 스스로 학습하며 기력을 향상시켰다.

빅데이터 분석은 여러 분야에서 유용하게 활용되고 있다. 한 예로 범죄 발생률 분석과 범죄 예방을 들 수 있다. 즉, 과거의 범죄 데이터들을 분석하고 패턴을 파악하여 범죄발생 위험이 높은 장소와 시간을 예측하고 경찰관을 우선적으로 배치함으로써 범죄를 사전에 예

알파고와 이세돌의 대국

범죄 발생분포

무인 자율주행 배송 로봇

AI 기술로 만든 가상인물

방할 수 있다. 또 다른 예로서 자율주행차는 머지 않아 교통환경과 사회문화 생활 전반에 큰 변화를 초래할 것으로 예상된다. 자율주행차는 말 그대로 운전자가 직접 운전하지 않고 차량이 스스로 판단하고 운행하는 것을 의미한다. 정해진 철길로만 주행하는 철도와 방해물 침입 등의 돌발상황이 상대적으로 낮은 항공기와 선박과는 다르게, 자동차 분야는 주변 환경요소를 많이 고려해야 하는 어려움이 있다. 지난 2010년 구글이 처음으로 무인자동차를 선보인 이후, 전세계 자동차 회사들이 자율주행 기술개발에 열을 올리고 있다. 로봇과 자율주행차의 경계도 무너지고 있다. 2019년 1월에 아마존은 무인 자율주행 배송 로봇인 '스카우트(Scout)'를 시애틀에서 선보이며, 물류 창고에서 고객 배송지까지 이동하고 돌아오는 시범 서비스를 시작하였다. 한편, 하늘에서는 드론이 배송하는 물류 서비스로 발전하게 될 것이다. 이제, 사진 한 장으로 실제와 가상인물을 가려내기 힘들 정도의 영상을 만드는 시대가 되었다. 인공 지능을 기반으로 특정 인물 이미지에 다른 사람의 얼굴과 음성 등을 합성하는 인간 이미지 합성 기술인 딥페이크(deepfake)는 실제와 가상인물을 가려내기 힘든 정도로 발전하고 있다. 2017년 세계적 컴퓨터 그래픽스 학회인 SINGGRAPH에서 발표한 오바마 영상은 실제와 가상 인물을 구분하기가 쉽지 않다. 딥페이크는 특히 영화와 광고 같은 인물이 중심이 되는 영상 산업에 활용 가능성이 크지만, 범죄에 악용될 위험도 대비해야 할 것이다. 구글, 아마존, 마이크로소프트, 페이스북, IBM 등 여러 기업들이 참여하는 인공지능 파트너십(Partnership on AI)에서 개최하는 페이크 감지 챌린지(DFDC, Deepfake Detection Challenge)은 그 준비를 위한 예이기도 한다.

데이터를 기반으로 하는 기술과 비즈니스의 발전은 우리에게 편리함을 주지만, 부메랑이 되어 나타날 부작용도 대비해야 할 것이다.

1.4 데이터 분석 기법

데이터 분석은 단순한 데이터 요약 분석, 수리적 모형을 이용하는 분석, 머신러닝(기계학습)을 이용하는 분석으로 구분할 수 있다. 머신러닝은 기본적으로 수리적 모형에 바탕을 두고 있기 때문에 전통적으로 사용해 오던 수리적 모형의 활용 방법을 잘 이해할 필요가 있다. 따라서, 본 책에서는 1부에서 먼저 데이터 분석 개요와 R 환경 구축을 살펴보고, 2부에서 수리적 모형의 원리와 활용, 3부에서 머신러닝 모형의 원리와 활용을 살펴보기로 한다.

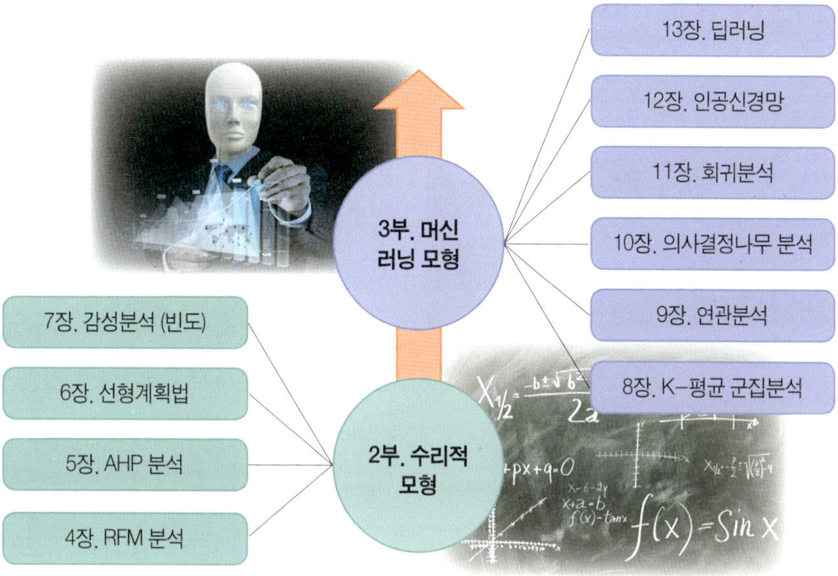

수리적 모형은 시스템의 행위를 묘사하거나 예측하기 위해 수학적인 언어를 사용하는 추상적인 모형을 의미한다. 2부에서 살펴볼 수학적 모형은 RFM 모형, AHP 모형(Analytic Hierarchy Process Model), 선형계획법(Linear Programming), 긍정과 부정 단어의 빈도를 이용한 감성분석(Opinion Mining)이다. RFM 모형은 최근 구매일(Recency), 구매 빈도(Frequency), 구매 금액(Monetary) 평가항목으로 가중합으로 고객들을 점수화하는 방법이며, 평가항목을 변형하여 여러 분야에서 응용하고 있다. AHP 모형은 목표달성을 위해 여러 평가기준을 계층적으로 분류하고, 평가기준 간 그리고 대안 간에 두 개씩 비교하여 최종적으로 대안들의 우선순위를 계산하는 방법이다. 선형계획법은 주어진 선형함수 관계의 제약조건을 만족하면서 최소화(비용 등) 또는 최대화(이익 등)를 위해 의사결정 변수의 최적 값을 정하는 방법이다. 긍정/부정 단어

사전을 기반으로 하는 감성분석은 텍스트에서 긍정/부정 키워드에 해당하는 단어들을 추출하고 그 빈도로 텍스트의 긍정/부정 여부를 평가한다. 최근 감성분석은 자연어처리 기반 머신러닝 분야로 발전하고 있다.

인공지능 모형은 사람이나 동물과 같은 자연적인 지능이 아니라 기계에 의해 학습되는 지능을 활용하는 방법으로, 전문가시스템(Expert System), 퍼지시스템(Fuzzy System), 유전알고리즘(Genetic Algorithm), 머신러닝(Machine Learning) 분야 등의 다양한 기법들을 포함한다. 전문가시스템은 전문가의 의사결정 능력을 모방한 컴퓨터 시스템이다. 전문가의 지식을 IT-THEN 같은 규칙으로 표현하여 결론을 도출하는 방법은 그 예이다. 퍼지시스템은, 일반적으로 0(False)과 1(True)로 명확히 구분되는 디지털 로직과 달리, 0과 1 사이의 연속적인 입력 값을 규칙에 적용하여 분석하는 제어시스템이다. 유전알고리즘은 돌연변이, 교차 및 선택의 생물학적 진화과정을 모방하여 알고리즘으로 구현하는 방법이다. 인공지능 분야의 최근 주요 관심사인 머신러닝은 작업을 수행하기 위해 명시적 프로그램 없이 학습 데이터로 학습하여 성능을 향상시키는 방법이다. 머신러닝 방법에는 지도학습(Supervised Learning), 반지도학습(Semi-supervised Learning), 비지도학습(Unsupervised Learning), 강화학습(Reinforcement Learning) 방법이 있다. 지도학습은 입력 데이터와 입력에 따라 정해지는 출력 데이터 집합으로 수학적 모형을 만든다. 비지도학습은 입력 데이터만으로 학습하는 방법이다. 반지도학습은 출력 데이터의 일부가 누락된 경우에 해당한다. 강화학습은 어떤 환경을 탐색하는 에이전트가 현재의 상태에서 선택 가능한 행동들 중에 보상을 최대화하는 행동 또는 순서를 선택하도록 학습하는 방법이다. 이는 로봇 제어, 스케쥴링, 게임 등에 다양하게 응용된다. 3부에서는 머신러닝 모형을 다루며, 여러 개체들을 K개의 군집으로 분류하는 K-평균 군집화와 장바구니 데이터의 각 거래에서 나타나는 상품들로부터 상품 간 연관규칙을 발견하는 연관분석을 다룬다. 이들은 모두 비지도학습에 속한다. 한편, 의사결정나무 분석은 지도학습에 해당하는데, 입력변수에 따른 목표변수의 데이터 그룹을 의사결정나무 모형으로 분류하는 방법을 살펴본다. 본 책에서는 인공신경망의 원리를 이해하기 위해 머신러닝 방법으로 회귀선을 구하고 입력 값에 따른 예측치를 추정하는 회귀분석 방법을 살펴보기로 한다. 마지막으로 인공신경망과 딥러닝의 개념을 살펴보고, 지도학습에 의한 다중분류 문제의 이미지 인식, 회귀문제의 예측에 활용하는 방법을 살펴본다.

CHAPTER　머신러닝을 활용한 R 데이터 분석

2 R 개발환경 구축과 시작

학습목표

R 개발 환경의 이해와 시작하기

학습내용

R과 개발환경 이해
RStudio의 개발환경 이해
R 패키지의 이해

2.1 배경

사회의 역동성과 글로벌화, 그리고 기업 경쟁의 심화에 따라 다루어야 할 데이터의 양이 점점 커지고 있다. 이와 함께, 해결해야 할 문제의 규모도 더 커지고 복잡성도 증가하고 있다. 한편으로는 데이터 분석 방법론과 컴퓨팅 기술의 발달이 사회발전에 큰 영향을 주고 있는데, 데이터 분석 도구의 판도도 크게 바뀌고 있는 추세이다. R이 그 예이다. R은 데이터 분석 도구로서 어떤 의미가 있을까? R을 이용하려면 개발 환경은 어떻게 구축해야 할까?

R은 통계(데이터 분석)도구이지만 일반 범용 프로그래밍 언어와 비교해도 인기가 높은 편이며, 인문사회, 공학, 자연과학 각 분야에서 다양하게 활용되고 있다. 또한, SAS, MATLAB, SPSS와 같은 전문적인 통계 도구들과 비교해도 취업 시장에서 수요가 높은 편이다. 2.2절에서 데이터 분석도구로서의 R에 대해 살펴보자. 2.3절에서 R 개발환경, 2.4절에서는 R을 설치하고 시작하는 과정, 2.5절에서는 통합개발환경인 RStudio를 설치하고 시작하는 방법을 살펴본다. 2.6절에서는 R의 패키지와 라이브러리에 대해 공부해보자.

2.2 데이터 분석도구: R

데이터 분석 도구는 그 동안 여러 분야에서 통계처리를 목적으로, SAS, MatLab, SPSS 등이 많이 사용되어 왔다. 최근에 R은 데이터 분석을 주로 하는 프로그래밍 언어임에도 불구하고 다른 일반 범용 프로그래밍 언어와 비교해도 인기가 높다. R의 연도별 순위 변화를 보면 그 인기와 유용성을 알 수 있다. 특히, 프로그래밍 언어의 순위(검색 엔진에서의 프로그래밍 언어 조회 수 기준 상대적 비율)를 나타내는 TIOBE 지표를 보면 R의 인기를 알 수 있다. R은 다른 통계 패키지들과 비교해도 활용도가 높으며, 범용적으로 인기 있는 여러 언어들과 함께 앞으로도 꾸준히 높은 순위를 기록할 것으로 기대된다.

프로그래밍 언어의 인기도 순위

2018년 12월	2017년 12월	프로그래밍 언어	인기 비율	전년 대비 비율의 변화
1	1	Java	15.932%	+2.66%
2	2	C	14.282%	+4.12%
3	4	Python	8.376%	+4.60%
4	3	C++	7.562%	+2.84%
13	10	MATLAB	1.283%	-0.29%
16	8	R	1.111%	-0.80%
22		SAS	0.746%	

소스: TIOBE, www.tiobe.com

R은 1961년 미국 벨 연구소의 존 챔버스(John Chambers)와 그의 동료들이 개발한 S 언어를 기반으로, 1996년도에 뉴질랜드 오클랜드 대학교의 로스 이하키(Ross Ihaka)와 로버트 젠틀맨(Robert Gentlemen)이 개발하였다. 개발자들의 이름 맨 앞 알파벳을 따 R로 명명했다. S라는 이름은 Statistics의 첫 자를 의미한다.

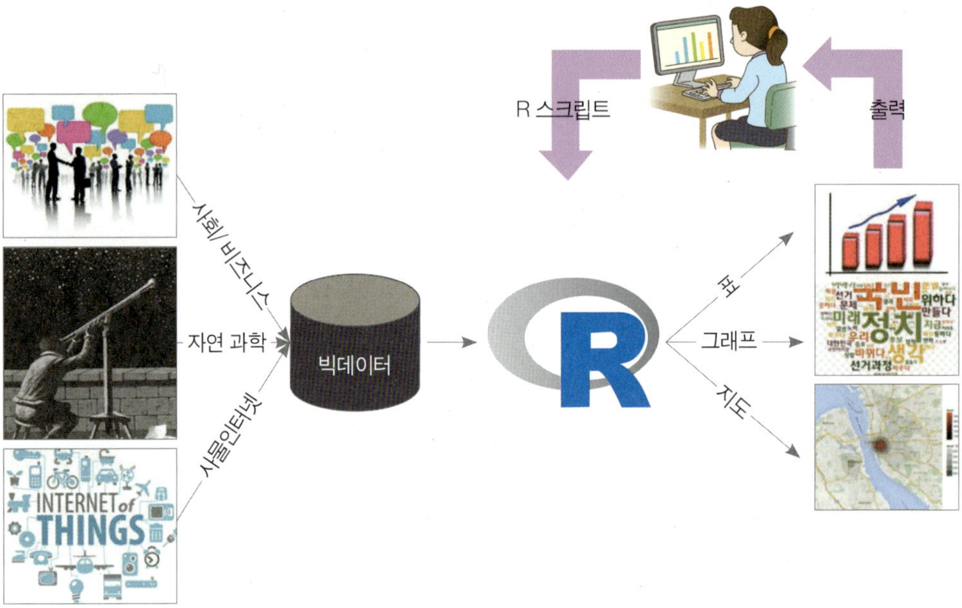

R은 강력한 통계 처리와 그래픽 기능을 가지고 있다. 또한 R을 기반으로 하는 RStudio 통합개발환경은 편집과 개발을 용이하게 한다. R은 벡터, 배열, 리스트, 데이터 프레임의 다양하고 다루기 쉬운 데이터 구조가 있으며, 자바 등 다른 언어 내에 포함되어 사용되는 임베디드 기능이 있다. 또한, R은 통계처리 및 다양한 데이터 분석 기법들을 구현한 8,000여 개에 이르는 패키지를 가지고 있으며, 여러 실습용 데이터 세트를 제공하고 있어 교육훈련에 편리하다. 한편, 기존 패키지들을 이용하여 또 다른 기능으로 쉽게 확장하기도 쉽고, 인터넷을 통해 다른 웹시스템에 접근하여 간단히 자료를 수집하기도 쉽다. 또한 무료로 사용 가능하다는 것도 무엇보다 중요한 장점 중의 하나이다.

2.3 R 개발환경

R은 컴퓨터 운영체계에 맞는 여러 버전들이 있다. 전세계에 분포되어 있는 R 관련 자원을 관리하는 서버인 CRAN(The Comprehensive R Archive Network, https://cran.r-project.org/)에서 Base System을 다운로드 받아 간단히 설치하면 된다. 사용자는 Base System에 내장된 패키지들의 다양한 기능들을 이용하여 데이터를 분석하거나 유용한 형태로 출력할 수 있다. 확장된 기능을 이용하려면 추가적으로 기타 패키지를 설치하면 된다. RStudio는 통합개발환경(IDE: Integrated Development Environment)으로 편집 및 출력에 관한 유용한 기능을 제공하기 때문에 R의 개발환경을 더 편리하게 해준다. 초보자는 기본적인 개발환경을 제공하는 R로 시작해도 좋지만, RStudio를 사용하면 더 많은 기능을 활용할 수 있다.

구분	설명
R(❶)	통계와 그래픽 처리를 위한 무료 오픈 소프트웨어
RStudio(❷)	R을 위한 통합개발환경 (무료와 유료 버전이 있음) ☞ R이 설치된 상태에서 사용 가능

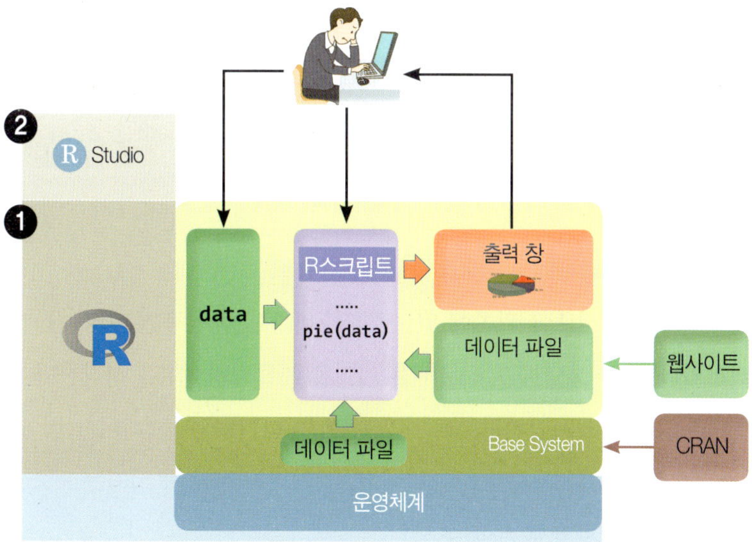

2.4 R 설치와 시작

(1) R의 설치

R은 R 홈페이지(www.r-project.org)에서 최신 버전을 다운로드 받아 설치하면 된다.

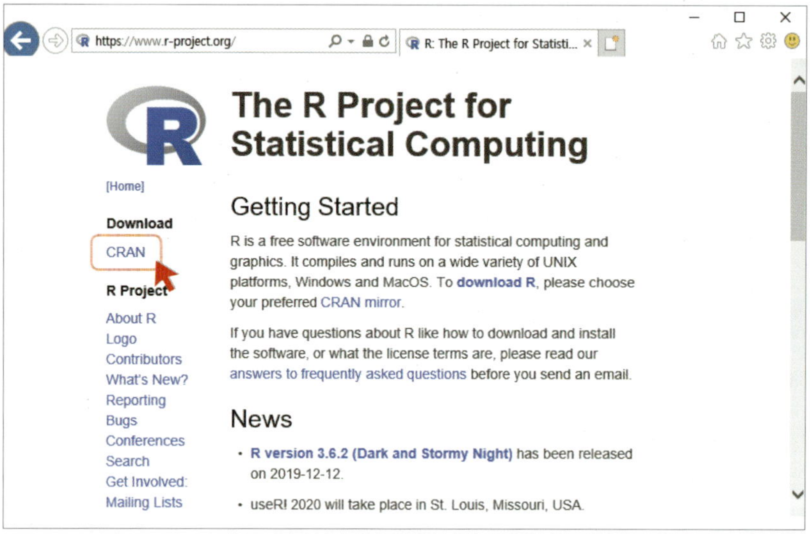

R 설치

설치 과정은 부록 1을 참고하기 바란다. 이 책에서는 윈도우 운영체계를 중심으로 설치하는 과정을 설명한다.

(2) R의 시작

PC 아래 쪽의 작업표시줄에 왼쪽에 있는 '시작' 버튼을 클릭하면 나타나는 '시작메뉴'에서 R을 선택하거나, 바탕 화면에 'R x64 버전' 아이콘을 클릭하여 R을 시작한다.

초기 화면은 R 명령어를 입력하고 실행 결과가 나타나는 콘솔(제어판)이 있다. 그래프가 출력되는 경우에는 별도의 창으로 출력되고, 여러 명령어로 구성되는 R 스크립트를 작성하는 스크립트 창도 별도로 추가할 수 있다.

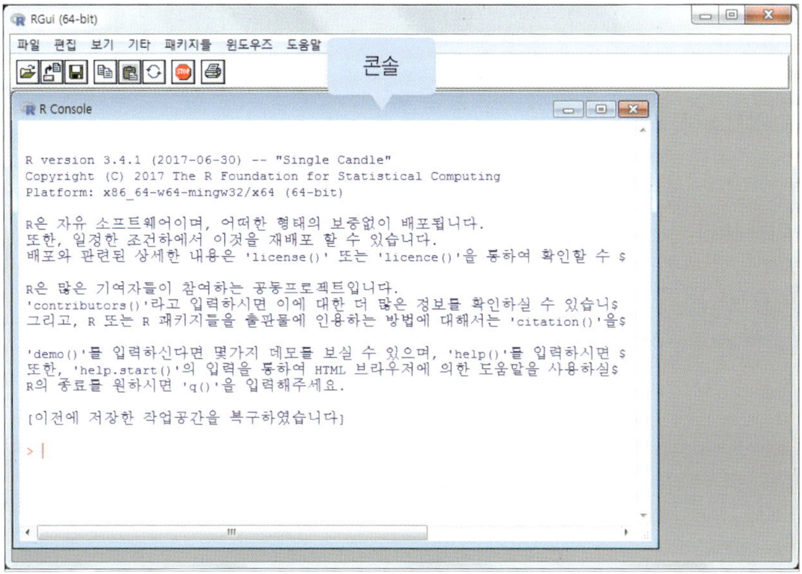

(3) R의 실행

R의 실행을 예시하기 위해 간단한 데이터를 사용해 보자. 다음은 세계적으로 잘 알려진 뮤지컬인 “오페라의 유령”에 등장하는 주요 인물에 대한 데이터이다. 각 인물에 제시된 두 숫자들은 차례대로 영어와 철학 성적이라고 하자. 인물들의 영어 성적 평균을 출력하는 방법은 다음과 같다.

R의 편집은 콘솔을 이용하는 방법(❶)과 스크립트를 이용하는 방법(❷)이 있다. 콘솔에서는 명령어 작성과 실행이 가능하며, 스크립트 창은 명령어를 편집, 저장 또는 외부에 저장된 스크립트를 불러올 수 있다.

❶ 콘솔 이용 방법

먼저, 콘솔을 이용하는 방법을 살펴보자. 콘솔에 3명의 영어 성적을 c() 함수를 사용하여 벡터로 만들어 x 변수에 저장하고, mean() 함수로 평균값을 계산하면 된다.

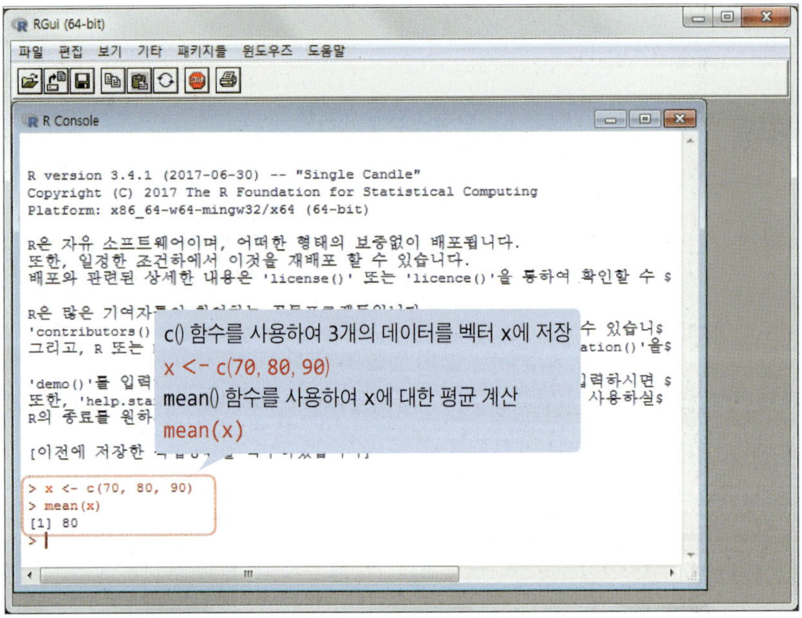

❷ 스크립트를 이용하는 방법

스크립트 창을 열고, 한 개 이상의 명령어를 작성해서 실행할 영역을 마우스로 블록을 지정하거나, 실행할 행에 커서를 두고 'Ctrl+R' 키를 입력하면 콘솔에 해당 부분의 실행 결과가 나타난다.

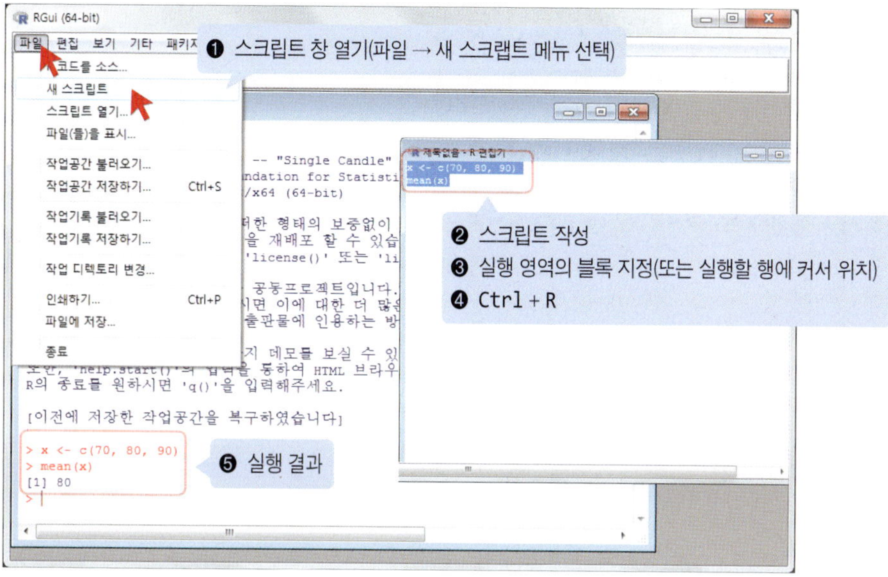

❸ 스크립트의 저장과 열기

작성한 스크립트를 저장하면 다음에 불러오기를 통해 재사용이 가능하다. 저장할 스크립트 창을 선택한 다음에 "파일 → 다른 이름으로 저장" 메뉴를 선택해서 임의의 폴더로 이동해서 저장하면 된다. 스크립트 파일명만 기입하면 확장자는 '.R'로 자동 저장된다.

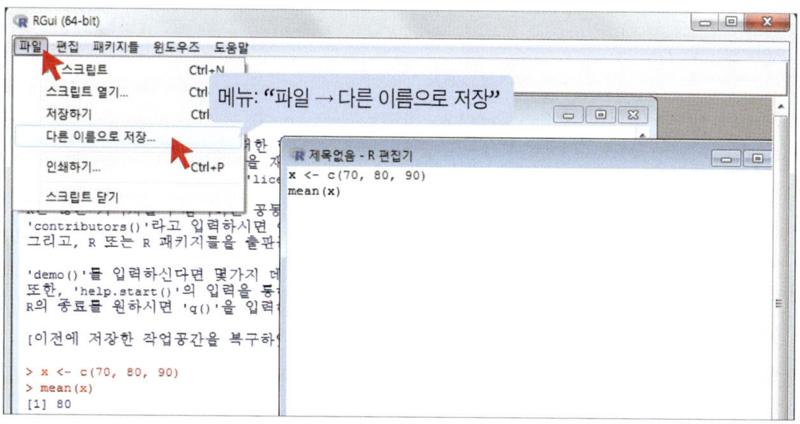

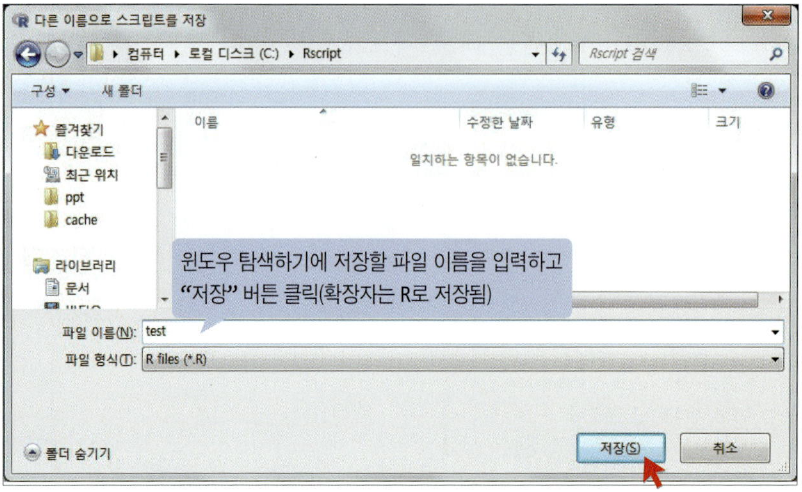

저장된 스크립트 파일을 재사용하려면, "파일 → 스크립트 열기" 메뉴를 선택하여 화면에 나타나는 윈도우 탐색기를 통해 임의 폴더로 이동해서 파일을 선택하면 된다.

(4) R의 종료

R을 종료하는 방법은 다음과 같이 여러 가지가 있다.

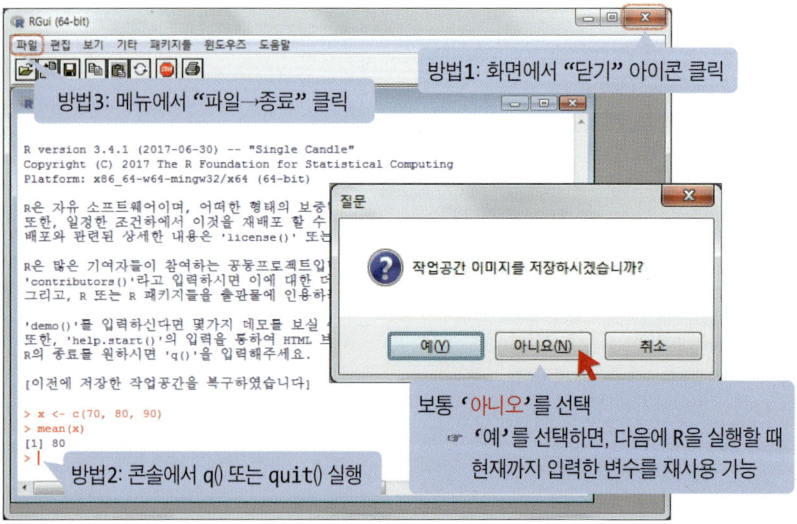

2.5 RStudio 설치와 시작

(1) RStudio의 설치

RStudio는 홈페이지(www.rstudio.www)에서 최신 버전을 다운로드 받아 설치하면 된다.

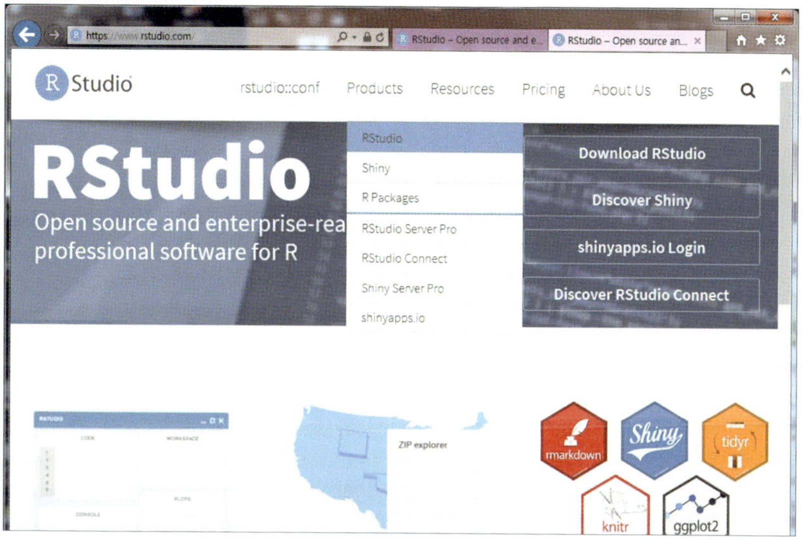

R 설치

설치 과정은 부록 2을 참고하기 바란다. 이 책에서는 윈도우 운영체계에서 설치하는 과정을 중심으로 설명한다.

(2) RStudio의 시작

컴퓨터 왼쪽 하단부의 작업표시줄에 있는 "시작" 버튼을 클릭하고 팝업 메뉴에서 "RStudio"를 클릭해서 RStudio를 실행한다.

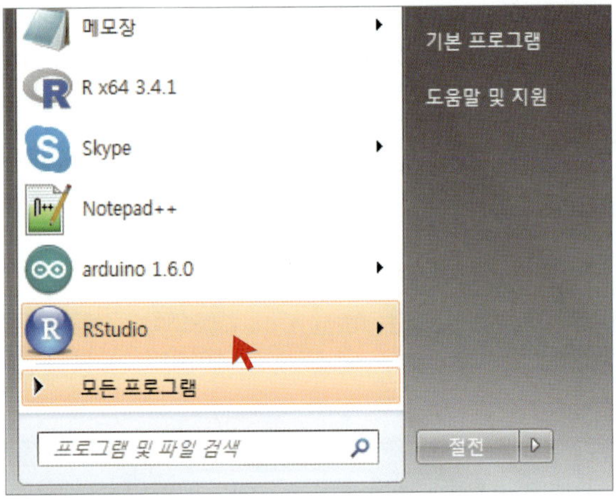

초기에는 콘솔(좌), 환경 등(우상단), 파일 등(우하단)에 관한 3개의 창이 나타난다.

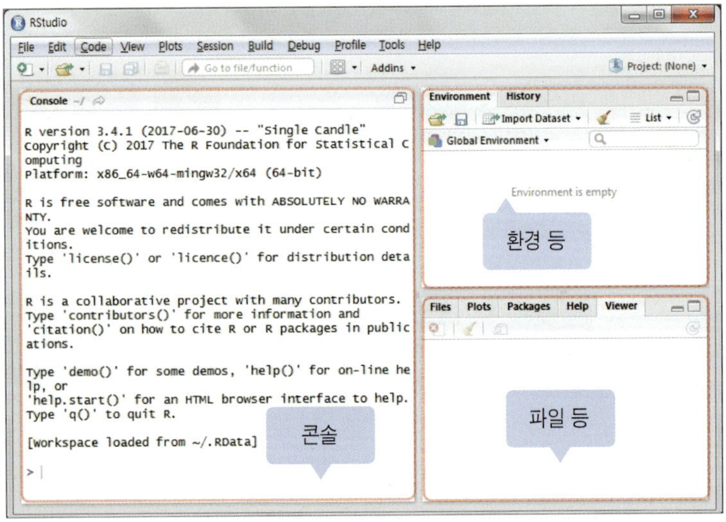

스크립트 편집 기능이 자주 사용되기 때문에, "File → New File → R script" 메뉴를 클릭하면 왼쪽 콘솔 창 위에 스크립트 창이 나타난다. 스크립트 창에 한 개 이상의 명령어를 작성해서, 실행할 영역을 마우스로 블록을 지정하거나 실행할 행에 커서를 두고 'Ctrl + Enter' 키를 입력하면 콘솔에 해당 부분의 실행결과가 나타난다.

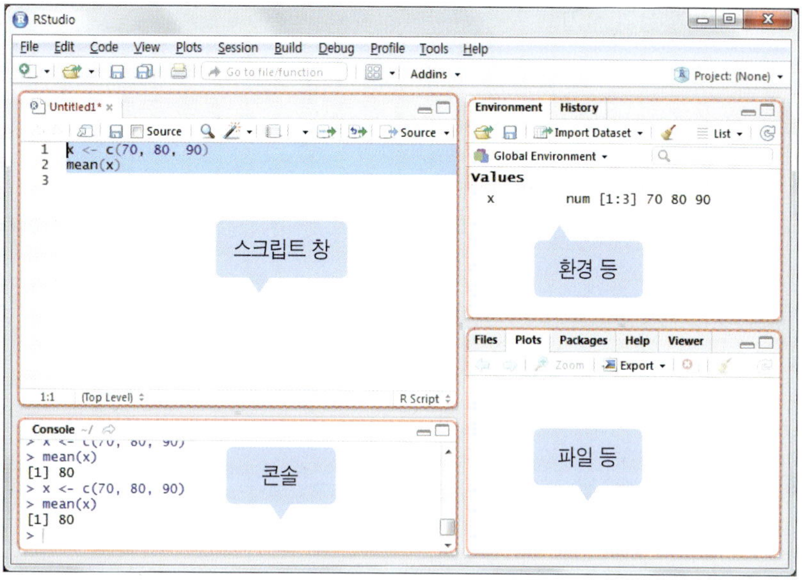

RStudio를 구성하는 각 창의 기능은 다음과 같다.

그룹	창(Pane)	기능
그룹1	Script	스크립트 작성 및 저장
그룹2	Console	R 명령어 입력 및 결과 출력
그룹3	Environment	Console에 입력한 변수와 값
	History	현재까지 실행한 명령어
그룹4	File	외부 파일 입출력
	Plots	R 실행결과(그래픽)
	Packages	패키지 목록과 설치
	Help	R 관련 정보
	Viewer	웹 문서의 출력 등

• 스크립트의 저장과 열기

작성한 스크립트를 저장하려면, "파일 → 다른 이름으로 저장" 메뉴를 선택해서 임의의 폴더로 이동해서 저장하면 된다. 다음은 'test2.R'로 저장하는 예이다.

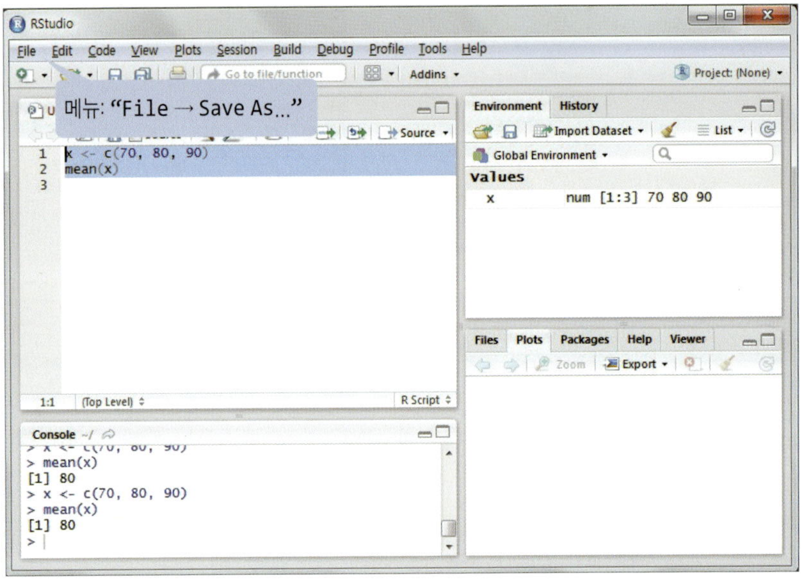

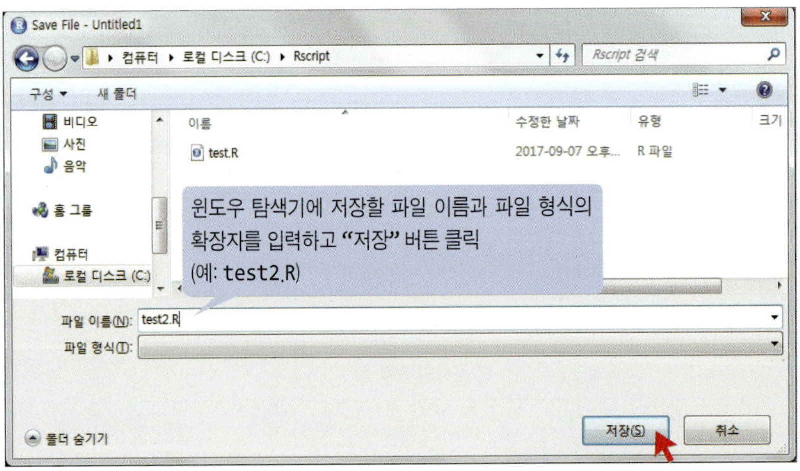

저장된 스크립트 파일을 재사용하려면, "파일 → 스크립트 열기" 메뉴를 선택하면 나타나는 윈도우 탐색기를 통해 임의 폴더로 이동해서 파일을 선택하면 된다.

(3) RStudio의 종료

RStudio를 종료하는 방법은 다음과 같이 여러 가지가 있다.

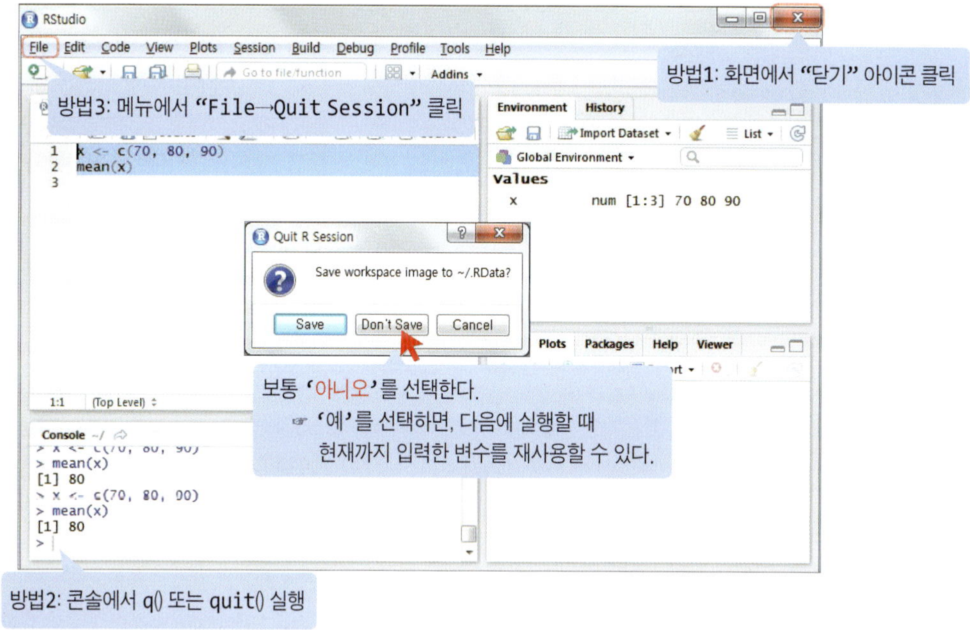

2.6 패키지와 라이브러리

패키지(package)는 R 함수들을 모아 놓은 컬렉션이며, 라이브러리(library)는 R 패키지가 저장되는 폴더를 의미한다. 패키지는 R 설치 시에 자동적으로 설치되는 기본 패키지(①)와 추천 패키지(②)가 있고, 추가 기능이 필요할 때 별도로 추가 설치하는 기타 패키지(③)가 있다. 기본 패키지는 R을 사용할 때 별도의 로딩 과정 없이 바로 사용할 수 있으며, 추천 패키지는 로딩 과정을 거쳐야 한다. 한편, 기타 패키지는 추가 설치하고 로딩 과정을 거쳐야 한다. 단, 한 번 설치한 후에는 다시 설치할 필요는 없다.

패키지 구분		설치	사용 방법
Base system	① 기본 패키지 (base packages)	별도 설치 불필요 (Base system에 포함)	R로 불러오기(로딩) 불필요
	② 추천 패키지 (recommended packages)		R로 불러오기(로딩) 필요 library(**패키지명**)
③ 기타 패키지 (other packages)		CRAN 사이트에서 추가 설치 install.packages("**패키지명**")	R로 불러오기(로딩) 필요 library(**패키지명**)

각 패키지의 예는 다음과 같다.

기본 패키지	추천 패키지	기타 패키지
base compiler datasets graphics grDevices grid methods parallel splines stats stats4 tcltk tools translations utils	KernSmooth MASS Matrix boot class cluster codetools foreign lattice mgcv nlme nnet rpart spatial survival	ggplot2 nnet .....

R 패키지의 설치 위치

• 기본 패키지와 추천 패키지

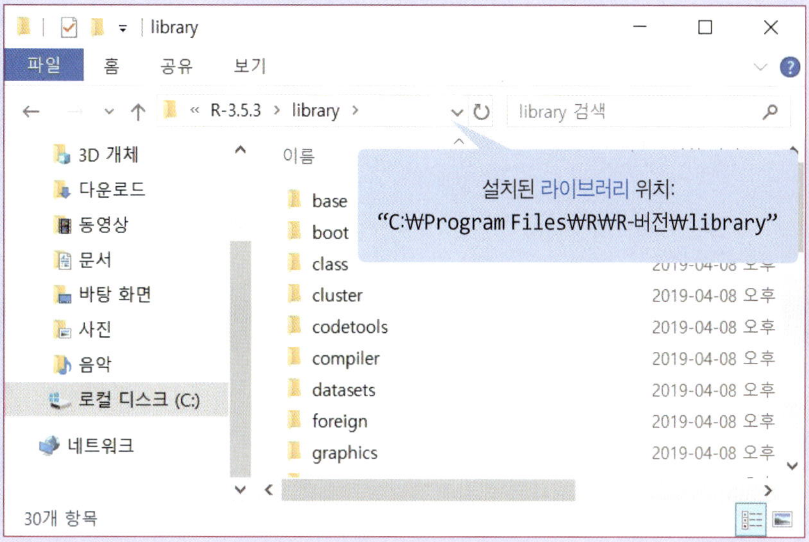

• 기타 패키지

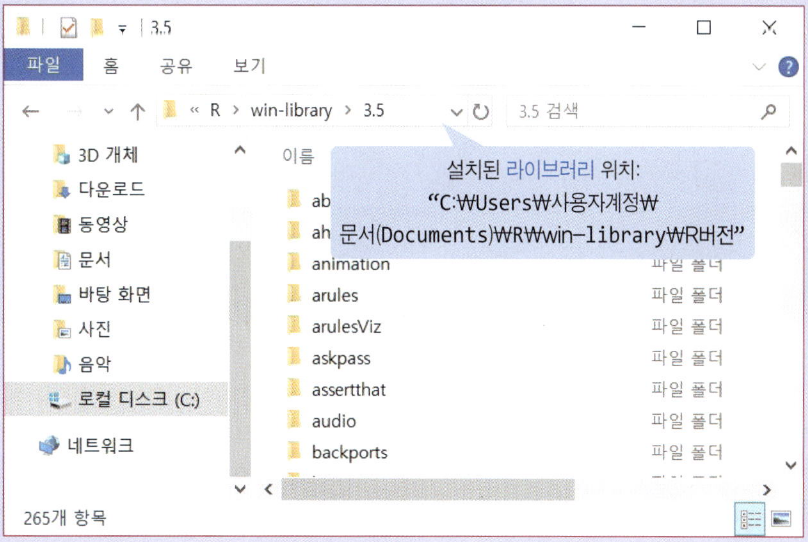

3 R 데이터 구조와 핵심 문법

학습목표

R의 핵심 문법 학습

학습내용

데이터 구조의 이해와 처리
데이터 세트
함수

3.1 배경

이제 R을 설치했는데, 어떻게 활용해야 할까? 데이터를 다루는 탁월한 기능이 있다는데 어느 정도로 편리할까? 또 문법은 쉬울까?

우리는 새로운 것에 대한 호기심도 있지만, 배우는 과정에서의 부담도 가지고 있다. 그러나, R은 다른 언어에 비해 쉬운 편이며, 하나씩 익히는 과정에서 더 흥미를 느낄 수 있다. 3.2절에서는 우선적으로 벡터, 배열과 행렬, 리스트, 데이터 프레임 등에 관한 전반적인 데이터 구조를 살펴본다. 3.3절에서는 할당, 산술, 비교, 논리 연산자, 3.4절에서는 데이터 유형, 3.5절에서는 데이터 세트, 3.6절에서는 알고리즘, 3.7절에서는 함수에 대한 핵심 문법을 단계적으로 학습해보자.

3.2 데이터 구조

R은 벡터(vector), 배열(array)과 행렬(matrix), 리스트(list), 데이터 프레임(data frame), 요인(factor) 등 다양한 데이터 구조(data structure)로 작동된다. 벡터는 가장 단순한 데이터 구조로 하나의 순서화된 동일한 데이터 유형(숫자 또는 문자 등)의 값들로 구성된다. 배열은 두 개 이상의 동일한 크기의 벡터로 구성되며 동일한 데이터 유형을 갖는다. 행과 열로 구성되는 2차원 배열을 행렬이라고 한다. 리스트는 벡터의 각 원소들이 이름을 가질 수 있으며, 각 원소들은 서로 다른 데이터 유형으로 구성될 수 있다. 또한, 각 원소는 하나 이상의 값으로 구성될 수 도 있다. 요인은 문자 벡터의 데이터가 분류하는 레벨(예: 남, 여)이 추가적으로 있는 데이터 구조이다. 벡터가 여러 그룹으로 분류 가능한 범주형 변수인 경우 레벨이 추가되어 요인으로 분류된다. 데이터 프레임은 여러 벡터들이 열 단위로 구성되며, 각 벡터들의 데이터 유형은 서로 다를 수 있다.

오페라의 유령(The Phantom of the Opera)에 등장하는 주요 인물들의 성명, 성별, 영어와 철학 성적을 각 데이터 구조로 표현한 예는 다음과 같다.

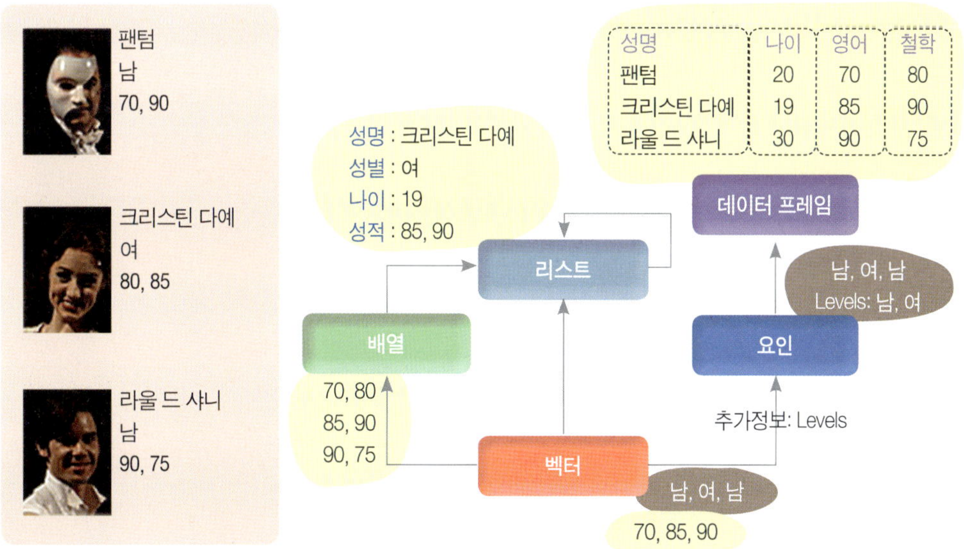

(1) 벡터(Vector)

벡터는 R에서 데이터를 표현하는 가장 기본적인 구조로서, 동일한 데이터 유형(숫자 또는 문자 등)의 단일 값들이 이어져 일차원적으로 연결된(concatenate) 것이다. 벡터로 만드는 방법은 여러가지가 있지만, 가장 기본적인 함수는 c()이다. 벡터를 다른 변수에 할당할 때에는 '<'(less than)와 '–'(minus)의 두 문자로 구성되는 할당 연산자인 '<–' 기호를 사용한다. 벡터는 다음과 같은 숫자 벡터(numeric vector)와 문자 벡터(character vector), 그리고 TRUE, FALSE의 진위 값으로 구성되는 논리 벡터(logical vector)가 있다. 각 벡터는 NA(not available)로 표현되는 결측치(missing value)를 가질 수 있다.

R 벡터

```
score <- c(70, 80, 90)
score
```

영어 성적

출력 결과

```
[1] 70 80 90
```

```
gender <- c("남", "여", "남")
gender
```

성별
☞ 문자 벡터의 경우, 큰 따옴표(") 또는 작은 따옴표(') 사용

출력 결과

```
[1] "남" "여" "남"
```

데이터 유형

데이터는 다양한 형태로 표현이 가능하다. 숫자, 문자, 진위형, 날짜, 복소수 등이 가능한데, 숫자는 정수 또는 실수 형태로 표현 가능하다.

데이터 유형	값	예
숫자형	정수, 실수	x <– 10 x <– 10.5
문자형	문자	x <– "홍길동"
진위형	TRUE, FALSE	x <– TRUE
복소수형	복소수	x <– 2 + 3i
날짜형	날짜 형식의 문자열 변형, as.Date() 함수 사용	as.Date("2000–01–01")

식별자

식별자는 변수 또는 함수를 다른 것과 구별하기 위해 사용하는 이름으로, 이름을 지을 때 다음 규칙을 따라야 한다. 식별자 이름은 알파벳, 숫자, '_', '.' 의 조합으로 사용 가능하며, 첫 글자는 알파벳이나 '.'으로 시작해야 하고 '.'으로 시작한다면 그 뒤에 숫자를 사용할 수 없다. 또한 R에서 사용하는 예약어(예: if, for, while, TRUE, NA 등)를 사용할 수 없다.

(2) 배열(Array)과 행렬(Matrix)

배열은 벡터가 1차원 또는 다차원적으로 구성되는 것이다. 1차원적인 배열은 벡터, 2차원적인 배열은 행렬이라고 하며, matrix() 함수를 사용한다.

행렬(2차원 배열)

```
score.mtx <- matrix(c(70, 90, 80, 85, 90, 75), nrow=3, byrow=TRUE)
score.mtx
```

2차원 배열
- 6개의 성적(3명의 영어와 철학)
- 3행(nrow =3)
- 데이터 배치는 행 기준(byrow = TRUE)

출력 결과

```
     [,1] [,2]
[1,]   70   90
[2,]   80   85
[3,]   90   75
```

팬텀의 영어와 철학 성적

```
score.mtx[1, 2]
```

1행 2열 원소: 팬텀의 철학 성적

출력 결과

```
[1] 90
```

```
score.mtx[1, ]
```

1행 원소: 팬텀의 영어와 철학 성적

출력 결과

```
[1] 70 90
```

배열

```
A <- array(1:12, dim=c(2, 3, 2))
A
```

1~12 사이의 정수를 2행 3열의 배열로 정렬하여 2층 높이로 쌓은 3차원 배열

출력 결과

```
     [,1] [,2] [,3]
[1,]    1    3    5
[2,]    2    4    6

, , 2

     [,1] [,2] [,3]
[1,]    7    9   11
[2,]    8   10   12
```

첫 번째 층의 2차원 배열

두 번째 층의 2차원 배열

(3) 리스트(List)

벡터와 배열은 동일한 데이터 유형들에 대해 표현 가능하지만, 리스트는 다양한 형태의 데이터 유형을 갖는 각 개체를 표현하는데 사용된다. 리스트는 벡터, 행렬을 구성 요소로 가질 수 있으며, list() 함수를 사용한다.

리스트

```
lst <- list(name="팬텀", gender="남", score=c(70, 90))
lst
```

각 원소는 항목명(name 등)으로 내용을 설명할 수 있으며, 한 항목(예: score)에 여러 개의 원소가 가능함

출력 결과

```
$`name`
[1] "팬텀"

$gender
[1] "남"

$score
[1] 70 90
```

리스트의 첫 번째 원소

```
lst$name
```

리스트의 첫 번째 원소 값 lst[[1]]과 같은 결과

출력 결과

```
[1] "팬텀"
```

리스트의 묶음

```
lst.A <- list(name="팬텀", gender="남", score=c(70, 90))
lst.B <- list(name="크리스틴 다에", gender="여", score=c(80, 85))
lst <- list(lst.A, lst.B)
lst
```

두 리스트를 하나의 리스트로 묶음

출력 결과

```
[[1]]
[[1]]$name
[1] "팬텀"

[[1]]$gender
[1] "남"

[[1]]$score
[1] 70 90

[[2]]
[[2]]$name
[1] "크리스틴 다예"

[[2]]$gender
[1] "여"

[[2]]$score
[1] 80 85
```

첫 번째 리스트

```
lst[[1]]
```

첫 번째 리스트

출력 결과

```
$name
[1] "팬텀"

$gender
[1] "남"

$score
[1] 70 90
```

(4) 요인(Factor)

요인은 문자 벡터에 카테고리를 저장하는 데이터 구조이다. 성별은 "남"과 "여"로 분류되는 카테고리 정보를 추가할 수 있다. 요인은 factor() 함수를 이용하고, 카테고리 즉, 요인의 레벨은 levels 인수로 지정한다. 요인으로 저장하면 요인의 데이터는 levels 인수에 없는 값으로 수정할 수 없으며, 데이터들을 카테고리별로 집계하고자 하는 경우 등에서 유용하게 사용할 수 있는 장점이 있다. 요인으로 되어 있지 않더라도 범주 변수의 데이터를 집계할 때는 내부적으로 요인으로 처리하기 때문에 반드시 요인으로 설정할 필요는 없다.

요인 만들기

```
gender <- c("남", "여", "남")
gender.factor <- factor(gender, levels=c("남", "여"))
gender.factor
```

성별 벡터

성별 벡터에 레벨 추가하여 벡터를 요인으로 변환

출력 결과

```
[1] 남 여 남
Levels: 남 여
```

(5) 데이터 프레임(Data Frame)

데이터 프레임은 동일한 속성들로 구성되는 여러 개체들을 표현하는 2차원 표 형식 데이터 구조이다. 행은 각 개체를 나타내며, 열은 각 개체를 설명하는 속성들로 나열된다. 속성 값은 대부분 단일 값으로 저장하지만, 리스트를 저장할 수도 있다. 그러나 행렬을 저장하면 행렬의 열 개수만큼 데이터 프레임의 속성으로 분리되어 나타난다. 데이터 프레임을 만드는 함수는 data.frame()이다. 데이터 프레임을 만드는 방법은 다양한데, 다음은 등장인물들의 성명, 성별, 영어 성적, 철학 성적에 대해 벡터를 이용해서 만드는 간단한 예이다.

데이터 프레임 만들기

```
name   <- c("팬텀", "크리스틴 다예", "라울 드 샤니")
gender  <- c("남", "여", "남")
score.eng <- c(70, 80, 90)
score.phil <- c(90, 85, 75)
df <- data.frame(성명=name, 성별=gender, 영어=score.eng, 철학=score.phil)
df
```

같은 크기의 여러 벡터를 열로 구성하는 데이터 프레임으로 만듦

출력 결과

```
           성명 성별 영어 철학
1          팬텀   남   70   90
2 크리스틴 다예   여   80   85
3  라울 드 샤니   남   90   75
```

데이터 프레임을 만들면 문자는 데이터 유형이 요인으로 설정된다. 데이터 구조를 보려면 str() 함수를 사용하면 된다. 문자들이 요인으로 설정되면 요인의 카테고리에 없는 데이터의 새로운 행이 추가될 때 에러가 발생하게 된다. 즉, 성명이 요인으로 인식되면 새로운 성명은 추가될 수 없게 되는 문제가 발생한다. 이런 경우를 예상해서 문자들을 요인으로 설정되지 않게 하려면 'stringsAsFactor=FALSE'로 설정하면 된다.

데이터 프레임 구조

```
str(df)
```
데이터 프레임 구조

출력 결과

```
'data.frame':   3 obs. of  4 variables:
 $ 성명: Factor w/ 3 levels "라울 드 샤니",..:
 $ 성별: Factor w/ 2 levels "남","여": 1 2 1
 $ 영어: num  70 80 90
 $ 철학: num  90 85 75
```
3개의 객체(행)와 4개의 변수로 구성되는 데이터 프레임
☞ 성명과 성별은 Factor로 설정되어 있음

```
df2 <- data.frame(성명=name, 성별=gender, 영어=score.eng, 철학=score.phil,
                  stringsAsFactors=FALSE)
str(df2)
```
문자 데이터를 요인으로 인식하지 않음

출력 결과

```
'data.frame':   3 obs. of  4 variables:
 $ 성명: chr  "팬텀" "크리스틴 다예" "라울 드 샤니"
 $ 성별: chr  "남" "여" "남"
 $ 영어: num  70 80 90
 $ 철학: num  90 85 75
```

3.3 연산자

연산자에는 값을 할당하는 대입(할당) 연산자(<-), 사칙연산 등을 위한 산술 연산자, 값들의 크기를 비교하기 위한 비교 연산자, 그리고 참과 거짓에 대한 논리적 판단을 위한 논리 연산자가 있다.

구분	유형	기호	예	결과
할당 연산자	할당	<-	x <- 3 x	3 ☞ '3->x'과 x<-assign(3)도 같은 결과이지만, '<-'를 추천함
산술 연산자	다하기	+	2 + 3	5
	빼기	-	10-3	7
	곱하기	*	3*4	12
	나누기	/	8/2	4
	거듭제곱	∧ 또는 **	2∧3	8
	나머지	%%	10%%3	1
	몫	%/%	10%/%3	3
비교 연산자	작음	<	x <- 3 x < 10	TRUE
	이하	<=	x <- 3 x <= 10	TRUE
	큼	>	x <- 3 x > 10	FALSE
	이상	>=	x <- 3 x >= 10	FALSE
	같음	==	x <- 3 x == 10	FALSE
	같지 않음	!=	x <- 3 x != 10	TRUE

구분	유형	기호	예	결과
논리 연산자	논리합	|	x <- TRUE y <- FALSE x | y	TRUE
	논리곱	&	x <- TRUE y <- FALSE x & y	FALSE
	논리부정	!	x <- TRUE !x	FALSE
			x <- 3 !x	FALSE ☞ 숫자가 논리연산자와 같이 사용되면, 0은 FALSE, 그 외는 TRUE로 인식됨
	진위여부	isTRUE(x)	x <- TRUE isTRUE(x)	TRUE

하나의 연산자는 벡터와 배열 데이터 전체에도 적용되는 강력한 기능을 가지고 있다.

벡터와 배열에 대한 연산의 예

```
score.eng <- c(70, 80, 90)
score.phil <- c(90, 85, 75)
```
영어와 철학 성적 벡터

```
score2 <- score.eng + 10
score2
```
영어 성적의 모든 원소에 10을 더함

출력 결과

```
[1]  80  90 100
```

```
score.eng + score.phil
```
영어와 철학 성적의 합
☞ 같은 위치에 있는 원소끼리 더해짐

출력 결과

```
[1] 160 165 165
```

3.4 데이터 세트

R은 학습을 위해 기본 패키지인 datasets에서 다양한 데이터 세트를 제공한다. datasets 패키지의 데이터 파일 목록을 보기 위해서는 data() 함수를 사용하면 된다. 목록에 있는 데이터 파일 이름을 입력하면 데이터들을 볼 수 있다.

datasets 패키지의 데이터 세트

```
data()
```
데이터 세트 목록 보기

출력 결과

R data sets

```
Data sets in package ¡®datasets¡¯:

AirPassengers              Monthly Airline Passenger Numbers 1949-1960
BJsales                    Sales Data with Leading Indicator
BJsales.lead (BJsales)     Sales Data with Leading Indicator
BOD                        Biochemical Oxygen Demand
CO2                        Carbon Dioxide Uptake in Grass Plants
ChickWeight                Weight versus age of chicks on different diets
DNase                      Elisa assay of DNase
EuStockMarkets             Daily Closing Prices of Major European Stock
                           Indices, 1991-1998
Formaldehyde               Determination of Formaldehyde
HairEyeColor               Hair and Eye Color of Statistics Students
Harman23.cor               Harman Example 2.3
Harman74.cor               Harman Example 7.4
```

```
rivers
```
북아메리카의 주요 강 길이(벡터)

출력 결과

```
  [1]  735  320  325  392  524  450 1459  135  465  600  330  336  280  315
 [15]  870  906  202  329  290 1000  600  505 1450  840 1243  890  350  407
 [29]  286  280  525  720  390  250  327  230  265  850  210  630  260  230
 [43]  360  730  600  306  390  420  291  710  340  217  281  352  259  250
 [57]  470  680  570  350  300  560  900  625  332 2348 1171 3710 2315 2533
 [71]  780  280  410  460  260  255  431  350  760  618  338  981 1306  500
 [85]  696  605  250  411 1054  735  233  435  490  310  460  383  375 1270
 [99]  545  445 1885  380  300  380  377  425  276  210  800  420  350  360
[113]  538 1100 1205  314  237  610  360  540 1038  424  310  300  444  301
[127]  268  620  215  652  900  525  246  360  529  500  720  270  430  671
[141] 1770
```

```
quakes
```

1964년부터 오세아니아 피지(Fiji) 주변의 1,000개 지진 발생 정보(데이터 프레임)

출력 결과

```
     lat   long depth mag stations
1  -20.42 181.62   562 4.8       41
2  -20.62 181.03   650 4.2       15
3  -26.00 184.10    42 5.4       43
4  -17.97 181.66   626 4.1       19
5  -20.42 181.96   649 4.0       11
6  -19.68 184.31   195 4.0       12
7  -11.70 166.10    82 4.8       43
8  -28.11 181.93   194 4.4       15
9  -28.74 181.74   211 4.7       35
10 -17.47 179.59   622 4.3       19
11 -21.44 180.69   583 4.4       13
12 -12.26 167.00   249 4.6       16
13 -18.54 182.11   554 4.4       19
14 -21.00 181.66   600 4.4       10
15 -20.70 169.92   139 6.1       94
```

위도, 경도, 진원, 지진강도, 관측소

datasets 패키지는 다음 데이터 목록에서 보듯이 다양한 분야의 데이터들을 제공한다. 데이터 성격과 항목들을 고려하여 활용하면 도움이 될 것이다.

데이터 세트 명	내용
AirPassengers	Monthly Airline Passenger Numbers 1949–1960
BJsales	Sales Data with Leading Indicator
BJsales.lead (BJsales)	Sales Data with Leading Indicator
BOD	Biochemical Oxygen Demand
CO2	Carbon Dioxide Uptake in Grass Plants
ChickWeight	Weight versus age of chicks on different diets
DNase	Elisa assay of DNase
EuStockMarkets	Daily Closing Prices of Major European Stock Indices, 1991–1998
Formaldehyde	Determination of Formaldehyde
HairEyeColor	Hair and Eye Color of Statistics Students
Harman23.cor	Harman Example 2.3
Harman74.cor	Harman Example 7.4
Indometh	Pharmacokinetics of Indomethacin
InsectSprays	Effectiveness of Insect Sprays

데이터 세트 명	내용
JohnsonJohnson	Quarterly Earnings per Johnson & Johnson Share
LakeHuron	Level of Lake Huron 1875–1972
LifeCycleSavings	Intercountry Life-Cycle Savings Data
Loblolly	Growth of Loblolly pine trees
Nile	Flow of the River Nile
Orange	Growth of Orange Trees
OrchardSprays	Potency of Orchard Sprays
PlantGrowth	Results from an Experiment on Plant Growth
Puromycin	Reaction Velocity of an Enzymatic Reaction
Seatbelts	Road Casualties in Great Britain 1969–84
Theoph	Pharmacokinetics of Theophylline
Titanic	Survival of passengers on the Titanic
ToothGrowth	The Effect of Vitamin C on Tooth Growth in Guinea Pigs
UCBAdmissions	Student Admissions at UC Berkeley
UKDriverDeaths	Road Casualties in Great Britain 1969–84
UKgas	UK Quarterly Gas Consumption
USAccDeaths	Accidental Deaths in the US 1973–1978
USArrests	Violent Crime Rates by US State
USJudgeRatings	Lawyers' Ratings of State Judges in the US Superior Court
USPersonalExpenditure	Personal Expenditure Data
UScitiesD	Distances Between European Cities and Between US Cities
VADeaths	Death Rates in Virginia (1940)
WWWusage	Internet Usage per Minute
WorldPhones	The World's Telephones
ability.cov	Ability and Intelligence Tests
airmiles	Passenger Miles on Commercial US Airlines, 1937–1960
airquality	New York Air Quality Measurements
anscombe	Anscombe's Quartet of 'Identical' Simple Linear Regressions
attenu	The Joyner-Boore Attenuation Data
attitude	The Chatterjee-Price Attitude Data
austres	Quarterly Time Series of the Number of Australian Residents
beaver1 (beavers)	Body Temperature Series of Two Beavers
beaver2 (beavers)	Body Temperature Series of Two Beavers
cars	Speed and Stopping Distances of Cars
chickwts	Chicken Weights by Feed Type

데이터 세트 명	내용
co2	Mauna Loa Atmospheric CO2 Concentration
crimtab	Student's 3000 Criminals Data
discoveries	Yearly Numbers of Important Discoveries
esoph	Smoking, Alcohol and (O)esophageal Cancer
euro	Conversion Rates of Euro Currencies
euro.cross (euro)	Conversion Rates of Euro Currencies
eurodist	Distances Between European Cities and Between US Cities
faithful	Old Faithful Geyser Data
fdeaths (UKLungDeaths)	Monthly Deaths from Lung Diseases in the UK
freeny	Freeny's Revenue Data
freeny.x (freeny)	Freeny's Revenue Data
freeny.y (freeny)	Freeny's Revenue Data
infert	Infertility after Spontaneous and Induced Abortion
iris	Edgar Anderson's Iris Data
iris3	Edgar Anderson's Iris Data
islands	Areas of the World's Major Landmasses
ldeaths (UKLungDeaths)	Monthly Deaths from Lung Diseases in the UK
lh	Luteinizing Hormone in Blood Samples
longley	Longley's Economic Regression Data
lynx	Annual Canadian Lynx trappings 1821–1934
mdeaths (UKLungDeaths)	Monthly Deaths from Lung Diseases in the UK
morley	Michelson Speed of Light Data
mtcars	Motor Trend Car Road Tests
nhtemp	Average Yearly Temperatures in New Haven
nottem	Average Monthly Temperatures at Nottingham, 1920–1939
npk	Classical N, P, K Factorial Experiment
occupationalStatus	Occupational Status of Fathers and their Sons
precip	Annual Precipitation in US Cities
presidents	Quarterly Approval Ratings of US Presidents
pressure	Vapor Pressure of Mercury as a Function of Temperature
quakes	Locations of Earthquakes off Fiji
randu	Random Numbers from Congruential Generator RANDU
rivers	Lengths of Major North American Rivers
rock	Measurements on Petroleum Rock Samples
sleep	Student's Sleep Data

데이터 세트 명	내용
stack.loss (stackloss)	Brownlee's Stack Loss Plant Data
stack.x (stackloss)	Brownlee's Stack Loss Plant Data
stackloss	Brownlee's Stack Loss Plant Data
state.abb (state)	US State Facts and Figures
state.area (state)	US State Facts and Figures
state.center (state)	US State Facts and Figures
state.division (state)	US State Facts and Figures
state.name (state)	US State Facts and Figures
state.region (state)	US State Facts and Figures
state.x77 (state)	US State Facts and Figures
sunspot.month	Monthly Sunspot Data, from 1749 to "Present"
sunspot.year	Yearly Sunspot Data, 1700–1988
sunspots	Monthly Sunspot Numbers, 1749–1983
swiss	Swiss Fertility and Socioeconomic Indicators (1888) Data
treering	Yearly Treering Data, –6000–1979
trees	Girth, Height and Volume for Black Cherry Trees
uspop	Populations Recorded by the US Census
volcano	Topographic Information on Auckland's Maunga Whau Volcano
warpbreaks	The Number of Breaks in Yarn during Weaving
women	Average Heights and Weights for American Women

datasets 패키지 외에 다른 패키지들도 함수와 함께 관련 데이터 세트를 가지고 있는 경우도 있다. 다음과 같이 data() 함수에 옵션을 설정하면 R의 패키지에서 제공하는 데이터 세트 목록을 볼 수 있다.

모든 패키지의 데이터 세트 목록 보기

```
data(package = .packages(all.available = TRUE))
```

출력 결과

R data sets

```
Data sets in package ¡®arules¡¯:

Adult                    Adult Data Set
AdultUCI                 Adult Data Set
Epub                     Epub Data Set
Groceries                Groceries Data Set
Income                   Income Data Set
IncomeESL                Income Data Set
Mushroom                 Mushroom Data Set
SunBai                   The SunBai Data Set

Data sets in package ¡®bit64¡¯:

benchmark64.data         Results of performance measurement on a Co
                         Lenovo T410 8 GB RAM under Windows 7 64bit
optimizer64.data         Results of performance measurement on a Co
                         Lenovo T410 8 GB RAM under Windows 7 64bit
```

3.5 알고리즘

알고리즘은 문제를 풀기 위한 절차로서, 음식을 만드는 절차를 기술한 레시피와 같다. 알고리즘은 순차, 조건, 반복으로 구성되며, 그 표현 방법은 다양하지만, 이 책에서는 일반적으로 많이 사용되는 플로 차트(flow chart)로 나타내기로 한다. 플로 차트는 다양한 모양들의 조합으로 나타난다. 아래의 순차, 조건, 반복 알고리즘에서 사각형은 처리, 마름모는 조건(판단)을 나타내고 화살표는 흐름을 의미한다.

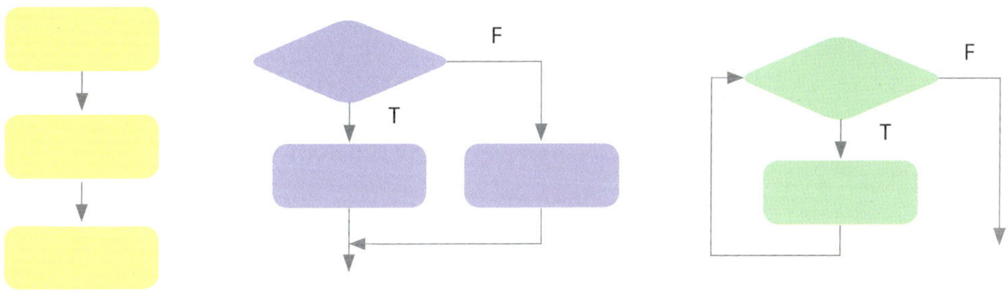

순차 조건 반복

조건문에는 if, 반복문에는 while과 for가 사용된다. 반복문의 예로 1부터 10까지 정수를 더하는 알고리즘을 생각해보자. 같은 문제라도 알고리즘은 다양하게 표현될 수 있다. 먼저, 총합은 0, 정수 i는 1로 초기화한다. i를 1씩 증가시키면서 10이 될 때까지 총합에 더하고, 10을 넘으면 더하는 과정을 반복하지 않는다. 다음은 그 과정을 플로 차트와 R로 표현한 것이다.

while문

```
sum <- 0
i <- 1
while(i <= 10) {
 sum <- sum + i
 i <- i + 1
}
sum
```

출력 결과

```
[1] 55
```

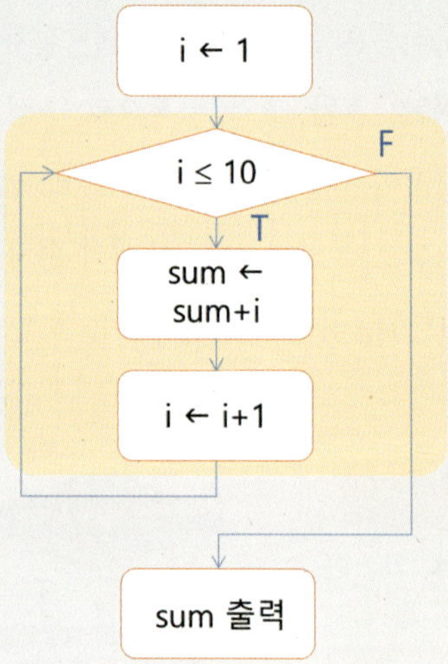

for문

```
x <- 1:10
sum <- 0
for(i in x) {
 sum<- sum + i
}
sum
```

출력 결과

```
[1] 55
```

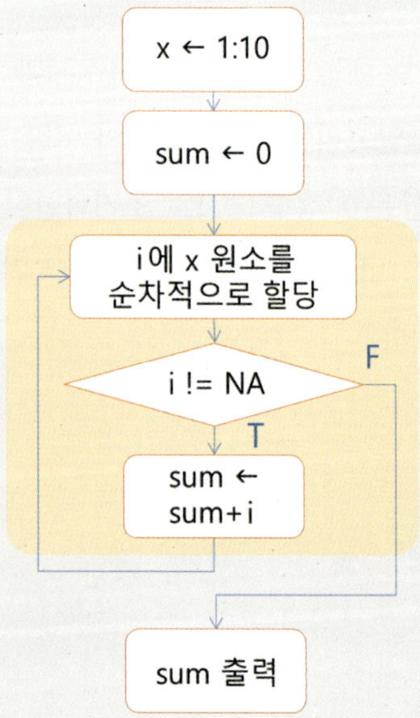

3.6 함수

함수는 자주 사용되는 특정 기능을 수행하기 위해 한 개 이상의 명령어들을 묶어 놓은 것이다. 함수를 정의하면 반복적으로 코딩하지 않고 불러 사용할 수 있고, 검증된 함수는 신뢰할 수 있기 때문에 효율적 코딩이 가능하다. 밑변 w와 높이 h로 표현되는 삼각형의 면적을 구하는 기능을 생각해보자. 함수를 정의하는 방법은 다음과 같다.

R 삼각형 면적 구하기

```
getArea <- function(w, h) {
    area <- w * h / 2
    return(area)
}
```

함수명은 getArea, 가로(w)와 높이(h)에 해당하는 인자를 정의함
- 삼각형 면적 계산
- 결과 반환

```
getArea(10, 20)
```

getArea() 함수 호출
- 삼각형 가로와 높이 인수를 전달
- 반환된 결과 출력

출력 결과

```
[1] 100
```

R의 패키지에는 많은 함수들을 가지고 있다. 수학 및 통계 관련 함수, 그래프를 그리는 시각화 함수, 데이터 파일을 처리하는 일부 기초적인 함수의 예는 다음과 같다. 각 장에서 데이터를 분석하면서 관련되는 함수들을 살펴보기로 하자. 추가적인 패키지를 설치하면 다양한 고급 기능의 함수들을 사용할 수 있다.

• 수학/통계 함수의 예

함수	기능	사용 예	실행 결과
abs()	절댓값	abs(−5)	[1] 5
log10( )	상용 로그값	log10(100)	[1] 2

함수	기능	사용 예	실행 결과
mean( )	평균	x <- 1:10 mean(x)	`[1] 5.5`
var()	분산	x <- 1:10 var(x)	`[1] 9.166667`
sd()	표준편차	x <- 1:10 sd(x)	`[1] 3.02765`
median( )	중앙값	x <- 1:10 median(x)	`[1] 5.5`
max( )	최댓값	x <- 1:10 max(x)	`[1] 10`

• 시각화 함수의 예

함수	기능	사용 예	실행 결과
pie()	원그래프	x <- c(10, 30, 25) pie(x, labels=c("1팀", "2팀", "3팀"), col=c("red", "blue", "green"))	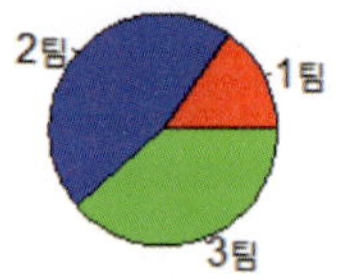
barplot()	막대그래프	x <- c(10, 30, 25) barplot(x, names.arg=c("1팀", "2팀", "3팀"), col=c("red", "blue", "green"), xlab="부서", ylab="실적")	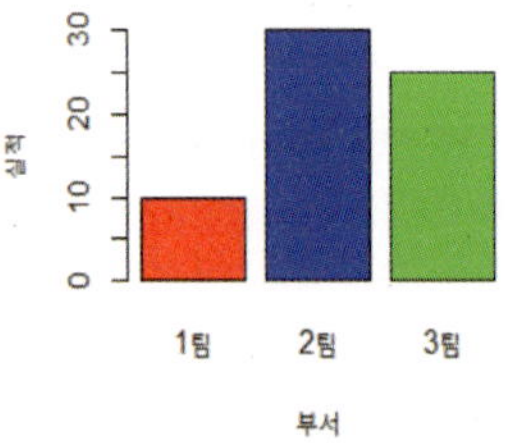
plot()	X-Y 플롯	x <- women$height y <- women$weight plot(x, y, xlab="키", ylab="몸무게")	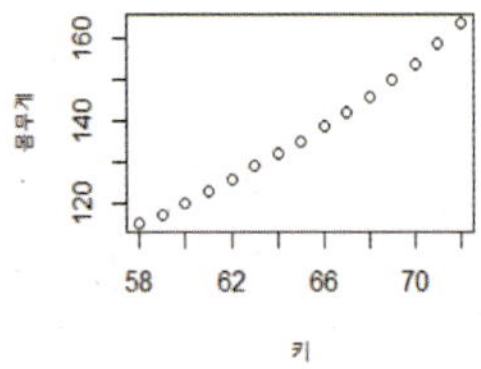

함수	기능	사용 예	실행 결과
boxplot()	박스 플롯	y <- quakes$mag boxplot(y, xlab="지진", ylab= "규모", col="yellow")	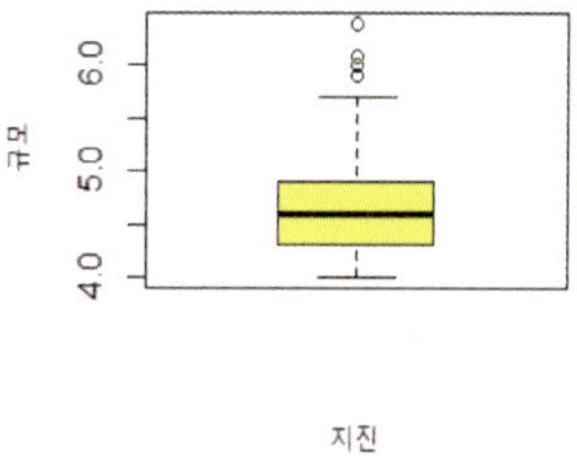
hist()	히스토그램	x <- quakes$mag hist(x, xlab="지진", ylab="규모")	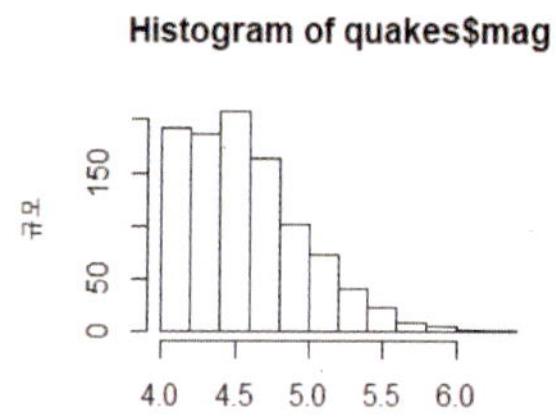

• 데이터 파일 처리 함수의 예

함수	기능	사용 예
read.csv()	CSV 파일 포맷의 데이터 파일 읽기	read.csv("data.csv", header=TRUE) data.csv 파일을 읽음, 첫 행은 항목명으로 인식
write()	파일 저장	write.csv(df, "data.csv", row.names=TRUE) 데이터 프레임 df 파일을 "data.csv"로 저장 첫 행의 데이터는 항목명으로 설정하는 경우

연습 문제

1. 다음 중 틀린 것을 모두 고르시오.

① x <- c(10) ② x <- '홍길동' ③ x <- true ④ x <- c(10, "홍길동")

2. 다음 중 식별자 이름으로 적당하지 않는 것은?

① age ② age.female ③ 10age ④ .age

3. 1~6의 정수를 원소로 하는 2행 3열의 행렬을 만들려고 한다. 데이터 할당 순서는 행 단위로 한다. 다음에서 틀린 부분을 수정하시오.

```
matrix(c(1, 6), nrow=2, byrow=FALSE)
```

4. 다음 상품 정보를 리스트로 작성하시오.

항목명	데이터
product_name	A
price	70,000
color	흰색, 녹색

5. 다음 category 변수는 "A", "B", "C"로 분류되는 데이터로 구성된 문자 벡터이다. 팩터로 변환하기 위해 밑줄을 완성하시오.

```
factor(category, ____________)
```

6. grade와 gender의 두 벡터로 구성되는 데이터 프레임(df)을 작성하는 R 스크립트를 완성하시오. 단, grade의 항목명은 학년, gender의 항목명은 성별로 한다.

```
grade <- c(1, 1, 1, 2, 2, 2, 3, 3)
gender <- c("여", "여", "남", "여", "남", "여", "남", "여")
df <-
```

7. 다음 연산 결과는?

① c(2, 4, 6) + 3 ② 5 %% 3 ③ 3 · 2 ④ c(TRUE, TRUE) & c(TRUE, FALSE)

8. 1~10 자연수 중에서 홀수의 총합을 구하는 R 스크립트의 밑줄을 완성하시오.

```
sum <- 0
k <- 1
while(______) {
  if (__________)
    sum <- sum + k
  k <- k + 1
}
```

9. for문을 이용하여 x 값들의 총합을 구하는 R 스크립트를 완성하시오.

```
sum <- 0
x <- c(1, 5, 8, 10)
for(k_______) {
      _________
}
```

10. 반지름이 r, 높이가 h인 원기둥의 부피는 $\pi r^2 h$이다. 부피를 구하는 getCylinder 함수를 완성하시오. R에서 PI는 π을 의미한다.

```
__________ <- function(r, h) {
  __________
  return)vol)
}
```

11. R의 dataset 패키지에는 북아메리카에 있는 주요 1,000개 강의 길이를 숫자 벡터로 기록한 rivers 데이터가 있다. 다음과 같은 히스토그램이 출력되도록 R스크립트를 완성하시오.

```
hist(________,
     xlab= ________, ylab= ________,
     breaks=seq(0, 4000, by=400),
     main="강의 길이 분포",
     col=rainbow(5))
```

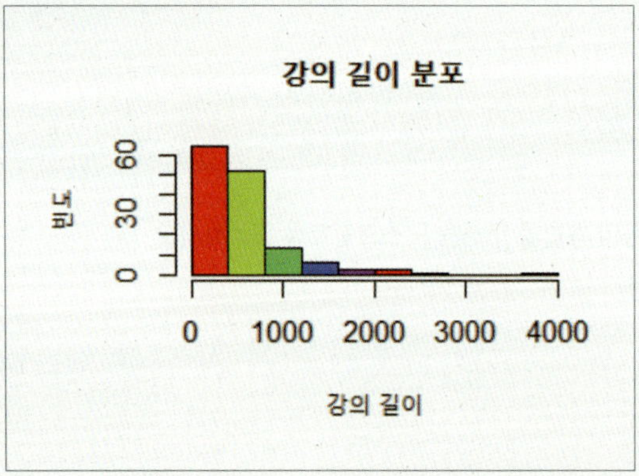

PART

2

수리적 분석 방법론의 이해와 활용

4장 RFM 분석을 통한 가치 평가 / 5장 AHP 분석을 통한 대안 선정 / 6장 선형계획법을 이용한 최적해 구하기
7장 빈도 기반 감성분석을 통한 긍정 · 부정 평가

CHAPTER 4

RFM 분석을 통한 가치 평가

학습목표

RFM 기법을 이용한 가치 평가 방법 학습

학습내용

RFM 기반의 가치 평가 방법 이해
RFM 점수 계산
R을 이용한 가치 평가

MISHIGUENE

4.1 배경

우리는 일상 생활에서 여러 비교 개체들을 평가하여 우열을 가리게 되는 상황에 놓이게 된다. 기업의 경우 고객들의 가치를 평가하여 차별화된 마케팅 전략을 실행하여 이윤을 높이기 위해 다양한 노력을 한다. 차별적 마케팅 예로 우수고객에게는 충성도 향상 프로그램을, 비우수고객에게는 거래유도를 위한 판촉 활동 프로그램을 들 수 있다. 그렇다면, 고객들을 어떻게 평가할 수 있을까?

여러 비교 대상들을 평가하여 우열을 가리는 가장 단순한 방법으로는 프로파일 모형, 점수 모형 등이 있다. 프로파일 모형은 비교 대상 평가를 위한 평가항목의 평가결과를 차트 또는 방사형 도표 등으로 표시하는 것이다. 다음 그림은 가격(1), 연비(2), 1978년 AS 점수(3), 1977년 AS 점수(4), 실내의 머리 위 공간(5), 뒷 좌석 공간(6) 트렁크 공간(7), 무게(8), 전장(9)에 대한 차량들의 평가를 방사형 차트로 비교한 것이다. 이는 단순한 방법으로 이해가 용이하지만, 각 대안들의 차트들을 비교하여 우열을 가리기가 쉽지 않은 단점이 있다.

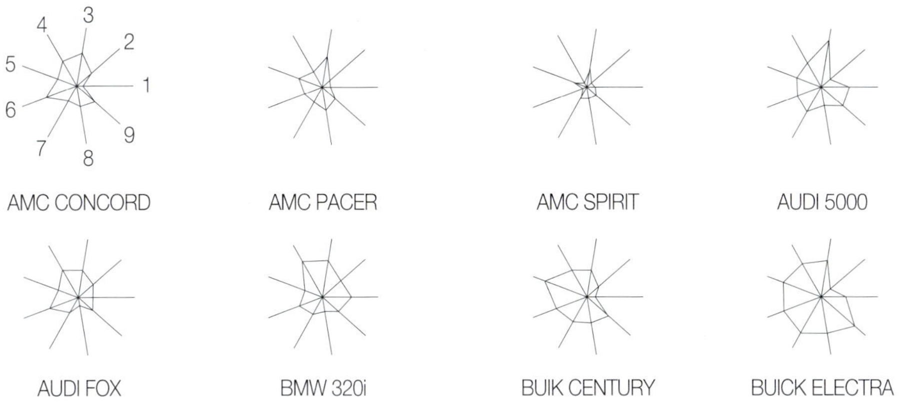

프로파일 모형(차량들의 평가 비교)

출처: Wikipedia

점수 모형은 각 항목을 계층적으로 분류하고 배점(일반적으로 총합은 100점)을 부여한 뒤 각 항목들의 평점 총합으로 대안들을 비교하는 **단순 합산 방식**과, 각 항목들의 배점은 동일하게 하고 가중치를 부여해서(일반적으로 배점에 가중치를 곱합 총합은 100점) 각 대안들에 매긴 평점×가중치의 총합으로 대안들을 비교하는 **가중치 합산 방식**이 있다.

대항목	소항목	배점	평점
기술성	A1	20	15
	A2	20	17
경제성	B1	15	10
	B2	15	12
환경성	C1	30	25
총점		100	81

단순 합산 방식

대항목	소항목	배점	평점	가중치	가중평가
기술성	A1	10	8	2.0	16
	A2	10	10	2.0	20
경제성	B1	10	8	1.5	12
	B2	10	6	1.5	9
환경성	C1	10	10	3.0	30
총점					87

가중치 합산 방식

점수 모형

가중치 합산 방식에서 평가 항목을 고객들의 최근 구매일, 거래 빈도, 구매금액으로 구성하고 각 항목별 평가기준과 가중치를 결정하고 이를 기반으로 고객들의 가치를 평가하는 방법을 RFM 분석이라고 한다.

본 장에서는 RFM 분석에 대해 살펴보기로 하자. 4.2절에서는 RFM 분석의 개요, 4.3절에서는 RFM 분석의 원리, 4.4절에서는 R을 이용하는 방법을 공부해보자. 4.5절에서는 응용문제로서 대량의 고객 데이터에 대해 점수를 매겨본다.

4.2 RFM 분석 개요

RFM 분석은 고객들이 특정 기간동안 장바구니 정보를 구성하는 거래일, 거래 건 수, 금액을 기반으로 점수를 매겨 고객들을 서열화하거나, 이를 바탕으로 우수고객, 비우수고객 등과 같이 고객들을 여러 등급으로 분류하는데 사용된다. RFM은 수입의 80%는 20%의 고객으로부터 기인한다는 파레토 법칙(Pareto Principle)에 기반을 두고 있다. 즉, 우수 고객 20%의 시장을 잘 구분하기 위해 RFM을 활용할 수 있으며, 그들에게 차별적인 마케팅으로 효과적인 경영 활동을 수행할 수 있다. RFM은 Recency (R, 최근성), Frequency (F, 거래빈도), Monetary (M, 거래금액)를 의미하며, 고객들을 점수화하는 방법이다. 예를 들어 최근에 구매한 고객은 이전에 구매한 고객보다 다시 구매할 것이 더 기대되며, 일년에 여러 번 구매한 고객은 일년에 한 번 구매한 고객보다. 다시 구매할 것이 역시 더 기대된다. 또한 많은 돈을 소비한 고객은, 재구매 기대치나 고객 가치 면에서 더 높을 것으로 판단할 수 있다.

RFM 개념은 1995년에 Bult와 Wansbeek에 의해 소개되었으며, Blattberg 등은 마케팅 데이터베이스에 적용될 때 아주 효과적임을 보였다[1].

RFM 분석은 고객의 과거 거래 데이터를 이용하여 RFM 변수를 기반으로 고객들의 R, F, M

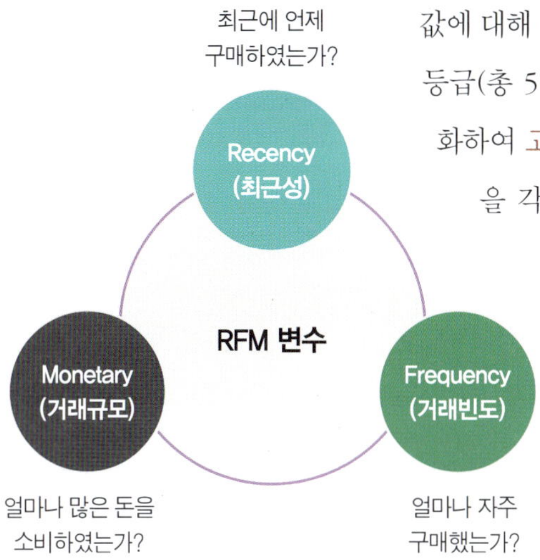

값에 대해 각각 1~5점으로 구분하고 고객들을 111~555 등급(총 5×5×5=125가지)으로 분류한다. 이를 점수화하여 고객가치를 매긴 후에 그 점수에 따라 고객들을 각각의 군집으로 세분화한다. 〈표 4.1〉은 장바구니 데이터의 예로, 거래 번호(TID: Transaction ID), 고객 ID, 거래일, 구매 금액으로 구성되어 있다. 고객별로 최근 거래일로부터 R값, 거래 건 수로부터 F값, 평균 구매금액으로부터 M값을 매길 수 있다.

표 4.1 고객별 거래이력

TID	고객ID	거래일	구매 금액(원)
1	C01	2016-01-15	24,000
2	C02	2016-02-20	10,000
3	C03	2016-04-10	12,000
4	C06	2016-07-15	60,000
5	C05	2016-07-15	110,000
6	C01	2017-01-15	15,000
7	C02	2017-03-10	60,000
8	C01	2017-05-10	30,000
9	C03	2017-05-10	8,000
10	C01	2017-06-05	18,000
11	C04	2017-07-01	20,000
12	C07	2017-09-15	15,000
13	C06	2017-10-10	50,000
14	C02	2017-11-12	30,000

TID	고객ID	거래일	구매 금액(원)
15	C08	2017-12-03	6,000
16	C08	2017-12-10	7,000
17	C09	2017-12-20	18,000
18	C10	2017-12-30	8,000

RFM 분석결과는 R, F, M별 1~5 등급으로 분류된 분포(111~555), 고객별 RFM 점수(고객가치) 분포, 이들 분포를 참고하여 점수별로 군집화한 최종 정보로 나타낼 수 있다. 다음 그래프는 6,919명의 CDNow 고객 데이터를 분석한 RFM 등급들의 빈도를 막대 그래프로 나타낸 예이다(4.5절 참조).

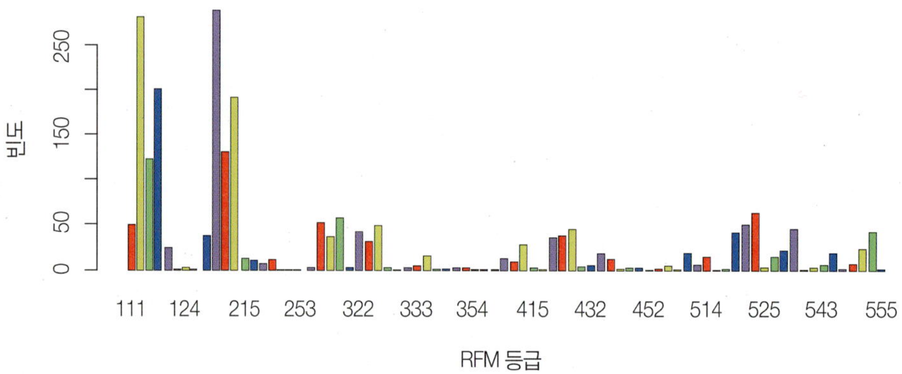

각 RFM 등급에 대해 가중치를 곱하여 점수로 변환하면 최종 RFM 점수를 계산할 수 있다. RFM 점수 분포를 참고하여 5개의 클래스로 분류한 예는 다음과 같다(4.5절 참조).

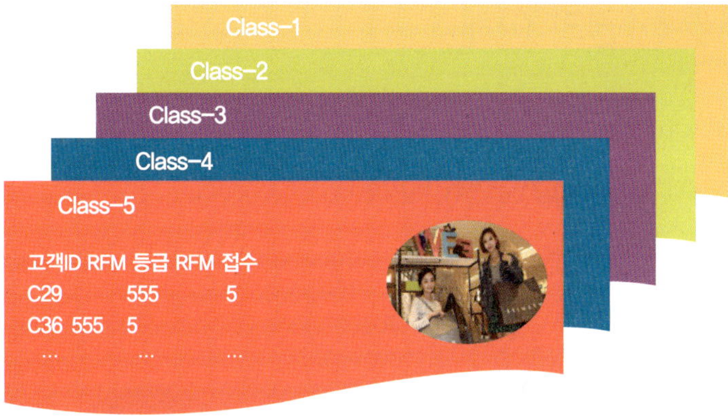

RFM 분석의 변형

RFM 분석은 비즈니스의 특성에 따라 그 속성들을 달리하여 다양한 분석이 가능하다. 그 예들로는 RFD, RFE, RFM-I 등이 있다. RFD의 속성은 Recency, Frequency, Duration이며, 웹상에서 구매하고자 하는 상품에 대한 고객의 웹 서핑 행태를 분석하는데 사용된다. Duration은 웹 서핑 시간을 의미한다. RFE 속성은 Recency, Frequency, Engagement이며, RFD의 확장에 해당한다. Engagement는 웹 접속 기간, 웹 접속 당 웹페이지 수 등 다양하게 사용될 수 있다. RFM-I 속성은 R, F, M 속성에 Interactions 속성이 추가된 RFM 수정 버전이다. Interactions 속성은 고객과의 마케팅 상호작용 빈도 수에 해당한다 (출처: Wikipedia)

4.3 RFM 분석 원리 이해

각 고객(i)에 대한 RFM 점수는 고객별 R_i, F_i, M_i 값에 대한 가중 합으로 표현된다. ω_R, ω_F, ω_M은 R, F, M에 대응하는 가중치를 의미한다.

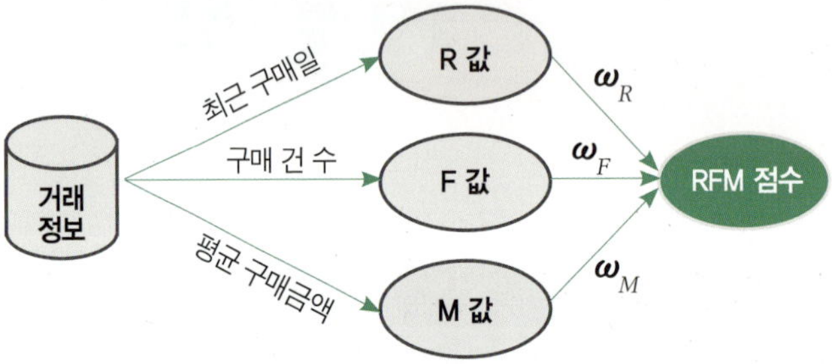

$$\text{RFM 점수}_i = \boldsymbol{\omega}_R R_i + \boldsymbol{\omega}_F F_i + \boldsymbol{\omega}_M M_i$$

RFM 분석은, 먼저 거래정보로부터 거래번호(TID), 고객ID, 거래일, 구매 금액 항목으로 구성되는 데이터를 준비하고, R, F, M 평가기준 설정 후에 각 고객별로 R, F, M 값을 계산한다. 기업 전략이나 거래 정보의 특성을 고려하여 가중치를 설정하고, 고객가치에 해당하는 RFM 점수를 계산해서 고객그룹을 분류하게 된다. 〈그림 4.1〉은 그 과정과 분석결과들을 도식화하여 나타내고 있다.

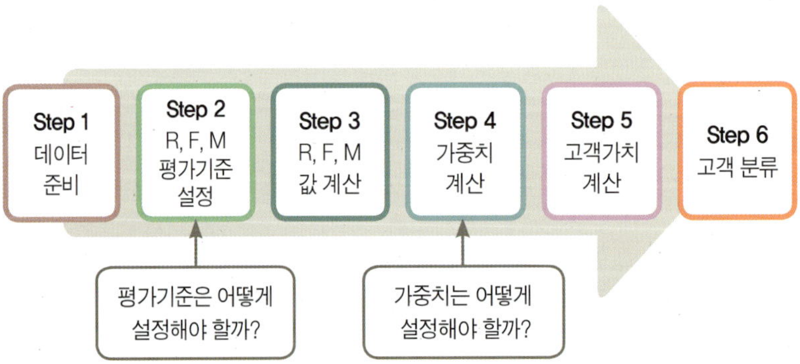

그림 4.1 RFM 모형을 이용한 고객가치 평가 절차

단계별 예시를 통해 RFM 분석 원리를 이해해보자.

1단계 데이터 준비

고객 데이터의 예는 〈표 4.1〉의 고객별 거래이력 데이터를 사용하기로 한다. 고객ID별로 정렬하고, R, F, M 값 산출을 위해 최근 구매일, 구매 건수, 평균 금액(각 고객별 평균 구매 금액)을 파악하면 〈표 4.2〉와 같다.

표 4.2 고객ID별 거래 데이터

고객ID	TID	구매일	금액(원)	최근 구매일	구매 건 수	평균 금액(원)
C01	10	2017-06-05	18,000	2017-06-05	4	21,750
	8	2017-05-10	30,000			
	6	2017-01-15	15,000			
	1	2016-01-15	24,000			
C02	7	2017-03-10	60,000	2017-11-12	3	33,333
	2	2016-02-20	10,000			
	14	2017-11-12	30,000			
C03	9	2017-05-10	8,000	2017-05-10	2	10,000
	3	2016-04-10	12,000			
C04	11	2017-07-01	20,000	2017-07-01	1	20,000
C05	7	2017-03-10	110,000	2017-03-10	1	110,000
C06	13	2017-10-10	50,000	2017-10-10	2	55,000
	4	2016-07-15	60,000			
C07	12	2017-09-15	15,000	2017-09-15	1	15,000
C08	15	2017-12-03	6,000	2017-12-10	2	6,500
	16	2017-12-10	7,000			
C09	17	2017-12-20	18,000	2017-12-20	1	18,000
C10	18	2017-12-30	8,000	2017-12-30	1	8,000

2단계 R, F, M값 평가기준 설정

R, F, M 관련 데이터는 서로 다른 단위로 표현되고 각각의 범위 또한 다르다. 따라서, 단위 문제를 해결하고 동일한 기준으로 평가하기 위해 평가기준을 설정한다. 고객들의 거래 데이터에 대해 각 R, F, M별로 평가구간에 따라 점수화하는 RFM 평가기준은 단순 고정 범위 기준과 5분위 수 기준 등이 있다. 단순 고정 범위 기준은 비즈니스 특성을 고려해서 평가구간을 정하는 방법이다. 즉, R의 경우 가장 최근의 거래가 현재부터 120일 이내에 거래한 경우 5점, F의 경우는 주어진 기간 내에 거래 건 수가 2 이하이면 1점, M은 주어진 기간 내

단순 고정범위 기준의 예

다음은 각 평가 항목의 데이터에 대해 5점 구간으로 정한 예이다.

구분	평가 구간	점수
R (기간 내의 거래에서 가장 최근 거래한 날짜 기준)	~ 120일 이하	5
	120일 초과 ~ 240일 이하	4
	240일 초과 ~ 450일 이하	3
	450일 초과 ~ 500일 이하	2
	500일 초과 ~	1
F (기간 내의 총 거래 수)	~ 2회 이하	1
	2회 초과 ~ 5회 이하	2
	5회 초과 ~ 8회 이하	3
	8회 초과 ~ 10회 이하	4
	10회 초과 ~	5
M (기간 내의 거래들에 대한 평균 금액에 대한 점수)	~ 10,000원 이하	1
	10,000원 초과 ~ 20,000원 이하	2
	20,000원 초과 ~ 30,000원 이하	3
	30,000원 초과 ~ 100,000원 이하	4
	100,000원 초과 ~	5

의 총 구매금액이 10,000원 이하이면 1점과 같이 정하고 계산하게 된다. 이 방법은 비즈니스 규모가 커짐에 따라 잦은 조정 필요성이 생기게 된다. 날짜 기준은 일, 월, 연 단위 등 다른 단위를 사용하면 기준도 변하게 된다.

5분위 수 기준은 이러한 문제를 보완하는 방법이다. 각 데이터를 작은 수에서 큰 수로 줄을 세우면, 20% 이하가 그 수 보다 작거나 같을 때, 그 수를 제1 오분위 수라고 한다. 80%가 작거나 같을 때는 그 수를 제4 오분위 수라고 한다. 고객들의 최근 구매일, 구매 건 수, 평균 구매금액들을 각각 5분위 수 구간에 따라 R, F, M 값을 1~5점으로 정한다.

오분위 수

n백분위수는 숫자들을 작은 것부터 큰 수로 나열할 때 n% 이하의 수들을 가지게 되는 위치에 있는 수이며, 오분위 수는 20%씩 구간으로 5등분한 수이다.

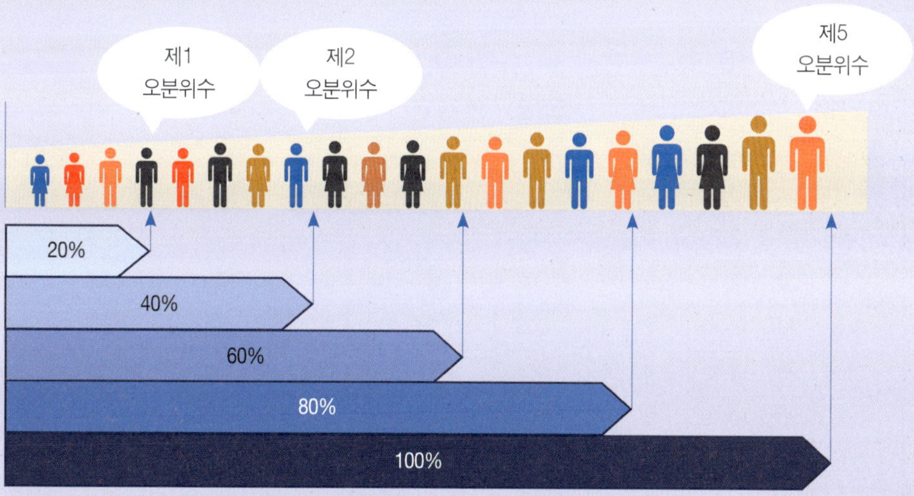

3단계 R, F, M 계산

고객별 구매이력을 고객ID별로 그룹핑하고, R, F, M 각각에 대해 5분위 수 평가기준을 적용하면 R, F, M 점수와 그 등급은 〈표 4.3〉와 같다. 점수 순으로 상위 20%씩 5~1점을 부여하면 된다. F 등급의 예와 같이 동점이 있는 경우에는 먼저 점수를 부여한 다음, 구매 건수가 같으면 하위 5분위 수와 같은 값으로 조정하면 된다. 즉, 고객ID가 C03, C06, C08은 구매 건수가 2로 같기 때문에 4, 4, 3은 3, 3, 3으로 조정한다. 고객ID가 C05, C04, C07, C09, C10인 경우는 모두 1이 된다.

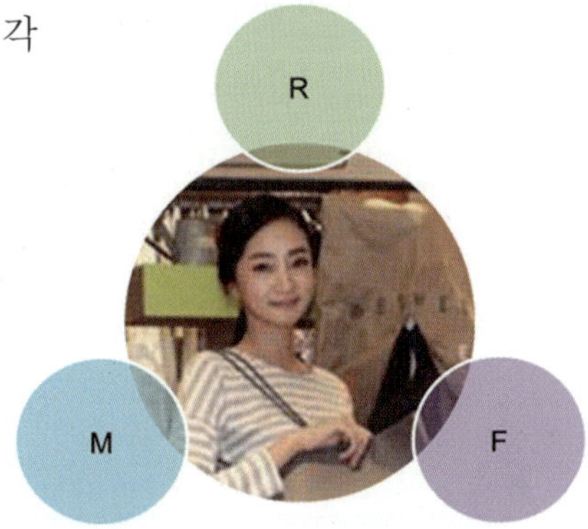

표 4.3 R, F, M 등급

〈R등급〉

고객 ID	최근 구매일	R등급
C09	2017-12-20	5
C10	2017-12-30	5
C08	2017-12-10	4
C02	2017-11-12	4
C06	2017-10-10	3
C07	2017-09-15	3
C04	2017-07-01	2
C01	2017-06-05	2
C03	2017-05-10	1
C05	2017-03-10	1

〈F등급〉

고객 ID	구매 건수	F등급
C01	4	5
C02	3	5
C03	2	4 → 3
C06	2	4 → 3
C08	2	3
C05	1	3 → 1
C04	1	2 → 1
C07	1	2 → 1
C09	1	1
C10	1	1

〈M등급〉

고객 ID	평균 금액 (원)	F등급
C05	110,000	5
C06	55,000	5
C02	33,333	4
C01	21,750	4
C04	20,000	3
C09	18,000	3
C07	15,000	2
C03	10,000	2
C10	8,000	1
C08	6,500	1

R, F, M별로 등급화가 끝나면 〈표 4.4〉와 같이 RFM 등급으로 구분하여 전체 현황을 파악해 볼 수 있다.

표 4.4 RFM 등급

고객ID	최근 구매일	R등급	구매 건수	F등급	평균 금액	M등급	RFM등급
C01	2017-06-05	4	4	5	21,750	2	452
C02	2017-11-12	4	3	5	33,333	4	454
C03	2017-05-10	1	2	3	10,000	2	132
C04	2017-07-01	2	1	1	20,000	3	213
C05	2017-03-10	1	1	1	110,000	5	115
C06	2017-10-10	3	2	3	55,000	5	335
C07	2017-09-15	3	1	1	15,000	2	312
C08	2017-12-10	4	2	3	6,500	1	431
C09	2017-12-20	5	1	1	18,000	3	513
C10	2017-12-30	5	1	1	8,000	1	511

4단계 가중치 설정

RFM 모형에 사용되는 R, F, M의 가중치(ω_R, ω_F, ω_M)는 그 중요도에 따라 결정되는데, 일반적으로 5등급을 많이 사용한다. 단순 고정범위 기준을 사용한 경우에는 R, F, M별로 상위 20% 값들을 평균하여 가중치로 사용할 수도 있으며, 5분위 수 기준의 경우, 상위 20%가 〈표 4.3〉과 같이 모두 5점이 되면 평균은 의미가 없다. 데이터의 분포와 기업의 특성을 고려하여 여러 방법으로 가중치를 결정할 수도 있다. 여기서는 간단히 $\omega_R : \omega_F, : \omega_M$ = 4:3:3으로 설정하기로 한다.

단순 고정기준 적용 시의 가중치 도출 방법의 예

다음은 **단순 고정기준**을 적용한 고객들의 R, F, M 등급을 각각 내림차순으로 정렬한 것이다.

고객ID	최근 구매일	R등급	고객ID	구매 건수	F등급	고객ID	평균 금액	M등급
C10	2017-12-30	5	C01	4	2	C05	110,000	5
C09	2017-12-20	5	C02	3	2	C06	55,000	4
C08	2017-12-10	5	C03	2	2	C02	33,333	4
C02	2017-11-12	5	C06	2	2	C01	21,750	2
C06	2017-10-10	5	C08	2	2	C04	20,000	2
C07	2017-09-15	5	C04	1	1	C09	18,000	2
C04	2017-07-01	4	C05	1	1	C07	15,000	2
C01	2017-06-05	4	C07	1	1	C03	10,000	1
C03	2017-05-10	4	C09	1	1	C10	8,000	1
C05	2017-03-10	3	C10	1	1	C08	6,500	1

각 항목의 상위 20%에 해당하는 등급(점선 영역)을 평균하여 가중치로 정하면 다음과 같다.

$\omega_R = 5,\ \omega_{F,} = 2,\ \omega_M = 4.5$

5단계 RFM 점수 계산

이제 RFM 점수 모형을 적용하여 RFM 점수를 계산하면, 고객ID가 1(C01)인 경우 35가 된다.

$$\omega_R = 4,\ \omega_{F,} = 3,\ \omega_M = 3$$

$$RFM\ 점수_1 = 4R_1 + 3F_1 + 3M_1 = 4 \times 2 + 3 \times 5 + 3 \times 4 = 35$$

각 가중치들을 가중치 총합으로 나눈 정규화된 가중치(예: $\omega_R/(\omega_R+\omega_F+\omega_M)$) 들로 곱한 가중평균 값, 즉 RFM 점수는 3.5가 된다.

$$\omega_R = 4/10,\ \omega_{F,} = 3/10,\ \omega_M = 3/10$$

$$RFM\ 점수_1\ (가중평균) = 0.4\,R_1 + 0.3\,F_1 + 0.3\,M_1 = 3.5$$

RFM 점수(가중평균)를 5점 척도로 구분하여 분류하면, 5점인 경우 클래스5, 4점 이상~5점 미만은 클래스4, 3점 이상~4점 미만은 클래스3, 2점 이상~3점 미만은 클래스2, 1점 이상~2점 미만은 클래스1로 정할 수 있다. RFM 등급은 111이 가장 낮은 등급이기 때문에 RFM점수(가중평균)는 1이 가장 낮은 점수가 된다. 〈표 4.5〉는 클래스로 분류한 최종 결과를 나타낸 것이다.

표 4.5 RFM 점수

고객ID	R등급	F등급	M등급	RFM등급	RFM 점수	RFM 점수 (가중 평균)	클래스
C01	2	5	4	254	35.0	3.5	3
C02	4	5	4	454	43.0	4.3	4
C03	1	3	2	132	19.0	1.9	1
C04	2	1	3	213	20.0	2.0	2
C05	1	1	5	115	22.0	2.2	2
C06	3	3	5	335	36.0	3.6	3
C07	3	1	2	312	21.0	2.1	2
C08	4	3	1	431	28.0	2.8	2
C09	5	1	3	513	32.0	3.2	3
C10	5	1	1	511	26.0	2.6	2

6단계 결과 분석

RFM 등급과 점수들과 각 고객별 점수들에 대해 빈도, 평균, 분포 등 다양한 방법으로 분석하여 활용할 수 있다.

4.4 R을 이용한 문제 해결

(1) 사용 패키지

RFM 분석에 사용되는 여러 패키지 중에 didrooRFM 패키지를 사용해보자. 패키지와 사용 함수는 다음과 같다.

패키지	개요	사용 함수	기능
didrooRFM	RFM 점수 계산 및 결과 출력	findRFM()	주어진 고객 데이터에 대해 RFM 값을 계산하고 각 고객에 대한 등급을 반환함

(2) 분석 절차

앞의 4.3절에 설명한 분석 과정을 R로 문제를 해결해 보자. 먼저 데이터 세트를 준비한다. 거래량이 적기 때문에 데이터를 데이터 프레임으로 직접 작성하기로 한다. 다음으로 didrooRFM 패키지의 findRFM() 함수를 이용하면 간단히 계산이 완료된다. 결과분석은 findRFM() 함수의 실행결과로 나타나는 다양한 값들을 해석하면 된다.

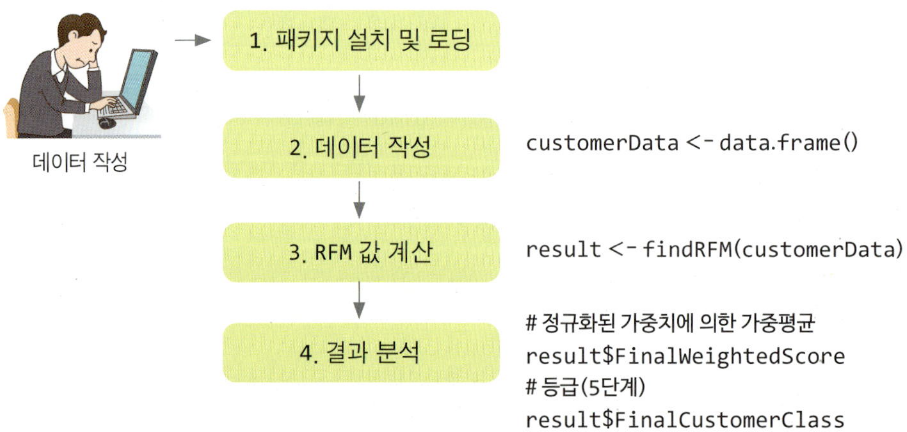

그림 4.2 R을 이용한 RFM 분석 절차

(3) 단계별 분석

1단계 패키지 설치 및 로딩

다음과 같이 install.packages()를 이용하여 didrooRFM 패키지를 설치하고, library() 함수로 로딩한다.

R 패키지 설치 및 로딩

```
install.packages("didrooRFM")
```

패키지 설치
☞ 한번 설치 후에는 재설치 불필요

출력 결과

```
Installing package into 'C:/Users/yscha/Documents/R/win-library/3.5'
(as 'lib' is unspecified)
trying URL 'https://cran.rstudio.com/bin/windows/contrib/3.5/didrooRFM_1.0.0.zi
Content type 'application/zip' length 15724 bytes (15 KB)
downloaded 15 KB

package 'didrooRFM' successfully unpacked and MD5 sums checked

The downloaded binary packages are in
        C:\Users\      \AppData\Local\Temp\RtmpWQVpMt\downloaded_packages
```

```
library(didrooRFM)
```

패키지 로딩
☞ R 또는 RStudio 실행 시마다 로딩 필요

출력 결과

```
Warning message:
패키지 'didrooRFM'는 R 버전 3.5.2에서 작성되었습니다
```

2단계 데이터 적성

〈표 4.2〉의 거래 데이터를 거래번호(Transno)별로 고객ID(CustomerID), 최근 구매일(DateofPurch), 평균 금액(Amount)으로 구성되는 데이터 프레임을 준비한다.

데이터 작성

```
거래번호별 고객의 구매 데이터
TransNo <- c(1, 2, 3, 4, 5, 6, 7, 8, 9, 10, 11, 12, 13, 14, 15, 16, 17, 18)
CustomerID <- c('c01', 'c02', 'c03', 'c06', 'c05', 'c01', 'c02', 'c01', 'c03',
                'c01', 'c04', 'c07', 'c06', 'c02', 'c08', 'c08', 'c09', 'c10')
DateofPurch <- as.Date(c("2016-01-15", "2016-02-20", "2016-04-10", "2016-07-15",
                    "2016-07-15", "2017-01-15", "2017-03-10", "2017-05-10",
                    "2017-05-10", "2017-06-05", "2017-07-01", "2017-09-15",
                    "2017-10-10", "2017-11-12", "2017-12-03", "2017-12-10",
                    "2017-12-20", "2017-12-30"))
Amount <- c(24000, 10000, 12000, 60000, 110000, 15000, 60000, 30000, 8000, 18000,
            20000, 15000, 50000, 30000, 6000, 7000, 18000,
```

거래 번호

고객 ID

구매일 (문자를 날짜 형식으로 변환)

구매금액

RFM 입력 데이터 프레임 작성

```
customerData <- data.frame(TransNo, CustomerID, DateofPurch, Amount)
customerData
```

RFM 분석 입력 형태의 데이터 프레임 작성
☞ 항목명:
TransNo(거래번호), CustomerID(고객ID), DateofPurch(구매일), Amount(금액)

출력 결과

```
   TransNo CustomerID DateofPurch Amount
1        1        c01  2016-01-15  24000
2        2        c02  2016-02-20  10000
3        3        c03  2016-04-10  12000
4        4        c06  2016-07-15  60000
5        5        c05  2016-07-15 110000
6        6        c01  2017-01-15  15000
7        7        c02  2017-03-10  60000
8        8        c01  2017-05-10  30000
9        9        c03  2017-05-10   8000
10      10        c01  2017-06-05  18000
11      11        c04  2017-07-01  20000
12      12        c07  2017-09-15  15000
13      13        c06  2017-10-10  50000
14      14        c02  2017-11-12  30000
15      15        c08  2017-12-03   6000
16      16        c08  2017-12-10   7000
17      17        c09  2017-12-20  18000
18      18        c10  2017-12-30   8000
```

3단계 RFM 점수 계산

거래 데이터에 대해 고객별로 각각 R, F, M 등급을 정하고 주어진 가중치로 RFM 점수를 계산한 후에 고객 클래스를 5단계로 분류한다.

RFM 점수 계산

```
result <- findRFM(customerData, 4, 3, 3)
result
```

customerData에 대해 4, 3, 3의 R, F, M 가중치로 RFM 점수 계산

출력 결과

tibble은 데이터 프레임과 유사하며, 사용이 편리함

```
# A tibble: 10 x 16
   CustomerID MeanValue LastTransaction NoTransaction
   <chr>          <dbl> <date>                  <int>
 1 c01            21750 2017-06-05                  4
 2 c02            33333. 2017-11-12                 3
 3 c03            10000 2017-05-10                  2
 4 c04            20000 2017-07-01                  1
 5 c05           110000 2016-07-15                  1
 6 c06            55000 2017-10-10                  2
 7 c07            15000 2017-09-15                  1
 8 c08             6500 2017-12-10                  2
 9 c09            18000 2017-12-20                  1
10 c10             8000 2017-12-30                  1
# ... with 12 more variables:
#   MonetoryPercentile <dbl>,
#   FrequencyPercentile <dbl>,
#   RecencyPercentile <dbl>, MonetoryScore <dbl>,
#   FrequencyScore <dbl>, RecencyScore <dbl>,
#   MonetoryWeightedScore <dbl>,
#   FrequencyWeightedScore <dbl>,
#   RecencyWeightedScore <dbl>, FinalScore <dbl>,
#   FinalWeightedScore <dbl>, FinalCustomerClass <chr>
```

각 고객별 고객ID(CustomerID), 평균 구매금액(MeanValue), 최근구매일(LastTransacton), 구매 빈도(NoTransaction) 외 아래 12개 변수 값이 제공됨

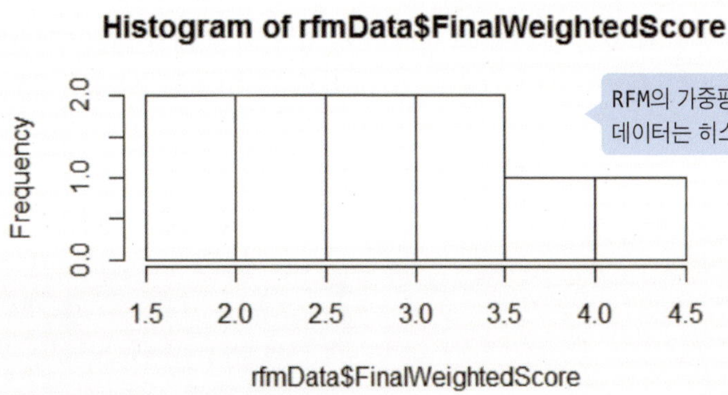

RFM의 가중평균 값에 해당하는 데이터는 히스토그램으로 출력됨

함수 | findRFM()

패키지	didrooRFM
기능	주어진 고객 데이터에 대해 RFM 값을 계산하고 각 고객에 대한 등급을 반환함
사용법	**findRFM**(customerdata, recencyWeight = 4, frequencyWeight = 4, monetoryWeight = 4) 매개변수
반환값	RFM 값들의 데이터 프레임 (고개별 평균 금액, 최근 구매일, 거래 수, R/F/M 값들의 백분위수, R/F/M 값들의 점수, R/F/M 값들의 가중치 점수, RFM 점수, RFM 점수(가중 평균), 5단계로 분류된 고객 클래스)

매개변수

변수	설명
customerdata	고객의 거래 데이터 프레임 항목: TransNo(거래번호), CustomerID(고객ID), DateofPurch(거래일), Amount(금액) ☞ 거래일은 날짜형식
recencyWeight	R 요인에 대한 가중치
frequencyWeight	F 요인에 대한 가중치
monetoryWeight	M 요인에 대한 가중치

4단계 결과 분석

findRFM() 함수에 의한 결과에서 백분위 수, R, F, M별 점수와 가중 점수, RFM 점수와 가중 평균, 5점 척도의 고객 분류 등을 파악할 수 있다. 다음은 각각에 대한 데이터 일부를 출력한 결과이다.

RFM 등급 분석

```
result$RecencyScore
```
R 등급

출력 결과

```
[1] 2 4 1 2 1 3 3 4 5 5
```

```
result$FrequencyScore
```
F 등급

출력 결과

```
[1] 5 5 3 1 1 3 1 3 1 1
```

```
result$MonetoryScore
```
M 등급

출력 결과

```
[1] 4 4 2 3 5 5 2 1 3 1
```

```
result$FinalScore
```
RFM 점수

출력 결과

```
[1] 35 43 19 20 22 36 21 28 32 26
```

```
result$FinalWeightedScore
```
RFM 점수 (가중 평균)

출력 결과

```
[1] 3.5 4.3 1.9 2.0 2.2 3.6 2.1 2.8 3.2 2.6
```

```
result$FinalCustomerClass
```
RFM 등급 (1~5)

출력 결과

```
[1] "Class-3" "Class-4" "Class-1" "Class-2" "Class-2"
[6] "Class-3" "Class-2" "Class-2" "Class-3" "Class-2"
```

```
table(result$FinalCustomerClass)
```
RFM 등급별 빈도

출력 결과

```
Class-1 Class-2 Class-3 Class-4
      1       5       3       1
```

```
barplot(table(result$FinalCustomerClass), col=rainbow(5), xlab="클래스",
        ylab="빈도")
```
RFM 등급별 빈도(그래프)

출력 결과

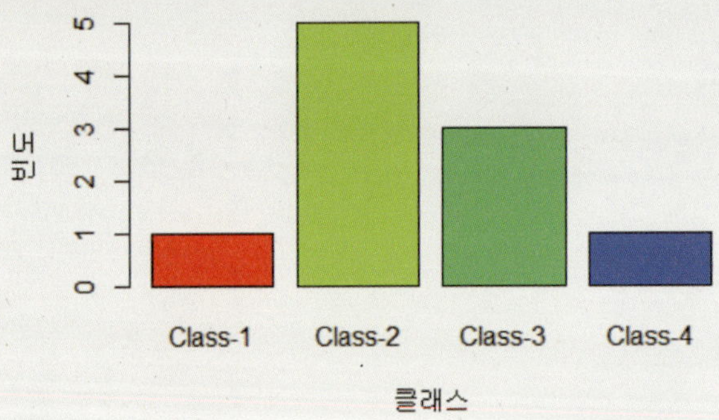

4.5 예제: CDNow의 고객 분석

CDNow와 샘플 데이터

CDNOW

CDNow는 1994년, 미국 펜실베니아에서 쌍둥이 형제 Jason Olim, Matthew Olim이 창립한 온라인 소매 유통회사로서, 인터넷 광고, 고객의 선호도 기반 상품 추천, 온라인 비디오, 음악, 인터넷상의 제휴 마케팅 프로그램, 이메일 마케팅 등에서 앞선 혁신 기업이었다. 2000년에 독일 다국적 기업 Bertelsmann에 의해 1억 1700만 달러에 인수되었고, 2002년부터는 아마존(amazon.com)이 운영하고 있다.
CDNOW sample 데이터(CDNow_sample.txt)는 CDNow의 23,570 명 고객의 거래에 대해 2001년도에 Fader와 Hardie이 제공하는 원본 데이터(CDNow_master.txt)의 1/10 고객 수에 해당하는 데이터이다[2].

(1) 분석 절차

CDNow_samplc.txt 파일을 읽어서 입력 데이터 형태로 변형한다. 기본적인 과정은 앞의 4.4절과 같다.

그림 4.3 외부 데이터 파일을 이용한 RFM 분석 절차

(2) 단계별 분석

1단계 데이터 파일 준비

CDNow sample 데이터는 다양한 방법으로 찾을 수 있는데, 구글(www.google.co.kr)에서 "cdnow sample data"로 검색해서 "Bruce Hardle: Datasets"를 클릭하면 된다.

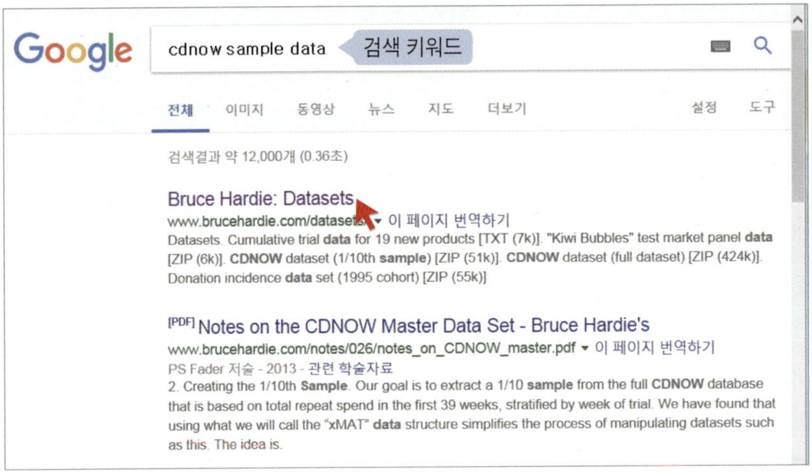

데이터 세트 목록에 있는 CDNow 1/10th sample 데이터를 다운로드 받아서 압축을 풀어 보자.

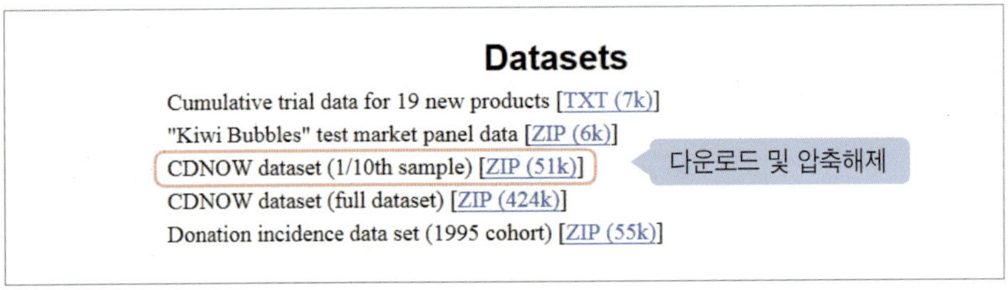

파일 이름은 "CDNow_sample.txt"로 되어 있다. 메모장 등 텍스트 편집기로 보면 5개의 열로 구성된 총 6,919 개의 거래 데이터를 볼 수 있다. 첫 번째 열은 원본 데이터의 고객ID이며, 두 번째 열은 원본 데이터에서 1/10 수준으로 추출된 고객들에 대해 1부터 2357까지 새로 매긴 고객ID이다. 세 번째 열은 구매일, 네 번째 행은 CD 구매량, 다섯 번째 열은 금액($)을 의미한다.

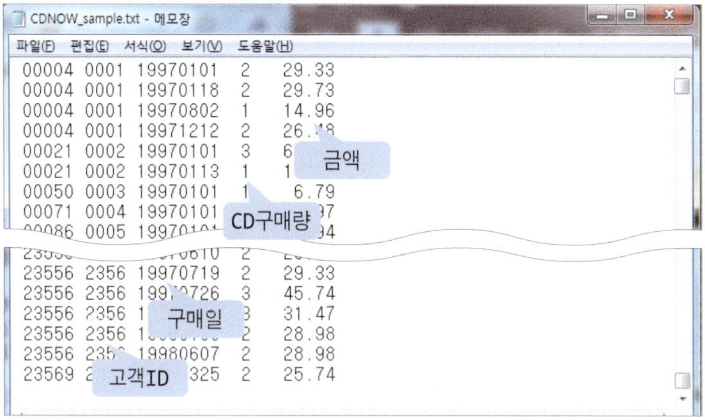

2단계 패키지 설치 및 로딩

4.4절에서 didrooRFM 패키지를 설치했기 때문에 설치과정은 생략해도 된다. 그러나, RStudio를 다시 실행할 때마다 library()함수를 실행하여 해당 패키지를 로딩해야 한다.

R 패키지 설치 및 로딩

```
#install.packages("didrooRFM")
library(didrooRFM)
```

3단계 데이터 읽기

데이터 파일을 읽고, 거래번호(TransNo)별로 고객ID(CustomerID), 구매일(DateofPurch), 금액(Amount)으로 구성되는 데이터 프레임을 준비한다. 데이터 프레임으로 변환하기 전에는 원본 파일의 구조와 데이터 유형 등을 먼저 파악할 필요가 있다.

데이터 준비

```
df <- read.table(file.choose(), header=F)
```

① 테이블 형태의 파일을 읽고, 데이터 프레임을 만듦
☞ file.choose()함수는 파일 선택을 위해 윈도우 탐색기 창을 보여줌
☞ 입력 파일에 항목명이 없기 때문에 header를 FALSE로 설정

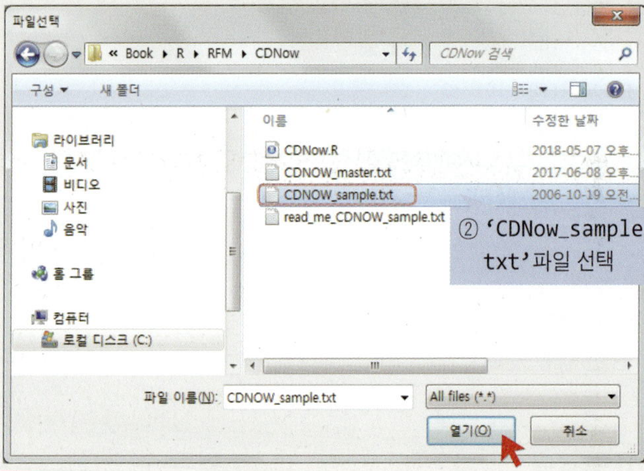

② 'CDNow_sample.txt'파일 선택

```
head(df)
```

거래 데이터의 앞 부분
☞ 디폴트 출력 행의 수(n)는 6

출력 결과

```
  V1 V2       V3 V4    V5
1  4  1 19970101  2 29.33
2  4  1 19970118  2 29.73
3  4  1 19970802  1 14.96
4  4  1 19971212  2 26.48
5 21  2 19970101  3 63.34
6 21  2 19970113  1 11.77
```

```
tail(df)
```

거래 데이터의 뒷 부분
☞ 디폴트 출력 행의 수(n)는 6

출력 결과

```
        V1   V2       V3 V4    V5
6914 23556 2356 19970719  2 29.33
6915 23556 2356 19970726  3 45.74
6916 23556 2356 19970927  3 31.47
6917 23556 2356 19980103  2 28.98
6918 23556 2356 19980607  2 28.98
6919 23569 2357 19970325  2 25.74
```

```
n <- nrow(df)
n
```

행의 수

출력 결과

```
[1] 6919
```

```
str(df)
```

데이터 구조
☞ 데이터 프레임, 6919개의 객체(행), 5개의 변수

출력 결과

```
'data.frame':	6919 obs. of  5 variables:
 $ V1: int  4 4 4 4 21 21 50 71 86 111 ...
 $ V2: int  1 1 1 1 2 2 3 4 5 6 ...
 $ V3: int  19970101 19970118 19970802 19971212 19970101 19970113 19970101 19970101
19970101 19970101 ...
 $ V4: int  2 2 1 2 3 1 1 1 2 1 ...
 $ V5: num  29.3 29.7 15 26.5 63.3 ...
```

```
summary(df)
```

각 항목별 데이터의 요약 정보
☞ 최솟값, 제1사분위수, 중앙값, 평균값, 제3사분위수, 최댓값

출력 결과

```
       V1              V2               V3                 V4
 Min.   :    4   Min.   :   1.0   Min.   :19970101   Min.   : 1.000
 1st Qu.: 5525   1st Qu.: 570.5   1st Qu.:19970222   1st Qu.: 1.000
 Median :11749   Median :1193.0   Median :19970415   Median : 2.000
 Mean   :11683   Mean   :1175.7   Mean   :19972169   Mean   : 2.382
 3rd Qu.:17717   3rd Qu.:1766.0   3rd Qu.:19971030   3rd Qu.: 3.000
 Max.   :23569   Max.   :2357.0   Max.   :19980630   Max.   :40.000
       V5
 Min.   :  0.00
 1st Qu.: 14.49
 Median : 25.99
 Mean   : 35.28
 3rd Qu.: 42.97
 Max.   :506.97
```

```
df[, 3] <- as.Date(as.character(df[, 3], "%Y%m%d")
head(df[, 3])
```

RFM 분석 입력 데이터 형식으로 맞추기 위해, df 데이터 프레임의 3열 값들을 문자로 변환 후에 "연월일" 형식의 날짜 형식으로 변환
☞ df[,3]과 df$V3은 동일

출력 결과

```
[1] "1997-01-01" "1997-01-18" "1997-08-02" "1997-12-12" "1997-01-01" "1997-01-13"
```

함수 | as.character()

패키지	base
기능	factor(범주형 변수)형 데이터를 문자형으로 변환
사용법	**as.character**(x, ...) • 매개변수 변수: x — 설명: factor(범주형 변수)형 데이터
반환값	문자 벡터

함수 | as.Date()

패키지	base
기능	문자를 Date형으로 변환
사용법	**as.Date**(x, format, ...)) • 매개변수 변수: x — 설명: 변환될 문자 변수: format — 설명: 변환 포맷 ☞ %Y%m%d: 연-월-일로 변환 (%Y: 4자리 연도, %m: 1~12, %d: 1~31)
반환값	Date 유형의 객체 반환(NA 날짜는 NA 문자 반환)

함수 | file.choose()

패키지	base
기능	대화상자를 통해 상호작용하여 계층적으로 파일을 선택함
사용법	file.choose()
반환값	파일 경로에 대한 문자 벡터

함수 | read.table()

<table>
<tr><th>패키지</th><td colspan="2">utils</td></tr>
<tr><th>기능</th><td colspan="2">테이블 형태의 파일을 읽고, 데이터 프레임을 만듦</td></tr>
<tr><th rowspan="4">사용법</th><td colspan="2">read.table(file, ...)
• 매개변수</td></tr>
<tr><th>변수</th><th>설명</th></tr>
<tr><td>file</td><td>테이블 형태의 데이터 파일</td></tr>
<tr><td>header</td><td>첫 행에 변수로 사용할 이름이 있는지 여부</td></tr>
<tr><th>반환값</th><td colspan="2">데이터 프레임</td></tr>
</table>

RFM 분석 입력 데이터 프레임 작성

```
# RFM 분석을 위한 입력 데이트 프레임으로 변환
customerData <- data.frame(TransNo=seq(1,n), CustomerID=df[,2],
                           DateofPurch=df[,3], Amount=df[,5])
head(customerData)
```

TransNo, CustomerID, DateofPurch, Amount 항목명으로 구성되는 데이터 프레임 작성
☞ 편의상, 거래번호는 1~n(6919)로 설정함

출력 결과

```
  TransNo CustomerID DateofPurch Amount
1       1          1  1997-01-01  29.33
2       2          1  1997-01-18  29.73
3       3          1  1997-08-02  14.96
4       4          1  1997-12-12  26.48
5       5          2  1997-01-01  63.34
6       6          2  1997-01-13  11.77
```

4단계 RFM 점수 계산

거래 데이터에 대해 고객별로 각각 R, F, M 등급을 정하고 주어진 가중치로 RFM 점수를 계산한 후에 고객 클래스를 5단계로 분류한다.

RFM 점수 계산

```
result <- findRFM(customerData, 4, 3, 3)
result
```

customerData의 데이터에 대해 4, 3, 3의 R, F, M 가중치로 RFM 점수 계산한 후에, 결과를 16개 항목의 데이터 프레임으로 출력함

☞ RFM의 가중평균 값에 해당하는 데이터는 히스토그램으로 출력함

출력 결과

```
# A tibble: 2,357 x 16
   CustomerID MeanValue LastTransaction NoTransaction MonetoryPercentile
   <chr>          <dbl> <date>                  <int>              <dbl>
 1 1               25.1 1997-12-12                  4             0.504
 2 10              30.3 1997-01-01                  1             0.626
 3 100             21.6 1997-06-21                  2             0.424
 4 1000            19.6 1998-05-09                  8             0.376
 5 1001            38.8 1997-02-07                  1             0.751
 6 1002            11.8 1997-02-07                  1             0.0632
 7 1003            63.8 1997-08-13                  2             0.914
 8 1004            27.9 1997-02-07                  1             0.565
 9 1005            21.6 1997-03-06                  2             0.424
10 1006            14.4 1997-02-07                  1             0.184
# ... with 2,347 more rows, and 11 more variables: FrequencyPercentile <dbl>,
#   RecencyPercentile <dbl>, MonetoryScore <dbl>, FrequencyScore <dbl>,
#   RecencyScore <dbl>, MonetoryWeightedScore <dbl>,
#   FrequencyWeightedScore <dbl>, RecencyWeightedScore <dbl>, FinalScore <dbl>,
#   FinalWeightedScore <dbl>, FinalCustomerClass <chr>
```

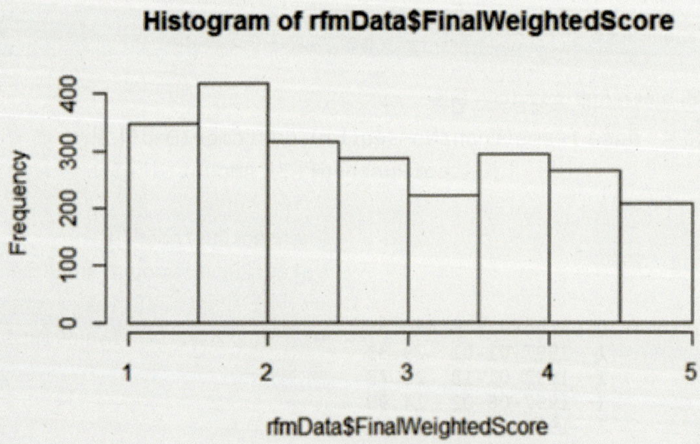

```
hist(result$FinalWeightedScore,
     xlab="RFM 점수(가중 평균)", ylab="빈도", main="RFM 점수 분포", col=rainbow(7))
```

가중평균의 RFM점수에 대한 히스토그램 출력

출력 결과

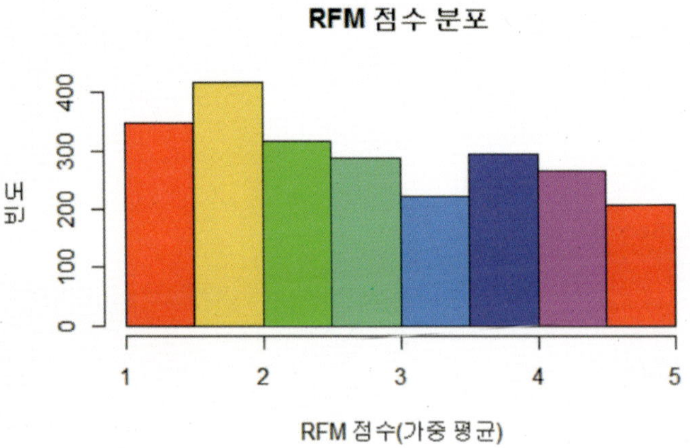

5단계 결과 분석

백분위 수, R, F, M별 점수와 가중 점수, RFM 점수와 가중 평균, 5점 척도의 고객 분류에 대한 데이터 일부와 RFM 등급별 빈도 분포를 파악해 보자.

RFM 점수와 등급 분포

```
head(result$RecencyPercentile)
```

R 값의 백분위수(0~1)

출력 결과

```
[1] 0.7657046 0.0000000 0.6392190 0.9138370 0.2287776 0.2287776
```

```
head(result$FrequencyPercentile)
```

F 값의 백분위수(0~1)

출력 결과

```
[1] 0.7720713 0.0000000 0.5114601 0.9286927 0.0000000 0.0000000
```

```
head(result$MonetoryPercentile)
```
M 값의 백분위수 (0~1)

출력 결과

```
[1] 0.50382003 0.62606112 0.42359932 0.37606112 0.75127334 0.06324278
```

```
head(result$RecencyScore)
```
R 등급

출력 결과

```
[1] 4 1 4 5 2 2
```

```
head(result$FrequencyScore)
```
F 등급

출력 결과

```
[1] 4 1 3 5 1 1
```

```
head(result$MonetoryScore)
```
M 등급

출력 결과

```
[1] 3 4 3 2 4 1
```

```
head(result$RecencyWeightedScore)
```
R 값의 가중치 점수

출력 결과

```
[1] 16  4 16 20  8  8
```

```
head(result$FrequencyWeightedScore)
```
F 값의 가중치 점수

출력 결과

```
[1] 12  3  9 15  3  3
```

```
head(result$MonetoryWeightedScore)
```
M 값의 가중치 점수

출력 결과

```
[1]  9 12  9  6 12  3
```

```
head(result$Finalscore)
```

RFM 점수

출력 결과

```
[1] 37 19 34 41 23 14
```

```
head(result$FinalWeightedScore)
```

RFM 점수(가중 평균)

출력 결과

```
[1] 3.7 1.9 3.4 4.1 2.3 1.4
```

```
table(result$FinalCustomerClass)
```

고객 분류(5점 척도)

출력 결과

```
[1] "Class-3" "Class-1" "Class-3" "Class-4" "Class-2" "Class-1"
```

```
grade <- paste(result$MonetoryScore, result$FrequencyScore,
               result$RecencyScore, sep="")
head(grade)
```

R, F, M 등급들을 하나의 문자열로 만듦
☞ sep는 R, F, M 등급 간 구분할 문자

출력 결과

```
[1] "344" "411" "334" "255" "412" "112"
```

```
freq <- table(grade)
freq
```

RFM 등급별 빈도

출력 결과

```
grade
111 112 113 131 132 133 134 135 143 144 145 152 154 155 211 212 213 231 232 233
125 126 118   1   9  15  31   8   3  20  14   1  10   6  97  77  70   8   5  16
234 235 241 242 243 244 245 253 254 255 311 312 313 331 332 333 334 335 342 343
 32  18   1   1  10  34  29   1  18  39  75  59  52   6  18  19  40   8   3   6
344 345 353 354 355 411 412 413 431 432 433 434 435 442 443 444 445 453 454 455
 41  38   1  32  73  70  72  51   5   9  17  41   9   5   5  41  33   1  26  86
511 512 513 531 532 533 534 535 541 542 543 544 545 552 553 554 555
 90  69  54   3  12  17  45  14   1   3   6  33  31   2   1  26  65
```

```
barplot(table(grade),
        xlab="RFM 등급", ylab="빈도",
        main="RFM 등급별 빈도",
        col=rainbow(5))
```

RFM 등급별 빈도 분포:
freq 값들에 대한 막대 그래프
☞ 색(col)은 무지개색 팔레트에서
잘 구별되는 5가지 색으로 설정(raibow(5))

출력 결과

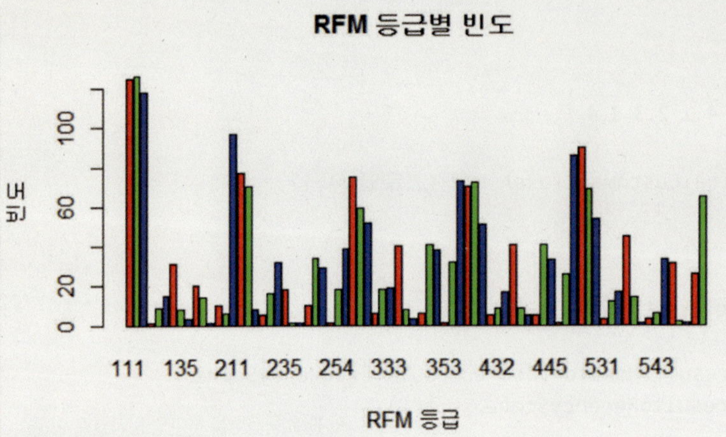

함수 | paste()

패키지	base
기능	벡터들을 문자로 변환 후에 하나의 문자열로 만듦
사용법	**paste**(..., sep=" ") • 매개변수 변수 / 설명 ... : 문자열 벡터로 변환될 하나 이상의 R 객체 sep : 문자열 항목 간 구분할 문자
반환값	하나의 문자열로 변환된 문자 벡터

함수 | table()

<table>
<tr><td>패키지</td><td>base</td></tr>
<tr><td>기능</td><td>요인들에 대한 교차표 생성</td></tr>
<tr><td>사용법</td><td>table(...)

• 매개변수
<table><tr><th>변수</th><th>설명</th></tr><tr><td>...</td><td>요인으로 해석될 수 있는 하나 이상의 객체</td></tr></table></td></tr>
<tr><td>반환값</td><td>교차표</td></tr>
</table>

요약

RFM 분석 개요: RFM 분석은 고객들이 특정 기간에 구매한 장바구니 정보를 구성하는 거래일, 거래 건 수, 금액 등을 기반으로 RFM 점수를 매겨 우수고객, 비우수고객과 같이 고객을 분류하는 방법 중 하나이다.

RFM 분석 역사: RFM 개념은 1995년에 Bult와 Wansbeek에 의해 소개되었으며, Blattberg 등은 마케팅 데이터베이스에 적용될 때 아주 효과적임을 보였다.

RFM 모형: R, F, M 변수를 기반으로 고객들을 점수화하고, 점수에 따라 고객들을 작은 군집으로 세분화한다.

RFM 분석 절차: 데이터 준비(1단계), R, F, M 값 평가기준 설정(2단계),, 고객별로 R, F, M 값 계산(3단계), R, F, M 값 별로 가중치 계산(4단계), 고객별로 RFM 점수 계산(5단계), 구간별로 고객 등급화(6단계) 과정으로 진행된다.

R을 이용한 RFM 분석 방법: didrooRFM 패키지의 findRFM() 함수를 사용하여 5분위 수 기준으로 R, F, M 값을 계산하고 5점 척도로 5개의 클래스로 분류한다.

연습 문제

1. 다음 10명 고객들들의 거래 데이터로부터 5분위수 기준과 단순 고정 범위 기준으로 RFM 점수를 구하시오. 단, 단순 고정 범위 기준은 4.3절의 기준표를 적용하시오.

1.1 R 등급을 구하시오. 최근 구매일의 날짜 수는 최근 구매일부터 현재일까지의 기간(일)으로 변환한 수이다.

ID	최근 구매일 (날짜 수)	R등급	
		① 5분위수 기준	② 단순 고정 범위 기준
03	50		
05	150		
08	180		
04	250		
10	250		
02	300		
06	330		
07	380		
01	400		
09	455		

1.2 F 등급을 구하시오.

ID	구매 빈도	F등급	
		① 5분위수 기준	② 단순 고정 범위 기준
03	10		
08	6		
06	6		
01	6		
10	3		
02	3		
05	3		
07	1		
09	1		
04	1		

1.3 M 등급을 구하시오.

ID	평균 구매 금액(원)	M등급	
		① 5분위수 기준	② 단순 고정 범위 기준
04	110,000		
01	30,000		
05	30,000		
09	28,000		
07	25,000		
08	15,000		
10	15,000		
06	15,000		
02	10,000		
03	10,000		

1.4 5분위 수와 단순 고정 범위 기준에 의한 R, F, M 등급에서 상위 20%의 평균값을 가중치로 하는 w_R, w_F, w_M을 구하시오.

1.5 분위 수와 단순 고정 범위 기준에 대한 01 고객의 RFM 점수(가중 평균)를 계산하여 비교하시오.

2. 다음 거래 번호, 고객 ID, 구매일, 구매금액의 항목들로 구성된 데이터 프레임에 대해 5분위수 기준으로 RFM 점수를 계산하는 R 스크립트를 완성하시오. 가중치 w_R, w_F, w_M은 3, 4, 3으로 하시오.

```
______ <- data.frame(TransNo, CustomerID, DateofPurch, Amount)
score <- ____________(cust, ____, ____, ____)
score
```

CDNow의 full dataset을 이용한 고객 분석

응용문제

4.5절에서 살펴 본 CDNow의 sample 데이터 세트 대신 full dataset에 대해 R로 RFM 점수를 계산하고 결과를 분석해보자.

CDNow의 거래에 대한 마스터 데이터

CDNow의 23,570 명 고객의 거래 데이터로, 4.4절을 참조하여 CDNow full dataset(CDNow_master.txt) 파일을 다운로드 받아 사용한다.

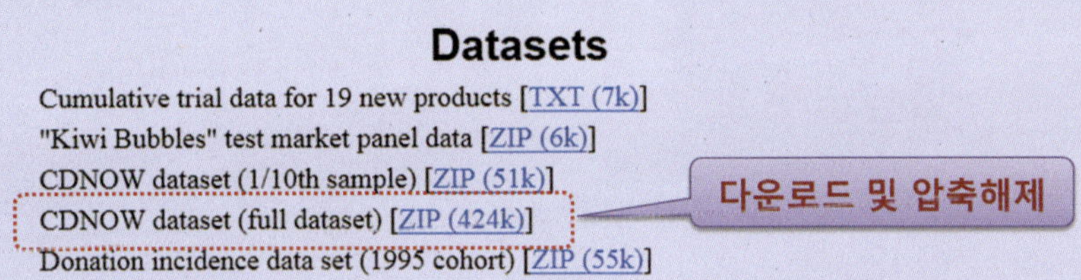

데이터 내용은 다음과 같다.

```
customer_id date number_of_cds dollar_value
00001 19970101 1  11.77
00002 19970112 1  12.00
….
23570 19970326 2  42.96
```

1단계 데이터 준비

첫 행에 항목명이 있기 때문에 read.table(file.choose(), header=T)로 설정한다.

2단계 RFM 점수 계산

R, F, M 등급 계산은 5분위 수 평가기준을 적용하고, RFM 점수 계산을 위한 가중치는 임의로 정한다.

3단계 결과 분석

분포 분석을 위해 다양한 차트로 그려보자.

5 AHP 분석을 통한 대안 선정

학습목표

대안 선정을 위한 AHP 분석 기법의 활용능력 학습

학습내용

AHP 원리
AHP 계산을 통한 대안 선정
R을 이용한 대안 선정

5.1 배경

우리는 일상에서 자주 선택의 기로에 서게 된다. 부품 공급업체의 선정, 프로젝트 선정 등과 같이, 경영활동은 대안들을 선정하는 과정의 연속이라 해도 과언이 아닐 정도이다. 그렇다면, 대안들의 평가항목들에 대한 가중치는 어떻게 산정하며, 대안은 어떻게 선정할까?

우리는 4장에서 대안들을 평가하는 방법으로 프로파일 모형과 점수 모형을 간단히 살펴보았다. 평가항목 간의 가중치는 전문가의 직관 또는 평가자의 우선 평가항목에 따라 정해진다. 그런데 평가항목들이 많을 때는 비교가 더욱 어려워진다. AHP(Analytic Hierarchy Process) 분석은 평가항목들을 계층적으로 구성하고 쌍대비교를 통해 문제를 해결하는 방법이다. AHP 분석은 수학적인 고유벡터 이론를 기반으로 하며, 일관성 있는 비교 평가로 대안을 선정하게 된다.

5.2절에서는 AHP 분석의 개요, 5.3절에서는 AHP 분석의 원리를 살펴보고, 5.4절에서는 R을 이용하는 방법을 알아보자. 5.5절에서는 휴가지를 선정하는 응용문제를 풀어보도록 하자.

5.2 AHP 분석 개요

AHP 분석은 복수의 평가기준을 기반으로 여러 대안들을 서열화하여 하나의 대안을 선정하는 다기준 의사결정(MCDM: Multi-criteria Decision Making)의 한 방법이다. AHP 모형은 목표 달성과 대안을 평가할 수 있는 다수의 평가기준들을 상위 평가기준과 하위 평가기준들로 계층화하고 평가기준들을 두 개씩 쌍대비교하여 대안들을 평가한다. AHP 분석은 1970년대에 BultThomas L. Saaty에 의해 소개되어, 여러 분야에서 대안들을 효과적으로 선택하는 방법으로 활용되고 있다[3].

기업 이사회에서 새 CEO를 공모한다고 생각해보자[4]. 목표를 리더 선정으로 두면, 일반적으로 생각할 수 있는 경력, 학력, 카리스마, 나이가 평가기준들이 될 수 있다. 아래 그림은 이를 AHP 계층모형으로 나타낸 것이며, 〈표 5.1〉은 각 평가기준 항목에 대한 지원자(대안)들의 프로필이다. AHP 분석은 평가기준들과 대안들에 대해 두 개씩 쌍대비교하여 서로 상대적인 우선순위를 결정하게 된다. 즉, 평가기준들에 대해 서로 쌍대비교 후에, 평가기준들 간의 상대적인 우선순위를 계산한다. 경력에 대한 각 대안들도 두 명씩 비교한 후에, 대안들 간의 상대적인 우선순위를 계산한다. 학력, 카리스마, 나이에 대한 각 대안들의 상대적인 우선순위도 같은 방법으로 계산한다. 이때 중요한 것은 쌍대비교들이 서로 일관성이 있는가 하는 것이다. 따라서, 일관성 평가에서 통과된다면 우선순위는 의미가 있지만, 그렇지 않으면 다시 쌍대비교를 하는 과정을 반복하게 된다.

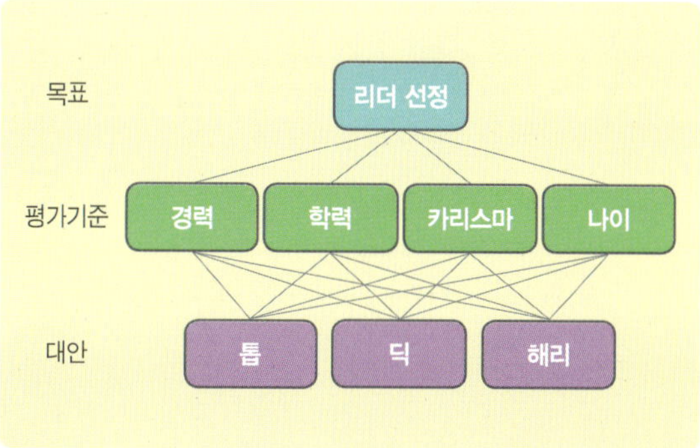

표 5.1 지원자들의 평가기준별 프로필

평가 기준	 톰 (Tom)	 딕 (Dick)	 해리 (Harry)
경력	16년(타사) + 10년(지사), 영업/마케팅, 현재 영업이사	30년(타사) + 8년(자사), 여러 부서 팀장, 현재 전무	4년(회계법인) + 5년(자사), 경영관리프로그램 수료, 현재 재무이사
학력	피닉스 대학교 학사	듀크 대학교 역사학과 학사/석사	프리스톤 대학교 경제학 학사, 피츠버그 대학원 MBA
카리스마	적극적, 같이 근무했던 동료로부터 존경받음	말이 적은 편. 사례와 지식 기반의 리더십. 직원들로부터 존경받음	조용한 리더십. 재무 부문의 탁월한 능력으로 존경받음
나이	50세	60세	35세

〈표 5.2〉는 R로 분석한 AHP 분석결과로, 리더(leader) 선정에 대한 평가기준(experience, charisma, education, age)과 대안들(Tom, Dick, Harry)의 부분적인 우선순위와 목표에 대한 대안들의 최종 우선순위이며, 각 항목에는 쌍대비교에 대한 비일관성(inconsistency) 정도를 표시한다. 목표에 대한 딕의 최종 우선순위가 49.3%로서 가장 높기 때문에 딕을 리더로 선정할 수 있다(5.3절과 5.4절 참조). 다음 절에서 분석과정과 결과를 해석하는 방법을 살펴보기로 하자.

표 5.2 AHP 분석결과

	Weight	Dick	Tom	Harry	Inconsistency
Leader	100.0%	49.3%	35.8%	14.9%	4.5%
Experience	54.8%	39.3%	11.9%	3.6%	3.5%
Charisma	27.0%	5.2%	20.1%	1.7%	6.8%
Education	12.7%	1.0%	2.4%	9.2%	6.2%
Age	5.6%	3.8%	1.5%	0.4%	2.8%

최종 우선순위

비일관성

부분 우선순위

5.3 AHP 분석 원리 이해

AHP 분석은 먼저, 목표–평가기준–대안의 계층으로 구성되는 AHP 계층모형을 만드는 데서 출발한다. 모형이 만들어지면 평가기준들 간 두 개씩 그리고 대안 간 두 개씩 쌍대비교를 하고, 부분 우선순위를 도출하게 된다. 다음 두 경우를 비교해보자. 먼저, 평가기준을 고려하지 않을 경우에는 리더 선정이라는 목표에 대한 3가지 대안의 상대적 중요도가 b_1, b_2, b_3라면 가장 큰 값을 갖는 대안을 선정하면 된다.

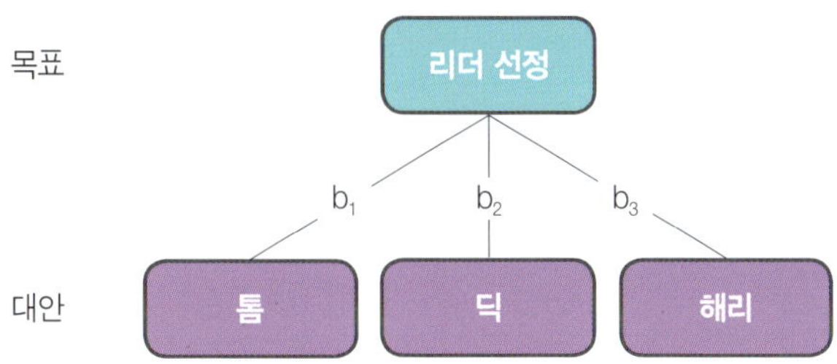

그림 5.1 AHP 계층모형

다음으로 목표에 대한 대안들을 평가할 때 평가기준별로 구분하여 평가하는 경우를 보자. 다음 그림은 목표에 맞는 평가기준을 설정하고 대안들을 평가한 것이다.

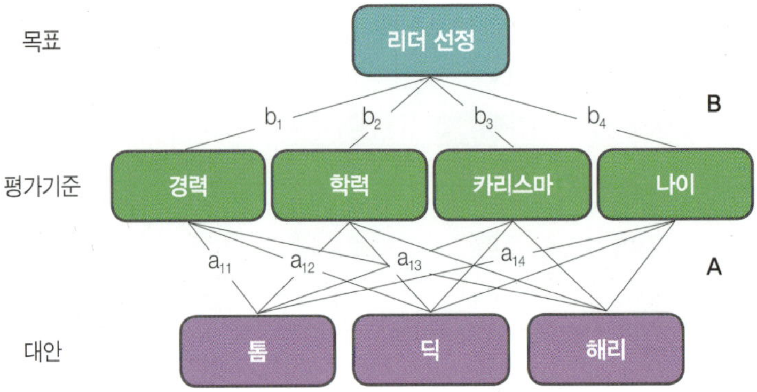

A는 평가항목에 대한 대안들의 상대적 중요도를 나타내는 행렬 ***B***는 목표에 대한 평가기준의 상대적 중요도를 나타내는 행렬이라고 하면,

경력(1열)

$$A = \begin{bmatrix} a_{11} & a_{12} & a_{13} & a_{14} \\ a_{21} & a_{22} & a_{23} & a_{24} \\ a_{31} & a_{32} & a_{33} & a_{34} \end{bmatrix}$$

톰(1행)

$$B = \begin{bmatrix} b_1 \\ b_2 \\ b_3 \\ b_4 \end{bmatrix}$$

경력(1행)

로 표현할 수 있다. '톰'의 목표에 대한 중요도는, 평가기준별 대안의 중요도를 곱한 후 모두 더한 $a_{11}b_1 + a_{12}b_2 + a_{13}b_3 + a_{14}b_4$가 된다. 각 대안 즉, 톰, 딕, 해리의 목표에 대한 상대적 중요도는 ***A***와 ***B***의 행렬곱인

$$AB = \begin{bmatrix} a_{11}b_1 + a_{12}b_2 + a_{13}b_3 + a_{14}b_4 \\ a_{21}b_1 + a_{22}b_2 + a_{23}b_3 + a_{24}b_4 \\ a_{31}b_1 + a_{32}b_2 + a_{33}b_3 + a_{34}b_4 \end{bmatrix} = \begin{bmatrix} \omega_1 \\ \omega_2 \\ \omega_3 \end{bmatrix}$$

톰

이며, 행의 순서대로 톰, 딕, 해리의 중요도가 된다. AHP 분석은 $\boldsymbol{A}$와 $\boldsymbol{B}$ 행렬을 구하는 데서 시작된다. 다음으로 중요한 것은 쌍대비교의 일관성 문제인데, 결과적으로 모든 항목 간의 비교 값들이 일관성이 있어야 $\boldsymbol{A}$와 $\boldsymbol{B}$ 행렬의 값들이 의미를 가지게 된다. 허용 가능한 일관성 범위 내에 있으면, 대안들의 최종 우선순위를 계산하여 대안을 선정한다. 〈그림 5.2〉는 그 과정을 나타내고 있다.

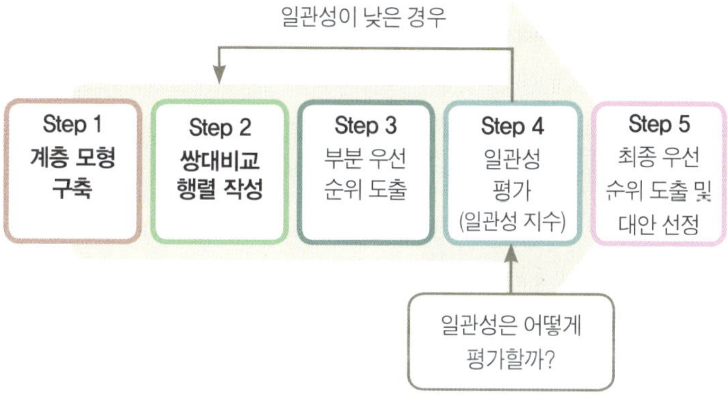

그림 5.2 AHP 분석 절차

단계별 예시를 통해 AHP 분석 원리를 살펴보자.

1단계 AHP 계층모형 구축

AHP 계층모형은 목표, 평가기준, 대안의 계층적인 구조로 구성된다. 평가기준은 여러 층으로 계층화가 가능하다. 〈표 5.1〉 모형의 경우, 목표는 리더선정이며, 평가기준은 하나의 계층으로 경력, 학력, 카리스마, 나이의 네 개 항목들로 구성되어 있다. 그리고, 리더 지원자인 톰, 딕, 해리가 대안들이 된다.

2단계 쌍대비교 행렬 작성

평가기준들과 대안들에 대해 각각 쌍대비교하여 행렬로 작성한다. 서로 비교 대상이 되는 평가기준(또는 대안)들을 i, j로 두면, 〈표 5.3〉과 같이 9점 척도로 쌍대비교 한다.

표 5.3 쌍대비교 평가 척도

척도 (i의 j에 대한 상대적 중요도)	정의
1	i와 j가 비슷함(같음)
3	i가 j보다 약간 중요함
5	i가 j보다 상당히 중요함
7	i가 j보다 매우 중요함
9	i가 j보다 극히 중요함
2, 4, 6, 8	위 값들의 중간 값

$\boldsymbol{A}$를 쌍대비교 행렬, a_{ij}는 $\boldsymbol{A}$ 행렬의 i행 j열의 원소로서 i번째 평가기준(또는 대안)이 j번째 평가기준(또는 대안)보다 상대적으로 중요한 정도라면, 동일 평가항목(또는 동일 대안) 간 비교 즉 i와 j가 같을 때는

$$a_{ij} = 1 \; if \; i = j$$

이고, j의 i에 대한 상대적 중요도는 i의 j에 대한 상대적 중요도 역수인

$$a_{ji} = \frac{1}{a_{ij}}$$

로 평가한다.

쌍대비교 행렬을 작성하기 위해, 먼저 목표인 리더선정에 대한 평가기준인 경력, 학력, 카리스마, 나이에 대해 두 개씩 쌍대비교한다. 이는 4개 중에서 2개씩 선택하는 조합문제로 총 6가지 선택 방법이 있다.

n개에서 2개씩 선택하는 조합의 수

n개에서 r개씩 선택하는 조합 문제로, 총 개수는 $_nC_r = \dfrac{n!}{r!(n-r)!}$ 이다.

n개에서 2개씩 선택한다면, 총 개수는 $_nC_2 = \dfrac{n!}{2!(n-2)!} = \dfrac{n(n-1)}{2}$ 가 된다.

리더선정에 관한 6가지 평가기준 간 쌍대비교 결과는 다음 〈표 5.4〉와 같다. 먼저 두 평가기준 간 중요도가 높은 쪽의 점수에 표시한다.

표 5.4 리더선정에 대한 평가기준 간 쌍대비교

평가기준	9	8	7	6	5	4	3	2	1	2	3	4	5	6	7	8	9	평가기준
경력						V												학력
경력							V											카리스마
경력			V															나이
학력											V							카리스마
학력							V											나이
카리스마					V													나이

다음으로 각 평가기준에 대해 톰, 딕, 해리의 대안 간 두 개씩 쌍대비교한다. 이는 3개 중에서 2개씩 선택하는 조합문제로 총 3가지 선택 방법이 있다. 쌍대비교 결과는 〈표 5.5〉와 같다.

표 5.5 평가기준에 대한 대안 간 쌍대비교

• 경력에 대한 대안 간 쌍대비교

대안	9	8	7	6	5	4	3	2	1	2	3	4	5	6	7	8	9	대안
톰												V						딕
톰						V												해리
딕	V																	해리

• 학력에 대한 대안 간 쌍대비교

대안	9	8	7	6	5	4	3	2	1	2	3	4	5	6	7	8	9	대안
톰							V											딕
톰													V					해리
딕															V			해리

• 카리스마에 대한 대안 간 쌍대비교

대안	9	8	7	6	5	4	3	2	1	2	3	4	5	6	7	8	9	대안
톰					V													딕
톰	V																	해리
딕						V												해리

• 나이에 대한 대안 간 쌍대비교

대안	9	8	7	6	5	4	3	2	1	2	3	4	5	6	7	8	9	대안
톰											V							딕
톰					V													해리
딕	V																	해리

쌍대비교표로부터 쌍대비교 행렬표로 표시하면 〈표 5.6〉과 〈표 5.7〉이 된다.

표 5.6 리더선정에 대한 평가기준의 쌍대비교 행렬표

리더선정	쌍대비교(A)			
	경력	학력	카리스마	나이
경력	1	4	3	7
학력	1/4	1	1/3	3
카리스마	1/3	3	1	5
나이	1/7	1/3	1/5	1

표 5.7 평가기준에 대한 대안들의 쌍대비교 행렬표

• 경력에 대한 대안의 쌍대비교 행렬표

경력	쌍대비교(A)		
	톰	딕	해리
톰	1	1/4	4
딕	4	1	9
해리	1/4	1/9	1

• 학력에 대한 대안의 쌍대비교 행렬표

학력	쌍대비교(A)		
	톰	딕	해리
톰	1	3	1/5
딕	1/3	1	1/7
해리	5	7	1

• 카리스마에 대한 대안의 쌍대비교 행렬표

카리스마	쌍대비교(A)		
	톰	딕	해리
톰	1	5	9
딕	1/5	1	4
해리	1/9	1/4	1

• 나이에 대한 대안의 쌍대비교 행렬표

나이	쌍대비교(A)		
	톰	딕	해리
톰	1	1/3	5
딕	3	1	9
해리	1/5	1/9	1

쌍대비교 행렬에서 쌍대비교는 일관성이 있을까? 일관성 평가는 [4단계]에서 평가하게 된다.

일관성 있는 쌍대 비교

일관성 있는 비교란, ω_1:ω_2 = 2:1, ω_2:ω_3 = 3:1 이라면, ω_1:ω_3=6:1로 평가해야 함을 의미한다. 즉, ω_1가 ω_2보다 2배 중요하고($\frac{\omega_1}{\omega_2} = 2$), ω_2가 ω_3보다 3배 중요하다면($\frac{\omega_2}{\omega_3} = 3$), ω_1은 ω_3보다 6배 중요하다고($\frac{\omega_1}{\omega_3} = 6$) 평가될 때 일관성이 있게 된다. 일관성 있는 평가에서

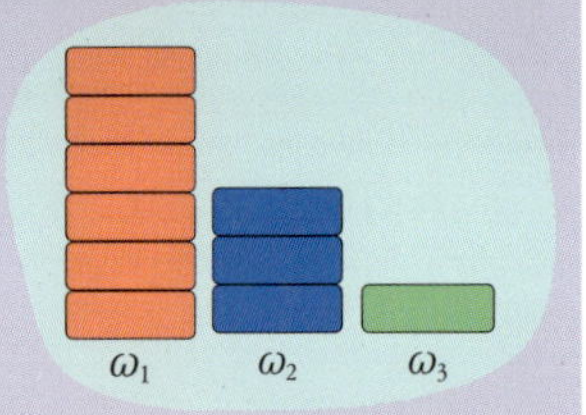

$$\frac{\omega_i}{\omega_k} = \frac{\omega_i}{\omega_j}\frac{\omega_j}{\omega_k}$$

의 관계가 성립한다.

3단계 부분 우선순위 도출

각 항목별 부분 우선순위는 쌍대비교 행렬($\boldsymbol{A}$)에서 각 열의 원소를 각 열의 합으로 나눈 정규화된 쌍대비교 행렬($\boldsymbol{A}^0$)에서 각 행의 산술평균으로 구할 수 있다. 그 원리는 수학적 고유벡터를 기반으로 한다.

고유벡터와 부분 우선순위 도출 원리

부분 우선순위는 수학적인 고유벡터의 이론을 기반으로 한다. 먼저, 고유벡터 이론을 살펴보고, 일관성 있는 비교값으로 구성되는 행렬에 대해 고유벡터와 고유값의 예를 보기로 한다. 그리고, n × n행렬로부터 산술평균을 통한 부분 우선순위 도출 원리를 살펴보자.

[1] 고유벡터와 고유값

임의의 n × n 행렬 $\boldsymbol{A}$에 대해

$$\boldsymbol{AW} = \lambda \boldsymbol{W}$$

를 만족하는 0 벡터 아닌 $\boldsymbol{W}$와 실수 λ가 존재할 때, $W = [\boldsymbol{\omega}_1, \boldsymbol{\omega}_2, \cdots, \boldsymbol{\omega}_n]^T$를 고유벡터(eigen vector), λ를 고유값(eigen value)이라고 한다. 일반적으로, n개의 λ가 존재한다.
A행렬에서 쌍대비교가 완전히 일관성이 있는 경우에는, 최댓값을 갖는 λ_{max}는 n이 되고, 나머지 n − 1개의 λ값들은 모두 0이 된다. 한편, 쌍대비교가 일관성이 없을 경우에는

$$\lambda_{max} > n$$

가 되는데, 일관성이 없을수록 λ_{max} 는 n보다 점점 커지게 된다.

[2] 일관성 있는 비교 값으로 구성되는 행렬의 고유벡터와 고유값

n개의 비교 대상 항목이 있을 때, i번째 항목의 중요도를 ω_i라고 하자. 중요도 벡터 $\boldsymbol{W}$는

$$\boldsymbol{W} = \begin{bmatrix} \omega_1 \\ \omega_2 \\ \cdots \\ \omega_n \end{bmatrix}$$

로 표현할 수 있다. 이 경우, 두 항목 간의 상대적 중요도 즉 j번째 항목에 대한 i번째 항목의 상대적 중요도는 $\frac{\omega_i}{\omega_j}$가 된다. 각 행($i$)을 기준으로 각 열($j$)의 항목에 대한 상대적 중요도를 나타내는 $\boldsymbol{A}$행렬을 표현하면,

$$\boldsymbol{A} = \begin{bmatrix} \frac{\omega_1}{\omega_1} & \frac{\omega_1}{\omega_2} & \cdots & \frac{\omega_1}{\omega_n} \\ \frac{\omega_2}{\omega_1} & \frac{\omega_2}{\omega_2} & \cdots & \frac{\omega_2}{\omega_n} \\ \cdots & & & \\ \frac{\omega_n}{\omega_1} & \frac{\omega_n}{\omega_2} & \cdots & \frac{\omega_n}{\omega_n} \end{bmatrix}$$

와 같다. 이 때 $\boldsymbol{A}$는 모두 일관성 있는 비교 값들로 구성되어 있다.
$\boldsymbol{A}$, $\boldsymbol{W}$ 두 행렬의 곱은

$$\boldsymbol{AW} = \begin{bmatrix} \frac{\omega_1}{\omega_1} & \frac{\omega_1}{\omega_2} & \cdots & \frac{\omega_1}{\omega_n} \\ \frac{\omega_2}{\omega_1} & \frac{\omega_2}{\omega_2} & \cdots & \frac{\omega_2}{\omega_n} \\ \cdots & & & \\ \frac{\omega_n}{\omega_1} & \frac{\omega_n}{\omega_2} & \cdots & \frac{\omega_n}{\omega_n} \end{bmatrix} \begin{bmatrix} \omega_1 \\ \omega_2 \\ \cdots \\ \omega_n \end{bmatrix} = \begin{bmatrix} n\omega_1 \\ n\omega_2 \\ \cdots \\ n\omega_n \end{bmatrix} = nW$$

가 된다. 즉, A가 일관성 있는 경우에는 $AW = nW$
의 관계식이 성립하게 된다. 즉, 이 경우에 A 행렬의 고유벡터는 W, 고유값은 n이 되며 n은 λ_{max}에 해당한다.
W에서 각 중요도의 합이 1이 되면 정규화된 중요도의 의미를 갖는 W^0이 된다. 정규화된 값으로 변환하기 위해서는 W의 각 원소인 ω_i를 $\omega^0 \equiv \sum_{i=1}^{n} \omega_i$로 나누면,

$$W^0 \equiv \begin{bmatrix} \frac{\omega_1}{\omega^0} \\ \frac{\omega_2}{\omega^0} \\ \cdots \\ \frac{\omega_n}{\omega^0} \end{bmatrix}$$

이 된다.

[3] 산술평균을 통한 부분 우선순위 도출

일관성 있는 쌍대비교 행렬 A로부터 정규화된 중요도의 의미를 갖는 W^0를 도출하는 과정을 살펴보자.

$$A = \begin{bmatrix} \frac{\omega_1}{\omega_1} & \frac{\omega_1}{\omega_2} & \cdots & \frac{\omega_1}{\omega_n} \\ \frac{\omega_2}{\omega_1} & \frac{\omega_2}{\omega_2} & \cdots & \frac{\omega_2}{\omega_n} \\ \cdots \\ \frac{\omega_n}{\omega_1} & \frac{\omega_n}{\omega_2} & \cdots & \frac{\omega_n}{\omega_n} \end{bmatrix}$$

에서, 각 j열의 합은 모두 $\frac{\sum_{i=1}^{n} \omega_i}{\omega_j} = \frac{\omega^0}{\omega_j}$ 이 된다.

A의 각 열을 $\frac{\omega^0}{\omega_j}$ 로 나눈 행렬을 A^0라 하면,

$$A^0 = \begin{bmatrix} \dfrac{\frac{\omega_1}{\omega_1} \ \frac{\omega_1}{\omega_2} \cdots \frac{\omega_1}{\omega_n}}{\frac{\omega^0}{\omega_1} \ \frac{\omega^0}{\omega_2} \cdots \frac{\omega^0}{\omega_n}} \\ \dfrac{\frac{\omega_2}{\omega_1} \ \frac{\omega_2}{\omega_2} \cdots \frac{\omega_2}{\omega_n}}{\frac{\omega^0}{\omega_1} \ \frac{\omega^0}{\omega_2} \cdots \frac{\omega^0}{\omega_n}} \\ \cdots \\ \dfrac{\frac{\omega_n}{\omega_1} \ \frac{\omega_n}{\omega_2} \cdots \frac{\omega_n}{\omega_n}}{\frac{\omega^0}{\omega_1} \ \frac{\omega^0}{\omega_2} \cdots \frac{\omega^0}{\omega_n}} \end{bmatrix} = \begin{bmatrix} \frac{\omega_1}{\omega^0} \ \frac{\omega_1}{\omega^0} \cdots \frac{\omega_1}{\omega^0} \\ \frac{\omega_2}{\omega^0} \ \frac{\omega_2}{\omega^0} \cdots \frac{\omega_2}{\omega^0} \\ \cdots \\ \frac{\omega_n}{\omega^0} \ \frac{\omega_n}{\omega^0} \cdots \frac{\omega_n}{\omega^0} \end{bmatrix}$$

가 된다. $\boldsymbol{A}^0$의 각 행별로 평균 값을 구하면,

$$\begin{bmatrix} \dfrac{\frac{\omega_1}{\omega^0} + \frac{\omega_1}{\omega^0} + \ldots + \frac{\omega_1}{\omega^0}}{n} \\ \dfrac{\frac{\omega_2}{\omega^0} + \frac{\omega_2}{\omega^0} + \ldots + \frac{\omega_2}{\omega^0}}{n} \\ \cdots \\ \dfrac{\frac{\omega_n}{\omega^0} + \frac{\omega_n}{\omega^0} + \ldots + \frac{\omega_n}{\omega^0}}{n} \end{bmatrix} = \begin{bmatrix} \frac{\omega_1}{\omega^0} \\ \frac{\omega_2}{\omega^0} \\ \cdots \\ \frac{\omega_n}{\omega^0} \end{bmatrix} \equiv \boldsymbol{W}^0$$

의 정규화된 중요도 $\boldsymbol{W}^0$벡터가 된다. 각 원소 값은 부분 우선순위라고 불려진다.

즉, $\boldsymbol{A}$(①)에서 각 j열의 합인 $\dfrac{\sum_{i=1}^{n} \omega_i}{\omega_j} = \dfrac{\omega^0}{\omega_j}$ (②)로 나눈 $\boldsymbol{A}^0$(③)를 구하고, 각 행별로 평균 값을 구하면 부분 우선순위 벡터 $\boldsymbol{W}^0$를 구할 수 있다(④).

〈표 5.8〉은 리더 선정에 대한 쌍대비교 행렬 $\boldsymbol{A}$에서(①) 각 열의 합계(1.726, 8.333, 4.533, 16.0)를 구한다(②). 각 열의 원소를 각 열의 합계로 나누면 정규화된 쌍대비교 행렬($\boldsymbol{A}^0$)로 변환된다(③), 다음으로 각 행의 평균값을 구하면 각 평가기준별 상대적 중요도인 정규화된 부분 우선순위 행렬($\boldsymbol{W}^0$)을 얻을 수 있다(④).

표 5.8 평가기준들의 부분 우선순위

리더 선정	쌍대비교(A)①				정규화(A^0)③				부분 우선순위 (W^0)④
	경력 (j=1)	학력 (j=2)	카리스마 (j=3)	나이 (j=4)	경력	학력	카리스마	나이	
경력(i=1)	1	4	3	7	0.579	0.480	0.662	0.438	0.540
학력(i=2)	1/4	1	1/3	3	0.145	0.120	0.074	0.188	0.131
카리스마 (i=3)	1/3	3	1	5	0.193	0.360	0.221	0.313	0.272
나이(i=4)	1/7	1/3	1/5	1	0.083	0.040	0.044	0.063	0.057
열의 계②	1.726	8.333	4.533	16.0	1.0	1.0	1.0	1.0	1

〈표 5.9〉~〈표 5.12〉도 각 평가기준에 대한 대안들의 쌍대비교 행렬로부터 같은 방법으로 구한 부분 우선순위를 보여준다.

표 5.9 평가기준 경력에 대한 대안들의 부분 우선순위

경력	쌍대비교(A)①			정규화(A^0)③			부분 우선순위 (W^0)④
	톰	딕	해리	톰	딕	해리	
톰	1	1/4	4	0.190	0.184	0.286	0.220
딕	4	1	9	0.762	0.735	0.643	0.713
해리	1/4	1/9	1	0.048	0.082	0.071	0.067
열의 계②	5.250	1.361	14.0	1.0	1.0	1.0	1

표 5.10 평가기준 학력에 대한 대안들의 부분 우선순위

학력	쌍대비교(A)①			정규화(A^0)③			부분 우선순위 (W^0)④
	톰	딕	해리	톰	딕	해리	
톰	1	3	1/5	0.158	0.273	0.149	0.193
딕	1/3	1	1/7	0.053	0.091	0.106	0.083
해리	5	7	1	0.789	0.636	0.745	0.724
열의 계②	6.333	11.0	1.343	1.0	1.0	1.0	1

표 5.11 평가기준 카리스마에 대한 대안들의 부분 우선순위

카리스마	쌍대비교(A)①			정규화(A^0)③			부분 우선순위 (W^0)④
	톰	딕	해리	톰	딕	해리	
톰	1	5	9	0.736	0.80	0.643	0.735
딕	1/5	1	4	0.153	0.160	0.286	0.199
해리	1/9	1/4	1	0.085	0.040	0.071	0.065
열의 계②	1.311	6.250	14.0	1.0	1.0	1.0	1

표 5.12 평가기준 나이에 대한 대안들의 부분 우선순위

나이	쌍대비교(A)①			정규화(A^0)③			부분 우선순위 (W^0)④
	톰	딕	해리	톰	딕	해리	
톰	1	1/3	5	0.238	0.231	0.333	0.267
딕	3	1	9	0.714	0.692	0.600	0.669
해리	1/5	1/9	1	0.048	0.077	0.067	0.064
열의 계②	4.2	1.444	15.0	1.0	1.0	1.0	1.0

결과적으로, 〈표 5.8〉의 부분 우선순위로부터 목표에 대한 평가기준들의 가중치는 〈표 5.13〉과 같다.

표 5.13 목표에 대한 평가기준들의 부분 우선순위

리더선정에 대한 평가기준	부분 우선순위
경력	0.540
학력	0.131
카리스마	0.272
나이	0.057

즉, 행렬 $\boldsymbol{B}$로 나타내면 다음과 같다.

$$\boldsymbol{B} = \begin{bmatrix} b_1 \\ b_2 \\ b_3 \\ b_4 \end{bmatrix} = \begin{bmatrix} 0.540 \\ 0.131 \\ 0.272 \\ 0.057 \end{bmatrix}$$

경력

한편, 〈표 5.9〉~〈표 5.12〉에서 평가기준들에 대한 대안들의 가중치들은 〈표 5.14〉와 같다.

표 5.14 평가기준들에 대한 대안들의 부분 우선순위

평가기준 대안	경력	학력	카리스마	나이
톰	0.220	0.193	0.735	0.267
딕	0.713	0.083	0.199	0.669
해리	0.067	0.724	0.065	0.064

이를, 행렬 $\boldsymbol{A}$로 나타내면 다음과 같다.

$$\boldsymbol{A} = \begin{bmatrix} a_{11} & a_{12} & a_{13} & a_{14} \\ a_{21} & a_{22} & a_{23} & a_{24} \\ a_{31} & a_{32} & a_{33} & a_{34} \end{bmatrix} = \begin{bmatrix} 0.220 & 0.193 & 0.735 & 0.267 \\ 0.713 & 0.083 & 0.199 & 0.669 \\ 0.067 & 0.724 & 0.065 & 0.064 \end{bmatrix}$$

톰

4단계 일관성 평가

[3단계]에서 구한 ***A***, ***B*** 부분 우선순위 행렬은 일관성 있는 쌍대비교일 때 의미가 있다. 따라서, 최종 우선순위 도출 전에 쌍대비교의 일관성을 평가하고, 일관성이 부족하면 [2단계] 쌍대비교로 돌아가서 반복할 필요가 있다. 일관성은 임의 지수(RI: Random Index)에 대한 일관성 지수(CI: Consistency Index)의 비율로 표시되는 일관성 비율(CR: Consistency Ratio)이라는 척도로 평가하게 된다. n은 행렬의 차수, λ_{max}는 행렬 ***A***에 대한 최대 고유값이라고 할 때, 평가자가 쌍대비교한 일관성 지수는

$$CI = \frac{\lambda_{max} - n}{n - 1}$$

로 측정된다. 한편, RI는 상대적 중요도인 (1/9, 1/8, 1/7, …, 1, 2, 3, …, 7, 8, 9) 중에서 무작위 값으로 쌍대비교한 여러 CI 값들의 평균 값을 의미한다.

표 5.15 임의지수(RI)

n	1	2	3	4	5	6	7	8	9	10
RI	0	0	0.58	0.90	1.12	1.24	1.32	1.41	1.45	1.49

일관성 비율은

$$CR = \frac{CI}{RI}$$

로 계산되며, 경험적으로 RI 대비 CI는 10% 보다 작을 경우, 즉 $CR < 0.1$ 이면 일관성이 있다고 평가된다.

일관성 평가 원리

앞의 3단계에서 살펴본 바와 같이, 쌍대비교 행렬 $\boldsymbol{A}$의 고유값은

$$\lambda_{\max} \ge n$$

의 관계가 있다. 비일관성의 크기에 대한 척도인 일관성 지수(CI)는 λ 값들 중에 $\lambda_{\max}$를 제외한 n-1개의 평균 값으로 평가한다.

$$CI = \frac{\lambda_{\max} - n}{n - 1}$$

비일관성이 커질수록 $\lambda_{\max}$는 n보다 더 커지기 때문에 CI도 점점 커지게 된다. 일관성 비율(CR)은 임의로 쌍대비교한 CI 값들의 평균 값인 임의지수(RI) 대비 CI 값의 비율인

$$CR = \frac{CI}{RI}$$

로 정의한다. 경험적으로 CR 값이 0.1보다 작으면 일관성이 있다고 평가한다.

임의지수(RI) 구하기

RI는 무작위로 쌍대비교하여 구한 CI 값들의 평균이다. 다음은 n이 3부터 10까지 n × n 행렬의 쌍대비교 행렬 A에 대해 각각 무작위로 쌍대비교한 500개의 CI값들을 평균한 RI를 계산하는 알고리즘이다.

```
s <- c(1/9, 1/8, 1/7, 1/6, 1/5, 1/4, 1/3, 1/2, 1, 2, 3, 4, 5, 6, 7, 8, 9)   중요도

RI_set <- NULL   각 차수별 임의지수 초기화

# 쌍대비교 행렬 차원(n)에 따른 임의 지수(RI) 계산
for (n in 3:10) {

    emax_set <- NULL   최대고유값 세트

    # 각 n에 대해 500회 반복 실험
    for(k in 1:500) {
                        n차원의 쌍대비교 행렬 초기화
        A <- matrix(data = NA, nrow = n, ncol = n, byrow = FALSE, dimnames = NULL)
```

```
            # 임의의 쌍대비교 행렬 만들기
            # 각 행(i)에 대해
            for(i in 1:n) {
                # 각 열(j)에 대해
                for (j in 1:n) {
                    if (j == i)
                        A[i, j] = 1                    대각원소 값은 1
                    else if (j > i) {
                        A[i, j] <- sample(s, 1)        대각원소 상단부 원소의 상대적 중요도는 무작위로 설정
                        A[j, i] <- 1/A[i, j]           대각원소 하단부 원소의 상대적 중요도는 상단부 원소의 역수로 설정
                    }
                }
            }

            e <- eigen(A)                              A 행렬의 고유벡터와 고유값
            v <- e$values                              고유값
            emax <- v[1]                               최대 고유값

            emax_set <- c(emax_set, emax)              최대 고유값 저장
        }

        CI <- (emax_set - n) / (n - 1)                 무작위 비교에 의한 쌍대비교 행렬의 CI
        RI <- mean(CI)                                 임의 지수

        RI_set <- rbind(RI_set, c(n, RI))              각 차수별(n) 임의 지수
}

RI_set                                                 각 차수별(n) 임의 지수 출력
```

출력 결과

```
     [,1]      [,2]
[1,]    3 0.5114051
[2,]    4 0.8337066
[3,]    5 1.1180823
[4,]    6 1.2380559
[5,]    7 1.3611227
[6,]    8 1.3918667
[7,]    9 1.4614942
[8,]   10 1.4892573
```

차수별 임의 지수

그러면 최대 고유값 λ_{max}는 어떻게 구할 수 있을까? 행렬 A에 대한 고유벡터로부터 구할 수 있지만, 간단한 계산 방법으로 λ_{max}근사치를 구할 수 있는 산술평균법을 이용하면 다음과 같다. 먼저, 쌍대비교 행렬 A와 부분 우선순위 행렬 W^0의 행렬곱인 AW^0를 구한 뒤(①), AW^0의 각 행에 대해 그에 대응하는 W^0의 각 행으로 나눈 Λ_{max} 행렬을 구한다(②). 마지막으로 Λ_{max} 행렬의 모든 원소를 평균하면 λ_{max}의 근사치를 얻을 수 있다(③).

최대 고유값의 근사치 구하기

$n \times n$ 행렬 A에 대해

$AW^0 = \lambda W^0$

이다. AW^0(①)에 대한 가장 큰 고유치 λ_{max}를 갖는 $\lambda_{max} W^0$에서 i번째 행의 값을 ω_i로 나누면 λ_{max}로 구성되는 벡터 Λ_{max}가 만들어지게 된다(②). Λ_{max}의 값들을 평균하면 λ_{max}를 구할 수 있다(③).

$$AW^0 = \begin{bmatrix} \lambda_{max}\,\omega_1 \\ \lambda_{max}\,\omega_2 \\ \cdots \\ \lambda_{max}\,\omega_n \end{bmatrix} \rightarrow \text{i번째 행의 값을 } w_i\text{로 나눔} \rightarrow \Lambda_{max} = \begin{bmatrix} \lambda_{max} \\ \lambda_{max} \\ \cdots \\ \lambda_{max} \end{bmatrix}$$

→ Λ_{max}의 모든 요소값에 대한 평균 → λ_{max}

평가기준들에 대한 최대 고유값의 근사치를 계산하면 결과는 다음과 같다.

표 5.16 평가기준들에 대한 최대 고유값의 근사치

리더선정	쌍대비교(A)①				부분 우선 순위(W^0)④	$AW^0$⑤	Λ_{max} ⑥ = ⑤/④
	경력	학력	카리스마	나이			
경력	1	4	3	7	0.540	2.2790	4.2204
학력	1/4	1	1/3	3	0.131	0.5277	4.0280
카리스마	1/3	3	1	5	0.272	1.1300	4.1544
나이	1/7	1/3	1/5	1	0.057	0.2322	4.0739
평균(λ_{max} 근사치)⑦							4.1192

일관성 지수는 다음과 같이 계산된다.

$$CI = \frac{4.1192 - 4}{4 - 1} = 0.0397$$

한편, 〈표 5.17〉은 평가기준별 대안들에 대한 최대 고유값의 근사치와 일관성 지수 값들을 보여준다.

표 5.17 평가기준들에 대한 대안들의 최대 고유값의 근사치와 CI

• 경력에 대한 대안들의 최대 고유값의 근사치와 CI

경력	쌍대비교(A)①			부분 우선 순위(W^0)④	$AW^0$⑤	Λ_{max} ⑥=⑤/④
	톰	딕	해리			
톰	1	1/4	4	0.220	0.6663	3.0284
딕	4	1	9	0.713	2.1960	3.0799
해리	1/4	1/9	1	0.067	0.2012	3.0033
평균 (λ_{max} 근사치)⑦						3.0372

$$CI = \frac{3.0372 - 3}{3 - 1} = 0.0186$$

• 학력에 대한 대안들의 최대 고유값의 근사치와 CI

학력	쌍대비교(A)①			부분 우선 순위(W^0)④	$AW^0$⑤	Λ_{max} ⑥=⑤/④
	톰	딕	해리			
톰	1	3	1/5	0.193	0.5868	3.0404
딕	1/3	1	1/7	0.083	0.2508	3.0212
해리	5	7	1	0.724	2.2700	3.1354
평균(λ_{max} 근사치)⑦						3.0657

$$CI = \frac{3.0657 - 3}{3 - 1} = 0.0328$$

• 카리스마에 대한 대안들의 최대 고유값의 근사치와 CI

카리스마	쌍대비교(A)①			부분 우선순위(W^0)④	$AW^0$⑤	Λ_{max} ⑥=⑤/④
	톰	딕	해리			
톰	1	5	9	0.735	2.3150	3.1497
딕	1/5	1	4	0.199	0.6060	3.0452
해리	1/9	1/4	1	0.065	0.1964	3.0218
평균(λ_{max} 근사치)⑦						3.0722

$$CI = \frac{3.0722 - 3}{3 - 1} = 0.0361$$

• 나이에 대한 대안들의 최대 고유값의 근사치와 CI

나이	쌍대비교(A)①			부분 우선순위(W^0)④	$AW^0$⑤	Λ_{max} ⑥=⑤/④
	톰	딕	해리			
톰	1	1/3	5	0.267	0.8100	3.0337
딕	3	1	9	0.669	2.0460	3.0583
해리	1/5	1/9	1	0.064	0.1917	2.9958
평균(λ_{max} 근사치)⑦						3.0293

$$CI = \frac{3.0293 - 3}{3 - 1} = 0.0146$$

앞의 결과로부터 CR 값을 계산하면 〈표 5.18〉과 같다. 모두 0.1보다 작기 때문에 일관성이 있다고 평가할 수 있다.

표 5.18 일관성 평가

구분	RI	CI	CR = CI / RI	일관성 여부
리더선정에 대한 평가기준의 쌍대비교	0.90	0.0397	0.0441	일관
경력에 대한 대안들의 쌍대비교	0.58	0.0186	0.0321	일관
학력에 대한 대안들의 쌍대비교	0.58	0.0328	0.0566	일관
카리스마에 대한 대안들의 쌍대비교	0.58	0.0361	0.0623	일관
나이에 대한 대안들의 쌍대비교	0.58	0.0146	0.0252	일관

각 쌍대비교들이 모두 일관성 있게 평가되었기 때문에 다음 단계로 가서 최종 우선순위를 계산하면 된다.

5단계 최종 우선순위 도출 및 대안 선정

톰의 최종 우선순위를 보자. 3단계에서 구한 $\boldsymbol{A}$ 행렬에서 톰은 경력, 학력, 카리스마, 나이 평가기준들에 대한 부분 우선순위 값들이 0.220, 0.193, 0.735, 0.267이다. 그리고 각 평가기준들의 목표에 대한 부분 우선순위 $\boldsymbol{B}$ 행렬은 0.540, 0.131, 0.272, 0.057이다. 따라서, 톰의 최종 우선순위는

$$0.220 \times 0.540 + 0.193 \times 0.131 + 0.735 \times 0.272 + 0.267 \times 0.057 = 0.359$$

가 된다. 각 대안들의 최종 우선순위들은 $\boldsymbol{A}$와 $\boldsymbol{B}$ 행렬의 행렬곱으로 표현된다.

$$\boldsymbol{AB} = \begin{bmatrix} 0.220 & 0.193 & 0.735 & 0.267 \\ 0.713 & 0.083 & 0.199 & 0.669 \\ 0.067 & 0.724 & 0.065 & 0.064 \end{bmatrix} \begin{bmatrix} 0.540 \\ 0.131 \\ 0.272 \\ 0.057 \end{bmatrix} = \begin{bmatrix} 0.359 \\ 0.488 \\ 0.163 \end{bmatrix}$$

톰

최종 우선순위 결과는 0.488(딕) > 0.359(톰) > 0.163(해리) 순으로, 딕을 CEO로 선정하는 근거가 된다. 다음 절에서는 같은 AHP 모형에 대해 R로 문제를 해결해 보자.

5.4 R을 이용한 문제 해결

(1) 사용 패키지

AHP 분석에 사용되는 ahp 패키지가 있다. ahp 패키지는 Thomas Saaty에 의해 개발된 AHP 프레임워크에 따른 복잡한 의사결정 문제를 모형화하고 분석하는 기능을 제공하고 있다.

패키지	개요	사용 함수	기능
ahp	AHP 분석 및 결과 출력	Anayze()	분석결과 출력(표)
		AnayzeTable()	분석결과 출력(그래프)
		Calculate()	우선순위 계산
		Load()	AHP 파일 읽기
		Visualize()	AHP 모형 구조 출력

(2) 분석 절차

앞의 5.3절에 설명한 분석 과정을 R로 문제를 해결해 보자. 〈그림 5.3〉에서 제시된 것처럼 먼저 대안선정 문제에 대한 AHP 계층모형을 구축하고, 쌍대비교 후에 YAML 형태의 데이터 파일을 작성한다. 다음으로 ahp 패키지의 Load() 함수를 이용하여 데이터 파일을 읽고, Calulate() 함수로 우선순위와 일관성 비율들을 계산할 수 있다. 결과를 표와 그래프로 출력해서 대안을 선택하면 된다.

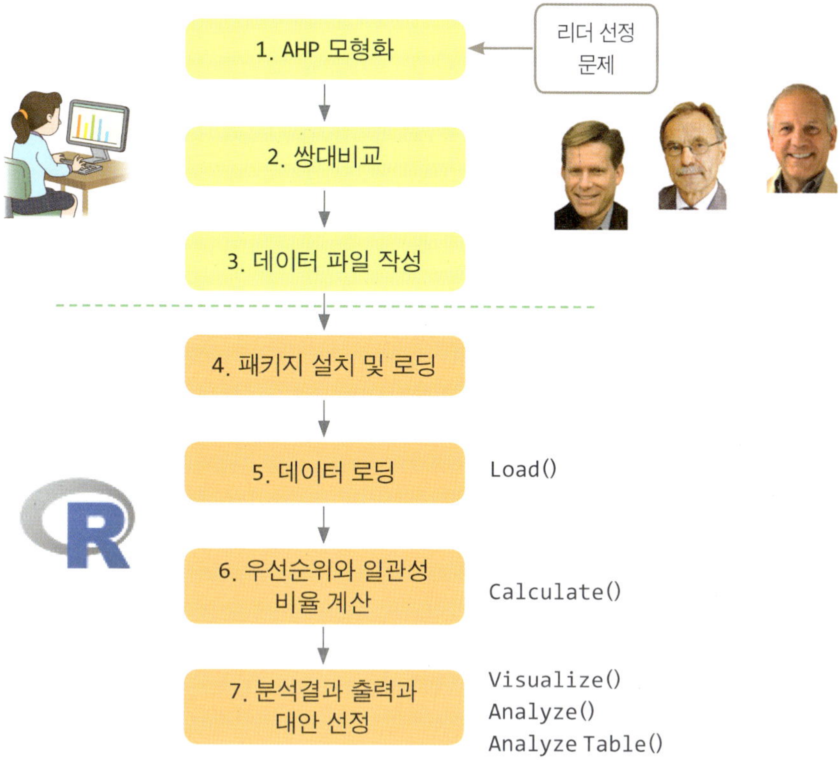

그림 5.3 R을 이용한 AHP 분석 절차

(3) 단계별 분석

1단계: AHP 계층 모형화

AHP 계층 모형은 5.3절의 모형을 그대로 활용하기로 한다(〈그림 5.2〉 참조).

2단계: 쌍대비교

평가기준 간, 그리고 대안 간 쌍대비교는 5.3절의 〈표 5.4〉와 〈표 5.5〉을 이용하기로 한다.

3단계 데이터 파일 작성

〈표 5.6〉과 〈표 5.7〉의 쌍대비교표로부터 YAML 파일 형태의 입력 파일(tomdickharry.txt)을 작성하고, 임의의 폴더(예: "C:/Temp")에 저장하기로 하자.

tomdickharry.txt

```
Version: 2.0

Alternatives: &alternatives    대안
   톰:
   딕:
   해리:

Goal:    목표
  name: 리더 선정
  preferences:
     pairwise:
        - [경력,   학력,    4]
        - [경력,   카리스마, 3]
        - [경력,   나이,    7]    평가기준 간 쌍대비교
        - [학력,   카리스마, 1/3]
        - [학력,   나이,    3]
        - [카리스마, 나이,    5]
  children:
     경력:
        preferences:
          pairwise:
             - [톰, 딕,  1/4]    경력에 대한 대안 간 쌍대비교
             - [톰, 해리, 4]
             - [딕, 해리, 9]
        children: *alternatives
     학력:
        preferences:
          pairwise:
             - [톰, 딕,  3]
             - [톰, 해리, 1/5]    학력에 대한 대안 간 쌍대비교
             - [딕, 해리, 1/7]
        children: *alternatives
```

```
카리스마:
  preferences:
    pairwise:
      - [톰, 딕,  5]
      - [톰, 해리, 9]    카리스마에 대한 대안 간 쌍대비교
      - [딕, 해리, 4]
  children: *alternatives
나이:
  preferences:
    pairwise:
      - [톰, 딕, 1/3]
      - [톰, 해리, 5]    나이에 대한 대안 간 쌍대비교
      - [딕, 해리, 9]
  children: *alternatives
```

YAML 파일 포맷

YAML (YAML Ain't Markup Language)은 말 그대로 마크업 언어가 아니라, 사람이 쉽게 읽고 이해할 수 있는 데이터 직렬화(데이터를 재구성할 수 있는 포맷으로 변환하는 과정) 언어이다. 데이터를 저장하거나 전달하는 많은 어플리케이션에서 사용된다. 2001 년에 클라크 에반스 (Clark Evans)가 제안하고, Ingy dölt Net [9]과 Oren Ben-Kiki가 함께 설계하였다.

(출처: Wikipedia)

4단계 패키지 설치 및 로딩

다음과 같이 install.packages()를 이용하여 ahp 패키지를 설치하고, library() 함수로 로딩한다.

패키지 설치 및 로딩

```
install.packages("ahp")   # 패키지 설치
```

출력 결과

```
Installing package into 'C:/Users/yscha/Documents/R/win-library/3.5'
(as 'lib' is unspecified)
trying URL 'https://cran.rstudio.com/bin/windows/contrib/3.5/ahp_0.2.12.zip'
Content type 'application/zip' length 485189 bytes (473 KB)
downloaded 473 KB

package 'ahp' successfully unpacked and MD5 sums checked

The downloaded binary packages are in
        C:\Users\     \AppData\Local\Temp\RtmpYJbNzt\downloaded_packages
```

```
library(ahp)   # 패키지 로딩
```

출력 결과

```
Warning message:
패키지 'ahp'는 R 버전 3.5.2에서 작성되었습니다
```

5단계 데이터 로딩

쌍대비교 파일(tomdickharry.txt)을 읽고, AHP 계층모형을 출력해 보자.

데이터 파일 읽기

```
setwd("C:/Temp")   # 쌍대비교 파일이 있는 폴더를 작업 폴더로 설정
ahp_data <- Load("tomdickharry.txt")   # 쌍대비교 파일 읽기
ahp_data   # 쌍대비교 파일 출력
```

출력 결과

```
        levelName
1  리더 선정
2   |--경력
3   |    |--톰
4   |    |--딕
5   |    °--해리
6   |--학력
7   |    |--톰
8   |    |--딕
9   |    °--해리
10  |--카리스마
11  |    |--톰
12  |    |--딕
13  |    °--해리
14  °--나이
15       |--톰
16       |--딕
17       °--해리
```

AHP 계층모형

AHP 계층모형을 시각화하면 다음과 같다.

계층모형 출력

```
Visualize(ahp_data,
        criteriaNodesStyle = list(style = "filled,rounded",
                                  shape = "box",
                                  color = "black",
                                  fillcolor = "yellow",
                                  fontcolor = "black"),
        alternativeNodesStyle = list(style = "filled,rounded",
                                     shape = "box",
                                     color = "black",
                                     fillcolor = "green",
                                     fontcolor = "black"))
```

AHP 계층모형의 시각화: 쌍대비교 데이터, 평가기준 노드, 대안 노드

출력 결과

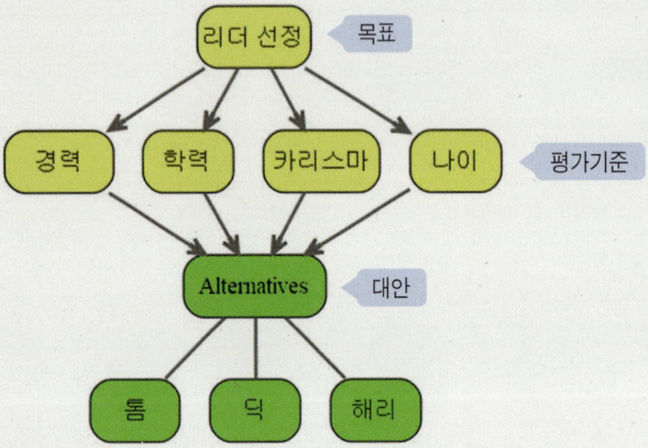

함수 | Load()

패키지	ahp
기능	.YAML 파일로부터 AHP 모형을 로딩함
사용법	**Load**(ahpFile) • 매개변수 변수: ahpFile — 설명: 경로와 ahp 파일이름
반환값	AHP 계층모형의 데이터 트리 구조

함수 | Visualize()

<table>
<tr><th>패키지</th><td>ahp</td></tr>
<tr><th>기능</th><td>AHP 계층모형의 다이어그램을 출력함</td></tr>
<tr><th>사용법</th><td>Visualize(ahpTree, criteriaNodesStyle = list(style = "filled,rounded", shape = "box", color = "honeydew4", fillcolor = "honeydew", fontcolor = "black"), alternativeNodesStyle = list(style ="filled,rounded", shape = "box", color = "thistle4", fillcolor = "thistle", fontcolor = "black"))

• 매개변수
<table>
<tr><th>변수</th><th>설명</th></tr>
<tr><td>ahpTree</td><td>AHP 계층모형의 데이터 트리 구조</td></tr>
<tr><td>criteriaNodesStyle</td><td>평가기준들의 노드를 그림으로 표현할 요소들의 리스트</td></tr>
<tr><td>alternativeNodesStyle</td><td>대안들의 노드들을 그림으로 표현할 요소들의 리스트</td></tr>
</table></td></tr>
<tr><th>반환값</th><td>AHP 계층모형의 다이어그램을 출력함</td></tr>
</table>

6단계 우선순위와 일관성 비율 계산

AHP 데이터 파일로부터 우선순위와 일관성 비율을 계산한다.

R 우선순위와 일관성 비율 계산

```
Calculate(ahp_data)
```
우선순위와 일관성 계산

함수 | Calculate()

패키지	ahp
기능	AHP 트리를 계산함
사용법	`Calculate(ahpTree)` • 매개변수

변수	설명
ahpTree	AHP 계층모형의 데이터 트리 구조

7단계 결과 분석과 대안 선정

분석결과는 텍스트와 표 형태의 두 가지로 확인할 수 있다. 리더 선정 목표에 대해 딕(49.3%), 톰(35.8%), 해리(14.9%) 순으로 가중치가 정해진 것을 확인할 수 있다.

결과 분석

```
Analyze(ahp_data)
```
평가결과 출력

출력 결과

```
                Weight    딕     톰   해리 Inconsistency
1 리더 선정     100.0% 49.3% 35.8% 14.9%          4.5%
2  |--경력       54.8% 39.3% 11.9%  3.6%          3.5%
3  |--카리스마   27.0%  5.2% 20.1%  1.7%          6.8%
4  |--학력       12.7%  1.0%  2.4%  9.2%          6.2%
5  °--나이        5.6%  3.8%  1.5%  0.4%          2.8%
```

```
AnalyzeTable(ahp_data)
```
평가결과표 출력

출력 결과

목표에 대한 대안들 간 최종 우선순위

	Weight	딕	톰	해리	Inconsistency
리더 선정	100.0%	49.3%	35.8%	14.9%	4.5%
경력	54.8%	39.3%	11.9%	3.6%	3.5%
카리스마	27.0%	5.2%	20.1%	1.7%	6.8%
학력	12.7%	1.0%	2.4%	9.2%	6.2%
나이	5.6%	3.8%	1.5%	0.4%	2.8%

비일관성 비율

경력(54.8%)에 대한 대안들 간 부분 우선순위

목표에 대한 평가기준 간 부분 우선순위

함수 | Anayze()

패키지	ahp
기능	AHP 모형을 분석함
사용법	**Analyze**(ahpTree) • 매개변수 변수: ahpTree — 설명: AHP 계층모형의 데이터 트리 구조
반환값	각 평가기준의 중요도를 포함하는 데이터 프레임

함수 | AnayzeTable()

패키지	ahp
기능	AHP 모형을 분석함
사용법	`AnalyzeTable(ahpTree)` • 매개변수 변수: ahpTree — 설명: AHP 계층모형의 데이터 트리 구조
반환값	각 평가기준의 중요도를 포함하는 테이블 포맷의 데이터 프레임

5.5 예제: 자동차 선정

승용자 선정 문제

홍길동은 세 종류의 승용차 중에서 하나를 구매하려고 한다. 평가기준은 비용, 스타일, 용량이며, 비용에 대한 세부 평가기준은 구매 가격, 연비로 구분된다. 스타일에 대한 세부 평가기준은 유형과 엔진이 있으며, 용량에 대한 세부 평가기준은 짐 용량과 승차 인원으로 구분된다.

분석 절차는 기본적으로 5.4절과 같다. AHP 계층모형, 쌍대비교, 쌍대비교에 관한 데이터 파일을 작성하고 R로 실행하면 된다.

1단계 AHP 계층 모형화

홍길동 가족이 생각하는 AHP 계층 모형은 〈그림 5.4〉와 같다. 목표는 가족을 위한 승용차 구매이며, 평가기준은 비용, 스타일, 용량의 3가지이다. 비용의 하위기준은 구매 가격과 연비이며, 스타일의 하위기준으로는 유형과 엔진 크기이다. 용량의 하위 기준은 짐 용량과 승차 인원으로 구성되어 있다. 선정해야 할 대안들은 승용차 1, 승용차 2, 승용차 3의 세 가지이다. 계층모형은 〈그림 5.4〉와 같고, 각 대안에 대한 자세한 명세는 〈표 5.19〉와 같다.

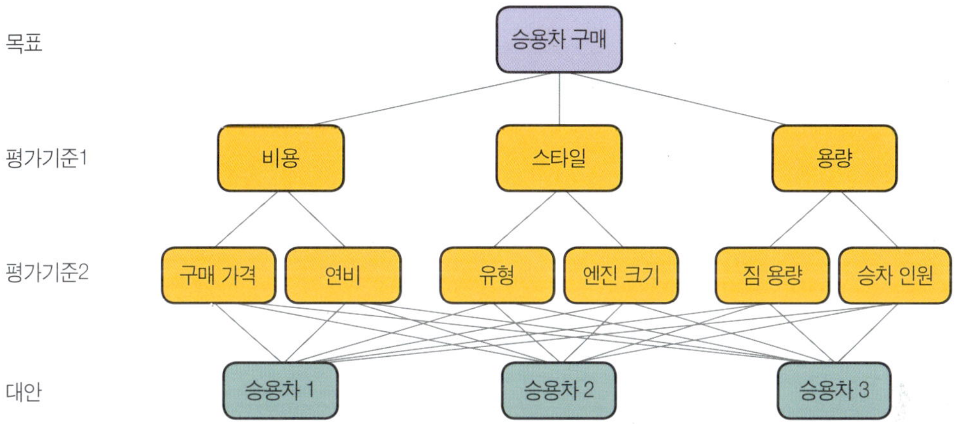

그림 5.4 승용차 선정을 위한 AHP 계층 모형

표 5.19 선정 대안들의 평가항목별 명세

구분		승용차 1	승용차 2	승용차 3
비용	구매 가격	$24,000	$32,000	$27,000
	연비	35 mpg	50 mpg	30 mpg
스타일	유형	중소형세단	중형세단(하이브리드)	중형SUV
	엔진 크기	1,498 cc (1.5L)	2,487cc (2.5L)	2,356cc (2.4L)
용량	짐 용량	15 cubic feet	17 cubic feet	35 cubic feet
	승차 인원	4명	5명	5명

2단계 쌍대비교

평가기준 간, 하위 평가기준 간, 그리고 대안 간 쌍대비교표를 먼저 작성해 보자. 〈표 5.20〉은 목표에 대한 평가기준들 간의 쌍대비교이다.

표 5.20 '자동차 선정' 목표에 대한 평가기준1 간 쌍대비교

평가기준1	9	8	7	6	5	4	3	2	1	2	3	4	5	6	7	8	9	평가기준1
비용							V											스타일
비용				V														용량
스타일						V												용량

다음 〈표 5.21〉 은 각 평가기준들(평가기준 1)에 대한 하위 평가기준들(평가기준2) 간의 쌍대비교이다.

표 5.21 평가기준들에 대한 하위 평가기준 간 쌍대비교

• "비용" 평가기준1에 대한 평가기준2 간 쌍대비교

평가기준2	9	8	7	6	5	4	3	2	1	2	3	4	5	6	7	8	9	평가기준2
구매가격													V					연비

• "스타일" 평가기준1에 대한 평가기준2 간 쌍대비교

평가기준2	9	8	7	6	5	4	3	2	1	2	3	4	5	6	7	8	9	평가기준2
유형								V										엔진

• "용량" 평가기준1에 대한 세부 평가기준2 간 쌍대비교

평가기준2	9	8	7	6	5	4	3	2	1	2	3	4	5	6	7	8	9	평가기준2
짐 용량						V												승차인원

다음 〈표 5.22〉은 각 평가기준 또는 하위 평가기준들에 대한 대안들 간의 쌍대비교이다.

표 5.22 평가기준(하위 평가기준)들에 대한 대안 간 쌍대비교

• "구매 가격" 평가기준2에 대한 대안 간 쌍대비교

대안	9	8	7	6	5	4	3	2	1	2	3	4	5	6	7	8	9	대안
승용차1			V															승용차2
승용차1							V											승용차3
승용차2													V					승용차3

• "연비" 평가기준2에 대한 대안 간 쌍대비교

대안	9	8	7	6	5	4	3	2	1	2	3	4	5	6	7	8	9	대안
승용차1																	V	승용차2
승용차1							V											승용차3
승용차2				V														승용차3

• "유형" 평가기준2에 대한 대안 간 쌍대비교

대안	9	8	7	6	5	4	3	2	1	2	3	4	5	6	7	8	9	대안
승용차1															V			승용차2
승용차1											V							승용차3
승용차2						V												승용차3

• "엔진" 평가기준 비용에 대한 대안 간 쌍대비교

대안	9	8	7	6	5	4	3	2	1	2	3	4	5	6	7	8	9	대안
승용차1													V					승용차2
승용차1												V						승용차3
승용차2								V										승용차3

• "짐 용량" 평가기준 비용에 대한 대안 간 쌍대비교

대안	9	8	7	6	5	4	3	2	1	2	3	4	5	6	7	8	9	대안
승용차1											V							승용차2
승용차1							V							V				승용차3
승용차2												V						승용차3

• "승차 인원" 평가기준 비용에 대한 대안 간 쌍대비교

대안	9	8	7	6	5	4	3	2	1	2	3	4	5	6	7	8	9	대안
승용차1											V							승용차2
승용차1											V							승용차3
승용차2									V									승용차3

3단계 데이터 파일 작성

〈표 5.20〉~〈표 5.22〉의 쌍대비교표로부터 YAML 파일 형태의 car.txt 파일을 작성하고임의 폴더(예: "C:/Temp")에 저장한다.

car.txt

```
Version: 2.0

Alternatives: &alternatives   대안
  승용차 1:
  승용차 2:
  승용차 3:

Goal:   목표
  name: 승용차 구매
  preferences:
    pairwise:
      - [비용, 스타일, 3]
      - [비용, 용량, 6]   평가기준1 간 쌍대비교
      - [스타일, 용량, 4]
```

```
children:
  비용:
    preferences:
      pairwise:
        - [구매 가격, 연비, 1/5]
    children:
      구매 가격:
        preferences:
          pairwise:
            - [승용차 1, 승용차 2, 7]
            - [승용차 1, 승용차 3, 3]
            - [승용차 2, 승용차 3, 1/5]
        children: *alternatives
      연비:
        preferences:
          pairwise:
            - [승용차 1, 승용차 2, 1/3]
            - [승용차 1, 승용차 3, 3]
            - [승용차 2, 승용차 3, 6]
        children: *alternatives
  스타일:
    preferences:
      pairwise:
        - [유형, 엔진 크기, 2]
    children:
      유형:
        preferences:
          pairwise:
            - [승용차 1, 승용차 2, 1/7]
            - [승용차 1, 승용차 3, 1/3]
            - [승용차 2, 승용차 3, 4]
        children: *alternatives
      엔진 크기:
        preferences:
          pairwise:
            - [승용차 1, 승용차 2, 1/5]
            - [승용차 1, 승용차 3, 1/4]
            - [승용차 2, 승용차 3, 2]
        children: *alternatives
```

비용(평가기준1)에 대한 평가기준2 간 쌍대비교

구매가격(평가기준2)에 대한 대안 간 쌍대비교

연비(평가기준2)에 대한 대안 간 쌍대비교

```
용량:
  preferences:
    pairwise:
      - [짐 용량, 승차 인원, 4]
  children:
    짐 용량:
      preferences:
        pairwise:
          - [승용차 1, 승용차 2, 1/3]
          - [승용차 1, 승용차 3, 1/6]
          - [승용차 2, 승용차 3, 1/4]
      children: *alternatives
    승차 인원:
      preferences:
        pairwise:
          - [승용차 1, 승용차 2, 1/3]
          - [승용차 1, 승용차 3, 1/3]
          - [승용차 2, 승용차 3, 1]
      children: *alternatives
```

4단계 패키지 설치 및 로딩

5.4절에서 ahp 패키지를 설치했기 때문에 library() 함수로 로딩한다.

R 패키지 설치 및 로딩

```
# install.packages("ahp")
library(ahp)
```

5단계 데이터 로딩

작성한 car.txt 파일을 읽고, AHP 계층모형을 출력해 보자.

데이터 파일 읽기

```
setwd("C:/Temp")
ahp_data <- Load("car.txt")
ahp_data
```

- setwd("C:/Temp"): 쌍대비교 파일이 있는 폴더를 작업 폴더로 설정
- ahp_data <- Load("car.txt"): 쌍대비교 파일 읽기
- ahp_data: 쌍대비교 파일 출력

출력 결과

```
                levelName
1  승용차 구매
2   |--비용
3   |   |--구매 가격
4   |   |   |--승용차 1
5   |   |   |--승용차 2
6   |   |   °--승용차 3
7   |   °--연비
8   |       |--승용차 1
9   |       |--승용차 2
10  |       °--승용차 3
11  |--스타일
12  |   |--유형
13  |   |   |--승용차 1
14  |   |   |--승용차 2
15  |   |   °--승용차 3
16  |   °--엔진 크기
17  |       |--승용차 1
18  |       |--승용차 2
19  |       °--승용차 3
20  °--용량
21      |--짐 용량
22      |   |--승용차 1
23      |   |--승용차 2
24      |   °--승용차 3
25      °--승차 인원
26          |--승용차 1
27          |--승용차 2
28          °--승용차 3
```

AHP 계층모형

계층모형 출력

```
Visualize(ahp_data,          AHP 계층모형의 시각화: 쌍대비교 데이터, 평가기준 노드, 대안 노드
          criteriaNodesStyle = list(style = "filled,rounded",
                                    shape = "box",
                                    color = "black",
                                    fillcolor = "yellow",
                                    fontcolor = "black"),
          alternativeNodesStyle = list(style = "filled,rounded",
                                       shape = "box",
                                       color = "black",
                                       fillcolor = "green",
                                       fontcolor = "black"))
```

출력 결과

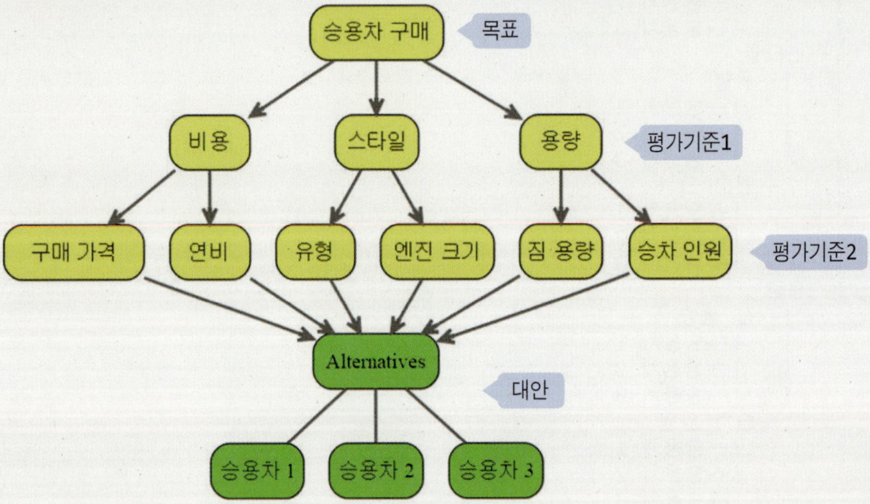

6단계 우선순위와 일관성 비율 계산

AHP 데이터 파일에 대해 우선순위와 일관성 비율을 계산한다.

R 우선순위와 일관성 비율 계산

```
Calculate(ahp_data)
```
우선순위와 일관성 계산

7단계 결과 분석과 대안 선정

결과는 텍스트와 표 형태의 두 가지로 확인할 수 있다. 우선 순위는 승용차 2가 다른 차들에 비해 가장 큰 62.6%로서, 선정 후보가 될 수 있다. 평가기준과 대안들의 비일관성은 모두 0.1(10%)보다 작기 때문에 일관성있게 비교되었다고 할 수 있다.

R 결과 분석

```
Analyze(ahp_data)
```
평가결과 출력

출력 결과

```
                      Weight  승용차 2  승용차 3  승용차 1  Inconsistency
1  승용차 구매         100.0%   62.6%    19.5%    17.9%          5.1%
2   |--비용             64.4%   42.6%     7.2%    14.6%          0.0%
3   |   |--연비         53.7%   41.8%     4.2%     7.7%         24.5%
4   |   °--구매 가격    10.7%    0.8%     3.0%     7.0%          6.2%
5   |--스타일           27.1%   17.9%     6.8%     2.4%          0.0%
6   |   |--유형         18.0%   12.7%     3.8%     1.5%          3.1%
7   |   °--엔진 크기     9.0%    5.1%     3.0%     0.9%          2.3%
8   °--용량              8.5%    2.2%     5.4%     0.9%          0.0%
9       |--짐 용량       6.8%    1.5%     4.7%     0.6%          5.1%
10      °--승차 인원     1.7%    0.7%     0.7%     0.2%          0.0%
```

```
AnalyzeTable(ahp_data)
```
평가결과표 출력

출력 결과

목표에 대한 대안들 간 최종 우선순위

	Weight	승용차 2	승용차 1	승용차 3	Inconsistency
승용차 구매	100.0%	56.0%	23.6%	20.4%	5.1%
비용	64.4%	35.9%	20.4%	8.1%	0.0%
연비	53.7%	35.2%	13.4%	5.1%	1.7%
구매 가격	10.7%	0.8%	7.0%	3.0%	6.2%
스타일	27.1%	17.9%	2.4%	6.8%	0.0%
유형	18.0%	12.7%	1.5%	3.8%	3.1%
엔진 크기	9.0%	5.1%	0.9%	3.0%	2.3%
용량	8.5%	2.2%	0.9%	5.4%	0.0%
짐 용량	6.8%	1.5%	0.6%	4.7%	5.1%
승차 인원	1.7%	0.7%	0.2%	0.7%	0.0%

일관성 비율

비용(64.4%)에 대한 대안들 간 부분 우선순위

목표에 대한 평가기준 간 부분 우선순위

요약

AHP 분석 개요: 여러 대안들에 대해 복수의 평가기준을 기반으로 대안들을 서열화하여 하나의 대안을 선정하는 다기준 의사결정(MCDM: Multi-criteria Decision Making)의 한 방법이다.

AHP 분석 역사: 1970년대에 BultThomas L. Saaty에 의해 소개되어, 여러 분야에서 대안들을 효과적으로 선택하는 방법으로 활용되고 있다.

AHP 모형: AHP 계층모형은 목표, 평가기준, 대안의 계층적인 구조로 구성된다. 평가기준은 여러 층으로 계층화가 가능하다.

AHP 분석 절차: 계층모형 구축(1단계), 쌍대비교 헹렬 작성(2단계), 부분 우선순위 도출(3단계), 일관성평가(4단계), 최종 우선 도출 및 대안선정(5단계) 과정으로 진행된다.

R을 이용한 AHP 분석 방법: ahp 패키지의 Load() 함수를 사용하여 AHP 파일을 로딩하고, Calculate() 함수로 우선순위를 계산한다. 모형과 분석결과의 그래프 출력은 Visualize(), Analyze(), AnalyzeTable() 함수가 사용된다.

연습문제

클라리넷, 바이올린, 트럼펫 중에 한 가지를 선택해서 연주 레슨을 받으려고 한다. AHP분석으로 다음 단계적 물음에 따라 대안을 선정하시오. 대안들에 대한 평가는 레슨 비용, 연주 용이, 구입 비용의 세 가지 관점으로 하시오.

1. AHP 모형을 그리시오.

2. 목표에 대한 평가 기준들의 우선순위를 평가하기 위한 다음 물음에 답하시오.

2.1 평가 기준 간 쌍대비교는 다음과 같다. 쌍대비교 행렬을 작성하시오.

평가기준	9	8	7	6	5	4	3	2	1	2	3	4	5	6	7	8	9	평가기준
레슨 비용															V			연주 용이
레슨 비용													V					구입 비용
연주 용이							V											구입 비용

목표	레슨 비용	연주 용이	구입 비용
레슨 비용			
연주 용이			
구입 비용			

2.2 정규화된 쌍대비교 행렬을 작성하시오

목표	비용	이동시간	경치
비용			
이동시간			
경치			

2.3 부분 우선순위를 구하고, 산술평균에 의한 λmax의 근사치를 구하시오.

목표	부분 우선순위	Λmax
비용		
이동시간		
경치		

2.4 목표에 대한 평가 기준 간 쌍대비교의 일관성 여부를 판단하시오. RI는 다음과 같다.

n	3	4	5	6
RI	0.58	0.90	1.12	1.24

3. 각자 2번 물음과 같은 과정으로 평가기준에 대한 대안들 간 쌍대비교를 해서, 부분 우선순위와 최종 우선순위를 구한 뒤에 대안을 선정하시오.

4. 3번 문항을 R로 구현하려고 한다. YAML 형태로 작성된 AHP 데이터 파일은 "C:/Temp" 폴더에 instrument.txt로 저장되어 있다. 데이터 파일을 열고, 우선 순위와 일관성을 평가 후에, 평가결과를 표 형태로 출력하는 R 스크립트를 완성하시오.

```
setwd("C:/Temp")
data <- Load(__________)
_____________(data)
_____________(data)
```

응용 문제1 휴가지 선정

친구들과 함께 주말에 힐링 휴가를 갈 계획을 세워보자. 여행지로는 단양, 순천, 청송을 대안으로 고려한다면, 어느 곳을 선택해야 할까? 평가기준은 비용, 이동시간, 경치이다. AHP 기법으로 대안을 비교하고 적당한 휴가 장소를 선정해보자.

단양 (단양 삼봉)

순천 (순천만 습지)

청송 (주왕산 국립공원)

1단계 AHP 계층 모형화

2단계 쌍대비교 행렬 작성

3단계 부분 우선순위 도출

4단계 일관성 평가

5단계 최종 우선순위 도출 및 대안 선정

휴가지 선정(R)

응용 문제2

응용문제 1의 AHP 모형과 쌍대비교로부터 R을 이용하여 대안을 선정해 보자.

1단계 데이터 준비(YAML 파일 작성)

2단계 AHP 분석

5단계 결과 분석 및 대안 선정

CHAPTER 머신러닝을 활용한 R 데이터 분석

6 선형계획법을 이용한 최적해 구하기

학습목표

선형계획법을 이용한 최적해법 학습

학습내용

선형계획법
Traveling Salesman Problem
R을 이용한 최적해 구하기

6.1 배경

ABC 온라인 쇼핑몰은 최신 유행상품인 운동화와 코트를 판매하려고 한다. 각 상품별 판매이익이 다르고, 웹사이트에 홍보하기 위한 이미지 제작 비용과 고객에게 배송하기 위한 포장 비용도 다르다. ABC 몰은 제조회사로부터 운동화와 코트를 각각 몇 개씩 납품받아 시장에 판매하는 것이 가장 큰 이익을 얻게 될까?

주어진 제약조건하에서 달성하고자 하는 목표를 이루기 위한 의사결정 문제를 모형화하고 이에 대한 최적해를 구하기 위한 방법론을 최적화(optimization) 문제라고 한다. 이익을 최대로 하는 생산량 결정, 비용을 최소로 하는 구매량 결정 또는 배송경로 설정 등이 이에 해당한다. 최적화 기법의 예로는 수리계획법(mathematical programming)이 있다. 수리계획법은 의사결정 문제를 수학적 모형으로 표현하고 최적의 해를 구하여, 최적의 의사결정이 되도록 지원한다. 선형계획법(LP: Linear Programming)은 수리계획법의 한 분야로, 선형 관계의 수리적 모형으로 최적의 결과(최대 이익, 최소 비용 등)를 찾는 기법이다. 6.2절에서 선형계획법의 최소화 문제와 최대화 문제의 해를 구하는 원리를 살펴보고, 6.3절에서는 선형계획법을 풀기 위한 R패키지를 사용하는 방법을 살펴본다. 6.4절에서는 비용을 최소로 하는 배송경로 설정 문제를 살펴보기로 하자.

6.2 선형계획법의 개요

선형계획법은 수리적 모형으로 최적의 결과를 찾는 기법이다. 최적 결과는 최대 이익 또는 최소 비용 등이 해당될 수 있다. 선형계획법의 모형은 의사결정 대상이 되는 의사결정 변수, 문제에서 달성하고자 하는 목표를 기술하는 목적함수, 목적 달성의 제약조건들로 구성된다. 운동화와 코트를 조달하려는 기업에서는 각 상품의 조달량이 의사결정 변수가 될 수 있다. 의사결정 변수들의 조합에 따른 매출의 최대화, 또는 비용의 최소화는 목적함수의 예이다. 운동화와 코트의 생산량 결정일 경우, 각 상품의 생산량이 의사결정 변수가 되고 생산량에 따른 매출 최대화가 목적함수가 된다. 예산은 여러 제약조건중의 하나이다. 다이어트를 위한 식단 메뉴구성에서는 필요한 최소의 영양분을 섭취하면서 비용을 최소로 하기 위해, 메뉴를 구성하는 식품량이 의사결정 변수가 되고 구매 비용 최소화가 목적함수가 될 수 있다.

일반적인 선형계획법 문제는 1939년에 소련 경제학자 Leonid Kantorovich가 모형을 개발하고 해를 구하는 방법을 제안하였다. 이것은 2차 대전 중에 육군의 비용을 줄이고 적군에게 손실을 증대시키기 위해 경비와 수익을 계획하기 위한 방법이었다. 그러나 당시 소련에서는 이 방법이 무시되었다. 그 무렵에 미국 경제학자 T. C. Koopmans가 고전 경제 문제를 선형문제로 모형화하였다. 향후에 이 두 사람은 그 공로로 1975년 노벨 경제학상을 공동 수상하게 된다. 1941년에는 Frank Lauren Hitchcock 또한 수송 문제를 선형문제로 모형화하였고 심플렉스 방법과 유사한 방법으로 해를 찾았다. 한편, 1946년과 1947년에는 George B. Dantzig가 미국 공군에

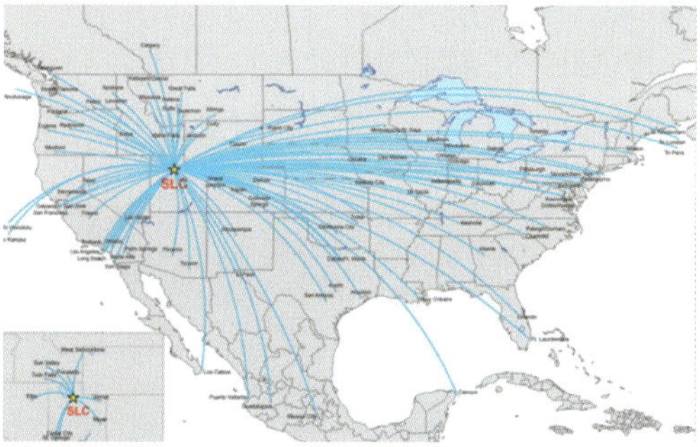

서 Planning Problem에 적용하기 위해 일반적인 선형계획 모형을 개발하였다. 1947년에는 Dantzig가 대부분의 선형계획 모형에 대해 효율적으로 문제를 풀 수 있는 심플렉스 방법을 개발하였다[5]. 컴퓨터의 발달에 따라 해를 구하는 방법론은 더욱 효율적으로 활용이 가능하게 되었으며, 40개국에서 하루 3,400비행편의 스케줄관리 등 빅데이터 환경의 대용량 문제에도 사용되고 있다.

ABC 쇼핑몰이 외부로부터 상품을 조달받아 온라인으로 판매하는 상황을 생각해보자. 운동화 1켤레와 코트 1벌을 판매할 경우, 단위 당 이익은 각각 1만 원과 3만 원이다. 이 상품들은 배송을 위한 포장과 홈페이지에 홍보를 위한 사진 제작 과정을 필요로 한다. 포장비용은 각 상품 단위당 500원과 1,000원이며, 총 20만 원까지 사용 가능하다. 한편, 사진 제작 비용은 각 상품 단위당 2,000원과 5,000원이며, 총 50만 원까지 사용 가능하다. 이 경우, 운동화와 코트의 판매로 이익을 최대로 하기 위해 각각 몇 개를 조달하여야 할까? 조달량은 전부 판매된다고 가정하자. 이를 도표화하면 〈표 6.1〉과 같다.

표 6.1 운동화와 코트의 상품 단위당 이익과 제약조건 (단위: 만원)

(이익 최대화)		의사결정 변수		가용량
		운동화	코트	
이익		1	3	
제약조건	포장비용	0.05	0.1	20
	이미지제작비용	0.2	0.5	50

의사결정변수는 조달할 운동화와 코트의 수량이 된다. 최적해를 구하면, 포장과 사진 제작 비용의 제약조건을 만족하면서 판매 이익을 최대화하기 위해 조달할 양은, 운동화 433 켤레와 코트 33벌이 된다. 6.3절에서 도해법으로 최대화 및 최소화 모형의 해를 구하는 과정과 정수계획법의 모형을 이해하고, 6.4절에서는 R 패키지를 이용하여 해를 구하는 방법을 살펴보기로 하자. 그리고 6.5절에서는 정수계획법의 대표적인 모형인 외판원 문제(TSP: Traveling Salesman Problem)를 공부하기로 한다.

6.3 선형계획 모형의 원리 이해

6.3.1 선형계획 모형의 기본형

선형계획 모형을 표현하기 위해 표기법을 다음과 같이 정의해 보자.

X: 의사결정 변수 벡터, 열 벡터로 $n \times 1$ 행렬.

$$X = \begin{bmatrix} X_1 \\ X_2 \\ \cdots \\ X_n \end{bmatrix}$$

C: 목적함수에 사용되는 상수 벡터, 열 벡터로 $n \times 1$ 행렬.

$$C = \begin{bmatrix} C_1 \\ C_2 \\ \cdots \\ C_n \end{bmatrix}$$

B: 제약조건에 사용되는 상수 벡터, 열 벡터로 $m \times 1$ 행렬.

$$B = \begin{bmatrix} B_1 \\ B_2 \\ \cdots \\ B_m \end{bmatrix}$$

A: 제약조건에 사용되는 상수 행렬, $m \times n$ 행렬

$$A = \begin{bmatrix} A_{11}\ A_{12} \cdots A_{1n} \\ A_{21}\ A_{22} \cdots A_{2n} \\ \cdots \\ A_{m1}\ A_{m2} \cdots A_{mn} \end{bmatrix}$$

표기법에 정의된 기호로 표현하면, 선형계획 모형의 기본형은 다음과 같다. C^T는 C벡터의 전치형(transpose)을 의미한다.

$$\begin{aligned} \max\ & C^T X \\ st\ & AX \le B \\ & X \ge 0 \end{aligned}$$

$C^T X$는 목적함수이며, max는 목적함수를 최대로 하는 최대화 문제를 의미한다. st(subject to)는 제약조건을 의미하며, m개의 식으로 표현된다. 일반적으로 의사결정 변수는 0 이상의 값을 갖는 비음(non−negative) 조건이 된다. 벡터와 행렬의 각 원소들로 표현하면 다음과 같다.

$$\begin{aligned} \max\ & C_1X_1 + C_2X_2 + \cdots + C_nX_n \\ st\ & A_{11}X_1 + A_{12}X_2 + \cdots + A_{1n}X_n \le B_1 \\ & A_{21}X_1 + A_{22}X_2 + \cdots + A_{2n}X_n \le B_2 \\ & \cdots \\ & A_{m1}X_1 + A_{m2}X_2 + \cdots + A_{mn}X_n \le B_m \\ & X_1, X_2, \cdots, X_n \ge 0 \end{aligned}$$

이익의 경우 최대화 문제에 해당하며, 비용의 경우 최소화 문제에 해당한다. 최소화 문제의 모형은 목적함수가 'max' 대신 'min'을 사용하며 일반적으로 대부분의 제약조건 부등식은 $AX \ge B$ 형태가 된다.

$$\begin{aligned} \min\ & C^T X \\ st\ & AX \ge B \\ & X \ge 0 \end{aligned}$$

6.3.2 최대화 문제

선형계획법의 문제를 해결하는 절차는, 먼저 문제를 인식하고, 모형을 만들며, 해를 찾은 후 필요시에 민감도 분석 과정을 추가로 수행한다. 모형화는 의사결정변수를 결정하고, 목적함수를 기술하며, 제약조건을 추가한다.

그림 6.1 선형계획법 분석 절차

1단계 문제 이해

6.2절의 상품 조달 문제는 다음과 같다.

ABC 쇼핑몰에서는 신상품인 운동화와 코트 두 가지 제품을 공급업체로부터 구매하려고 한다. 각 제품의 단위 당 이익은 각각 1만 원과 3만 원이다. 두 제품은 모두 포장 비용과 홍보를 위한 이미지 제작 비용이 든다. 포장 비용은 단위 당 운동화는 500원, 코트는 1,000원이 소요되며, 총 가능한 비용은 20만 원이다. 사진 제작 비용은 운동화는 단위 당 1,000원, 코트는 5,000원이 필요하며 총 가능한 비용은 50만 원이다. 이 경우, 이익을 최대로 하는 상품 조달 계획의 선형계획모형을 만들고 최적해와 총 이익을 구하시오. 단, 공급업체로부터 구매한 제품은 전량 소비자에게 판매된다고 가정한다.

2단계 모형화

이 문제에서 결정해야 할 의사결정 변수는 운동화(X_1)와 코트(X_2)의 조달량이 된다. 목적함수는 운동화와 코트의 판매에 따른 이익을 최대화하는 것이다. 제약조건은 포장 비용과 사진 제작 비용이 있으며, 비음조건이 추가된다. 의사결정 변수에 대한 벡터는 X, 이익을 나타내는 벡터는 C, 제약조건에 대한 상수 행렬은 A, 각 제약조건별 가용량에 대한 벡터는 B로, 표현하고, 선형계획법으로 모형화하기 편한 형태의 표로 나타나면 〈표 6.2〉와 같다.

표 6.2 상품 구매 문제의 모형화 표 (단위: 만 원)

(이익 최대화)		의사결정 변수(X)		최대 비용(B)
		운동화(X_1)	코트(X_2)	
이익(C)		1(C_1)	3(C_2)	
제약조건(A)	포장비용	0.05(A_{11})	0.1(A_{12})	≤ 20(B_1)
	사진 제작 비용	0.1(A_{21})	0.5(A_{22})	≤ 50(B_2)

〈표 6.1〉의 내용을 최대화 문제의 선형계획 모형으로 나타내면 다음과 같다. 행의 크기(제약조건 수)는 $m = 2$이며, 열의 크기(의사결정변수 수)도 $n = 2$이다. 조달량은 0이상이 되어야 하는 비음조건이 추가된다(4).

$$\max\ Z = X_1 + 3X_2 \quad (1)$$
$$st\quad 0.05X_1 + 0.1X_2 \le 20 \quad (2)$$
$$0.1X_1 + 0.5X_2 \le 50 \quad (3)$$
$$X_1, X_2 \ge 0 \quad (4)$$

3단계 해 찾기

해를 찾는 과정을 이해하려면 그래프를 이용하는 방법과 심플렉스 해법을 이용하는 방법이 있는데, 심플렉스 해법은 이 책에서 다루지 않기로 한다. 의사결정변수가 2개인 경우,

$X-Y$ 좌표평면에서 그래프를 이용하면 이해가 쉽다. 그래프를 이용하는 방법을 살펴보기로 하자. 먼저, 모형의 제약조건들을 만족하는 실행가능영역을 표시하고, 목적함수가 실행가능영역을 지나면서 가장 큰 값을 갖게 될 때 최적해가 결정된다. 먼저 비음조건인(4) 식에 의해 해가 존재할 영역이 X_1과 X_2 두 축으로 이뤄진 평면의 1사분면으로 제한된다. 다음으로 (2)와 (3)식에 의하면 해가 존재할 실행가능영역은 노란색 부분의 영역이 된다. (1)식은

$$X_2 = -\frac{1}{3}X_1 + \frac{1}{3}Z \tag{1-1}$$

가 되는데, (1−1)식은 실행 가능 영역 내에서 (2)식과 (3)식이 만나는 점을 지날 때 X_2 절편인 $\frac{1}{3}Z$가 가장 크게 된다. 즉, 운동화와 코트의 구매량을 의미하는 최적해는 $(X_1^*,\ X_2^*)$로 표현하고, 최대이익을 의미하는 목적함수 값은

$$Z^* = X_1^* + 3X_2^* \tag{1-2}$$

가 된다.

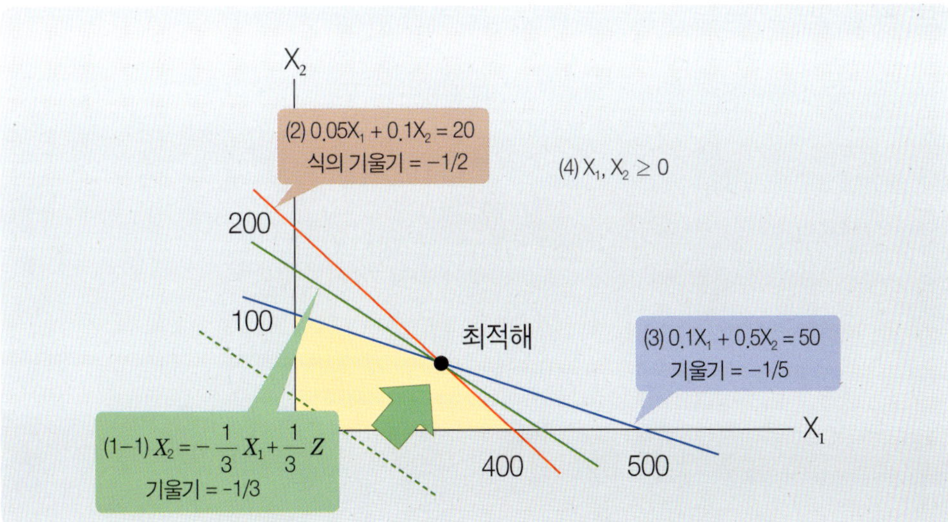

연립방정식으로 (2)식과 (3)식의 교점을 구하면 최적해는

$$(X_1^*, X_2^*) = (333.3, 33.3)$$

가 되고, 최대이익은 (1−2)으로부터

$$Z^* = X_1^* + 3X_2^* = 333.3 + 3 \times 33.3 = 433.3(\text{만 원}) \tag{1-3}$$

이 된다.

4단계 민감도 분석

최적해를 구한 후에, 목적함수 계수의 변화와 제약조건(우측 상수)의 변화에 따른 최적해의 변화를 사후에 분석하는 과정을 민감도 분석이라고 한다.

• 현재 최적해에서 의사결정할 수 있는 상품단위당 이익의 변화 범위는 어느 정도일까?

시장 상황이 변하게 되면 상품 단위당 이익의 변화가 생길 수 있다. 현재 구한 최적해에서 구매량을 그대로 유지할 수 있는 상품 단위당 이익의 변화 범위는 어느 정도일까?

이익은 목적함수에 있는 상수이다. 각 제약조건의 경계선 기울기는 (2)식은 $-\frac{1}{2}$, (3)식은 $-\frac{1}{5}$ 이다.

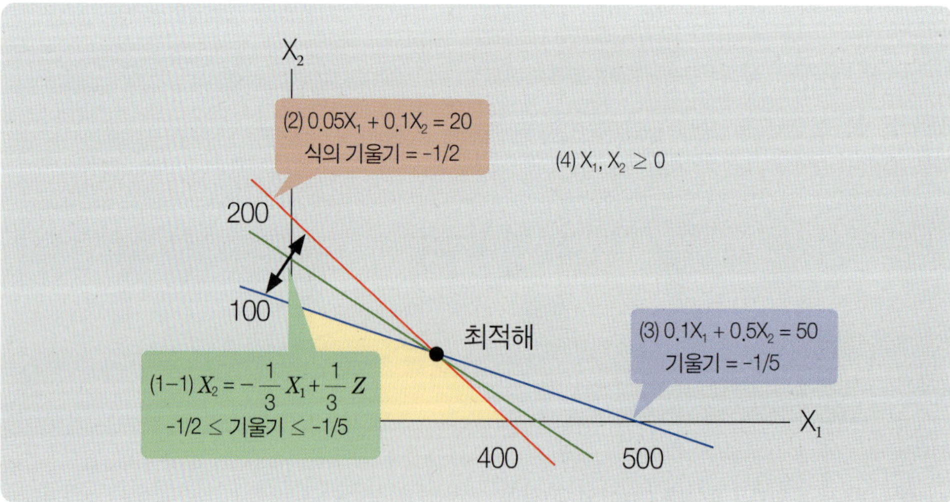

먼저 운동화의 이익 범위를 살펴보자. (1)식에서 X_1의 계수를 C_1으로 두면

$$Z = C_1X_1 + 3X_2 \tag{1-4}$$

이 된다. 즉,

$$X_2 = -\frac{C_1}{3}X_1 + \frac{1}{3}Z \tag{1-5}$$

이므로, X_1의 계수인 $-\frac{C_1}{3}$ 이 (2)와 (3)의 기울기 내에 있게 되면 현재 최적해를 그대로 유지할 수 있다. 즉,

$$-\frac{1}{2} \le -\frac{C_1}{3} \le \frac{1}{5}$$

의 관계식에서

$$1.5 \ge C_1 \ge 0.6$$

가 된다. 즉, 현재 최적해로 각 상품을 조달할 수 있는 운동화의 한 켤레 당 이익은 0.6~1.5만 원 범위가 된다. 다음으로 코트의 이익 범위를 살펴보자. 목적함수 (1)에서 X_2의 계수를 C_2로 두면,

$$Z = X_1 + C_2X_2$$

가 되며,

$$X_2 = -\frac{1}{C_2}X_1 + \frac{1}{C_2}Z$$

이므로, X_2의 계수인 $-\frac{C_2}{3}$ 이 (2)와 (3)의 기울기 내에 있게 되면 현재 최적해를 그대로 유지할 수 있다. 즉,

$$-\frac{1}{2} \leq -\frac{1}{C_2} \leq -\frac{1}{5}$$

의 관계식에서

$$2 \leq C_2 \leq 5$$

가 된다. 즉, 현재 최적해로 각 상품을 조달할 수 있는 코트 한 벌 당 이익은 2~5만 원 범위가 된다. 내외부의 상황에 따른 원가의 변화 등으로 C_1 C_2가 최적해를 유지하는 범위를 벗어나면 최적해도 변하게 된다.

• 여유자금이 있다면, 어디에 비용을 투자해야 이익을 더 높일 수 있을까?

제약조건의 포장비와 사진 제작 비용을 더 투자하면, 조달량을 더 늘릴 수 있고 결과적으로 이익을 더 높일 수 있게 된다. 즉 자원의 증가량 대비 목적함수의 증가량을 잠재가격(쌍대변수)이라고 한다. 잠재가격은 추가되는 자원(제약조건 우측 상수의 값)의 1단위에 해당하는 가치를 의미한다.

목적함수의 계수가 같은 경우에, 먼저 포장비용을 1단위 증가시켜보자. 포장비용 제약식 (2)의 우측상수를 20에서 21로 증가시키면,

$$0.05X_1 + 0.1X_2 \leq 21 \qquad (2-1)$$

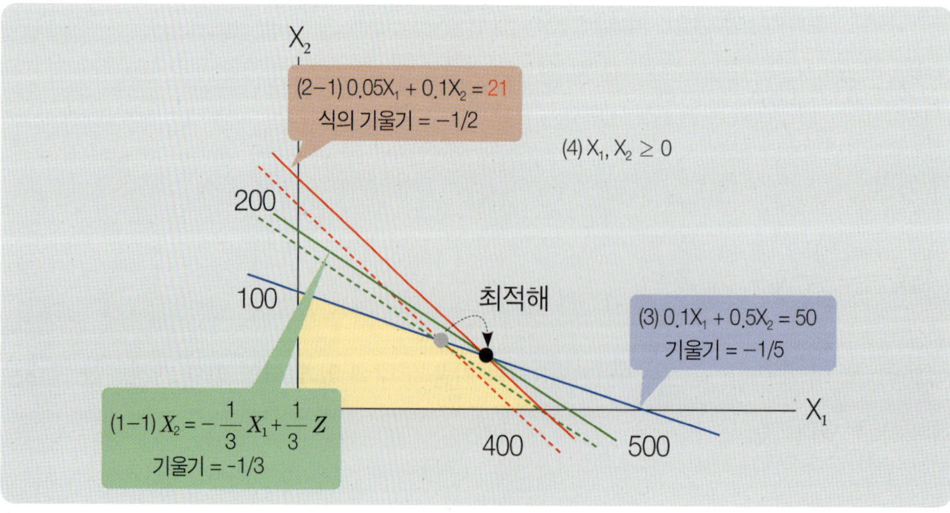

가 되는데, 최적해는 (2−1)식과 (3)식의 경계선 교점이며 연립방정식으로 풀면

$$(X_1^{*'},\ X_2^{*'}) = (366.7, 26.7)$$

가 된다. 이 경우, 최대 이익은

$$Z^{*'} = X_1^{*'} + 3X_2^{*'} = 366.7 + 3 \times 26.7 = 446.8(\text{만 원}) \qquad (1-6)$$

이 된다. 즉, 최적해 변화에 따른 이익의 변화는 (1−6)식과 (1−3)식의 차이로

$$\begin{aligned} \Delta Z_{\text{포장비용}} &= Z^{*'} - Z^{*} \\ &= 446.8 - 433.3 = 13.5(\text{만 원}) \end{aligned} \qquad (1-7)$$

가 되며, 포장비용 1단위(1만 원) 증가는 13.5만 원의 이익을 높일 수 있게 된다. 이번에는 사진 비용을 1단위 증가시키면 어떻게 될까? 시잔비용 제약식 (3)의 우측상수를 50에서 51로 증가시키면,

$$0.1X_1 + 0.5X_2 \le 51 \qquad (3-1)$$

이 되는데, (2)와 (3−1)식의 교점에서 최적해는

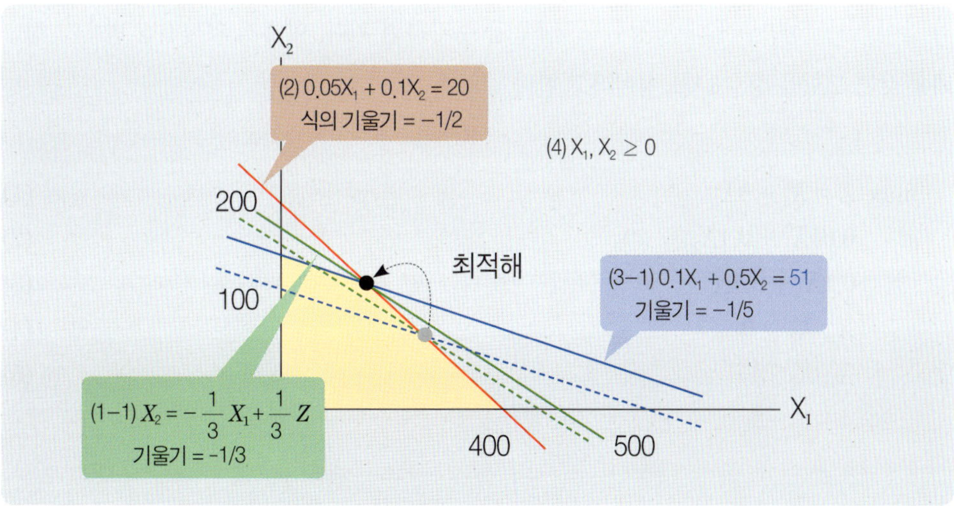

$$(X_1^{*'},\ X_2^{*'}) = (326.7, 36.7)$$

로 정해진다.

이 경우, 최대 이익은

$$Z^{*'} = X_1^{*'} + 3X_2^{*'} = 326.7 + 3 \times 36.7 = 436.8(\text{만 원}) \tag{1-8}$$

이 된다. 즉, 최적해 변화에 따른 이익의 변화는 (1−8)식과 (1−3)식의 차이로

$$\begin{aligned} \Delta Z_{\text{사진비용}} &= Z^{*'} - Z^{*} \\ &= 436.8 - 433.3 = 3.5(\text{만 원}) \end{aligned} \tag{1-9}$$

이 된다. 사진비용 1단위(1만 원) 증가는 3.5만 원의 이익을 높일 수 있게 된다. (1−7)식과 (1−9)식을 비교하면, 여유자금 투자분석에서 사진비용보다는 포장비용의 투자가 더 높은 이익을 주기 때문에($\Delta Z_{\text{포장비용}} > \Delta Z_{\text{사진비용}}$) 포장비용에 우선적으로 투자하는 것이 효과가 높다.

6.3.2 정수계획법

상품 구매 수량의 최적해는 정수가 되어야 할 것이다. 이 경우, 선형계획모형에서 (5)식과 같이 의사결정변수에 대한 정수 제약조건을 추가하면 된다. 이렇게 의사결정 변수가 정수해를 갖는 모형을 정수계획모형이라고 한다.

$$\begin{aligned} \max\ & Z = X_1 + 3X_2 && (1) \\ st\ \ & 0.05X_1 + 0.1X_2 \le 20 && (2) \\ & 0.1X_1 + 0.5X_2 \le 50 && (3) \\ & X_1, X_2 \ge 0 && (4) \\ & X_1, X_2 : \text{정수} && (5) \end{aligned}$$

의사결정변수가 정수 값을 갖는 경우에 문제를 푸는 방법은 실수 해를 갖는 선형계획법과 다르다. 정수계획법의 해를 찾기 위한 해법으로는 실행 가능해를 모두 열거하여 최적해를 찾는 열거법, 정수제약조건이 없는 선형계획법의 해를 구한 뒤 해를 반올림 또는 반내림하여 정수해를 구하는 근사법, 실행 가능 영역에서 정수해를 포함하지 않는 영역을 제외시키는 과정을 반복하여 최적해를 찾는 절단 평면법, 실행 가능 영역을 두 개의 배타적인 영역으로 나누고 최적해의 가능성이 없는 영역을 제외시키는 과정을 반복하여 해를 찾는 분단탐색법 등이 있다.

모든 변수의 해가 정수인 모형을 순수정수계획모형이라고 하고, 실수와 정수가 혼합되면 혼합정수계획모형, 0 또는 1의 값만 가지는 경우는 0-1 정수계획모형이라고 한다. 모든 상품의 조달량이 정수가 되는 상품 조달 문제는 순수정수계획모형으로 표현된다. 여러 도시를 방문하여 출발지로 돌아오는 외판원 문제(TSP: Traveling Salesman Problem) 또는 배송 경로를 설정하는 문제들은 0–1 정수계획모형으로 해를 구하게 된다. 6.4.3절에서 R을 이용해 상품 조달 문제에 대한 순수정수계획모형의 해를 구하고, 6.5.4절에서 TSP 문제를 풀어보자.

6.3.3 최소화 문제

1단계 문제 인식

선형계획법의 두 번째 문제인 최소화 문제를 생각해보자. 비용 문제는 대표적인 최소화 문제이다. 다음은 다이어트를 위한 식단 구성 식품을 구매하는 문제이다. 각 영양분의 제약조건을 만족하면서 최소 비용으로 메뉴를 구성하려면 어떻게 해야할까?

A씨는 다이어트를 위해 당분간 닭가슴살과 양상추로 식사를 하려고 한다. 성인 하루 영양분 권장량은 단백질이 50 g, 철분은 100 mg이다. 단백질은 닭가슴살 100 g에는 30 g, 양상추 100 g에는 1 mg이 포함되어 있다. 한편, 철분은 닭가슴살 100 g에는 1.4 g, 양상추 100 g에는 0.9 mg이 포함되어 있다. 닭가슴살과 양상추는 100 g당 구매비용이 각각 1200원, 800원이다. 단백질과 철분을 하루 권장량 이상 섭취하면서 비용이 최소가 되도록 하려면 닭가슴살과 양상추를 각각 몇 g을 사야 할까?

2단계 모형화

문제에서 결정해야 할 의사결정 변수는 닭가슴살(X_1)과 양상추(X_2)의 구매량이 된다. 목적함수는 닭가슴살과 양상추의 구매에 따른 비용을 최소화하는 것이다. 제약조건은 단백질과 철분의 하루 권장 영양분(최소 영양분)이며, 비음조건이 추가된다. 의사결정 변수에 대한 벡터는 X, 비용을 나타내는 벡터는 C, 제약조건에 대한 상수 행렬은 A, 각 제약조건별 영양분에 대한 벡터는 B로 표현하고, 선형계획법으로 모형화하기 편한 형태의 표로 나타내면 〈표 6.3〉과 같다.

표 6.3 식단관리 문제의 모형화 표

(비용 최소화)		의사결정 변수(X)		하루 권장 영양분(B)
		닭가슴살(X_1)	양상추(X_2)	
비용(C)		1,200원(C_1)	800원(C_2)	
제약조건(A)	단백질	30 g(A_{11})	1.4 g(A_{12})	≥ 50 g(B_1)
	철분	1 mg(A_{21})	0.9 mg(A_{22})	≥ 10 mg(B_2)

〈표 6.3〉의 내용을 최소화 문제의 선형계획 모형으로 나타내면 다음과 같다. 비음조건이 추가된다.

$$\min \ Z = 1200X_1 + 800X_2 \quad (6)$$

$$st \quad 30X_1 + 1.4X_2 \geq 50 \quad (7)$$

$$X_1 + 0.9X_2 \geq 10 \quad (8)$$

$$X_1, X_2 \geq 0 \quad (9)$$

3단계 해 찾기

모형의 제약조건들을 만족하는 실행가능영역을 표시하고, 목적함수가 실행가능영역을 지나면서 가장 작은 값을 가질 때 최적해가 결정된다. 먼저 비음조건인 (9)식에 의해 X_1−X_2 평면의 1사분면으로 해가 존재할 영역이 제한된다. 다음으로 (7)와 (8)식에 의하면 해가 존재할 실행가능영역은 노란색 부분의 영역이 된다. (6)식은

$$X_2 = -\frac{3}{2}X_1 + \frac{1}{800}Z \qquad (6-1)$$

가 되는데, (6−1)식은 실행 가능 영역 내에서 (7)식과 (8)식의 경계선이 만나는 점을 지날 때 X_2 절편인 $\frac{1}{800}Z$ 가 가장 작게 된다. 즉, 고기와 채소의 구매량을 의미하는 최적해는 $(X_1^{*\prime}, X_2^{*\prime})$로 표현하고, 최소 비용을 의미하는 목적함수 값은

$$Z^* = 1200X_1^* + 800X_2^* \qquad (6-2)$$

가 된다.

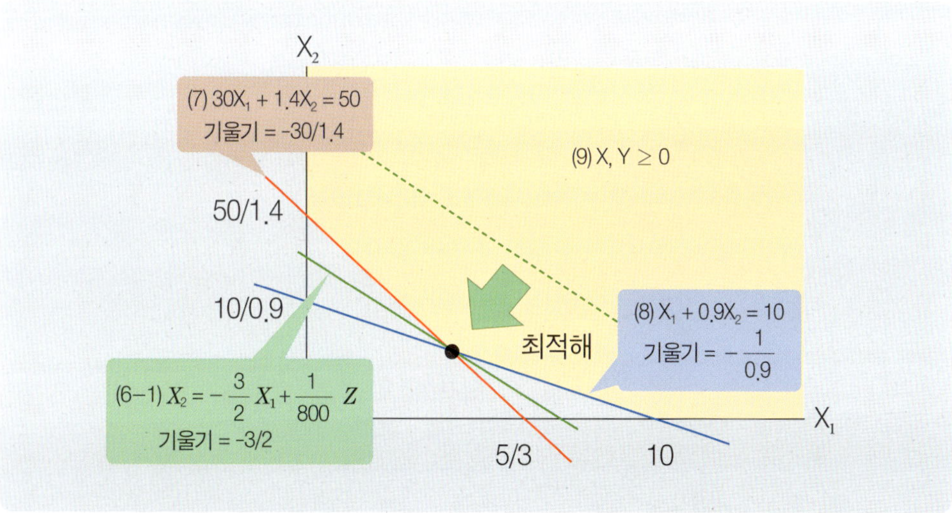

(7)식과 (8)식의 교점을 구하면 최적해는

$$(X_1^*,\ X_2^*) = (1.21, 9.77)$$

이 된다. 1.21과 9.77은 1.21×100g, 9.77×100g을 의미한다. 한편, (6-2)식에서 구매 비용은

$$Z^* = 1200X_1^* + 800X_2^* = 1200\times1.21 + 800\times9.77 = 9{,}268(\text{만 원})$$

이 된다.

4단계 민감도 분석

- **현재 최적해에서 의사결정할 수 있는 닭가슴살와 양상추의 구매단가 변화 범위는 어느 정도일까?**

시장 상황이 변하게 되면 닭가슴살와 양상추의 구매단가 변화가 생길 수 있다. 현재 구한 최적해에서 의사결정을 유지할 수 있는 구매단가의 변화 범위는 어느 정도일까?

이익은 목적함수에 있는 상수이다. (7)식에서 경계선의 기울기는 $-\frac{30}{1.4}$, (8)식의 경계선 기울기는 $-\frac{1}{0.9}$ 이다.

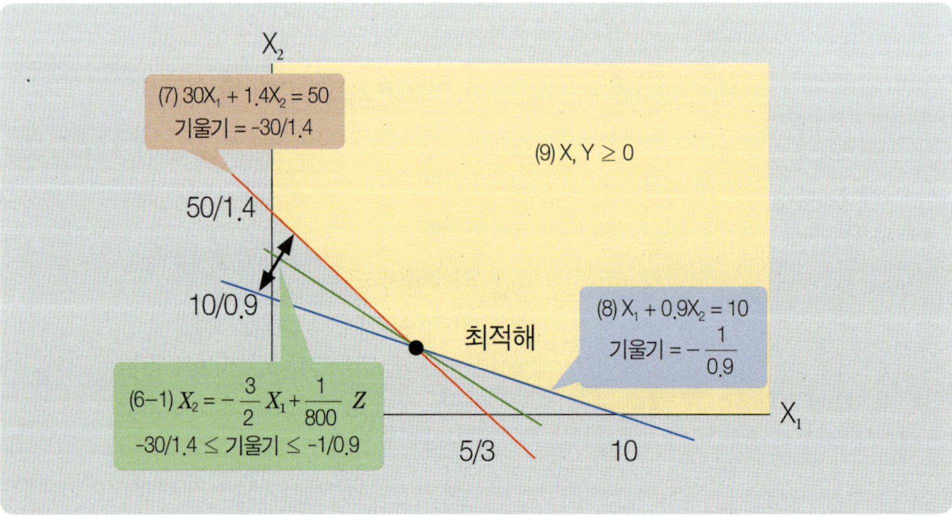

먼저 닭가슴살의 구매단가 범위를 살펴보자. (6)식에서 X_1의 계수를 C_1으로 두면

$$Z = C_1X_1 + 800X_2 \tag{6-4}$$

가 된다. 즉

$$X_2 = -\frac{C_1}{800}X_1 + \frac{1}{800}Z \tag{6-5}$$

이므로, X_1의 계수인 $-\frac{C_1}{800}$ 이 (7)와 (8)의 기울기 내에 있게 되면 현재 최적해를 그대로 유지할 수 있다. 즉,

$$-\frac{30}{1.4} \le -\frac{C_1}{800} \le -\frac{1}{0.9}$$

의 관계식에서

$$888 \le C_1 \le 17142$$

기 된다. 즉, 현재 최적해로 각 제품을 구매할 수 있는 닭가슴살의 구매 단가는 888~17,142원 범위가 된다. 다음으로 양상추의 구매단가 범위를 살펴보자. 목적함수 (6-1)식에서 X_2의 계수를 C_2로 두면

$$Z = 1200X_1 + C_2X_2$$

가 되며,

$$X_2 = -\frac{1200}{C_2}X_1 + \frac{1}{C_2}Z$$

이므로, X_1의 계수인 $-\frac{1200}{C_2}$ 이 (7)와 (8)의 기울기 내에 있게 되면 현재 최적해를 그대로 유지할 수 있다. 즉,

$$-\frac{30}{1.4} \le -\frac{1}{C_2} \le -\frac{1}{0.9}$$

의 관계식에서

$$56 \le C_2 \le 1080$$

가 된다. 즉, 현재 최적해로 각 제품을 구매할 수 있는 양배추의 구매 단가는 56~1,080원 범위가 된다. 즉, C_1, C_2가 최적해를 유지하는 범위를 벗어나면 최적해가 변하게 된다.

• **단백질과 철분의 영양분을 1단위 늘인다면 구매비용은 얼마나 더 증가하는가?**

제약조건의 단백질과 철분 영양분을 증가시키면 구매비용은 더 늘게 될 것이다. 먼저, 단백질 1g에 대한 잠재가격을 살펴보자. 목적함수의 계수가 같은 경우에, 단백질 제약식 (7)의 우측상수를 50에서 51로 증가시키면,

$$30X_1 + 1.4X_2 \ge 51 \tag{7-1}$$

가 되는데, 최적해는 (7-1)식과 (8)식의 경계선에서 정해지며 연립방정식을 풀면

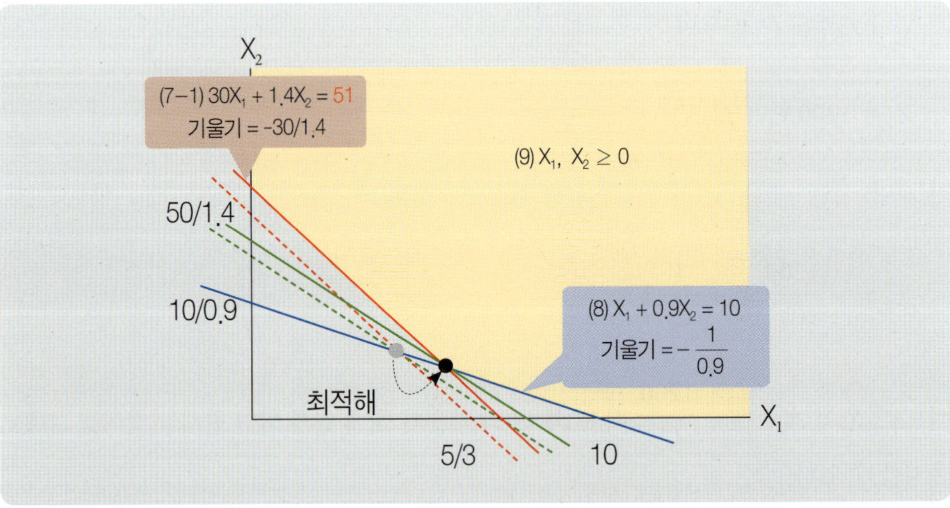

$$(X_1^{*'}, X_2^{*'}) = (1.25, 9.73)$$

가 정해진다.

이 경우, 최소 비용은

$$Z^{*'} = 1200X_1^{*'} + 800X_2^{*'} = 1200 \times 1.21 + 800 \times 9.73 = 9284(\text{만 원}) \quad (6\text{–}6)$$

이 된다. 즉, 최적해 변화에 따른 비용의 변화는 (6–6)식과 (6–3)식의 차이는

$$\begin{aligned} \Delta Z_{\text{단백질}} &= Z^{*'} - Z^{*} \quad (6\text{–}7) \\ &= 9284 - 9268 = 16(\text{만 원}) \end{aligned}$$

으로 난백실 하루 권상 영양분 1단위(1 g) 증가는 16원의 비용을 높이게 된다.

그러면, 철분 영양분을 1단위(1 mg) 증가시키면 어떻게 될까? 철분 제약식 (8)의 우측상수를 10에서 11로 증가시키면, 최적해는 (7)식과 (8–1)식의 경계선 교점에서 정해지며

$$(X_1^{*'}, X_2^{*'}) = (1.16, 10.94)$$

가 된다.

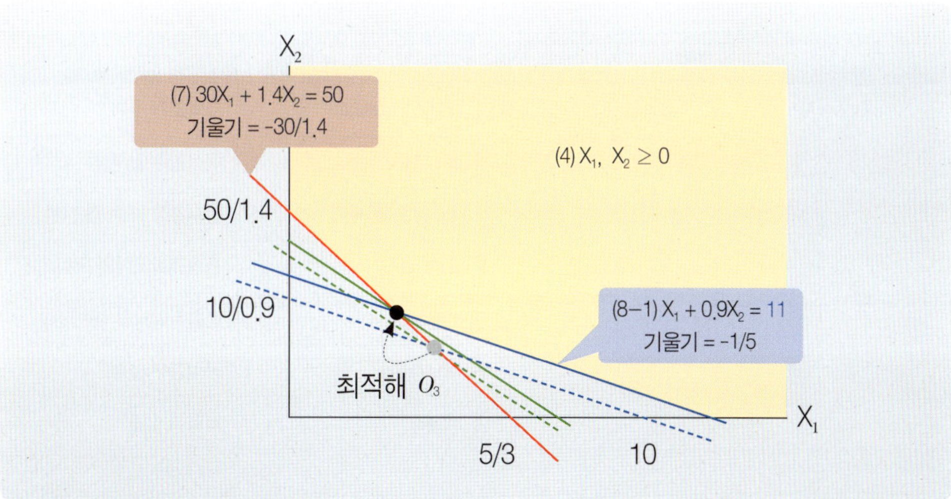

이 경우, 최소 비용은

$$Z^{*'} = 1200X_1^{*'} + 800X_2^{*'} = 1200 \times 1.16 + 800 \times 10.94 = 10144(\text{만 원}) \quad (6-8)$$

이 된다. 즉, 최적해 변화에 따른 비용의 변화는 (6–8)식과 (6–3)식의 차이는

$$\begin{aligned} \Delta Z_{\text{철분}} &= Z^{*'} - Z^{*} \\ &= 10,144 - 9,268 = 876(\text{만 원}) \end{aligned} \quad (6-9)$$

으로 철분의 하루 권장 영양분의 1단위(1 mg) 증가는 876원의 비용을 더 높이게 된다. (6–7)식과 (6–9)식을 비교하면, 철분 1 mg 증가가 단백질 1g 증가보다 더 높은 구매비용을 초래하게 되는 상황임을 알 수 있다.

6.4 R을 이용한 문제 해결

(1) 사용 패키지

선형계획법을 모형화하고 해를 찾기 위한 간단한 패키지는 lpSolverAPI가 있다.

패키지	개요	사용 함수	기능
lpSolverAPI	선형계획 모형화 및 최적해 찾기	add.constraint()	제약조건 추가
		get.objective()	목적함수 값 반환
		get.variables()	의사결정 변수 값 반환
		lp.control()	선형계획모형의 목적 설정
		make.lp()	선형계획모형 객체 생성
		set.objfn()	목적함수 설정
		solve()	최적해 발견

(2) 분석 절차

앞의 3절에 설명한 분석 과정을 R로 문제를 해결해 보자. 먼저 문제를 이해하고 모형화 후에, R의 lpSolverAPI 패키지에 맞는 형태로 모형을 만들고 해를 찾는다. 모형을 만들 때에는 make.lp() 함수 등을 사용하며, solve() 함수는 해를 찾을 때 사용한다. 한편, get.sensitivity.obj() 함수 등을 사용하여 민감도 분석으로 의사결정에 반영할 수 있다.

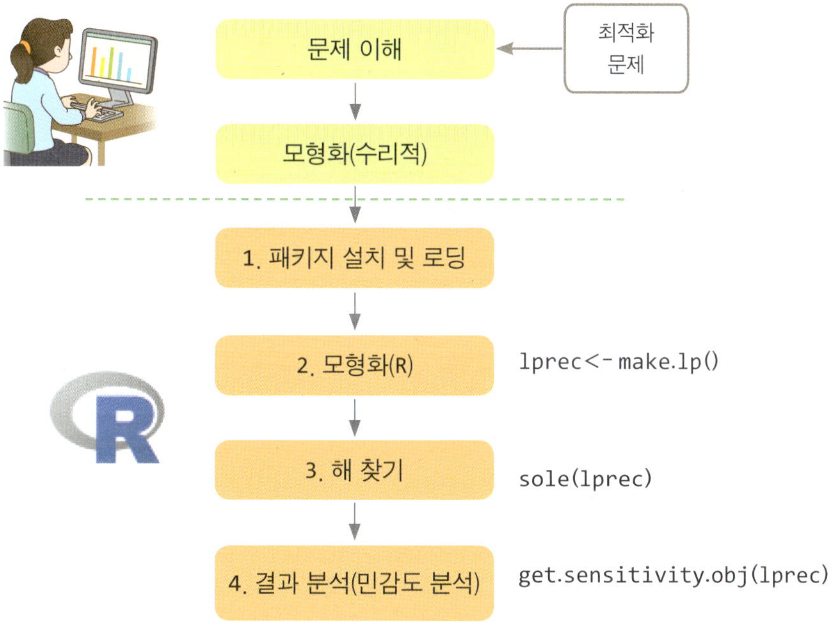

그림 6.2 R을 이용한 선형계획법 분석 절차

6.4.1 최대화 문제

1단계 패키지 설치 및 로딩

다음과 같이 install.packages()를 이용하여 lpSolverAPI 패키지를 설치하고, library() 함수로 로딩한다.

R 패키지 설치 및 로딩

```
install.packages("lpSolverAPI")
```
패키지 설치

출력 결과

```
> install.packages("lpSolveAPI")
trying URL 'https://cran.rstudio.com/bin/windows/contrib/3.4/lpSolveAPI_5.5.2.0
-17.zip'
Content type 'application/zip' length 1044053 bytes (1019 KB)
downloaded 1019 KB

package 'lpSolveAPI' successfully unpacked and MD5 sums checked

The downloaded binary packages are in
        C:\Users\          \AppData\Local\Temp\RtmpUV9Dvy\downloaded_packages
> library("lpSolveAPI")
```

```
library(lpSolverAPI)
```
패키지 로딩

출력 결과

```
Warning message:
패키지 'lpSolveAPI'는 R 버전 3.5.2에서 작성되었습니다
```

2단계 모형화

6.3절의 최대화 문제를 모형화해보자. 먼저 제약조건과 의사결정 변수 수를 정하고, 최소 또는 최대화 문제, 목적함수, 제약조건을 설정한다. 모형을 출력해보면 다음과 같다.

$$
\begin{aligned}
\max\ & Z = X_1 + 3X_2 \\
st\ & 0.05X_1 + 0.1X_2 \le 20 \\
& 0.1X_1 + 0.5X_2 \le 50 \\
& X_1,\ X_2 \ge 0
\end{aligned}
$$

R 모형화

```
lprec <- make.lp(2, 2)                          # 모형 초기화: 제약조건 수와 의사결정변수 수
lp.control(lprec, sense="max")                  # 최대 목적 설정
set.objfn(lprec, c(1, 3))                       # 목적함수 계수
add.constraint(lprec, c(0.05, 0.1), "<=", 20)   # 제약조건1
add.constraint(lprec, c(0.1, 0.5), "<=", 50)    # 제약조건2

lprec                                           # 모형 출력
```

출력 결과

```
Model name:
              C1     C2
Maximize       1      3
R1             0      0   free    0
R2             0      0   free    0
R3          0.05    0.1     <=   20
R4           0.1    0.5     <=   50
Kind         Std    Std
Type        Real   Real
Upper        Inf    Inf
Lower          0      0
```

함수 | add.constraint()

<table>
<tr><td>패키지</td><td>lpSolverAPI</td></tr>
<tr><td>기능</td><td>제약조건 추가</td></tr>
<tr><td>사용법</td><td>add.constraint(lprec, xt, type = c("<=", "=", ">="), rhs)

• 매개변수
<table>
<tr><th>변수</th><th>설명</th></tr>
<tr><td>lprec</td><td>선형계획모형 객체</td></tr>
<tr><td>xt</td><td>제약조건식의 좌측 변수의 계수들의 벡터</td></tr>
<tr><td>type</td><td>부등호 기호</td></tr>
<tr><td>rhs</td><td>제약조건식의 우측 변수의 계수</td></tr>
</table></td></tr>
</table>

함수 | lp.control()

패키지	lpSolverAPI
기능	선형계획모형의 목적 설정
사용법	**lp.control**(lprec, sense="max") • 매개변수 변수: lprec — 선형계획모형 객체 변수: sense — 목적함수의 최대화(max), 최소화(min) 설정
반환값	제어 매개변수를 포함하는 리스트

변수	설명
lprec	선형계획모형 객체
sense	목적함수의 최대화(max), 최소화(min) 설정

함수 | make.lp()

패키지	lpSolverAPI
기능	선형계획모형 객체 생성
사용법	**make.lp**(nrow = 0, ncol = 0) • 매개변수
반환값	선형계획모형 객체

변수	설명
nrow	선형계획모형에서 제약조건 식의 수
ncol	선형계획모형에서 의사결정변수의 수

함수 | set.objfn()

패키지	lpSolverAPI
기능	목적함수 설정
사용법	**set.objfn**(lprec, obj) • 매개변수 <table><tr><th>변수</th><th>설명</th></tr><tr><td>lprec</td><td>선형계획모형 객체</td></tr><tr><td>obj</td><td>목적함수 내 의사결정 변수의 계수들의 벡터</td></tr></table>

3단계 해 찾기

모형에 대한 해를 찾는 방법은 다음과 같다. 먼저 solve() 함수로 이용해 최적해를 계산하고, get.objective()와 get.variables() 함수로 최대 이익과 최적해를 확인한다.

해 찾기

```
solve(lprec)   최적해 찾기
```

출력 결과

```
[1] 0
```

```
get.objective(lprec)   목적함수 값
```

출력 결과

```
[1] 433.3333
```

```
get.variables(lprec)
```
최적해

출력 결과

```
[1] 333.33333  33.33333
```

함수 | get.objective()

패키지	lpSolverAPI
기능	목적함수 값 반환
사용법	**get.objective**(lprec) • 매개변수 변수: lprec — 설명: 선형계획모형 객체
반환값	목적함수 값

함수 | get.variables()

패키지	lpSolverAPI
기능	의사결정변수의 값 반환
사용법	et.variables(lprec) • 매개변수 변수: lprec — 설명: 선형계획모형 객체
반환값	의사결정변수의 값들의 벡터

함수 | solve()

<table>
<tr><td>패키지</td><td>lpSolverAPI</td></tr>
<tr><td>기능</td><td>선형계획모형의 해 찾기</td></tr>
<tr><td>사용법</td><td>solve(lprec)

• 매개변수
<table><tr><th>변수</th><th>설명</th></tr><tr><td>lprec</td><td>선형계획모형 객체</td></tr></table></td></tr>
<tr><td>반환값</td><td>실행결과(정수)
0: 최적해 발견
1: 최적해가 아닌 해(차선의 해) 발견
2: 실행 불가능 모형</td></tr>
</table>

최대화 모형에 대해 그래프로 실행 가능 영역과 목적함수, 그리고 최적해를 표시해보자. lpSolverAPI 패키지는 그래픽 기능이 약하기 때문에, R의 기본 패키지인 graphics에 있는 함수들을 이용하면 수리적 모형을 쉽게 이해할 수 있다.

그래픽 출력

```
plot(c(0, 500), c(0, 200), type = "n",
   xlab="운동화 구매량", ylab="코트 구매량")
```

그래프 영역 출력

출력 결과

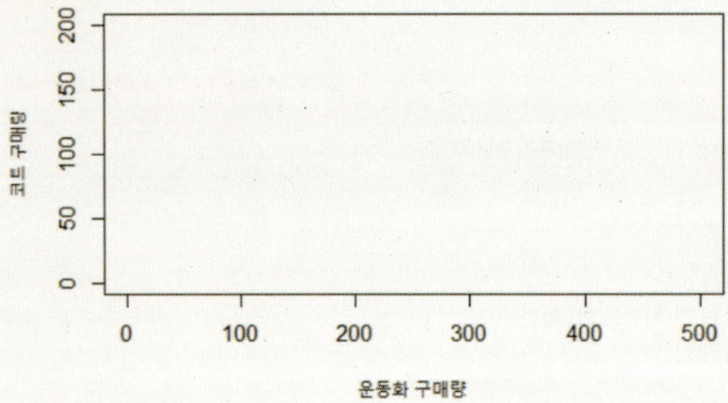


```
x <- c(0, 400,  0)
y <- c(0,  0, 200)
polygon(x, y, col = "red", border = "red",
        lwd = 1, lty = "solid", density = 10, angle = 45)
```

제약식 (1)의 영역

출력 결과

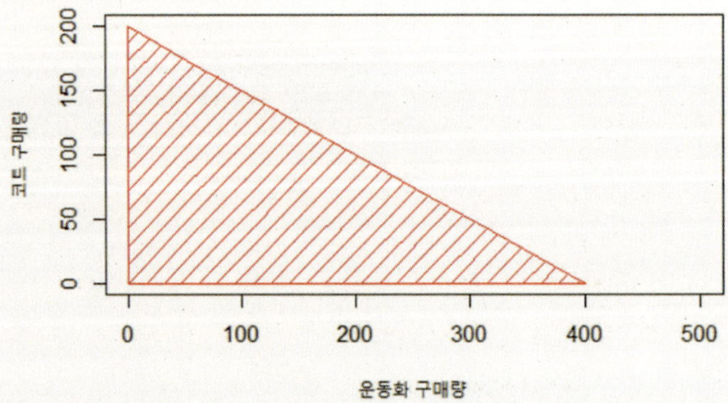

```
x <- c(0, 500, 0)
y <- c(0, 0, 100)
polygon(x, y, col = "blue", border = "blue",     제약식 (2)의 영역
        lwd = 1, lty = "solid", density = 10, angle = -45)
```

출력 결과

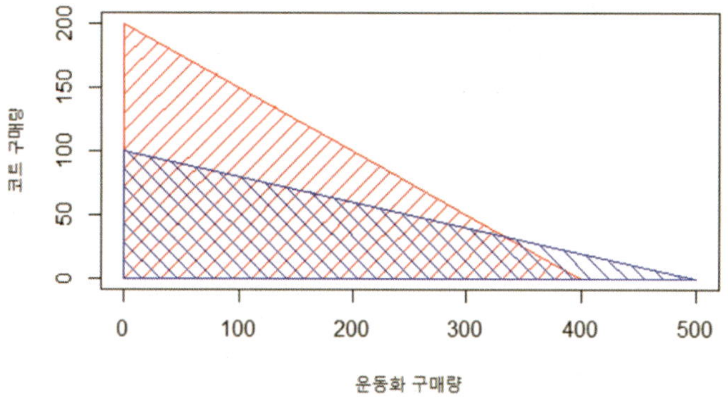


```
A <- matrix(c(0.05, 0.1, 0.1, 0.5), ncol=2, byrow=T)     제약식 1, 2의 좌측 상수
B <- matrix(c(20, 50), ncol=1)     제약식 1, 2의 우측 상수
opt <- solve(A, B)     제약식의 교점
opt
```

출력 결과

```
          [,1]
[1,] 333.33333
[2,]  33.33333
```

```
x1 <- opt[1,1]     교점의 x, y 좌표
y1 <- opt[2,1]
points(x1, y1, cex=2)     그래프에 교점 표시

b <- -1/3     목적함수의 기울기
a <- -b * x1 + y1     목적함수의 y절편

abline(a, b, col = "black", lwd = 3)     그래프에 목적함수 표시
```

출력 결과

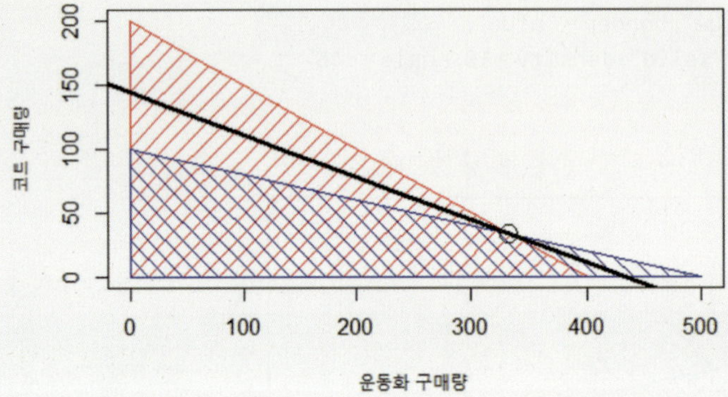

4단계 결과 분석 (민감도 분석)

민감도 분석은 get.sensitivity.obj()와 get.sensitivity.rhs() 함수로 결과를 분석할 수 있다.

결과 분석

```
get.sensitivity.obj(lprec)
```
최적해가 변하지 않는 목적함수 계수 범위

출력 결과

```
$objfrom
[1] 0.6 2.0

$objtill
[1] 1.5 5.0
```
운동화(X1)의 단위 당 이익 범위: 0.6~1.5
코트(X2)의 단위 당 이익 범위: 2.0~5.0

```
get.sensitivity.rhs(lprec)
```
잠재가격

출력 결과

포장비용과 사진비용 한 단위 증가에 따른 이익의 변화

```
$duals
[1]  0.000000  0.000000 13.333333  3.333333  0.000000  0.000000

$dualsfrom
[1] -1e+30 -1e+30  1e+01  4e+01 -1e+30 -1e+30

$dualstill
[1] 1.0e+30 1.0e+30 2.5e+01 1.0e+02 1.0e+30 1.0e+30
```
잠재가격이 일정한 사진비용의 변화

잠재가격이 일정한 포장비용의 변화

6.4.2 정수계획법

1단계 모형화

의사결정변수가 정수인 정수계획모형으로 수정해보자. 6.3절의 최대화 문제를 R로 해를 찾아보자. 6.4.1절의 모형에 정수 제약조건을 추가한다. 모형을 출력해보면 다음과 같다.

$$
\begin{aligned}
\max\ & Z = X_1 + 3X_2 \\
st\ & 0.05X_1 + 0.1X_2 \le 20 \\
& 0.2X_1 + 0.5X_2 \le 50 \\
& X_1,\ X_2 \ge 0 \\
& X_1,\ X_2 : \text{정수}
\end{aligned}
$$

R 모형화

```
lprec <- make.lp(2, 2)                          # 모형 초기화: 제약조건 수와 의사결정변수 수
lp.control(lprec, sense="max")                  # 최대 목적 설정
set.objfn(lprec, c(1, 3))                       # 목적함수 계수

add.constraint(lprec, c(0.05, 0.1), "<=", 20)   # 제약조건1
add.constraint(lprec, c(0.1, 0.5), "<=", 50)    # 제약조건2

set.type(lprec, 1, "integer")                   # 정수 제약: 의사결정변수 1
set.type(lprec, 2, "integer")                   # 정수 제약: 의사결정변수 2

lprec                                           # 모형출력
```

출력 결과

```
Model name:
              C1    C2
Maximize       1     3
R1             0     0   free   0
R2             0     0   free   0
R3          0.05   0.1     <=  20
R4           0.1   0.5     <=  50
Kind         Std   Std
Type        Real  Real
Upper        Inf   Inf
Lower          0     0
```

2단계 해 찾기

solve() 함수로 이용해 최적해를 계산하고, get.objective()와 get.variables() 함수로 최대 이익과 최적해를 확인한다.

R 해 찾기

```
solve(lprec)   # 최적해 찾기
```

출력 결과

```
[1] 0
```

```
get.objective(lprec)   # 목적함수 값
```

출력 결과

```
[1] 433
```

```
get.variables(lprec)   # 최적해
```

출력 결과

```
[1] 334  33
```

6.4.3 최소화 문제

1단계 모형화

최소화 문제도 최대화 문제와 같은 방법으로 사용하면 된다. 6.3절의 최소화 문제에 대해 R로 해를 찾아보자. 제약조건과 의사결정 변수 수를 정하고, 최소 또는 최대화 문제, 목적함수, 제약조건을 설정한다. 모형을 출력해보면 다음과 같다.

$$\begin{aligned} \min\ & Z = 1200X_1 + 800X_2 \\ st\ & 30X_1 + 1.4X_2 \ge 50 \\ & X_1 + 0.9X_2 \ge 10 \\ & X_1,\ X_2 \ge 0 \end{aligned}$$

R 모형화

```
lprec <- make.lp(2, 2)                          # 모형 초기화: 제약조건 수와 의사결정변수 수
lp.control(lprec, sense="min")                  # 최소 목적 설정
set.objfn(lprec, c(1, 3))                       # 목적함수 계수

add.constraint(lprec, c(0.05, 0.1), ">=", 20)   # 제약조건1
add.constraint(lprec, c(0.1, 0.5), ">=", 50)    # 제약조건2

lprec                                           # 모형출력
```

출력 결과

```
Model name:
            C1    C2
Minimize  1200   800
R1           0     0  free   0
R2           0     0  free   0
R3          30   1.4    >=  50
R4           1   0.9    >=  10
Kind       Std   Std
Type      Real  Real
Upper      Inf   Inf
Lower        0     0
```

2단계 해 찾기

solve() 함수로 이용해 최적해를 계산하고, get.objective()와 get.variables() 함수로 최대 이익과 최적해를 확인한다.

해 찾기

```
solve(lprec)
```
최적해 찾기

출력 결과

```
[1] 0
```

```
get.objective(lprec)
```
목적함수 값

출력 결과

```
[1] 9265.625
```

```
get.variables(lprec)
```
최적해

출력 결과

```
[1] 1.210938 9.765625
```

3단계 결과 분석 (민감도 분석)

민감도 분석은 get.sensitivity.obj()와 get.sensitivity.rhs() 함수로 결과를 분석할 수 있다.

R 결과 분석

```
get.sensitivity.obj(lprec)
```

최적해가 변하지 않는 목적함수 계수 범위

출력 결과

```
$`objfrom`
[1] 888.8889  56.0000

$objtill
[1] 17142.86  1080.00
```

닭가슴살(X1)의 단위 당 비용 범위: 888.9 ~ 17142.9
양상추(X2)의 단위 당 비용 범위: 56 ~ 1080

```
get.sensitivity.rhs(lprec)
```

잠재가격

출력 결과

포장비용과 사진비용 한 단위 증가에 따른 이익의 변화

```
$`duals`
[1]     0.0000     0.0000  10.9375 871.8750   0.0000    0.0000

$dualsfrom
[1] -1.000000e+30 -1.000000e+30  1.555556e+01  1.666667e+00
[5] -1.000000e+30 -1.000000e+30

$dualstill
[1] 1.000000e+30 1.000000e+30 3.000000e+02 3.214286e+01
[5] 1.000000e+30 1.000000e+30
```

잠재가격이 일정한 철분의 변화

잠재가격이 일정한 단백질의 변화

6.5 예제: TSP 모형과 경로 분석

6.5.1 TSP 모형

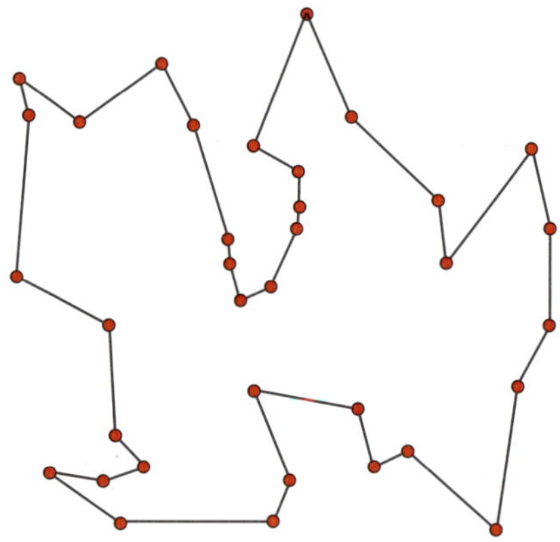

외판원 문제 (TSP: Traveling Salesman Problem)는 각 도시 간 거리를 감안할 때, 외판원이 각 도시를 방문하여 원래 도시로 돌아오는 가능한 최단 경로를 찾는 문제이다. TSP는 아일랜드 수학자인 W.R. 해밀턴과 영국의 수학자 토마스 커크 만 (Thomas Kirkman)에 의해 1800년대에 수학적으로 공식화되었다. TSP의 일반적인 형태는 1930년대 비엔나와 하버드에서 처음으로 수학자들에 의해 연구된 것으로 보인다. RAND Corporation의 George Dantzig, Delbert Ray Fulkerson 및 Selmer M. Johnson은 정수계획법으로 문제를 표현하고 솔루션을 위한 커팅 플레인 방법을 개발했다. 그들은 이 새로운 방법으로 최단 경로를 탐색하고 다른 경로가 더 짧을 수 없다는 것을 증명함으로써 49 개 도시의 최적 경로에 대한 독창적인 논문을 썼다. 현재 이 문제는 수학, 컴퓨터 과학, 화학, 물리학 등 여러 분야의 많은 연구자들에 의해 연구되고 있다[6].

TSP 모형

모형에 사용할 표기법을 다음과 같이 정의하자.

i, j: 노드 색인.

N: 노드의 수.

X_{ij}: i 노드를 출발하여 j 노드로 가는 경로, 0 이면 경로가 설정되지 않고, 1이면 경로가 설정된 상태.

u_i: 실수.

경로 설정 시 주요 제약조건은 다음과 같다. 첫 번째 제약조건은 하나의 노드를 중심으로 들어오고 나가는 경로는 각각 하나가 되어야 한다. 아래 왼쪽 그림의 경우, 모든 i 노드에서 임의의 j노드로 들어가는 경로의 합은 1이 되는 조건이며, 오른쪽은 임의 i노드에서 모든 j노드로 나가는 경로의 합은 1이 되는 조건을 의미한다.

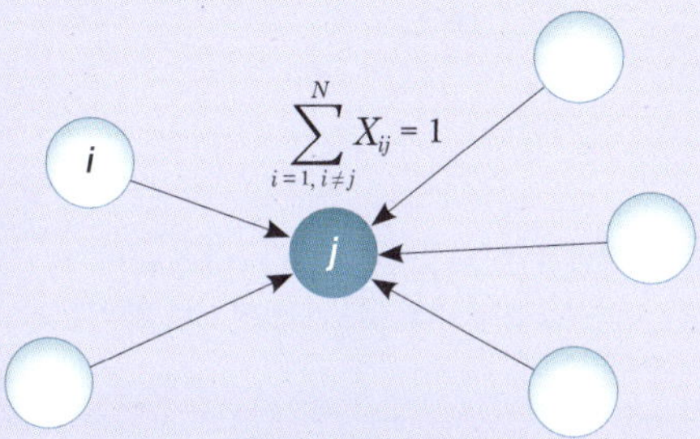

j노드로 도착하는 경로

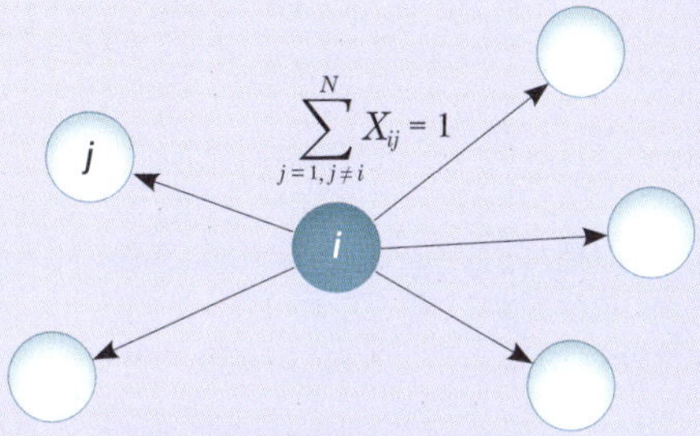

i노드에서 출발하는 경로

두 번째 경로제약은 부분적인 노드들만으로 만들어지는 경로(subtour)를 제거하는 것이다. 아래 왼쪽 그림은 하나의 노드를 출발점으로 다른 모든 노드를 한 번씩 지나서 다시 출발지로 돌아오는 경로를 나타내고 있다(single tour). 반면에 오른쪽 그림은 두 개의 경로로 분리된 상태를 보인 것이다.

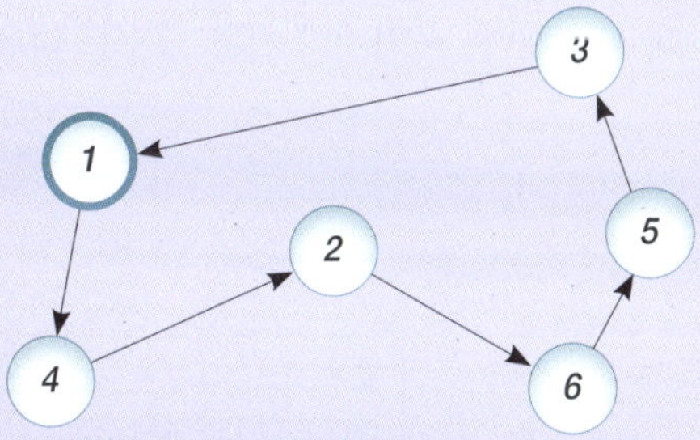

하나의 경로로 이동하는 상태(single tour)

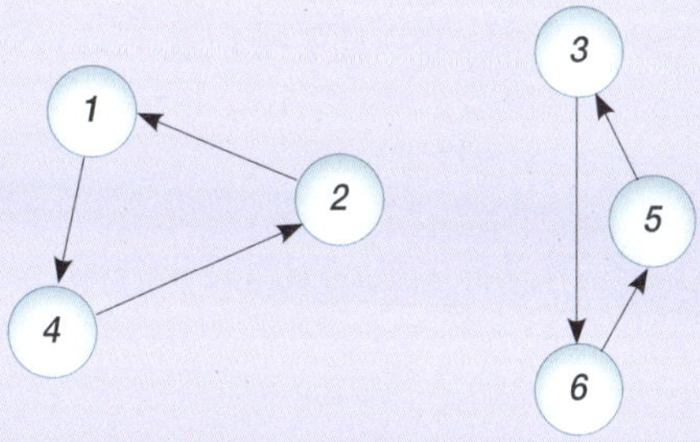

두 개의 경로로 분리된 상태(subtour)

TSP 모형은 다음과 같다[7].

$$\min \sum_{i=1}^{N} \sum_{j=1}^{N} C_{ij} X_{ij} \quad ①$$

st.

$$\sum_{i=1, i \neq j}^{N} X_{ij} = 1 \ \forall_j \quad ②$$

$$\sum_{i=1, i \neq j}^{N} X_{ij} = 1 \forall_j \quad ③$$

$$u_i - u_i + NX_{ij} \leq = N - 1 \ \text{for} \ 2 \leq i \neq j \leq N \quad ④$$

$$u_i : Real \ \forall_i \quad ⑤$$

$$X_{ij} \in \{0, 1\} \ \forall_{ij} \quad ⑥$$

①식은 경로 거리를 최소화하는 목적함수를 의미한다. ②식는 하나의 노드로 들어가는 경로는 하나여야 하며, ③식은 하나의 노드에서 다른 노드로 나가는 경로도 하나여야 하는 제약식을 의미한다. ④와 ⑤식은 서브 투어를 제거하는 제약식이다. ⑥식은 각 노드 간 경로는 이진 정수인 제약식을 의미한다.

6.5.2 경로 분석

(1) 사용 패키지

TSP 패키지는 TSP 모형에 대한 해를 구하는데 사용된다. 패키지와 사용 함수는 다음과 같다.

패키지	개요	사용 함수	기능
TSP	TSP 모형에 따른 경로 설정	ETSP()	도시 좌표로부터 유클리디안 거리에 의한 TSP 개체 생성
		solve_TSP()	경로 발견
		tour_length()	경로 총 길이 반환

(2) 분석 절차

도시 간 좌표를 기반으로 TSP 모형에 대한 해를 풀게 된다. 먼저, 도시 위치에 대한 데이터 프레임을 만들고, 경로에 대한 해를 구한 뒤에 경로의 총 거리 또는 경로 순서 등의 분석 결과를 파악하는 과정으로 진행한다.

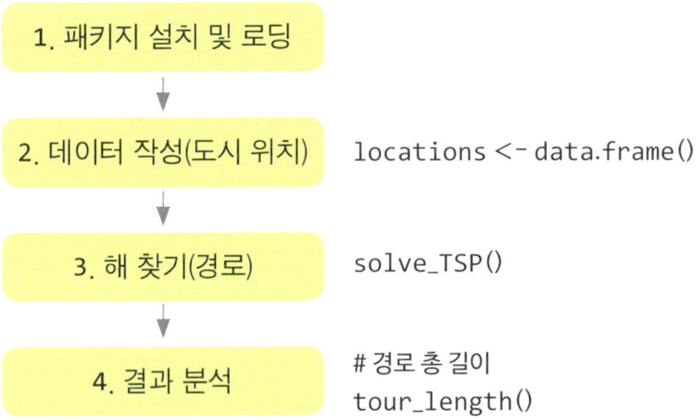

그림 6.3 R을 이용한 TSP 분석 절차

(3) 단계별 분석

1단계 패키지 설치 및 로딩

다음과 같이 install.packages()를 이용하여 TSP 패키지를 설치하고, library() 함수로 로딩한다.

R 패키지 설치 및 로딩

```
install.packages("TSP")  # 패키지 설치
```

출력 결과

```
Installing package into 'C:/Users/yscha/Documents/R/win-library/3.5'
(as 'lib' is unspecified)
trying URL 'https://cran.rstudio.com/bin/windows/contrib/3.5/TSP_1.1-6.zip'
Content type 'application/zip' length 840610 bytes (820 KB)
downloaded 820 KB

package 'TSP' successfully unpacked and MD5 sums checked

The downloaded binary packages are in
        C:\Users\      \AppData\Local\Temp\RtmpySeMuE\downloaded_packages
```

```
library(TSP)  # 패키지 로딩
```

출력 결과

```
Warning message:
패키지 'TSP'는 R 버전 3.5.2에서 작성되었습니다
```

2단계 데이터 작성

판매 사원이 서울에서 출발하여 원주, 대전, 광주, 부산을 방문하고 다시 서울로 돌아오는 최단 거리의 경로를 구하는 문제를 생각해보자. 지도를 X-Y 좌표로 대응하고, 단위는 생략하면 다음과 같은 상대적인 위치로 표시할 수 있다. 실제 도시들의 위도와 경도를 사용해도 된다.

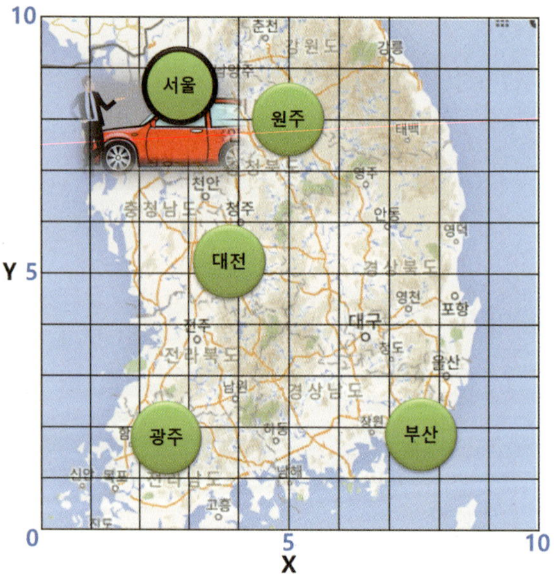

도시이름	X좌표	Y좌표
서울	2.8	8.8
원주	5.0	8.0
대전	3.8	5.2
광주	2.5	1.8
부산	7.7	1.8

도시 위치를 데이터프레임으로 만들고, X–Y 그래프로 출력해보면 다음과 같다.

데이터 작성

```
city <- c("서울", "원주", "대전", "광주", "부산")
x <- c(2.8, 5.0, 3.8, 2.5, 7.7)
y <- c(8.8, 8.0, 5.2, 1.8, 1.8)

locations <- data.frame(x=x, y=y)
locations
```

도시명

도시 좌표(x, y)

도시 위치에 대한 데이터 프레임

출력 결과

```
    x   y
1 2.8 8.8
2 5.0 8.0
3 3.8 5.2
4 2.5 1.8
5 7.7 1.8
```

도시 위치의 그래프 출력

```
plot(x, y, xlim=c(0, 10), ylim=c(0, 10), pch=19, cex=1.5, col="red")
text(x, y, labels=city, pos=3)
```

도시명 라벨
☞ 라벨 위치(pos): 1(기호 아래), 2(기호 왼쪽), 3(기호 윗쪽), 4(기호 오른쪽)

출력 결과

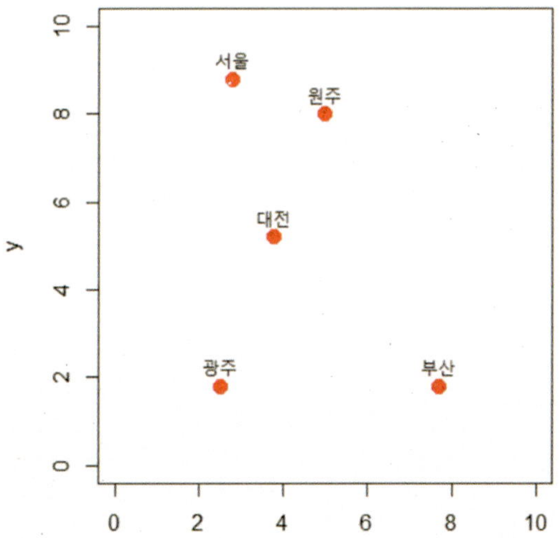

3단계 해 찾기

도시 좌표를 기반으로 경로 설정에 대한 해를 구하면 다음과 같다. 경로 설정 결과가 보여주는 요약 정보에는 경로의 총 거리가 있다.

R 경로 설정

```
etsp <- ETSP(locations)      # 도시 좌표로부터 유클리디안 거리에 의한 TSP 개체 생성

tour <- solve_TSP(etsp)      # 최단 경로 설정
tour
```

출력 결과

```
object of class 'TOUR'
result of method 'arbitrary_insertion+two_opt' for 5 cities
tour length: 21.6797
```

함수 | ETSP()

패키지	TSP
기능	도시 좌표로부터 유클리디안 거리에 의한 TSP 개체 생성
사용법	**ETSP** (x) • 매개변수 변수: x — 설명: 위치 좌표의 데이터 프레임
반환값	ETSP 클래스 객체

함수 | solve_TSP()

패키지	TSP
기능	경로 설정
사용법	`solve_TSP(x)` • 매개변수 변수: x — 설명: ETSP 클래스 객체
반환값	TOUR 클래스 객체

4단계 결과 분석

앞의 경로 설정 결과로부터 경로의 총거리, 경로 순서를 파악할 수 있으며, 그래프로 경로를 확인할 수도 있다. 경로의 총 거리는 21.6797, 경로 순서는 '5(부산) → 4(광주) → 3(대전) → 1(서울) → 2(원주)'이다. 이는 서울을 기준으로 보면, '1(서울) → 2(원주) → 5(부산) → 4(광주) → 3(대전) → 1(서울)'과 같다.

R 결과 분석

```
tour_length(tour)
```
경로의 총 거리

출력 결과

```
[1] 21.6797
```

```
as.integer(tour)
```
경로 순서

출력 결과

```
[1] 5 4 3 1 2
```
도시 이름의 순서대로 부산, 광주, 대전, 서울, 원주를 의미함

```
plot(etsp, tour, xlim=c(0, 10), ylim=c(0, 10), pch=19, cex=1.5, col="red")
text(x, y, labels=city, pos=3)
```

도시명 라벨

경로 그래프

출력 결과

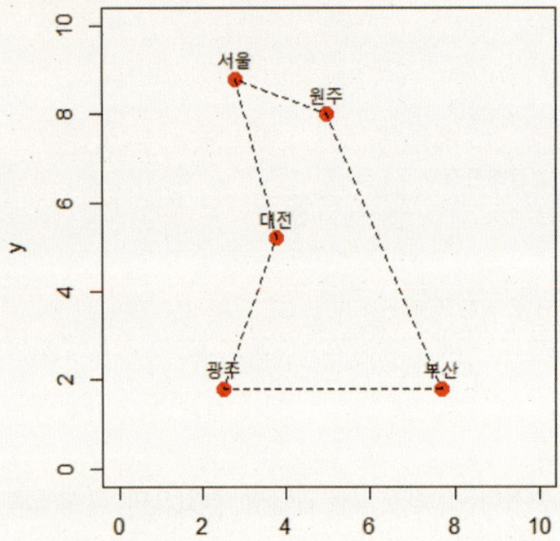

함수 | tour_length()

패키지	TSP
기능	TSP 경로의 길이 계산
사용법	`tour_length(x)` • 매개변수

변수	설명
x	TOUR 클래스 객체

요약

선형계획법 개요: 선형 관계의 수리적 모형으로 최적의 결과를 찾는 기법이다.

선형계획법 역사: 1939년에 소련 경제학자 Leonid Kantorovich가 일반적인 선형계획법 문제에 대한 모형을 개발하고 해를 구하는 방법을 제안하였고, 그 무렵에 미국 경제학자 T. C. Koopmans 고전 경제 문제를 선형문제로 모형화하였다. 1941년에는 Frank Lauren Hitchcock 또한 수송 문제를 선형문제로 모형화하였고 1946년과 1947년에는 George B. Dantzig가 미국 공군에서 Planning Problem에 적용하기 위해 일반적인 선형계획 모형을 개발하였다. 1947년에는 Dantzig가 대부분의 선형계획 모형에 대해 효율적으로 문제를 풀 수 있는 심플렉스 방법을 개발하였다.

선형계획법 모형: 선형계획법의 모형은 의사결정 대상이 되는 의사결정 변수, 문제에서 달성하고자 하는 목표를 기술하는 목적함수, 목적 달성의 제약조건들로 구성된다. 모형의 최적 결과는 최대 이익 또는 최소 비용 등이 해당될 수 있다.

선형계획법 분석 절차: 문제 인식(1단계), 모형화(2단계) 해 찾기(3단계) 민감도 분석(4단계) 과정으로 진행된다.

R을 이용한 선형계획법 분석 방법: lpSolverAPI 패키지를 사용한다.

연습문제

1. 6.3.2절에서 계절의 변화에 따라 코트의 판매가격을 내려 이익이 3만 원에서 1만 5천 원으로 줄게 된다면 최적해는 어떻게 변하는가? 먼저, 목적함수식을 기술하고, 그래프에 제약조건에 따른 실행 가능 영역과 목적함수식을 그려 최적해를 계산하시오.

① 목적함수식

② 그래프

③ 최적해

2. 다음 문제를 각 문항의 절차에 따라 선형계획법의 최대화 문제로 해를 구하시오.

> 로봇테크 기업은 신상품으로 가정용 AI 애완견 로봇과 셰프 로봇을 생산하려고 한다. 애완견 로봇과 셰프 로봇을 판매할 경우, 한 대당 이익은 각각 20만 원과 12만 원이다. 이 신상품들은 부품 생산과 조립을 위한 비용이 든다. AI 애완견 로봇과 셰프 로봇의 경우, 부품 생산 비용은 각각 한 대당 40만 원, 25만 원이 소요되고, 조립 비용은 각각 한 대당 10만 원, 5만 원이 소요된다. 한편, 부품 생산 비용은 3,000만 원, 조립 비용은 2,000만 원까지 사용 가능하다. 생산된 로봇은 모두 판매된다고 가정할 때, 이익을 최대로 하기 위해 각각 몇 대씩 생산하면 될까? 이 때 총이익은 얼마가 될까?

2.1 선형계획모형화를 위한 다음 표를 작성하시오. 단위는 만 원으로 하시오.

(이익 최대화)		의사결정 변수(X)		최대 비용(B)
		애완견 로봇(X_1)	셰프 로봇(X_2)	
이익(C)				
제약조건(A)	부품 생산 비용			
	조립 비용			

2.2 선형계획모형을 작성하시오.

2.3 그래프에 제약식, 실행가능영역, 목적함수식, 최적해를 표시하시오.

2.4 애완견 로봇과 셰프 로봇은 각각 몇 대씩 생산하면 되는가?

2.5 R로 문제를 풀기 위한 스크립트를 완성하시오.

```
lprec <- make.lp(2, 2)
lp.control(lprec, sense= ① )
set.objfn(lprec, ② )
add.constraint(lprec, ③ )
add.constraint(lprec, ④ )
⑤ (lprec)
get. ⑥ (lprec)
get. ⑦ (lprec)
```

응용 문제1 상품 조달 문제의 제약 추가(최대화 문제)

6.3.2절의 상품 조달 문제에서 운동화의 경우, 이익이 1만 원에서 5천 원으로 줄고 코트는 최대 60벌 이하로 구매하는 제약조건이 추가되면 최적해는 어떻게 변할까? 선형계획법으로 다음 절차에 따라 해를 구하시오.

> ABC 쇼핑몰에서는 신상품인 운동화와 코트 두 가지 제품을 공급업체로부터 구매하려고 한다. 각 제품의 단위 당 이익은 각각 5천 원과 3만 원이다. 두 제품은 모두 포장 비용과 홍보를 위한 이미지 제작 비용이 든다. 포장 비용은 운동화는 500원, 코트는 1,000원이 소요되며, 총 가능한 포장 비용은 20만 원이다. 이미지 제작 비용은 운동화는 단위 당 2,000원, 코트는 5,000원이 필요하며 총 가능한 비용은 50만 원이다. 단, 코트는 공급업체 사정으로 최대 60벌까지 조달 가능하다.
> 이 경우, 이익을 최대로 하는 조달계획의 선형계획모형을 만들고 최적해와 총 이익을 구하시오. 단, 공급업체로부터 구매한 제품은 전량 소비자에게 판매된다고 가정한다.

(1) 모형화 표

(2) 모형

(3) 그래프를 이용한 해

(4) R을 이용한 해

(5) 공급업체로부터 코트를 1벌 더 구매할 수 있다면 이익은 얼마나 더 증가하게 되는가?

인력 채용 문제(최소화 문제)

응용 문제2

다음 인력 채용 문제에 대한 물음에 답하시오.

> ABC 기업은 숙련공과 비숙련공을 채용하려고 한다. 숙련공은 전문적인 일을 하루에 4건 처리 가능하고 단순 작업은 5건 처리 가능하다. 이에 비해, 비숙련공은 전문적인 일을 하루에 2건 처리 가능하고 단순 작업은 10건 처리 가능하다. 하루에 처리해야 할 일은 전문적인 일은 100건 이상, 단순 작업은 300건 이상이다. 한편, 숙련공과 비숙련공에게는 각각 하루 15만 원, 5만 원을 일당으로 지급해야 한다. 비용을 최소로 하면서 하루 일을 완수하려면 숙련공과 비숙련공을 각각 몇 명씩 채용해야 할까?

(1) 선형계획법으로 다음 절차에 따라 문제를 푸시오.

① 모형화 표

② 모형

③ 그래프를 이용한 해

④ R을 이용한 해

⑤ 전문적인 일을 100건에서 101건으로 더 처리하려면 비용은 얼마나 더 증가해야 되는가?

(2) R을 이용하여 정수계획법으로 해를 구하시오.

응용 문제3 TSP 응용(배송 경로)

한 온라인 쇼핑몰의 배송을 담당하는 업체에서 오늘 상품을 배송할 10곳(2~11)의 위치는 다음과 같다. 각 지역의 위도와 경도 좌표를 개략적으로 파악하고, 차고지(1)를 출발하여 고객들에게 배송하고 차고지로 돌아오는 가장 짧은 경로와 총 이동 거리를 찾아보자. 단, 위도와 경도의 1도는 100 km라고 가정하기로 한다.

지점	경도(X)	위도(Y)
1(차고지)	126.981659	37.567497
2		
3		
4		
5		
6		
7		
8		

지점	경도(X)	위도(Y)
9		
10		
11		

7 빈도 기반 감성분석을 통한 긍정 · 부정 평가

학습목표

감성분석 기법의 이해와 활용 능력 함양

학습내용

감성분석 원리 이해
긍정/부정 단어 사전 작성
감성분석 실습

7.1 배경

고객들은 우리 영화를 어떻게 평가할까? 신규 도서에 대한 독자들의 반응은 어떨까? 새로 나온 노래에 대한 반응은 어떨까? 우리 신상품에 대한 소비자들의 반응은 어떨까? 대선 후보자들에 대한 사람들의 지지도는 어느 정도 차이가 날까? 많은 분야에서 긍정과 부정 평가에 대한 상대적인 비율에 대해 관심이 많다. 평가 대상에 관한 댓글로부터 어떻게 평가할 수 있을까?

텍스트 마이닝은 자연어로 쓰여진 대량의 문서로부터 의미 있는 패턴과 트렌드를 찾아내는 과정을 말한다. 텍스트 마이닝은 문서 분류(document categorization), 문서 군집화(document clustering), 문서요약(document summarization), 감성분석(sentiment analysis, opinion mining) 등에 사용된다. 감성분석은 평가 대상 또는 주제에 대한 사용자의 평판(긍정과 부정 등)을 평가하기 위한 방법이다. 따라서, 감성분석은 제품에 관한 사용자의 평가, 기업이나 관련 대상에 대한 소비자 또는 대중들의 반응 등을 분석하는데 활용된다.

본 장에서는 긍정과 부정 단어들로 구성되는 감성사전을 기반으로 하여 영화리뷰에 포함된 긍정과 부정단어들의 빈도로 극성을 간단히 평가하는 방법을 살펴보기로 한다. 7.2절에서는 감성분석의 개요, 7.3절에서는 감성사전을 기반으로 영화리뷰의 극성을 평가하는 원리를 살펴보고, 7.4절에서는 R을 이용해서 문제를 푸는 방법을 공부해보자. 7.5절에서는 영화리뷰들로부터 감성사전을 만들고, 테스트용 영화리뷰들에 대한 극성을 평가해보기로 한다.

7.2 감성분석 개요

감성 분석은 자연 언어 처리, 텍스트 분석, 전산 언어학 및 생체 인식을 사용하여 정서적인 상태와 주관적인 정보를 체계적으로 식별하고 정량화한다 감성 분석의 기본 작업은 문서 또는 문장에 표현된 의견이 긍정인지, 부정인지, 또는 중립인지 극성을 분류하는 것이다. 감정 분석은 리뷰, 설문 조사 응답, 온라인 및 소셜 미디어, 마케팅에서 고객 서비스, 임상 의학에 이르기까지 다양한 분야에 적용되고 있다.

텍스트 마이닝은 실증적 데이터 분석으로 텍스트의 내용과 구조를 파악하기 위해 언어, 통계, 머신러닝 기술을 기반으로 하는 텍스트 분석(text analytics)을 의미하는데, 2004년에 Ronen Feldman가 텍스트 분석을 텍스트 마이닝으로 부르게 되었다. 감성분석은 텍스트 마이닝의 한 응용분야로서, 1950년대부터 시작되었다고 볼 수 있다. 처음에는 종이 문서를 대상으로 했지만, 최근에는 블로그, 트위터, 뉴스, 리뷰 등 인터넷 상의 콘텐츠에 대한 주관적인 정보를 분석하는데 넓게 사용되고 있다[8].

영화리뷰를 예로 보자. 다음은 네이버의 영화 사이트(movie.naver.com)에서 '평점 리뷰' 메뉴를 클릭했을 때 보이는 영화리뷰의 예이다. 각 페이지마다 10명이 쓴 140자 이내의 리뷰가 목록으로 나타난다.

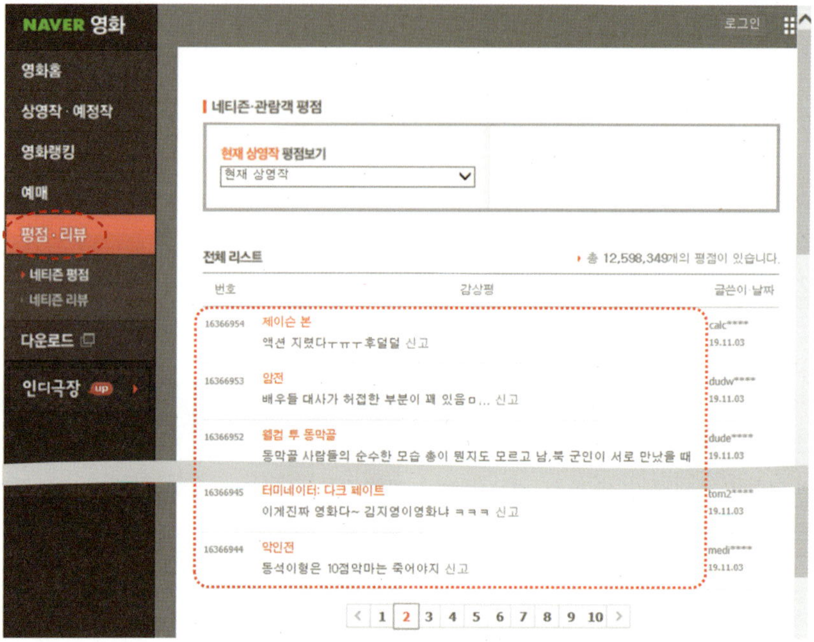

어떤 영화의 10개 리뷰가 내용에 따라 다음과 같이 긍정, 부정, 중립으로 평가된다고 하자.

영화리뷰의 예

관람자	리뷰	긍정/부정 분류
1	다 좋았는데 마지막 전투씬이 좀 허무했고 뭐지 싶을정도로 빨리 끝남;;	부정
2	전작에 비해 아쉬움 ㅇㅁ	부정
3	믿고 보는 마블영화! 계속된 재미!	긍정
4	저도 마블 정주행중ㅋㅋ 그냥 1편이나 2편이나 비슷하게 재밌는거 같음. 스토리는 2편이 좀 더 중요한거 같고	긍정
5	마블 정주행 중!! 스칼렛요한슨 멋져ㅠㅠ	긍정
6	시빌워 땜시 다시보기 하는데 확실히 2편은 뭔가가 약해..쩝..	긍정
7	1편보단 못하다.. 처음이랑 끝에밖에 액션신도 없고..기대보단 좀...빌런이 매력이 너무 없다.	부정
8	악당 리얼 최민식 닮음 나만 느낌??	중립

관람자	리뷰	긍정/부정 분류
9	전작에 비해 아쉽지만 여전히 어벤져스 라인업중 가장 세련된 시리즈	긍정
10	추천순보고 ㅈㄴ재미없는줄 알았네 ㅋㅋㅋㅋ 엄청 재밌는데? 액션은 평범하지만 어벤져스까지의 내용전개에 진짜 꼭 필요한 내용일뿐더러 걍 꿀잼임	긍정

총 10명 중에서 5명은 긍정적인 평가, 4명은 부정적인 평가, 나머지 1명은 중립적인 평가로 분석된다. 긍정(p)과 부정(n) 평가의 총 수(p + n) 대비 긍정과 부정 평가 수의 차이(p−n)로 극성을 평가하면,

$$극성\ (Polarity) = \frac{p-1}{p+1} = \frac{5-4}{5+4} = 0.11$$

이며 긍정 평가가 11% 더 많기 때문에 전체적으로는 긍정적으로 평가된다고 볼 수 있다. 다음 절에서 긍정과 부정 단어의 감성사전을 기반으로 영화리뷰들을 긍정과 부정으로 평가하고 극성을 해석하는 방법을 살펴보자.

7.3 감성분석의 원리 이해

(1) 모형과 분석 절차

감성사전에는 영화리뷰를 작성할 때 주로 사용되는 긍정과 부정 단어들이 저장되어 있다. 영화 관람 후의 여러 영화리뷰들에 대해 단어들을 추출해서 감성사전을 기반으로 긍정과 부정에 관한 극성을 평가할 수 있다. 극성 평가 대상은 7.2절의 영화리뷰 10건으로 한다.

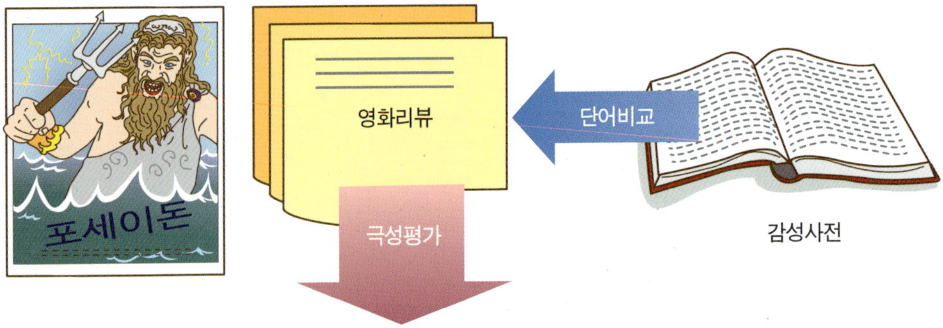

(2) 감성 사전

감성사전은 문서의 극성을 평가하기 위한 기본 도구이다. 한 문장의 극성은 의미 있는 가장 작은 단위의 단어인 형태소를 분석하고, 단어 간 문법적인 관계를 파악해야 평가할 수 있지만, 본 책에서는 긍정과 부정으로 평가된 각 영화리뷰에서 띄어쓰기를 기준으로 구분한 어절들을 긍정과 부정 단어로 분류하여 감성사전을 만드는 간단한 방법을 사용하기로 한다.

(3) 평가 지표

평가 대상인 문서에 포함된 긍정과 부정 단어 수를 기반으로 극성을 평가하는 주요 감성지표(sentiment indicator)는 다음과 같다. p는 긍정 단어 수, n은 부정 단어 수, N은 긍정, 부정, 중립 단어의 총 수를 의미한다.

$$극성\ (Polarity) = \frac{p-n}{p+n} \tag{1}$$

$$주관성\ (Subjectivity) = \frac{p+n}{N} \tag{2}$$

$$긍정비율 = \frac{p}{N} \tag{3}$$

$$부정비율 = \frac{n}{N} \tag{4}$$

$$감성차이비율 = \frac{p-n}{N} \tag{5}$$

(1) 식은 긍정과 부정 단어 수 대비 그 차이를 나타내는 극성을 의미한다. (2) 식은 전체 단어 수 대비 긍정과 부정 단어 수로, 주관성 평가를 의미한다. (3) 식은 전체 단어 수 대비 긍정 단어 수, (4) 식은 전체 단어 수 대비 부정 단어 수로 각각 긍정 평가와 부정 평가 비율을 의미한다. (5) 식은 전체 단어 수 대비 긍정과 부정 단어 수 간 차이로 감성 차이 비율을 의미한다. 본 책에서는 리뷰 내에 있는 긍정 단어와 부정 단어로 평가된 단어들의 차이를 반영하는 (1) 식의 극성지표를 이용하기로 한다. (1)식은 -1 ~ +1의 범위를 가지며, -1은 긍정 리뷰가 전혀 없는 경우이며, +1은 부정 리뷰가 전혀 없는 경우에 해당한다. 긍정과 부정 리뷰들이 모두 없는 경우는 분모가 0이 되므로, 극성은 0으로 평가할 수 있다.

(4) 단계별 분석

1 단계 감성사전 만들기

다음은 긍정과 부정적 평가의 의미를 담고 있는 단어들을 각각 긍정사전과 부정사전으로 구분한 사전의 예이다.

긍정사전	부정사전
….. 멋져ㅠㅠ 세련된 재미! 재밌는거 재밌는데 꿀잼임 …..	….. 기대보단 못하다 아쉬움 약해..쩝.. 허무했고 …..

2단계 긍정/부정 단어 빈도 기반 영화리뷰별 극성 평가

감성사전에 있는 긍정과 부정 단어를 기반으로 각 영화리뷰에 긍정 단어와 부정 단어의 빈도를 계산하고, 극성을 평가한다. 극성은 7.3절의 (1)식을 이용한다. 리뷰 1의 경우,

$$Polarity = \frac{p-n}{p+n} = \frac{0-1}{0+1} = -1$$

이 된다. 즉, 긍정과 부정 단어 중에 부정 단어가 긍정 단어에 비해 100% 더 많다는 의미로서 결과적으로 '부정' 평가로 해석된다. 리뷰 7의 경우, 긍정과 부정 단어 수가 없기 때문에 중립으로 평가한다.

No	리뷰	긍정단어 빈도(p)	부정단어 빈도(n)	극성평가 (Polarity)
1	다 좋았는데 마지막 전투씬이 좀 허무했고 뭐지 싶을정도로 빨리 끝남;;	0	1	부정(-1)
2	전작에 비해 아쉬움 ㅇㅁ	0	1	부정(-1)
3	믿고 보는 마블영화! 계속된 재미!	1	0	긍정(+1)
4	저도 마블 정주행중ㅋㅋ 그냥 1편이나 2편이나 비슷하게 재밌는거 같음. 스토리는 2편이 좀 더 중요한거 같고	1	0	긍정(+1)
5	마블 정주행 중!! 스칼렛요한슨 멋져ㅠㅠ	1	0	긍정(+1)

No	리뷰	긍정단어 빈도(p)	부정단어 빈도(n)	극성평가 (Polarity)
6	시빌워 땜시 다시보기 하는데 확실히 2편은 뭔가가 약해..쩝..	0	1	부정(-1)
7	1편보단 못하다.. 처음이랑 끝에밖에 액션신도 없고..기대보단 좀...빌런이 매력이 너무 없다.	0	2	부정(-1)
8	악당 리얼 최민식 닮음 나만 느낌??	0	0	중립
9	전작에 비해 아쉽지만 여전히 어벤져스 라인업중 가장 세련된 시리즈	1	0	긍정(+1)
10	추천순보고 ㅈㄴ재미없는줄 알았네 ㅋㅋㅋㅋ 엄청 재밌는데? 액션은 평범하지만 어벤져스까지의 내용전개에 진짜 꼭 필요한 내용일뿐더러 걍 꿀잼임	2	0	긍정(+1)
종합 극성				긍정(0.11)

3단계 영화에 대한 극성 평가

10건의 경우만 보면 긍정적인 평가가 5건, 부정적인 평가는 4건, 중립은 1건이다. 따라서, 7.3절의 (1)식을 적용하면

$$Polarity = \frac{p-n}{p+n} = \frac{5-4}{5+4} = 0.11$$

이 된다. 즉, '아이언맨2' 영화의 극성은 11%로 부정보다 긍정적인 평가가 조금 우세한 편으로 해석할 수 있다.

7.4 R을 이용한 영화리뷰의 극성 평가

(1) 사용 패키지

7.3절의 과정을 R로 실행하여 영화리뷰의 극성을 평가해보자. 사용 패키지는 rvest, stringr이다. rvest 패키지는 웹문서를 다운로드 받고 HTML 문서를 읽어 데이터를 추출할 때 사용하고(응용문제 참조), stringr 패키지는 추출된 문장에 특정 문자가 추출하거나 공백 기준으로 단어들을 분리하기 위해 사용한다.

패키지	개요	사용 함수	기능
rvest	웹 문서를 다운로드받고 HTML 문서를 읽음	html_nodes()	HTML 문서에서 tag 내용을 추출함
		html_text()	HTML 문서의 tag 사이에 있는 데이터를 추출함
		read_html()	HTML 문서를 읽음
stringr	문자열 처리	str_detect()	문장 내에 특정 문자 포함 여부를 파악함
		str_replace()	문장 내의 특정 문자를 대체함
		str_split()	문장 내의 단어들을 분리함

한글 형태소 분석을 위한 패키지는 KoNLP (Korean Natural Processing), mecab 등이 있다. KoNLP 패키지는 Java 환경을 구축해야 하는 번거로움이 있다. 본 책에서는 형태소 대신 영화리뷰의 문장을 단순히 공백을 기준으로 분리한 단어들을 감성사전으로 만들고, 임의의 영화리뷰의 긍정과 부정을 평가하기로 한다.

(2) 분석 절차

다음은 감성분석의 각 단계와 사용 R 함수를 나타낸 것이다. 먼저, stringr 패키지를 설치 및 로딩한다. 간단한 감성사전을 만들고, 임의의 영화리뷰들을 작성한다. 각 영화리뷰별로 공백을 기준으로 단어들을 분류한다. 실제 웹문서에서 추출한 영화리뷰에는 불필요한 문자들이 섞여 있는데, 데이터를 정제하는 과정은 7.5절에서 살펴보기로 한다. 감성사

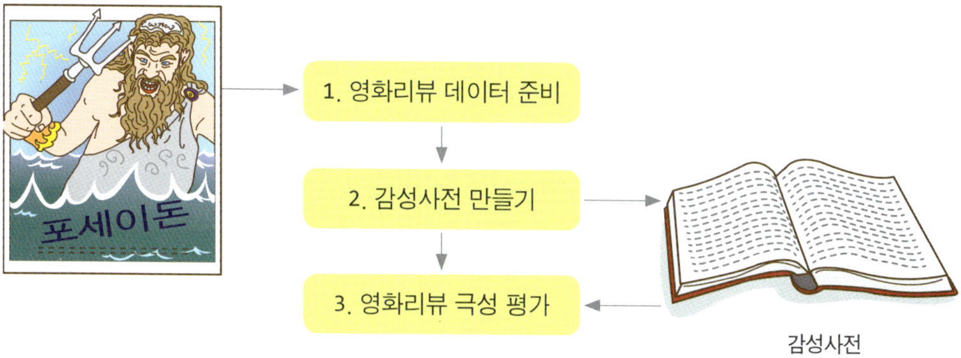

전을 기반으로 각 영화리뷰별로 긍정과 부정 단어 빈도에 따른 극성을 평가하고, 전체 영화리뷰들에 대한 극성을 평가한다. 나아가 평가결과의 정확성을 파악하는 방법도 7.5절에서 살펴보자.

(3) 단계별 분석

1단계 영화리뷰 데이터 준비

7.3절의 10개 영화리뷰들을 하나의 벡터로 작성한다.

R 영화리뷰 만들기

```
reviews <- c("다 좋았는데 마지막 전투씬이 좀 허무했고 뭐지 싶을 정도로 빨리 끝남;",
             "전작에 비해 아쉬움 ㅇㅁ",
             "믿고 보는 마블영화! 계속된 재미!",
             "저도 마블 정주행중ㅋㅋ 그냥 1편이나 2편이나 비슷하게 재밌는거 같음. 스토리는 2편이 좀 
             더 중요한거 같고",
             "마블 정주행 중!! 스칼렛요한슨 멋져ㅠㅠ",
             "시빌워 땜시 다시보기 하는데 확실히 2편은 뭔가가 약해..쩝..",
             "1편보단 못하다..처음이랑 끝에밖에 액션신도 없고..기대보단 좀...빌런이 매력이 너무 없
             다.",
             "악당 리얼 최민식 닮음 나만 느낌??",
             "전작에 비해 아쉽지만 여전히 어벤져스 라인업중 가장 세련된 시리즈",
             "추천순보고 ㅈㄴ재미없는줄 알았네 ㅋㅋㅋㅋ 엄청 재밌는데? 액션은 평범하지만 어벤져스
             까지의 내용전개에 진짜 꼭 필요한 내용일뿐더러 걍 꿀잼임")
```

2단계 감성사전 만들기

먼저, 문자열을 처리하는 패키지를 설치하고 로딩한다.

패키지 설치 및 로딩

```
install.packages("stringr")   # 패키지 설치 및 로딩
library(stringr)
```

7.3절의 긍정과 부정 단어들로 구성된 감성사전을 각각 벡터로 구현한다.

감성사전 만들기

```
pos.words <- c("멋져", "세련된", "재미!", "재밌는거", "재밌는데", "꿀잼임")   # 부정사전
neg.words <- c("기대보단", "못하다", "아쉬움", "약해..쩝..", "허무했고")   # 긍정사전
```

3단계 영화리뷰 극성 평가

먼저, 첫 번째 리뷰의 극성을 평가해보고, 반복 과정으로 10개의 리뷰를 평가해 본다. 다음은 첫 번째 리뷰의 극성을 평가하는 방법이다.

첫 번째 리뷰의 극성 평가

```
pos <- str_count(reviews[1], pos.words)   # 긍정사전 단어들이 첫 번째 리뷰 문장에 포함되는지 여부
pos
```

출력 결과

```
[1] 0 0 0 0 0 0
```

```
p <- sum(pos)   # 첫 번째 리뷰 문장의 단어가 긍정사전에 있는 총 수

neg <- str_count(reviews[1], neg.words)   # 부정사전 단어들이 첫 번째 리뷰 문장에 포함되는지 여부
neg
```

출력 결과

```
[1] 0 0 0 0 0 0 1
```

```
n <- sum(neg)    첫 번째 리뷰 문장의 단어가 부정사전에 있는 총 수

if (p+n > 0) {
    polarity <- (p-n)/(p+n)    첫 번째 리뷰의 극성
} else {
    polarity <- 0    긍정과 부정 단어들이 없는 리뷰는 극성을 0으로 처리
}
polarity
```

출력 결과

```
[1] -1
```

함수 | str_count()

<table>
<tr><td>패키지</td><td>stringr (기타 패키지)</td></tr>
<tr><td>기능</td><td>문장 내에 특정 문자의 포함 수</td></tr>
<tr><td>사용법</td><td>str_count(string, pattern="")

• 매개변수
<table><tr><th>변수</th><th>설명</th></tr><tr><td>string</td><td>입력 문자열 벡터</td></tr><tr><td>pattern</td><td>검색할 패턴</td></tr></table></td></tr>
<tr><td>반환값</td><td>숫자 벡터</td></tr>
</table>

여러 개의 영화리뷰는 다음과 같이 반복문(for)을 이용하면 편리하게 극성을 평가할 수 있다.

10개 영화리뷰에 대한 극성 평가

```
polarity.movie <- NULL                          # 영화 리뷰별 극성 벡터 초기화

for(i in 1:length(reviews)) {                   # 1부터 영화리뷰 수(length(reviews))까지 반복
    pos <- str_count(reviews[i], pos.words)     # 긍정사전 단어들이 i 번째 리뷰 문장에 포함되는지 여부
    p  <- sum(pos)                              # i 번째 리뷰 문장의 단어가 긍정사전에 있는 총 수
    neg <- str_count(reviews[i], neg.words)     # 부정사전 단어들이 i 번째 리뷰 문장에 포함되는지 여부
    n  <- sum(neg)                              # i 번째 리뷰 문장의 단어가 부정사전에 있는 총 수
    if (p+n > 0)
        polarity <- round((p-n)/(p+n), 2)       # i 번째 리뷰의 극성 ☞ 소수 2자리로 표시
    else
        polarity <- 0                           # 긍정과 부정 단어들이 없는 리뷰는 극성을 0으로 처리
    polarity.movie <- c(polarity.movie, polarity)   # i 번째 리뷰의 극성을 벡터에 저장

}

polarity.movie                                  # 영화리뷰별 극성
```

출력 결과

```
[1] -1 -1  1  1  1 -1 -1  0  1  1
```

각 영화리뷰들의 극성을 기반으로 종합적인 평가를 한다.

R 분류

```
polarity.movie.p <- length(polarity.movie[polarity.movie > 0])   # 긍정 리뷰 수
polarity.movie.p
```

출력 결과

```
[1] 5
```

```
polarity.movie.n <- length(polarity.movie[polarity.movie < 0])   # 부정 리뷰 수
polarity.movie.n
```

출력 결과

```
[1] 4
```

영화리뷰의 극성 평가 수

```
polarity.movie.tot <- round((polarity.movie.p - polarity.movie.n) / (polarity.
  movie.p + polarity.movie.n), 2)
polarity.movie.tot
```

출력 결과

```
[1] 0.11
```

7.5 예제: 감성사전 만들기와 영화리뷰 극성 평가

감성사전을 기반으로 문서의 극성을 평가하는 방법은 좋은 감성사전이 필요하다. 감성사전을 만들기 위해서는 각 단어들이 긍정적인 의미로 사용되는지 또는 부정적인 의미로 사용되는지 알아야 한다. 특히, 한글인 경우 형태소 분석을 통해 품사와 단어 간 연관성을 파악해야 하는 어려움이 있다. 본 절에서는 영화리뷰들을 띄워쓰기를 기준으로 단어를 구분하여 감성사전을 만들고, 감성사전을 기반으로 임의의 영화리뷰들의 긍정과 부정을 평가하는 방법을 살펴보기로 한다. 감성사전을 만들고 테스트하기 위한 영화리뷰 말뭉치(corpus)는 네이버 영화 사이트에서 추출하여 만든 깃허브(GitHub) 데이터 세트를 이용하기로 한다.

구체적인 절차는 먼저 영화리뷰 말뭉치를 작성한다. 일부 영화리뷰 데이터로 감성사전을 만들고, 나머지 영화리뷰들로 극성을 평가한다. 마지막으로 평가의 정확성을 분석한다.

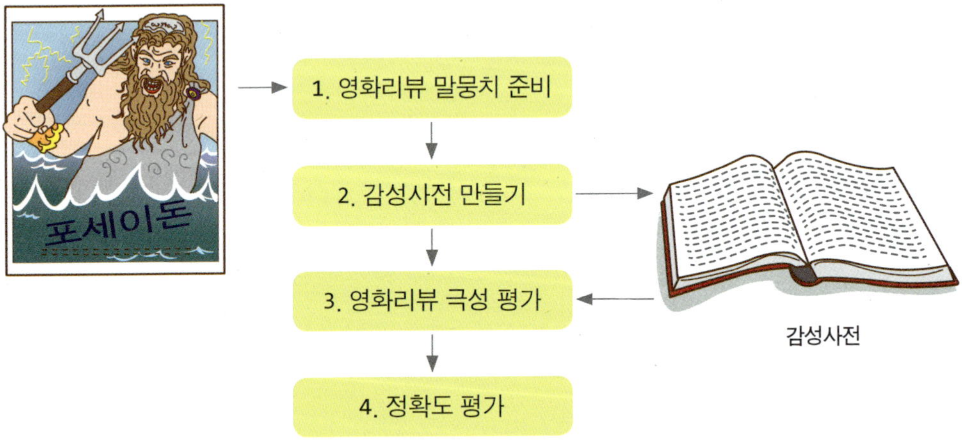

1단계 영화리뷰 말뭉치 작성

❶ 영화리뷰 말뭉치 다운로드

네이버 영화 사이트에서 영화리뷰를 추출한 영화리뷰 말뭉치가 있는 깃허브(https://

github.com/e9t/nsmc/blob/master/README.md)에 접속하고, "Find file" 버튼을 클릭한다.

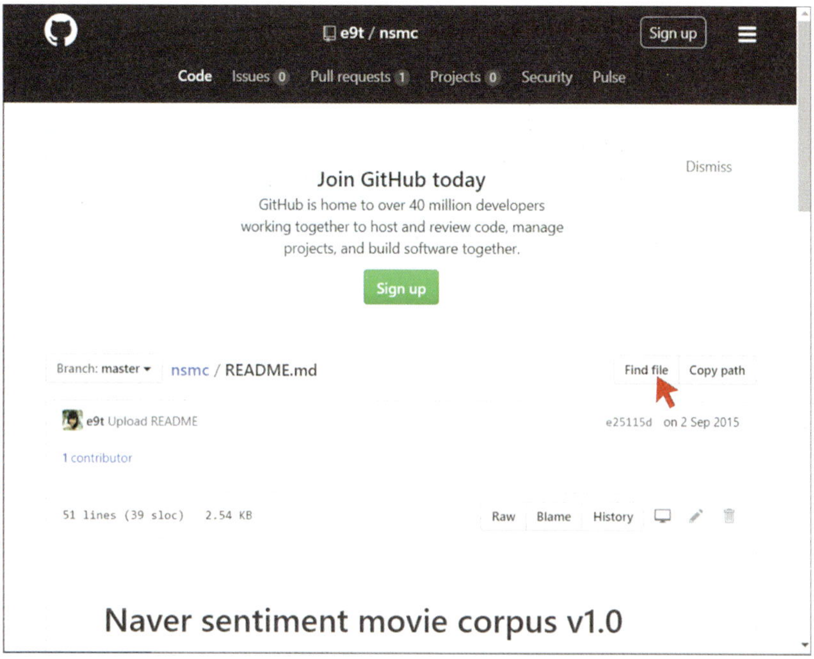

영화리뷰 말뭉치는 학습용(ratings_train.txt)과 테스트용(ratings_test.txt)으로 구분된 파일을 사용하기로 한다. 학습용은 감성사전을 만드는데 사용하고, 테스트용은 극성 평가에 사용하기로 한다.

• 학습용 데이터 세트 다운로드

먼저, 학습용 데이터 세트를 다운로드하기 위해, "ratings_train.txt"을 클릭한다.

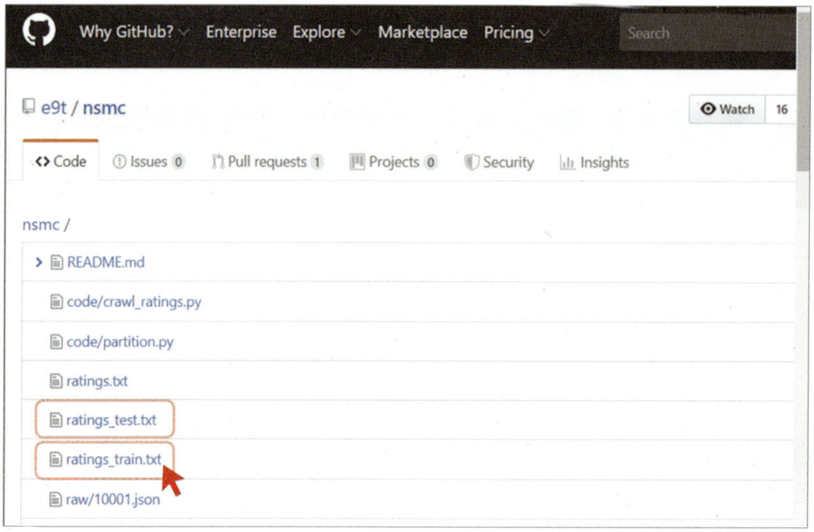

"Download" 버튼을 클릭한다.

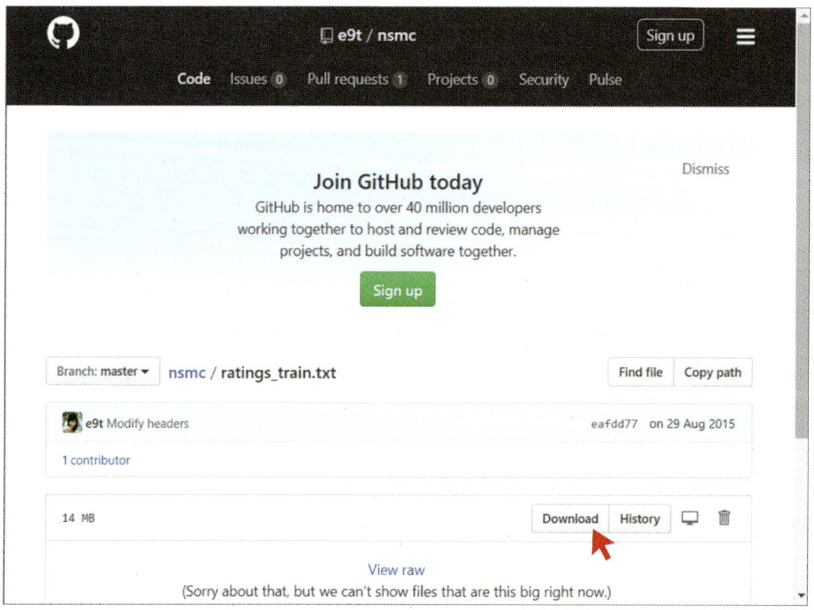

영화리뷰 문서에서 마우스 오른쪽 버튼을 클릭하면 나타나는 팝업 메뉴에서 "다른 이름으로 저장" 메뉴를 클릭하고, 임의 폴더에 "ratings_train.txt"로 저장한다.

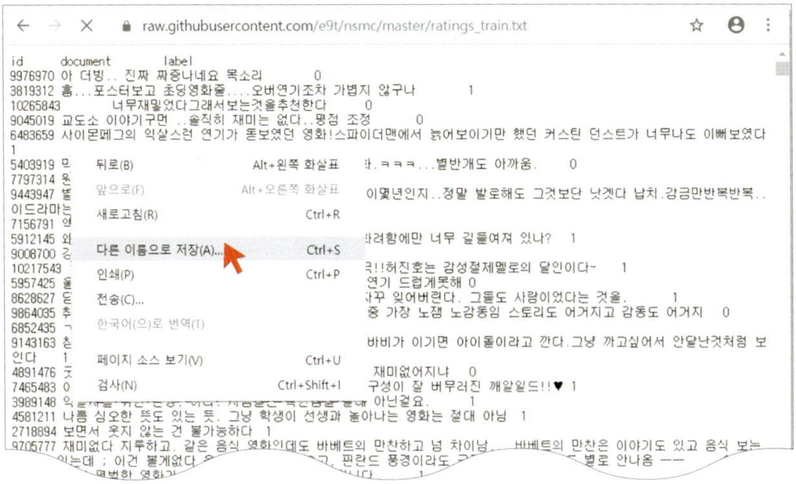

• 테스트용 네이버 세트 다운로드

같은 방법으로 테스트를 위한 말뭉치인 "ratings_test.txt" 파일을 저장한다.

❷ 영화리뷰 말뭉치 읽기

학습용과 테스트용 두 가지 파일을 읽고, 각 행에서 id, document(영화리뷰), label(긍정과 부정) 간 제어문자인 탭(\t)으로 구분한 부분을 분리하여 데이터 프레임으로 만든다.

패키지 설치 및 로딩

```
# install.packages("stringr")
# install.packages("wordcloud")
library(stringr)
library(wordcloud)
```

패키지 설치 및 로딩
☞ wordcloud는 단어별 빈도를 워드클라우드로 출력하기 위해 사용

```
train <- readLines(file.choose(), encoding = "UTF-8")
head(train)
```

감성사전을 만들 훈련용 영화리뷰 말뭉치를 읽음

출력 결과

각 영화리뷰의 구성 id, document(리뷰), label(1은 긍정, 0은 부정)
☞ 탭('\t')은 각 항목 간 구분자

```
[1] "id\tdocument\tlabel"
[2] "9976970\t아 더빙.. 진짜 짜증나네요 목소리\t0"
[3] "3819312\t흠...포스터보고 초딩영화줄....오버연기조차 가볍지 않구나\t1"
[4] "10265843\t너무재밓었다그래서보는것을추천한다\t0"
[5] "9045019\t교도소 이야기구먼 ..솔직히 재미는 없다..평점 조정\t0"
[6] "6483659\t사이몬페그의 익살스런 연기가 돋보였던 영화!스파이더맨에서 늙어
보이기만 했던 커스틴 던스트가 너무나도 이뻐보였다\t1"
```

```
test <- readLines(file.choose(), encoding = "UTF-8")
head(test)
```

극성을 평가하는 테스트용으로 활용할 테스트 영화리뷰 말뭉치를 읽음

출력 결과

각 영화리뷰의 구성 id, document(리뷰), label(1은 긍정, 0은 부정)
☞ 탭('\t')은 각 항목 간 구분자

```
[1] "id\tdocument\tlabel"
[2] "6270596\t굳 ㅋ\t1"
[3] "9274899\tGDNTOPCLASSINTHECLUB\t0"
[4] "8544678\t뭐야 이 평점들은.... 나쁘진 않지만 10점 짜리는 더더욱 아니잖
아\t0"
[5] "6825595\t지루하지는 않은데 완전 막장임... 돈주고 보기에는....\t0"
[6] "6723715\t3D만 아니었어도 별 다섯 개 줬을텐데.. 왜 3D로 나와서 제 심기
를 불편하게 하죠??\t0"
```

```
reviews <- str_split(train[-1], '\t')
train.df <- as.data.frame(transpose(reviews))
colnames(train.df) <- c('id', 'document', 'label')
head(train.df)
```

훈련용 데이터에서 항목명이 있는 1행은 제외하고, 탭('\t')을 구분자로 하여 각 문장의 단어 분리

단어들을 행과 열의 위치를 바꾸어 데이터 프레임으로 변환

데이터 프레임의 열이름 지정

데이터 프레임의 앞부분 출력

출력 결과

```
        id
1  9976970
2  3819312
3 10265843
4  9045019
5  6483659
6  5403919

                                    document
1
            아 더빙.. 진짜 짜증나네요 목소리
2                                                    흠...포스터보
고 초딩영화줄....오버연기조차 가볍지 않구나
3
          너무재밓었다그래서보는것을추천한다
4                                                        교도소
 이야기구먼 ..솔직히 재미는 없다..평점 조정
5 사이몬페그의 익살스런 연기가 돋보였던 영화!스파이더맨에서 늙어보이기만 했던 커스
틴 던스트가 너무나도 이뻐보였다
6                                  막 걸음마 뗀 3세부터 초등학교 1학년
생인 8살용영화.ㅋㅋㅋ...별반개도 아까움.
 label
1     0
2     1
3     0
4     0
5     1
6     0
```

```
reviews <- str_split(test[-1],'₩t')
test.df <- as.data.frame(transpose(reviews))
colnames(test.df) <- c('id','document','label')
head(test.df)
```

테스트용 데이터에서 항목명이 있는 1행은 제외하고, 탭('\t')을 구분자로 하여 각 문장의 단어 분리

단어들을 행과 열의 위치를 바꾸어 데이터 프레임으로 변환

데이터 프레임의 열이름 지정

데이터 프레임의 앞부분 출력

출력 결과

```
       id
1 6270596
2 9274899
3 8544678
4 6825595
5 6723715
6 7898805
  document
1
       굳 ㅋ
2                                                          GDNTOPCLA
SSINTHECLUB
3                  뭐야 이 평점들은.... 나쁘진 않지만 10점 짜리는 더더욱 아니
잖아
4                            지루하지는 않은데 완전 막장임... 돈주고 보기에
는....
5 3D만 아니었어도 별 다섯 개 줬을텐데.. 왜 3D로 나와서 제 심기를 불편하게 하
죠??
6                                                  음악이 주가 된, 최고의
 음악영화
 label
1     1
2     0
3     0
4     0
5     0
6     1
```

함수 | readLines()

패키지	base (기본 패키지)
기능	문서를 줄 단위로 읽음
사용법	**readLines**(con, encoding) • 매개변수 <table><tr><th>변수</th><th>설명</th></tr><tr><td>con</td><td>입력 문자열 객체 file.choose()는 임의 폴더의 문서가 선택되면 문자열 객체를 반환함</td></tr><tr><td>encoding</td><td>문자열의 암호화 방식</td></tr></table>
반환값	문자열 벡터

함수 | str_split()

<table>
<tr><td>패키지</td><td colspan="2">stringr (기타 패키지)</td></tr>
<tr><td>기능</td><td colspan="2">문자열을 여러 단어로 분리</td></tr>
<tr><td rowspan="4">사용법</td><td colspan="2">str_split(string, pattern="")

• 매개변수</td></tr>
<tr><td>변수</td><td>설명</td></tr>
<tr><td>string</td><td>입력 문자열 벡터</td></tr>
<tr><td>pattern</td><td>문자열을 분리할 패턴</td></tr>
<tr><td>반환값</td><td colspan="2">문자 행렬</td></tr>
</table>

2단계 감성사전 만들기

학습용 영화리뷰 말뭉치를 열고, 라벨이 0이면 부정, 1이면 긍정 리뷰로 해석한다. 각 리뷰는 간단하게 띄워쓰기(공백)로 어절들로 분리해서 단어로 인식하도록 한다. 각 단어들은 불필요한 문자들을 제거하고(데이터 정제), 긍정과 부정 사전으로 만든다. 두 사전 간에 공통된 단어들은 제거한다.

패키지 설치 및 로딩

```
pos.words <- NULL          # 긍정과 부정 단어 벡터 초기화부분 출력
neg.words <- NULL
n <- nrow(train.df)        # 학습용 리뷰의 행의 수
for(i in 1:n) {            # 각 행별로 리뷰의 단어들을 분리
  if (i %% 1000 == 0) {    # 반복 과정의 진행 상태를 보기 위해 1,000행별로 행 번호 출력
    p <- paste(i, "/", n)
    print(p)
  }

  words <- str_split(train.df[i, 2], '\\s+')   # i번째 행의 2열 문장(리뷰)을 공백으로 분리 ☞ 결과는 리스트 형태
```

```
  if (train.df[i, 3] == 1)
     pos.words <- c(pos.words, unlist(words))
   else
     neg.words <- c(neg.words, unlist(words))
}
head(pos.words)
```

i번째 행의 3열이 긍정(1)이면 리스트를 벡터로 변환하여(unlist) 긍정 벡터에 저장, 부정(0)이면 부정 벡터에 저장

긍정 단어

출력 결과

```
[1] "흠...포스터보고"              "초딩영화줄....오버연기조차"
[3] "가볍지"                        "않구나"
[5] "사이몬페그의"                 "익살스런"
```

```
head(neg.words)
```

부정 단어

출력 결과

```
[1] "아"
[2] "더빙.."
[3] "진짜"
[4] "짜증나네요"
[5] "목소리"
[6] "너무재밓었다그래서보는것을추천한다"
```

```
pos.words <- gsub("^[0-9A-zㄱ-힣]", "", pos.words)
neg.words <- gsub("^[0-9A-zㄱ-힣]", "", neg.words)
pos.dic <- as.data.frame(table(pos.words), stringsAsFactors=F)
head(pos.dic)
```

단어에서 숫자, 알파벳, 한글이 아닌 경우, “”로 대체

단어와 빈도

긍정 단어들을 빈도(table)를 계산하여, 데이터 프레임으로 변환
☞ 문자형은 팩터형으로 저장 않음

출력 결과

```
      pos.words    Freq
1                183680
2             0     128
3            00      45
4           000       2
5          0000       1
6  000000000000점      1
7      00000000점      1
8         0000km       1
9        0000명을      1
10         0000점      1
```

```
neg.dic <- as.data.frame(table(neg.words), stringsAsFactors=F)
head(neg.dic)
```

단어와 빈도

부정 단어들을 빈도(table)를 계산하여, 데이터 프레임으로 변환
☞ 문자형은 팩터형으로 저장 않음

출력 결과

```
                         neg.words     Freq
1                                    185563
2                                0       49
3                               00        5
4                              000        2
5                             0000        1
6                            00000        1
7                   00000000000000        1
8  0000000000000000000000000000을달라    1
9           0000000000000000001개짜리    1
10                       00000000을      1
```

```
pos.dic <- subset(pos.dic,
                  nchar(pos.words) >= 2 & nchar(pos.words) <= 10)
neg.dic <- subset(neg.dic,
                  nchar(neg.words) >= 2 & nchar(neg.words) <= 10)
```

글자 수가 1이거나, 10보다 큰 단어는 제외

```
pos.dic <- pos.dic[c(order(-pos.dic$Freq)),]
head(pos.dic, n=10)
```

빈도 역순으로 정렬

출력 결과

```
      pos.words Freq
65534      하고 2592
65392      하게 1697
13957      네요 1650
65938      하는 1630
15715      니다 1573
55617      적인 1495
47703      으로 1465
58642      지만 1452
42489      에서 1450
40909      어요 1367
```

```
neg.dic <- neg.dic[c(order(-neg.dic$Freq)), ]
head(neg.dic, n=10)
```

빈도 역순으로 정렬

출력 결과

```
      neg.words Freq
71798      하고 3066
72621      하다 1918
52665      으로 1573
48933      영화 1546
72365      하는 1369
47684      에서 1339
15937      는데 1189
54730      이다 1131
71670      하게 1118
75407      해서 1024
```

```
word.common <- intersect(pos.dic[,1], neg.dic[,1])    긍정과 부정사전의 공통 단어
word.common
```

출력 결과

```
[1] "하고" "하게" "네요" "하는" "니다" "적인"
```

```
pos.dic <- subset(pos.dic,
                  subset=!(pos.words %in% word.common))    긍정과 부정사전에서
neg.dic <- subset(neg.dic,                                  공통 단어 삭제
                  subset=!(neg.words %in% word.common))
head(pos.dic, n=10)    긍정사전
```

출력 결과

```
      pos.words Freq
420        0년대  145
473        0년이  107
870        0점을   71
3091         ery   61
4157          ou   53
953      0점준다   50
7670    게봤어요   47
55543   적이에요   45
491        0년전   41
4192        ovie   38
```

```
head(neg.dic, n=10)    부정사전
```

출력 결과

```
      neg.words Freq
59741  재미없다   48
20182  도아깝다   38
68732  타임용도   38
43337    아까움   33
2455   o기영화   28
23882    라든다   28
43325    아까운   28
66505      최악   27
15029      노잼   25
38120  생각으로   25
```

함수 | gsub()

<table>
<tr><th>패키지</th><td>base (기본 패키지)</td></tr>
<tr><th>기능</th><td>문자를 다른 문자로 대체</td></tr>
<tr><th>사용법</th><td>gsub(pattern, replacement, x)

• 매개변수
<table>
<tr><th>변수</th><th>설명</th></tr>
<tr><td>pattern</td><td>매칭되는 문자</td></tr>
<tr><td>replacement</td><td>대체되는 문자</td></tr>
<tr><td>x</td><td>문자열 또는 문자 벡터</td></tr>
</table></td></tr>
<tr><th>반환값</th><td>문자 벡터</td></tr>
</table>

함수 | intersect()

<table>
<tr><th>패키지</th><td>prob (기본 패키지)</td></tr>
<tr><th>기능</th><td>두 벡터 간 공통되는 집합</td></tr>
<tr><th>사용법</th><td>intersect(x, y)

• 매개변수
<table>
<tr><th>변수</th><th>설명</th></tr>
<tr><td>x, y</td><td>벡터 또는 데이터 프레임</td></tr>
</table></td></tr>
<tr><th>반환값</th><td>벡터 또는 데이터 프레임</td></tr>
</table>

함수 | subset()

패키지	base (기본 패키지)
기능	벡터, 행렬, 데이터 프레임의 부분 집합 추출
사용법	**subset**(x, subset) • 매개변수 변수 / 설명 x: 추출 대상 객체 subset: 추출할 원소들을 가리키는 논리적 표현
반환값	벡터 또는 데이터 프레임

긍정과 부정 사전에서 각 단어들의 빈도를 역순으로 상위 200개씩 워드 클라우드로 출력해서 비교해본다.

패키지 설치 및 로딩

```
par(mar=c(1,1,1,1), mfrow=c(1,2))

df <- head(pos.dic, n=200)
wordcloud(df[,1],freq=df[,2],
    scale=c(3, 0.5),
    rot.per=0.25,
    random.order=F, random.color=T,
    colors=rainbow(5))

df <- head(neg.dic, n=200)
wordcloud(df[,1],freq=df[,2],
    scale=c(3, 0.5),
    rot.per=0.25,
    random.order=F, random.color=T,
    colors=rainbow(5))
```

- par(mar=c(1,1,1,1), mfrow=c(1,2)): 그래프의 마진(바깥 영역)을 하, 좌, 상, 우 방향으로 각각 1, 1, 1, 1 크기로 하고, 1행 2열로 배치
  ☞ 마진의 디폴트 크기는 5.1, 4.1, 4.1, 2.1
- df <- head(pos.dic, n=200): 긍정사전에서 앞부분의 200개 행 추출
- wordcloud(...): 긍정단어의 워드 클라우드 출력
  ☞ 순서대로 단어, 빈도, 글자 크기 범위, 90도 회전 글자의 비율, 글자의 무작위 출력 여부('F'이면 빈도수가 큰 글자는 중앙 배치), 글자 색 지정('T'이면 colors에 지정된 색 중에서 무작위 선정), 글자색을 의미함
- df <- head(neg.dic, n=200): 부정사전에서 앞부분의 200개 행 추출
- wordcloud(...): 부정단어의 워드 클라우드 출력

출력 결과

```
plot.new()
```

그래픽 영역 초기화
par()로 설정한 마진과 영역 초기화

감성사전은 영화리뷰들의 극성을 평가할 때마다 만들 필요는 없기 때문에 임의의 폴더에 저장하고, 필요할 때마다 읽어서 사용하면 된다. 다음은 "c:/Temp" 폴더에 저장한 예이다. 실행 후에 그 폴더에 만들어져 있는지 확인해보자.

감성사전 저장

```
setwd("c:/Temp")
write.csv(pos.dic, file="pos.dic.csv", row.names=FALSE)
write.csv(neg.dic, file="neg.dic.csv", row.names=FALSE)
```

- setwd: 감성사전 파일을 저장할 폴더 지정
- 긍정사전을 "pos.dic.csv"파일로 저장, 행 번호는 제외
- 부정사전을 "neg.dic.csv"파일로 저장, 행 번호는 제외

3단계 영화리뷰 극성 평가

감성사전을 읽고, 테스트용 영화리뷰에 대해 극성을 평가한다. 테스트용 영화리뷰는 여러 영화들에 대한 리뷰로서, 긍정과 부정이 고루 섞여 있지만, 뒤의 응용문제는 하나의 영화를 중심으로 리뷰들을 평가하는 예를 살펴보기로 한다.

패키지 설치 및 로딩

```
setwd("c:/Temp")     감성사전이 저장된 폴더 지정
pos.dic <- read.csv("pos.dic.csv", header=TRUE, stringsAsFactors=FALSE)
head(pos.dic)                          긍정사전 읽기
```

출력 결과

```
  pos.words  Freq
1     0년대   145
2     0년이   107
3     0점을    71
4       ery    61
5        ou    53
6   0점준다    50
```

```
neg.dic <- read.csv("neg.dic.csv", header=TRUE, stringsAsFactors=FALSE)
head(neg.dic)                   부정사전 읽기
```

출력 결과

```
  neg.words  Freq
1  재미없다    48
2  도아깝다    38
3  타임용도    38
4    아까움    33
5  o기영화    28
6    라든다    28
```

```
reviews <- test.df[,2]     테스트용 영화리뷰
head(reviews)
```

출력 결과

```
[1] 굳 ㅋ
[2] GDNTOPCLASSINTHECLUB
[3] 뭐야 이 평점들은.... 나쁘진 않지만 10점 짜리는 더더욱 아니잖아
[4] 지루하지는 않은데 완전 막장임... 돈주고 보기에는....
[5] 3D만 아니었어도 별 다섯 개 줬을텐데.. 왜 3D로 나와서 제 심기를 불편하게
 하죠??
[6] 음악이 주가 된, 최고의 음악영화
49158 Levels: ...
```

```
predict <- NULL     영화리뷰별 평가결과를 저장할 벡터 초기화
                    ☞ 긍정(1), 부정(0), 중립(-1)
```

```
#m <- length(reviews)          50,000개의 모든 영화리뷰에 대한 반복 평가는
m <- 5000                      오래 걸리기 때문에 5,000개로 설정
for(i in 1:m) {                1~m개의 영화리뷰 반복 평가
  if (i %% 100 == 0) {
     txt <- paste(i, "/", m)   반복 진행 상태 파악을 위해, 100개 단위로 출력
     print(txt)
  }

  words <- str_split(reviews[i],'\\s+')   각 리뷰 내용을 공백 기준으로 단어 추출
  words <- unlist(words)                  리스트를 벡터로 변환
  words <- gsub("[^A-Za-z0-9ㄱ-힣]", "", words)   단어에서 숫자, 알파벳, 한글을 제외한 리스트를 벡터로 변환

  x <- intersect(words, pos.dic[,1])    리뷰 단어들과 긍정사전 단어들간 교집합
  pos.cnt <- length(x)                  단어 수
  x <- intersect(words, neg.dic[,1])    리뷰 단어들과 부정사전 단어들간 교집합
  neg.cnt <- length(x)                  단어 수

  if (pos.cnt > neg.cnt) {              영화리뷰별 극성 평가
     predict <- c(predict, 1)           긍정(1), 부정(0), 중립(-1)
  } else if (pos.cnt < neg.cnt) {
     predict <- c(predict, 0)
  } else {
     predict <- c(predict, -1)
  }
}

p <- length(predict[predict == 1])    긍정과 부정 영화리뷰 수
n <- length(predict[predict == 0])
polarity <- (p - n) / (p + n)         영화리뷰 극성
polarity
```

출력 결과

```
[1] -0.04006163        4% 정도 부정으로 기운 상태
```

4단계 정확성 평가

테스트 데이터에는 영화리뷰별 긍정(1)과 부정(0) 라벨이 있기 때문에 감성사전을 이용한 극성 평가결과와 비교해보자. 극성이 거의 0에 가까운 이유는 테스트 데이터에 긍정과 부정 리뷰가 비슷한 비율로 분포되어 있기 때문이다. table() 함수를 이용한 교차표의 결과를 보면, 오차가 크게 나타나고 있는데, 단순히 단어 간 비교에서 생기는 문제도 있지만, 감성사전을 만들 때 띄워쓰기만을 기준으로 단어를 분류했기 때문이기도 하다.

R 패키지 설치 및 로딩

```
label <- test.df[1:m,3]     # m개의 영화리뷰 라벨

p <- length(label[label == "1"])     # 긍정과 부정 영화리뷰 수
n <- length(label[label == "0"])
polarity <- (p - n) / (p + n)     # 영화리뷰 극성
polarity
```

출력 결과

```
[1] 0.0088     # 0.8% 정도 긍정으로 기운 상태
```

```
t <- table(label, predict)
t     # 실제 값과 예측 값의 이원분류표
```

출력 결과

```
     predict
label   -1    0    1
    0 1195 1006  277
    1 1209  344  969
```

실제 부정(0)인 경우, 부정(0)으로 제대로 인식한 것은 1,006개, 중립(-1)과 긍정(1)으로 잘못 판단한 경우는 각각 1,195, 277개로 오차를 보임
실제 긍정(1)인 경우, 긍정(1)으로 제대로 인식한 것은 344개, 중립(-1)과 부정(0)으로 잘못 판단한 경우는 각각 1,209, 344개로 오차를 보임

요약

감성분석 개요: 감성 분석은 자연어 처리, 텍스트 분석 등을 사용하여 정서적인 상태와 주관적인 정보를 체계적으로 식별하고 정량화하는 것이다. 기본 개념은 문서 또는 문장에 표현된 의견이 긍정인지, 부정인지, 또는 중립인지 극성을 분류하는 것이다.

감성분석 역사: 텍스트 마이닝은 텍스트의 내용과 구조를 파악하기 위해 언어, 통계, 머신러닝 기술을 기반으로 하는 텍스트 분석을 의미하며, 2004년에 Ronen Feldman가 텍스트 분석을 텍스트 마이닝으로 부르게 되었다. 감성분석은 텍스트 마이닝의 한 응용분야로서, 1950년대부터 시작되었다고 볼 수 있다.

감성분석 모형: 감성사전에 있는 긍정과 부정 단어를 기반으로 각 리뷰에 긍정 단어와 부정 단어의 빈도를 계산하고, 극성을 평가한다.

감성분석 절차: 데이터준비(1단계), 감성사전 만들기(2단계), 긍정/부정 단어 빈도 기반 개별 극성 평가(3단계), 종합적 극성 평가(4단계) 과정으로 진행된다.

R을 이용한 감성분석 방법: 감성분석을 위해 사용하는 패키지는 rvest, stringr이다. rvest 패키지는 웹문서를 다운로드 받고 HTML 문서를 읽어 테이터를 추출할 때 사용하고, stringr 패키지는 특정 문자가 추출하거나 단어들을 분리하여 감성사전을 만들고 이를 기반으로 긍정과 부정 단어 빈도에 따른 극성을 평가하고, 전체적인 극성을 평가한다

연습문제

1. 100개의 영화리뷰들 중에 긍정, 부정, 중립 리뷰들의 수가 각각 50, 40, 10개일 때 다음 지표들을 계산하시오.

① 극성 ② 주관성 ③ 긍정 비율
④ 부정 비율 ⑤ 감성 차이 비율

2. 감성사전을 이용하여 다음 영화리뷰에 대해 주관성을 평가하려고 한다.

```
rev <- "원래 영화 보다가 잘 안자는데 처음으로 잠든 영화"
```

다음 R 스크립트를 완성하시오. 영화리뷰의 긍정과 부정 단어들의 수는 긍정사전(dic.pos)과 부정사전(dic.neg)에 있는 단어들과 일치하는 수로 한다.

```
pos <- str_count(________, pos.words)
p <- ________(pos)
neg <- str_count(________, neg.words)
n <- ________(neg)

if (p+n > 0) {
  polarity <- ____________
} else {
  polarity <- 0
}
polarity
```

3. 다음과 같이 영화리뷰 말뭉치가 있다. 데이터 파일 이름은 review.txt이며, 리뷰, 점수 항목으로 구성되어 있다.

```
배우들 연기는 볼만한데 개연성이 부족하고 매우 산만하다. 반전도 그닥 그저 그렇고 최악은 면하지만 여러모로 추천할수 없는 범작\t4
보통 리뷰 안 남기는 데 이건 너무했음. 지루하고 졸림. 전개 너무 느림. 결말 이상함\t3
재밌다.... 볼만한거 같다\t10
.....
```

영화리뷰들에서 추출한 단어들로부터 긍정사전과 부정사전을 만드는 다음 R 스크립트를 완성하시오. 먼저 영화리뷰를 행 단위로 읽고, 리뷰와 점수를 탭으로 구분하여 분리하고, 각 리뷰는 공백을 기준으로 단어로 분리한다. 분리된 단어들은 점수가 7이상이면 긍정 사전에, 4이하이면 부정 사전에 등록한다. 또한, 각 사전에는 첫 번째 항목은 단어, 두 번째 항목은 각 단어에 해당하는 빈도 수로 구성되도록 한다.

```
library(stringr)

corpus <- readLines(file.choose(), encoding = "UTF-8")
reviews <- str_split(corpus,__________)
review.df <- as.data.frame(transpose(__________))

pos.words <- NULL
neg.words <- NULL

n <- nrow(train.df)
for(i in 1:n) {
  words <- str_split(___________, '₩₩s+')

  if (____________)
     pos.words <- c(pos.words, ___________)
  else if (____________)
     neg.words <- c(neg.words, ___________)
}
pos.dic <- as.data.frame(______________, stringsAsFactors=F)
neg.dic <- as.data.frame(______________, stringsAsFactors=F)
```

응용문제 네이버 영화리뷰의 극성 평가

네이버 영화리뷰 중에 관심 있는 영화제목에 해당하는 리뷰들을 추출해서 극성을 평가해보자. 7.5절에서 만든 감성사전을 이용한다. 다음의 영화리뷰 URL과 리뷰내용을 추출하는 과정을 참고하자. read_html() 함수로 웹문서를 읽고, html_nodess() 함수로 리뷰 내용을 추출하기 위해 rvest 패키지를 사용한다.

다음은 "평점 · 리뷰"의 두 번째 웹페이지로 접속하는 URL이다. 각 페이지마다 10개의 영화리뷰 목록이 있다. 영화리뷰는 영화제목과 140자 이내의 리뷰 내용이 있다.

```
https://movie.naver.com/movie/point/af/list.nhn?page=2
```

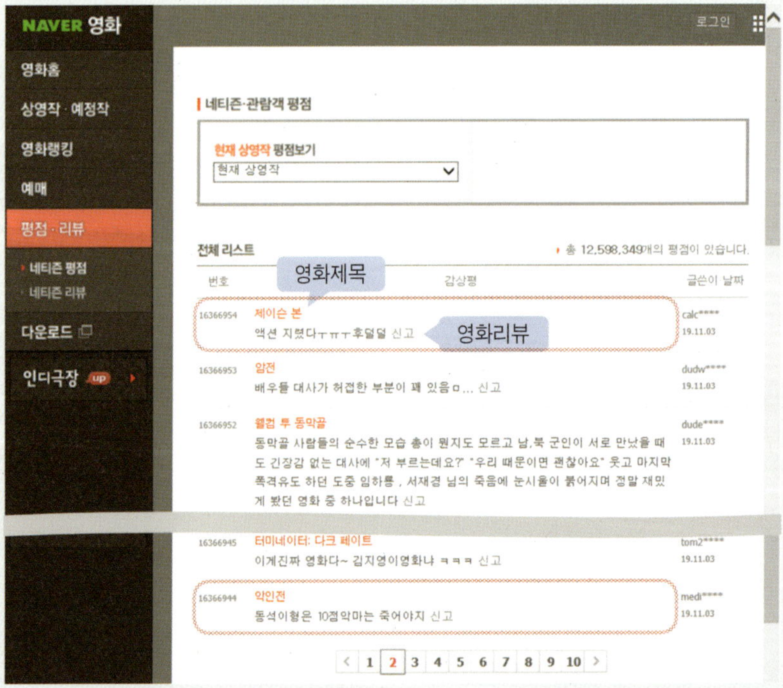

다음은 반복문(for)을 이용해서 1~10페이지에 걸친 영화제목(titles)과 리뷰내용(reviews)을 추출하는 과정이다.

```
install.packaages("rvest")
install.packages("stringr")
library(rvest)
library(stringr)

url.review <- "https://movie.naver.com/movie/point/af/list.nhn?&page="

reviews.all <- NULL
for(page in 1:10) {
  url.review.page <- paste(url.review, page, sep="")

  html <- read_html(url.review.page, encoding="cp949")

  reviews <- html_nodes(html, ".title") %>% html_text()
  reviews.all <- c(reviews.all, reviews)
}
reviews.all
titles <- str_match(reviews.all, "₩n₩t₩t₩t₩t(.*)₩n₩t₩t₩t")
titles
titles <- titles[,2]
titles

reviews <- str_replace(reviews, titles, "")
reviews <- gsub("신고", "", reviews)
reviews <- gsub("₩t|₩n", "", reviews)
reviews
```

평점/리뷰 페이지 URL 설정

URL에 페이지 설정

웹문서 읽기

클래스 이름이 'title'인 태그 내의 데이터 추출

리뷰 내용을 벡터로 저장

영화제목 추출(영화제목은 리뷰문장 중에 "\n\t\t\t\t"와 "\n\t\t\t" 제어문자와 일치하는 문자 추출)
☞ '.'은 임의의 한 글자 의미, '*'는 0 또는 여러 개를 의미
☞ "\n\t\t\t\t.*\n\t\t\t"는 "\n\t\t\t\t문자(제목)\n\t\t\t" 형태로 출력
☞ "\n\t\t\t\t(.*)\n\t\t\t"는 제어문자는 제외한 "문자(제목)" 형태로 출력

영화리뷰 내의 제목 삭제(제목을 ""로 대체)

영화리뷰 내의 '신고'를 ""로 대체

영화리뷰 내의 제어문자('\n' 또는 '\t')를 ""로 대체

PART

3

머신러닝의 이해와 활용

CHAPTER 8 머신러닝을 활용한 R 데이터 분석

K-평균 군집분석을 통한 군집 분류

학습목표

K-평균 군집화 방법의 이해와 활용 능력 함양

학습내용

K-평균 군집화 원리 이해
K-평균 군집화에 의한 개체 분류
K-평균 군집화 실습

8.1 배경

우리는 일상생활과 업무에서 대부분 많은 개체들을 대상으로 한다. 각 개체들은 다양한 특성을 가지고 있기 때문에 그 특성을 잘 활용하면 유용하게 사용할 수 있다. 군집화는 그 활용방법 중 하나가 될 수 있다. 우리들이 일상적으로 쉽게 생각할 수 있는 고객들의 장바구니를 생각해보자. 고객들의 구매 상품 관점으로 고객들을 여러 그룹으로 분류하면 기업의 판촉 전략 등에 활용할 수 있다. 개체들은 고객만이 아니라 각 분야에서 여러 대상이 될 수 있다. 개체들을 유사 그룹으로 분류하려면 어떻게 해야할까?

개체들을 군집화하는 방법에는 개체들의 특성 데이터 간 거리가 가까운 것끼리 그룹을 만드는 K-평균 군집 분석(K-means Clustering Analysis)이 있다. 한편, 하나의 새로운 개체가 있을 때 어느 군집으로 분류할 것인가를 판단하는 KNN(K-Nearest Neighbor)과 SVM(Support Vector Machine) 등이 있다. 본 장에서는 K-평균 군집 분석을 통해 개체들을 K개의 그룹으로 나누는 방법을 살펴보자.

8.2 K–평균 군집분석 개요

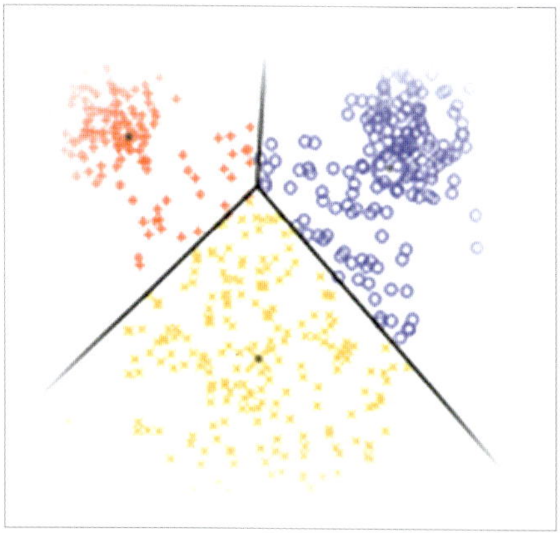

군집화는 개체들을 일정한 기준에 따라 몇 개의 동질적인 그룹으로 나누는 것을 말한다. K-평균 군집분석은 머신러닝의 비지도 학습에 의한 군집화의 한 방법으로서, 개체들을 K개의 군집으로 분류하는 방법이다. 군집화는 각 군집에 속하는 모든 개체들과 그 군집 중심 내의 거리 제곱합(WSS: Within–cluster Sum of Square)을 합한 총 거리 제곱합(TWSS: Total Within–cluster Sum of Square)을 최소화하는 방식으로 진행된다.

"K–평균"의 개념은 1957년 폴란드 수학자인 후고 스테인하우스 (Hugo Steinhaus)가 소개하였으며, 용어는 1967년에 제임스 매퀸(James MacQueen)에 의해 처음 사용되었다 [2]. 표준 알고리즘은 1957년에 미국 Bell Labs의 스튜어트 로이드(Stuart Lloyd)가 고안하였지만 1982년이 되어서야 컴퓨터 과학 매거진에 처음 공개되었다. 알고리즘이 공개되기 이전인 1965년에 E. W. Forgy 또한 같은 알고리즘을 제안하였다[9].

K–평균 군집화는 생물학 분야에서 식물 계통학에서 다수의 속성을 공유하는 종과 속의 분류, 인구 구조 추론을 위한 유전 데이터의 유사성 분석에 사용된다(8.5절 참조). 의료 분야에서는 단층촬영으로 클러스터 분석을 사용하여 3 차원 이미지에서 여러 유형의 조직을 구별하는데 사용된다. 비즈니스에서는 소비자 집단을 여러 시장으로 분할하거나 소비자를 분류하여 각 소비자 그룹별 마케팅 믹스 전략에 사용하기도 한다. 사회관계망분석에서는 여러 그룹의 커뮤니티를 인식하는데 사용할 수도 있다. 웹에서는 검색결과로부터 웹사이트를 그룹화하는데 사용할 수 있다. 컴퓨터 분야에서는 디지털 이미지를 별개의 영역으로 분할하여 경계나 물체를 인식하는데 사용하기도 하며, 사용자의 취향에 따라 관심 항목들을 추천하는 추천시스템에 사용하기도 한다. 사회과학에서는 일정기간 동안 유사한

범죄 발생 영역들을 식별하는데 활용하는 등 다양한 분야에 클러스터 분석이 사용되고 있다 고객군집화의 경우, 고객 특성에 관련한 변수로서 인구적 변수(성별, 나이, 가구 원 수 등), 지리적 변수(거주지 등), 사회적 변수(소득, 직업, 교육수준, 종교 등), 심리적 변수(의견, 가치 기준, 라이프 스타일 등), 행태적 변수(구매이력 등) 등이 사용될 수 있다.

〈표 8.1〉은 생필품과 스포츠용품을 구매한 15명의 고객에 대한 구매금액(단위 생략)을 예시한 것이다. 고객들을 생필품과 스포츠용품 구매금액 관점에서 몇 개(K)의 그룹으로 분류하는 것이 좋을까? 〈그림 8.1〉은 2개의 그룹으로 분류한 결과를 그래프로 출력한 것이다. 군집 1은 스포츠용품을 주로 구매하는 고객들이며, 군집 2는 의류용품을 주로 구매하는 고객들로 분류할 수 있다.

표 8.1 고객별 구매금액

ID	식료품	의류
1	2	20
2	20	18
3	20	5
4	5	28
5	12	24
6	4	15
7	15	5
8	27	10
9	25	4
10	16	12

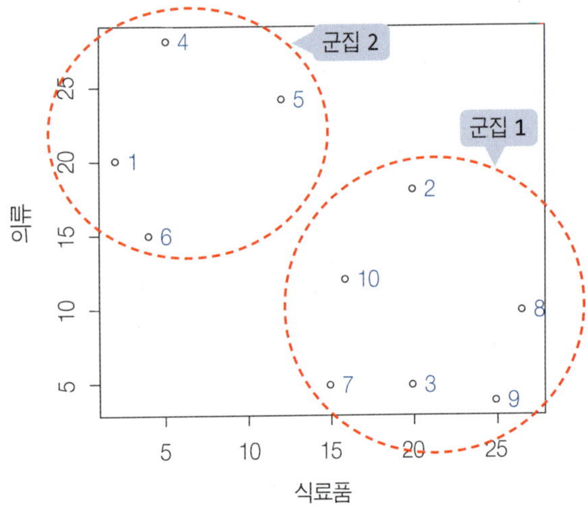

그림 8.1 구매 분포와 클러스터

8.3 K-평균 군집분석 원리 이해

군집화는 각 군집 중심과 그 군집에 속하는 개체들과의 거리를 최소화하는 방향으로 진행된다. 즉 군집화 과정에서 임시로 정해진 군집 1과 2의 중심이 있을 때, 다음 단계의 군집화에서 고객2는 어느 군집으로 속하게 할 것인가를 정해야 한다. 거리 최소화가 목표라면 군집 1로 속하게 결정한다.

일반적으로 사용되는 표준 알고리즘을 이용해서 군집화 원리를 이해해보자. 먼저 데이터를 표준화하고, K개에 해당하는 군집의 초기 중심을 정한 후에 각 개체들을 가까운 군집으로 할당한다. 군집화가 이루어지면 군집 중심을 다시 계산하고 군집 중심이 변하지 않으면 반복을 종료한다. 군집화 과정에서 주요 고려할 사항은 변수 표준화, 군집의 수, 군집의 초기 중심 설정이다.

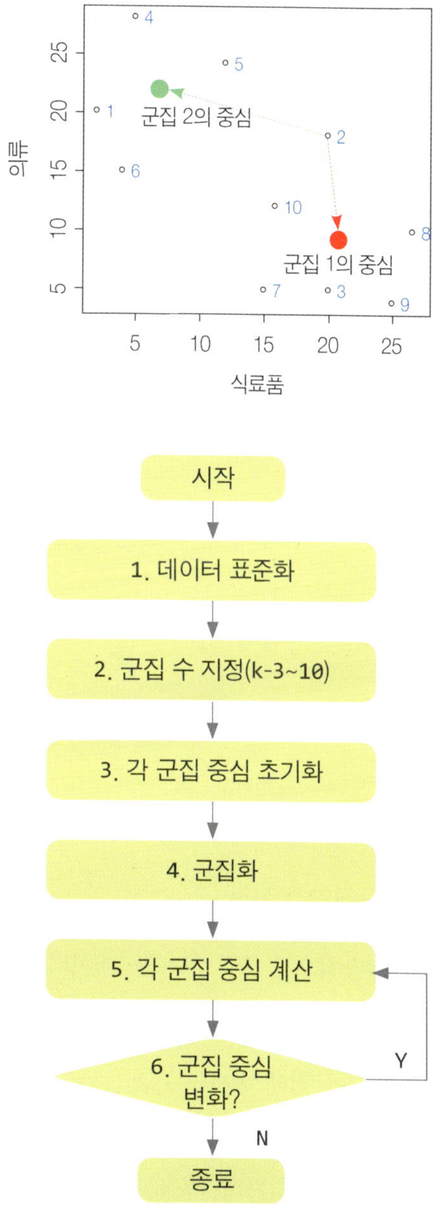

그림 8.2 K-평균 군집분석의 표준 알고리즘

(1) 데이터 표준화

원 데이터를 그대로 사용하게 되면 변수 간 이질적 단위로 데이터 값의 크기가 변하게 되고, 이런 변수 간 유사도 크기를 변하게 하여 각 개체들이 소속되는 군집이 달라질 수 있다. 이런 문제를 없애기 위해 먼저 데이터 표준화 과정을 거치게 된다. 데이터 표준화는 범위 표준화와 편차 표준화 방법이 있다. 범위 표준화는 각 변수의 데이터를 0과 1사이로 변환하고, 편차 표준화는 평균을 중심으로 표준편차(s_x, s_y)의 배수로 변환한다.

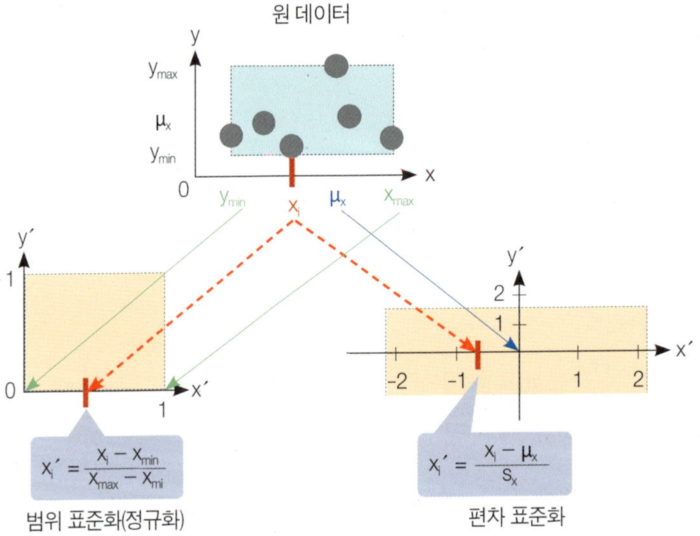

(2) 군집의 수 설정

일반적으로 군집 수(K)는 데이터의 분포에 따라 달라질 수 있다. n개 데이터에 대해 경험적으로 $K=\sqrt{n/2}$로 정하거나, 시뮬레이션을 통해 결정할 수 있다. 군집화는 각 군집 중심과 그 군집에 속하는 개체들과의 거리 제곱을 최소화하는 방향으로 진행된다. 이때, 각 군집내의 분산은 군집 내의 오차 제곱합(WSS)을 사용한다. 군집의 수가 증가할수록 WSS가 감소하게 되는데, 즉, 군집의 수가 개체의 수와 같다면 각 군집은 개체와 1:1로 대응되고 군집 중심과 개체의 위치가 서로 같기 때문에 WSS는 0이 된다. 군집의 수는 일반적으로 WSS 감소량의 변화가 작아지기 직전의 군집 수로 정한다(8.4절 참조).

단계별 예시를 통해 분석 원리를 이해해보자.

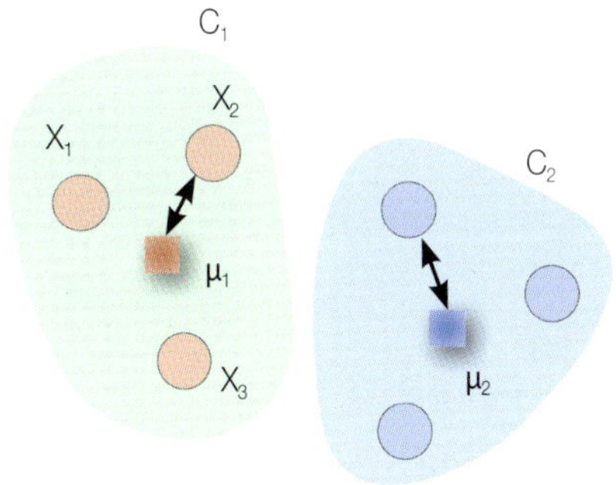

(3) 군집 중심의 초기화

군집은 군집 중심의 초기 위치에 따라 달라질 수 있다. 즉, 초기 치들이 한쪽으로 쏠려 설정되면 결과가 적절치 못하거나 계산 시간이 오래 걸리게 된다. 이러한 문제를 해결하기 위해 다양한 연구들이 있다. 본 책에서는 Forgy(1965), MacQueen(1967)이 제안한 방법으로 간단히 초기 위치를 고르게 분포시킬 수 있도록 데이터 집합에서 무작위로 위치를 선정하는 방식을 이용하기로 한다.

각 단계별 예시는 다음과 같다.

1단계 데이터 표준화

분석 대상 데이터는 〈표 8.1〉의 고객별 구매금액으로 하자. 먼저, 데이터 표준화를 해야 한다. 편차 표준화를 적용하기로 하자. 생필품의 평균은 20.33, 표준편차는 11.34이며, 스포츠용품의 평균은 38.47, 표준편차는 18.78이 된다. 7번 고객의 경우, 생필품이 40, 스포츠용품이 60이기 때문에 생필품은 평균과의 차이(40−20.33)가 표준편차(11.34)의 1.7348배가 되며, 스포츠용품은 평균과의 차이(60−38.47)가 표준편차(18.78)의 1.1468배로 변환된다.

표 8.2 고객별 구매이력의 편차 표준화

ID(i)	식료품(x_i)	의류(y_i)	변수 값 표준화	
			식료품(x_i)	의류(y_i)
1	2	20	−1.4365	0.7047
2	20	18	0.6157	0.4658
3	20	5	0.6157	−1.0869
4	5	28	−1.0945	1.6602
5	12	24	−0.2964	1.1824
6	4	15	−1.2085	0.1075
7	15	5	0.0456	−1.0869
8	27	10	1.4137	−0.4897
9	25	4	1.1857	−1.2063
10	16	12	0.1596	−0.2508

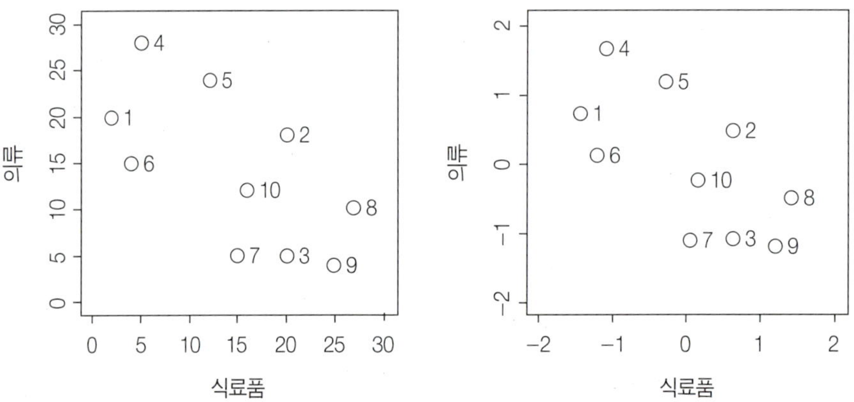

원 데이터 분포　　편차 표준화에 의한 변환 데이터 분포

2단계 군집의 수 지정

데이터 수가 적기 때문에 군집의 수를 2개로 해보자(k=2).

3단계 군집 중심 초기화

2개 군집의 중심은 무작위로 선정한 고객들로 한다. 다음과 같이 2번, 4번 고객이 선정되었다고 하자. 즉, 2번, 4번 고객의 x, y 좌표는 각각 (0.6157, 0.4658), (−1.0945, 1.6602)이며, 군집 1과 2의 중심이 된다.

군집(j)	군집 중심 위치: μ_j=(x, y)
1	(0.6157, 0.4658)
2	(−1.0945, 1.6602)

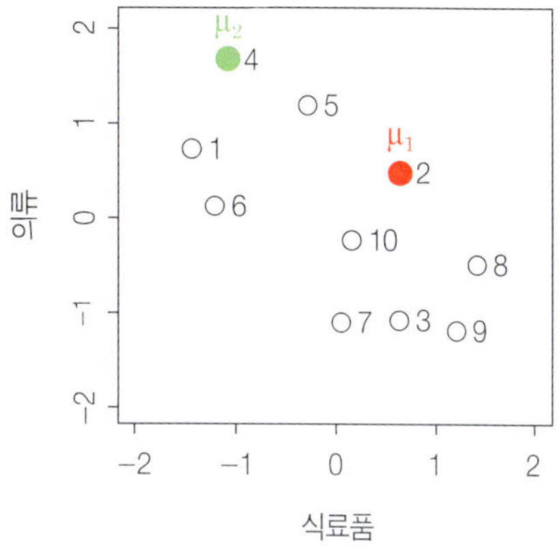

4단계 군집화

❶ 군집 중심과 각 개체 간 거리 계산

고객 1(−1.4365, 0.7047)의 경우, 군집 1과 2의 중심(μ1과 μ2)에 대해 각각 거리(d_{11}과 d_{12})를 계산해보자.

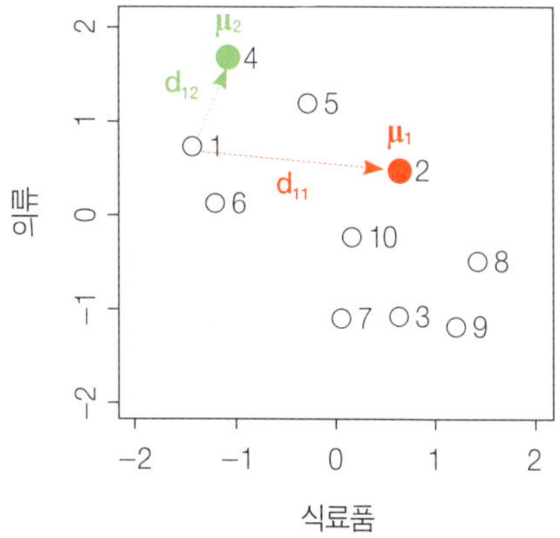

군집(j)	군집 중심 위치: $\mu_j=(x, y)$	고객 1과의 거리
1	(0.6157, 0.4658)	$d_{11} = \sqrt{(-1.4365 - 0.6157)^2 + (0.7047 - 0.4658)^2}$ $= 2.0661$
2	(−1.0945, 1.6602)	$d_{12} = \sqrt{(-1.4365 + 1.0945)^2 + (0.7047 - 1.6602)^2}$ $= 1.0149$

10명의 고객에 대해 각 거리를 계산한 결과는 다음과 같다.

표 8.3 클러스터 중심과 각 고객 간 거리

ID	변수 값 표준화		클러스터1 (0.6157, 0.4658)	클러스터2 (−1.0945, 1.6602)
	생필품	스포츠용품		
1	−1.4365	0.7047	2.0661(d_{11})	1.0149(d_{12})
2	0.6157	0.4658	0.0000	2.0860
3	0.6157	−1.0869	1.5527	3.2359
4	−1.0945	1.6602	2.0860	0.0000
5	−0.2964	1.1824	1.1599	0.9302
6	−1.2085	0.1075	1.8591	1.5569
7	0.0456	−1.0869	1.6541	2.9743
8	1.4137	−0.4897	1.2449	3.3035
9	1.1857	−1.2063	1.7666	3.6628
10	0.1596	−0.2508	0.8494	2.2858

❷ 개체들의 군집화

각 개체들을 2개의 군집 중심과의 거리에서 가장 가까운 쪽의 그룹으로 분류하여 군집화한다. 군집 1에 속하는 고객 2, 3, 7, 8, 9, 10의 군집 중심 내의 거리 제곱합(WSS)은

$$02 + 1.55272 + 1.65412 + 1.24492 + (-1.2063)2 + (-0.2508)2 = 8.2148$$

이며, 군집 2에 속하는 고객 1, 5, 6의 군집 중심 내의 거리 제곱합(WSS)은

$$1.01492 + 02 + 1.55692 = 3.4540$$

가 된다.

표 8.4 군집화

ID	변수 값 표준화		군집1 (0.6157, 0.4658)	군집 2 (−1.0945, 1.6602)	군집 할당
	생필품	스포츠용품			
1	-1.4365	0.7047	2.0661	1.0149	2
2	0.6157	0.4658	0.0000	2.0860	1
3	0.6157	-1.0869	1.5527	3.2359	1
4	-1.0945	1.6602	2.0860	0.0000	2
5	-0.2964	1.1824	1.1599	0.9302	2
6	-1.2085	0.1075	1.8591	1.5569	2
7	0.0456	-1.0869	1.6541	2.9743	1
8	1.4137	-0.4897	1.2449	3.3035	1
9	1.1857	-1.2063	1.7666	3.6628	1
10	0.1596	-0.2508	0.8494	2.2858	1

5단계 각 군집의 중심 계산

새롭게 구성된 군집의 중심을 구한다. 즉, 첫 번째 군집의 중심은 그 군집에 할당된 고객 2, 3, 7, 8, 9, 10들의 위치에 대한 평균점을 구하고, 두 번째 군집의 중심은 그 군집에 할당된 고객 1, 4, 5, 6들의 위치에 대한 평균점을 구한다. 첫 번째 군집의 중심은 (0.6727, −0.6091), 두 번째 군집의 중심은 (−1.0090, 0.9137)이 된다. 즉, 군집 1은 고객 2 위치에서 μ_1로 이동하고, 군집 2는 고객 4 위치에서 μ_2로 이동하였다.

군집(j)	군집 중심 위치: μ_j=(x, y)
1	(0.6727, -0.6091)
2	(−1.0090, 0.9137)

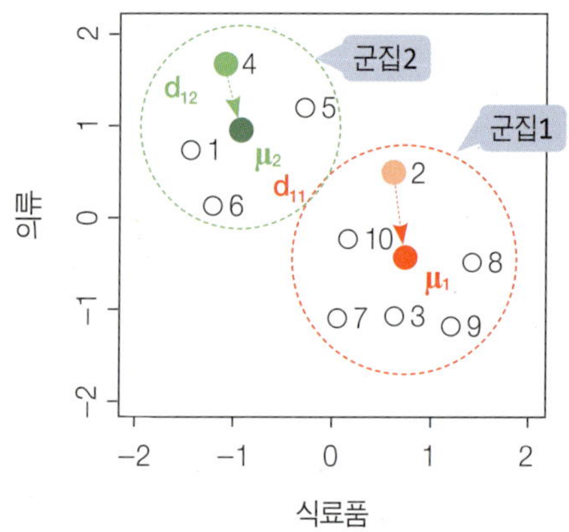

6단계 반복 종료 여부 확인

새롭게 구성된 군집의 중심이 이전 단계와 차이가 있기 때문에 [4~5단계]를 반복한다.

4단계 군집화

❶ 군집 중심과 각 개체 간 거리 계산

각 고객들을 새 군집 중심에 대해 거리를 계산한 결과는 다음과 같다.

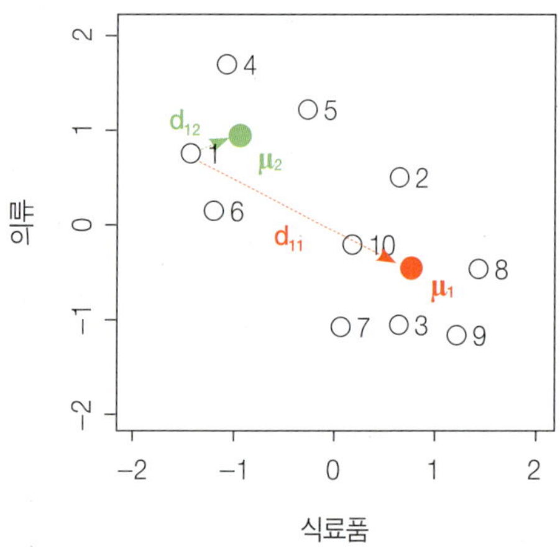

군집(j)	군집 중심 위치: μj=(x, y)	고객 1과의 거리
1	(0.6727, −0.6091)	$d_{11} = \sqrt{(-1.4365 - 0.6727)^2 + (0.7047 + 0.6091)^2}$ $= 2.4849$
2	(−1.0090, 0.9137)	$d_{12} = \sqrt{(-1.4365 + 1.0090)^2 + (0.7047 - 0.9137)^2}$ $= 0.4759$

10명의 고객에 대해 각 거리를 계산한 결과는 다음과 같다.

표 8.5 군집 중심과 각 고객 간 거리

ID	변수 값 표준화		군집1 (0.6727, −0.6091)	군집2 (−1.0090, 0.9137)
	생필품	스포츠용품		
1	−1.4365	0.7047	2.4849(d_{11})	0.4759(d_{12})
2	0.6157	0.4658	1.0764	1.6853
3	0.6157	−1.0869	0.4812	2.5772
4	−1.0945	1.6602	2.8762	0.7514
5	−0.2964	1.1824	2.0368	0.7616
6	−1.2085	0.1075	2.0131	0.8305
7	0.0456	−1.0869	0.7884	2.2615
8	1.4137	−0.4897	0.7506	2.7998
9	1.1857	−1.2063	0.7873	3.0514
10	0.1596	−0.2508	0.6258	1.6498

❷ 개체들의 군집화

각 개체들을 2개의 군집 중심에 대해 가장 가까운 쪽의 군집으로 분류한다. 군집 1에 속하는 고객 2, 3, 7, 8, 9, 10의 군집 중심 내의 거리 제곱합(WSS)은

$$1.0764^2 + 0.4812^2 + 0.7884^2 + 0.7506^2 + 0.7873^2 + 0.6258^2 = 3.586632$$

이며, 군집 2에 속하는 고객 1, 4, 5, 6의 군집 중심 내의 거리 제곱합(WSS)은

$$0.47592 + 0.75142 + 0.76162 + 0.83052 = 2.060848$$

이 된다.

표 8.6 군집화

ID	변수 값 표준화		군집1 (0.6727, −0.6091)	군집2 (−1.0090, 0.9137)	군집 할당
	생필품	스포츠용품			
1	−1.4365	0.7047	2.4849	0.4759	2
2	0.6157	0.4658	1.0764	1.6853	1
3	0.6157	−1.0869	0.4812	2.5772	1
4	−1.0945	1.6602	2.8762	0.7514	2
5	−0.2964	1.1824	2.0368	0.7616	2
6	−1.2085	0.1075	2.0131	0.8305	2
7	0.0456	−1.0869	0.7884	2.2615	1
8	1.4137	−0.4897	0.7506	2.7998	1
9	1.1857	−1.2063	0.7873	3.0514	1
10	0.1596	−0.2508	0.6258	1.6498	1

5단계 각 군집의 중심 계산

새롭게 구성된 군집의 중심을 구한다. 즉, 첫 번째 군집의 중심은 그 군집에 할당된 고객 2, 3, 7, 8, 9, 10들의 위치에 대한 평균점을 구하고, 두 번째 군집의 중심은 그 군집에 할당된 고객 1, 4, 5, 6들의 위치에 대한 평균점을 구한다. 첫 번째 군집의 중심은 (0.6727, −0.6091), 두 번째 군집의 중심은 (−1.0090, 0.9137)이 된다.

군집(j)	군집 중심 위치: μ_j=(x, y)
1	(0.6727, −0.6091)
2	(−1.0090, 0.9137)

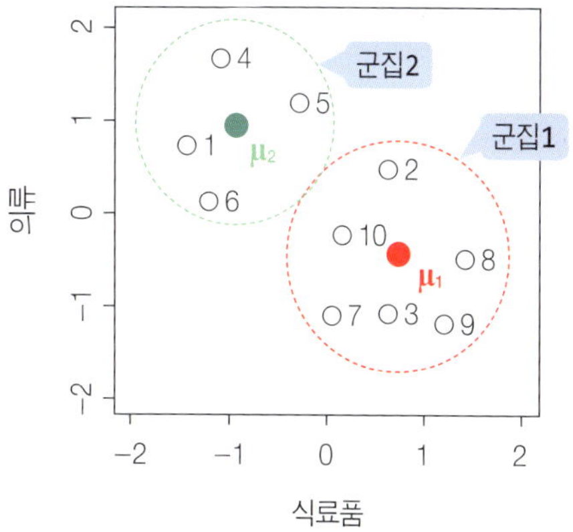

6단계 반복 종료 여부 확인

군집 중심의 변화가 없기 때문에 반복을 종료하고 [7단계]로 진행한다.

7단계 결과 분석

고객 2, 3, 7, 8, 9, 10는 두 번째 군집에 할당되고, 고객 1, 4, 5, 6들은 첫 번째 군집에 할당된다.

표 8.7 군집화 결과

ID	변수 값 표준화		군집 할당
	생필품	스포츠용품	
1	−1.4365	0.7047	2
2	0.6157	0.4658	1
3	0.6157	−1.0869	1
4	−1.0945	1.6602	2
5	−0.2964	1.1824	2
6	−1.2085	0.1075	2
7	0.0456	-1.0869	1

ID	변수 값 표준화		군집 할당
	생필품	스포츠용품	
8	1.4137	-0.4897	1
9	1.1857	-1.2063	1
10	0.1596	-0.2508	1

8.4 R을 이용한 문제 해결

(1) 사용 패키지

사용하는 함수 data.frame(), scale(), kmeans()는 모두 R의 base 시스템의 stat 패키지의 함수이기 때문에 별도의 패키지를 설치할 필요가 없다.

패키지	개요	사용 함수	기능
stat	통계처리	kmeans()	k-평균 군집 방법에 따라 데이터를 주어진 개수로 군집화함

(2) 분석 절차

8.3절의 과정을 R로 실행하여 군집화한 결과를 보자. 먼저 주어진 고객 데이터를 작성하고 표준화한 후에, 군집화를 거쳐 결과를 살펴보자.

데이터 작성

1. 데이터 작성

```
id, x, y
df <- data.frame(id, x, y)
```

2. 데이터 표준화

```
df.scale <- scale(df[, -1])
```

3. 군집화

```
kc <- kmeans(df.scale, 2)
```

4. 결과 분석

```
# 군집화 결과
kc
# 군집 그래프
plot()
```

(3) 단계별 분석

1단계 데이터 작성

고객 구매데이터를 데이터 프레임으로 작성한다.

R 데이터 작성

```
id <- 1:10
x <- c(2, 20, 20, 5, 12, 4, 15, 27, 25, 16)
y <- c(20, 18, 5, 28, 24, 15, 5, 10, 4, 12)
data <- data.frame(ID=id, 식료품=x, 의류=y)   # 구매 데이터 프레임
data
```

출력 결과

```
   ID 식료품 의류
1   1      2   20
2   2     20   18
3   3     20    5
4   4      5   28
5   5     12   24
6   6      4   15
7   7     15    5
8   8     27   10
9   9     25    4
10 10     16   12
```

데이터의 분포를 그려보자.

데이터 분포 파악

```
plot(data$식료품, data$의류,        산포도
     xlab="식료품", ylab="의류",
     xlim=c(0, 30), ylim=c(0, 30))
text(data$식료품, data$의류,
     labels=df$ID, pos=4, col="blue")        기호 우측에 라벨(ID) 표시
```

출력 결과

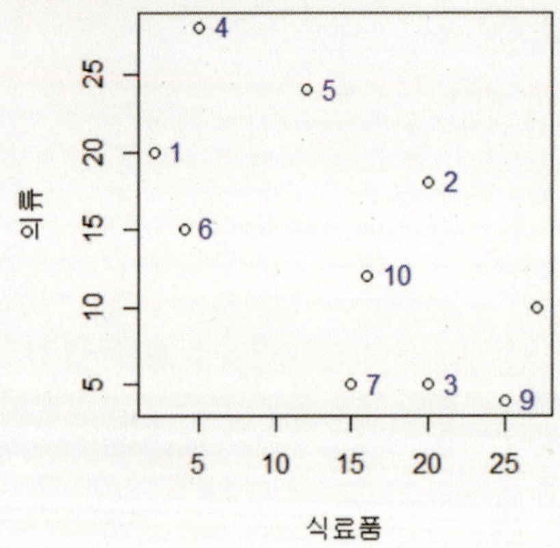

2단계 데이터 표준화

데이터프레임의 고객 데이터에서 id로 되어 있는 첫 번째 열은 빼고, x와 y 값의 2, 3열에 대해 scale() 함수로 편차 표준화를 적용한다. 편의상 round() 함수로 소수 4자리까지 만든다.

데이터 표준화

```
data.scaled <- as.data.frame(scale(data[,-1], center=TRUE, scale=TRUE))
data.scaled
```

1열을 제외한 2, 3열에 대해 편차 표준화하고 데이터 프레임 형태로 변환

출력 결과

```
         식료품        의류
1  -1.43652527  0.7046817
2   0.61565369  0.4658066
3   0.61565369 -1.0868820
4  -1.09449544  1.6601823
5  -0.29642585  1.1824320
6  -1.20850539  0.1074938
7   0.04560398 -1.0868820
8   1.41372328 -0.4896941
9   1.18570340 -1.2063195
10  0.15961392 -0.2508189
```

함수 | scale()

<table>
<tr><td>패키지</td><td>base</td></tr>
<tr><td>기능</td><td>숫자를 표준화함</td></tr>
<tr><td>사용법</td><td>scale(x, center = TRUE, scale = TRUE)

• 매개변수
<table>
<tr><th>변수</th><th>설명</th></tr>
<tr><td>x</td><td>숫자 행렬</td></tr>
<tr><td>center</td><td>center가 TRUE인 경우는 x의 각 값을 x의 평균으로 빼서 표준화함</td></tr>
<tr><td>scale</td><td>TRUE인 경우에 center가 TRUE이면 x의 각 값을 x의 표준편차로 나누어 표준화함</td></tr>
</table></td></tr>
<tr><td>반환값</td><td>숫자 행렬</td></tr>
</table>

고객 데이터의 표준화 후 분포는 x, y 모두 표준편차의 ±2배 범위에 퍼져 있게 된다.

데이터 분포 파악

```
plot(data.acaled$식료품, data.scaled$의류,
     xlab="식료품", ylab="의류",
     xlim=c(-2, 2), ylim=c(-2, 2))
text(data.acaled$식료품, data.scaled$의류,
     labels=data$ID, pos=4, col="blue")
```

표준화된 데이터의 산포도

라벨(ID) 표시,
ID를 기호 오른쪽에 배치
☞ pos: 1(아래쪽), 2(왼쪽), 3(윗쪽), 4(오른쪽)

출력 결과

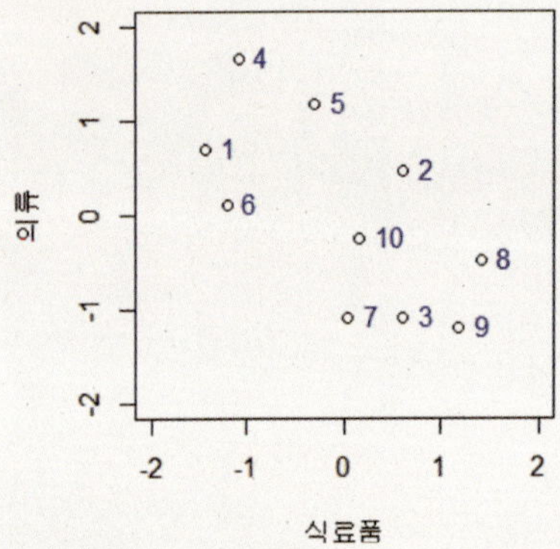

3단계 군집화

kmeans() 함수를 사용하여 2개의 군집으로 분류한다. 분류 결과는 각 군집에 속하는 개체, 군집 중심, 분산 등에 관한 정보를 알려준다. 분석결과의 항목(available components)들에 대한 출력은 8.5절에서 살펴보기로 한다.

군집화

```
k <- 2
kc <- kmeans(data.scaled, centers=k)
kc
```

2개의 군집으로 군집화

출력 결과

```
K-means clustering with 2 clusters of sizes 6, 4

Cluster means:
      식료품       의류
1  0.6726667 -0.6091333
2 -1.0089750  0.9137000

Clustering vector:
 [1] 2 1 1 2 2 2 1 1 1 1

Within cluster sum of squares by cluster:
[1] 3.586553 2.060767
 (between_SS / total_SS =  68.6 %)

Available components:

[1] "cluster"      "centers"      "totss"        "withinss"
[5] "tot.withinss" "betweenss"    "size"         "iter"
[9] "ifault"
```

6개와 4개로 개체로 구성되는 두 개의 군집으로 분류됨

2개 군집의 중심 좌표

각 고객의 군집

WSS (4단계 참조)

군집 중심 간 거리가 크고, 군집 내 개체 간 차이가 작아지면 이상적인 군집으로서 100%에 수렴
☞ 4단계 참조 between_ss는 BETWEENNESS, total_ss는 TOTSS를 의미함

분석결과 변수

함수 | kmeans()

패키지	stats (기본 패키지)
기능	k-평균 군집분석 실행
사용법	`kmeans(x, centers, iter.max = 10, algorithm = c("Hartigan-Wong", "Lloyd", "Forgy", "MacQueen"))` • 매개변수 변수 / 설명 x: 분류될 데이터 세트. 숫자 데이터 유형의 벡터 또는 열로 구성된 데이터 프레임 centers: 분류할 클러스터의 수 iter.max: 최대 반복 횟수 algorithm: 적용 알고리즘. 디폴트는 "Hartigan-Wong" 알고리즘
반환값	kmeans 클래스 • 반환 값 변수 / 설명 cluster: 클러스터 구성 개체 centers: 클러스터 중심 totss: 총 제곱합(total sum of squares) withinss: 클러스터 내 제곱합(within-cluster sum of squares) tot.withinss: 총 클러스터 내 제곱합(total within-cluster sum of squares), sum(withinss). betweenss: 클러스터 간 제곱합(between-cluster sum of squares), totss - tot.withinss. size: 각 클러스터의 개체 수 iter: 반복 횟수 ifault: 알고리즘 실행결과. 0인 경우, 정상 종료를 의미함

• 매개변수

변수	설명
x	분류될 데이터 세트. 숫자 데이터 유형의 벡터 또는 열로 구성된 데이터 프레임
centers	분류할 클러스터의 수
iter.max	최대 반복 횟수
algorithm	적용 알고리즘. 디폴트는 "Hartigan-Wong" 알고리즘

• 반환 값

변수	설명
cluster	클러스터 구성 개체
centers	클러스터 중심
totss	총 제곱합(total sum of squares)
withinss	클러스터 내 제곱합(within-cluster sum of squares)
tot.withinss	총 클러스터 내 제곱합(total within-cluster sum of squares), sum(withinss).
betweenss	클러스터 간 제곱합(between-cluster sum of squares), totss - tot.withinss.
size	각 클러스터의 개체 수
iter	반복 횟수
ifault	알고리즘 실행결과. 0인 경우, 정상 종료를 의미함

4단계 결과 분석

적당한 클러스터의 수

군집화는 한 군집(C_j)의 군집 중심(μ_j)과 그 군집 내 개체 ($x_i \in C_j$) 간 거리의 제곱 합인 WSS(j)을 모두 더한 총 군집 내 개체 간 제곱 합인 TWSS를 가장 작게 해주는 방향으로 결정된다.

$$WSS(j) = \sum_{x_i \in C_j} \|\mu_j - x_i\|^2$$

$$TWSS = \sum_j WSS(j)$$

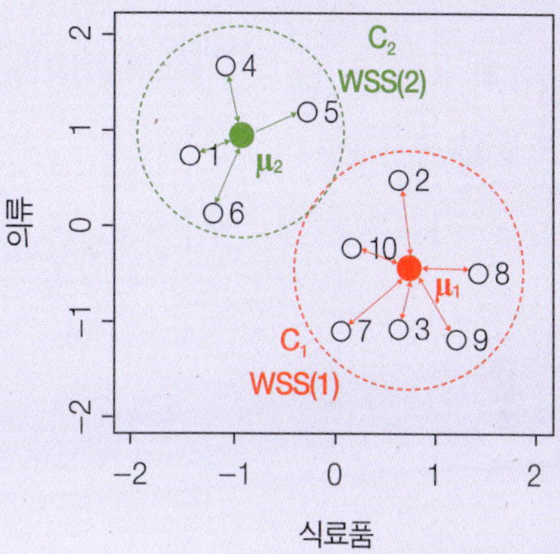

한편, 군집 중심 간 거리의 제곱합은

$$BETWEENNESS = \frac{1}{2}\sum_j \|\mu_i - \mu_j\|^2$$

이며, 총 제곱합은

TOTSS = TWSS + BETWEENESS

으로 정의된다. 군집의 수가 증가하면 TWSS는 줄어들게 되고, BETWEENESS는 점점 커지게 된다. 군집의 수가 모든 개체들의 수와 같아지면, 각 군집 중심은 각 원소의 위치와 일치하기 때문에 TWSS는 0이 된다.

적당한 군집의 수(K)는 어떻게 결정할까? 군집의 수가 K에서 K+1로 증가할 때 TWSS의 감소량이 상대적으로 작아지는 시점을 기준으로 군집의 수를 정하는 방법을 Elbow method라 하며, 이를 통해 결정된 군집의 수를 Elbow point라 한다.

1부터 15까지 군집의 수 증가에 따른 TWSS의 변화를 살펴보고 적당한 군집의 수를 찾아보자. 다음 출력 결과를 보면, 군집의 수가 1에서 2로 증가할 때까지는 TWSS 값이 급격히 줄다가, 그 이후는 서서히 줄어드는 경향이 있다. 이 경우 군집의 수는 2로 정할 수 있다.

R 군집 수의 변화에 따른 Withinss의 변화

```
tss <- NULL
for (i in 1:9) {
  kc <- kmeans(data.scaled, centers=i)
  twss <- c(twss, kc$tot.withinss)
}
plot(1:9, twss,
  xlim=c(0, 10), type="b",
  xlab="군집 수", ylab="TWSS")
```

군집의 수가 1~9인 각 경우의 군집화와 TSS

군집의 증가(1:9)에 따른 TSS의 변화
☞ type=b는 기호 사이에 선으로 연결된 그래프

출력 결과

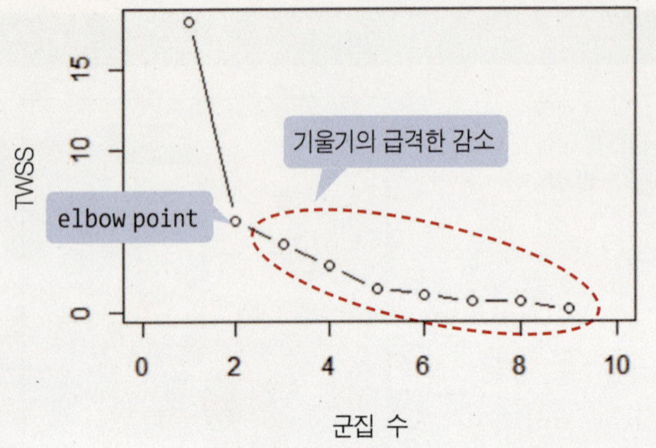

8.5 예제: 붓꽃에 대한 종 분류

K–평균 군집은 식물 종의 분류에도 사용될 수 있다. 수집한 붓꽃(iris)들에 대한 네 가지 속성인 꽃잎(petal)의 길이(petal length)와 너비(petal width), 꽃받침(sepal)의 길이(sepal length)와 너비(sepal width)에 해당하는 4차원 데이터를 기반으로 종을 분류해 보자. iris 데이터 세트는 1936년에 영국의 통계학자이자 생물학자인 Ronald Fisher에 의해 소개되었으며, R의 데이터 세트(datasets) 패키지에 내장되어 데이터 분석 예제로 유용하게 활용되고 있다. iris 데이터 파일에는 setosa, versicolor, virginica의 세 가지 붓꽃 종(species)으로 분류되어 있는데, 각 종은 50개씩 정리되어 있다.

setosa　　versicolor　　virginica

붓꽃의 종

R로 분석하는 과정은 8.4절과 같다. 데이터는 R의 내장 데이터를 이용하기로 한다.

1. 데이터 읽기	`iris`
2. 데이터 표준화	`iris.scale <- scale(iris[-5])`
3. 군집화	`kc <- kmeans(iris.scale, 3)`

4. 결과 분석	`# 군집화 결과`
	`kc`
	`# 군집 그래프`
	`plot()`

1단계 데이터 읽기

iris 데이터세트는 꽃 잎의 길이와 너비, 꽃 받침의 길이와 너비, 종의 5개 항목으로 구성되어있다. 150개 종에 대한 데이터는 다음과 같다. str() 함수를 사용하면 각 항목의 데이터 유형과 앞부분의 데이터로 개략적인 현황을 볼 수 있다.

원본 데이터 읽기

```
iris
```
datasets 패키지에 있는 iris 데이터 세트

출력 결과

```
    Sepal.Length Sepal.Width Petal.Length Petal.Width    Species
1            5.1         3.5          1.4         0.2     setosa
2            4.9         3.0          1.4         0.2     setosa
3            4.7         3.2          1.3         0.2     setosa
4            4.6         3.1          1.5         0.2     setosa
5            5.0         3.6          1.4         0.2     setosa
...
145          6.7         3.3          5.7         2.5  virginica
146          6.7         3.0          5.2         2.3  virginica
147          6.3         2.5          5.0         1.9  virginica
148          6.5         3.0          5.2         2.0  virginica
149          6.2         3.4          5.4         2.3  virginica
150          5.9         3.0          5.1         1.8  virginica
```

```
str(iris)
```
iris 데이터 구조
150개 개체(행), 5개 변수(꽃받침 길이/너비, 꽃잎 길이/너비, 종

출력 결과

```
'data.frame':   150 obs. of  5 variables:
 $ Sepal.Length: num  5.1 4.9 4.7 4.6 5 5.4 4.6 5 4.4 4.9 ...
 $ Sepal.Width : num  3.5 3 3.2 3.1 3.6 3.9 3.4 3.4 2.9 3.1 ...
 $ Petal.Length: num  1.4 1.4 1.3 1.5 1.4 1.7 1.4 1.5 1.4 1.5 ...
 $ Petal.Width : num  0.2 0.2 0.2 0.2 0.2 0.4 0.3 0.2 0.2 0.1 ...
 $ Species     : Factor w/ 3 levels "setosa","versicolor",..: 1 1 1
```

4개 변수 중에 2차원적으로 그래프를 출력해서 개략적인 분포를 파악해 보자.

분포 파악

```
plot(iris$Sepal.Length, iris$Sepal.Width,
  xlab="꽃받침 길이", ylab="꽃받침 너비",
  col=as.numeric(factor(iris$Species)))
```
꽃받침의 길이와 너비 간 산포도 출력
☞ 종을 요인으로 인식하고 내부적으로는 문자 오름차순으로 1, 2, 3으로 정의됨: setosa(1: 흑색), versicolor(2: 적색), virginica(3: 녹색)

출력 결과

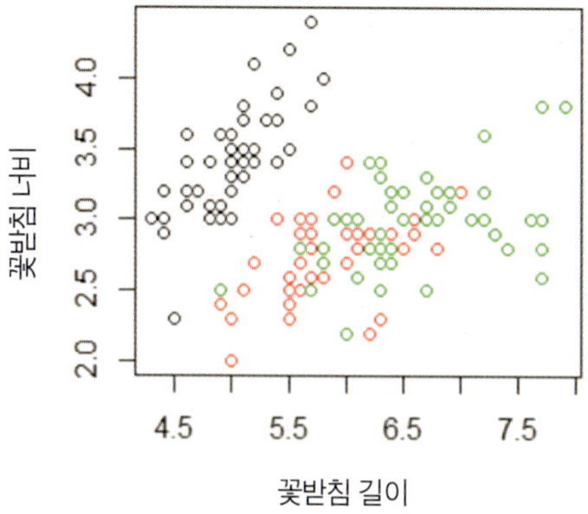

2단계 데이터 표준화

꽃 잎과 꽃 받침의 길이와 너비에 해당하는 1~4열 데이터에 대해 편차 표준화를 한다.

데이터 표준화

```
data.scaled <- as.data.frame(scale(iris[,-5], center=TRUE,
        scale=TRUE))
head(data.scaled)
```

1~4열에 해당하는 데이터의 편차 표준화(5열 제외)

출력 결과

```
     Sepal.Length Sepal.Width Petal.Length Petal.Width
[1,]   -0.8976739  1.01560199    -1.335752   -1.311052
[2,]   -1.1392005 -0.13153881    -1.335752   -1.311052
[3,]   -1.3807271  0.32731751    -1.392399   -1.311052
[4,]   -1.5014904  0.09788935    -1.279104   -1.311052
[5,]   -1.0184372  1.24503015    -1.335752   -1.311052
[6,]   -0.5353840  1.93331463    -1.165809   -1.048667
```

3단계 군집화

3개 그룹으로 군집한 결과로, 각 군집에 속하는 개체, 군집 중심, 분산 등에 관한 정보는 다음과 같다.

R 군집화

```
kc <- kmeans(data.scaled, 3)
kc
```

출력 결과

47, 50, 63개로 구성되는 3개의 군집으로 분류됨

```
K-means clustering with 3 clusters of sizes 47, 50, 53

Cluster means:
  Sepal.Length Sepal.Width Petal.Length Petal.Width
1   1.13217737  0.08812645    0.9928284   1.0141287
2  -1.01119138  0.85041372   -1.3006301  -1.2507035
3  -0.05005221 -0.88042696    0.3465767   0.2805873

Clustering vector:
  [1] 2 2 2 2 2 2 2 2 2 2 2 2 2 2 2 2 2 2 2 2 2 2 2 2 2 2 2 2 2 2 2
 [32] 2 2 2 2 2 2 2 2 2 2 2 2 2 2 2 2 2 2 1 1 1 3 3 3 1 3 3 3 3 3
 [63] 3 3 3 1 3 3 3 3 1 3 3 3 3 1 1 1 3 3 3 3 3 3 3 1 1 3 3 3 3 3 3
 [94] 3 3 3 3 3 3 3 1 3 1 1 1 1 3 1 1 1 1 1 1 3 3 1 1 1 1 3 1 3 1 3
[125] 1 1 3 1 1 1 1 1 1 3 3 1 1 1 3 1 1 1 3 1 1 1 3 1 1 3

Within cluster sum of squares by cluster:
[1] 47.45019 47.35062 44.08754
 (between_SS / total_SS =  76.7 %)

Available components:

[1] "cluster"      "centers"      "totss"        "withinss"
[5] "tot.withinss" "betweenss"    "size"         "iter"
[9] "ifault"
```

3개 군집의 중심 좌표

WSS

각 종의 군집
☞ 분석 시마다 군집 번호는 다를 수 있음

분석결과 항목

분석결과 항목(available components)에서 각 항목의 값은 다음과 같이 확인할 수 있다.

클러스터링 결과 속성

```
kc$cluster
```
각 종의 군집

출력 결과

```
  [1] 2 2 2 2 2 2 2 2 2 2 2 2 2 2 2 2 2 2 2 2 2 2 2 2 2 2 2 2 2 2 2
 [32] 2 2 2 2 2 2 2 2 2 2 2 2 2 2 2 2 2 2 2 1 1 1 3 3 3 1 3 3 3 3 3
 [63] 3 3 3 1 3 3 3 3 1 3 3 3 3 1 1 1 3 3 3 3 3 3 3 1 1 3 3 3 3 3 3
 [94] 3 3 3 3 3 3 3 1 3 1 1 1 1 3 1 1 1 1 1 1 3 3 1 1 1 1 3 1 3 1 3
125] 1 1 3 1 1 1 1 1 1 3 3 1 1 1 3 1 1 1 3 1 1 1 3 1 1 3
```

```
kc$center
```
군집 중심

출력 결과

```
  Sepal.Length Sepal.Width Petal.Length Petal.Width
1   1.13217737  0.08812645    0.9928284   1.0141287
2  -1.01119138  0.85041372   -1.3006301  -1.2507035
3  -0.05005221 -0.88042696    0.3465767   0.2805873
```

```
kc$withinss
```
WSS

출력 결과

```
[1] 47.45019 47.35062 44.08754
```

```
kc$tot.withinss
```
TSS

출력 결과

```
[1] 138.8884
```

4단계 군집화 결과 출력

꽃 받침에 대한 길이(iris.scale[,1])와 너비(iris.scale[,2])에 대한 종들의 분포와 분석결과에 의한 군집 중심을 표시하면 다음과 같다. 꽃 잎에 대한 데이터를 배제한 2차원 그래프이기 때문에, 데이터에 따라 중심들이 한 쪽으로 치우쳐 보일 수도 있다.

군집 결과 출력

```
par(mar=c(5.1, 4.1, 4.1, 7))
```

그래프 바깥 영역의 마진(margin) 크기,
디폴트 값은 하단, 좌측, 상단, 우측 순으로 5.1, 4.1, 4.1, 2.1의 크기 ⇒ 그래프 우측에 범례 추가 영역을 고려하여 7로 크기 조정

```
plot(data.scaled[,1], data.scaled[,2],
    xlab="꽃받침 길이", ylab="꽃받침 너비",
    pch=21, col=kc$cluster)
```

꽃 받침의 길이와 너비의 산포도
기호: 모양(21), 색(군집 번호)

```
legend("topright", legend=levels(iris$Species),
    pch=21, col=kc$cluster,
    xpd=TRUE, inset=c(-0.5, 0))
```

범례의 위치를 topright에서, inset()에 의해 그래프 가로의 0.5배 크기로 우측 이동
xpd를 TRUE로 설정하면 범례를 그래프 바깥 위치에 표시 가능

```
points(kc$centers,
    pch=19, cex=1.5, col=rownames(kc$centers))
```

군집 중심
기호: 모양(19), 크기(1.5배)

출력 결과

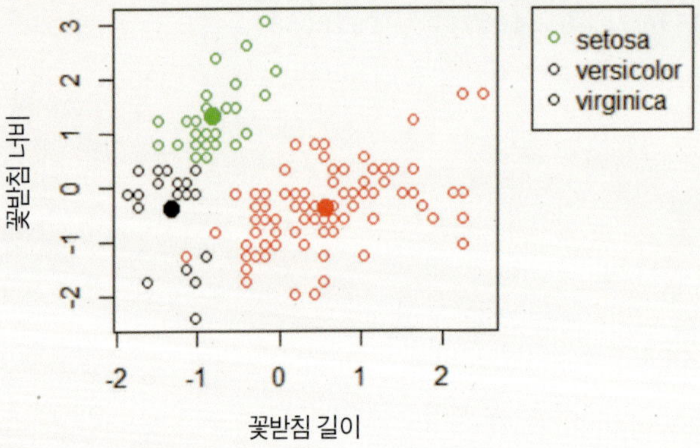


```
dev.off()
```

그래프 출력 환경의 변화(마진 등)를 초기화

플로팅 문자(PCH)의 심벌

pch (plotting character) 심벌은 그래프에 나타나는 점을 문자로 표시하기 위한 것으로 21~25의 문자에 대해서는 문자의 경계선 색으로 col="", 문자의 내부를 채우기 위한 색으로 bg=""를 사용할 수 있다. 그 외는 col=""만 사용한다.
cex (character expansion)는 문자의 크기를 나타낸다. 디폴트 크기는 1이며, 1.5는 50% 더 크며, 0.5는 50% 더 작게 나타나게 한다.

0 : □	10 : ⊕	20 : •	A : A
1 : ○	11 : ✡	21 : ●	a : a
2 : △	12 : ⊞	22 : ■	B : B
3 : +	13 : ⊗	23 : ◆	b : b
4 : ×	14 : ▽⃞	24 : ▲	S : S
5 : ◇	15 : ■	25 : ▼	` : `
6 : ▽	16 : ●	@ : @	. : ·
7 : ⊠	17 : ▲	+ : +	, : ,
8 : ✳	18 : ◆	% : %	? : ?
9 : ◈	19 : ●	# : #	* : *

군집 결과의 종 분류(kc$cluster)를 원본 데이터의 종(Species)과 비교해 보자. '1'로 분류된 38개 종은 36개가 virginica로 2개는 versicolor로 분류되어 오차가 있다. '2'로 분류된 50개 종은 모두 setosa와 일치하고 있다. '3'으로 분류된 62개 종은 48개가 versicolor로 14개는 virginica로 분류되어 오차가 있다. 총 오차는

$$\frac{2 + 14}{150} \times 100 = 10.7(\%)$$

로 나타나고 있다.

이원분류표 출력

```
table(kc$cluster, iris[,5])
```
군집화된 종의 분류와 실제 종 간 이원분류표

출력 결과

실제 종의 분류

```
  setosa versicolor virginica
1      0          2        36
2     50          0         0
3      0         48        14
```

- virginica가 1로 분류된 수
- 군집화된 종의 분류
- setosa가 2로 분류된 수
- versicolor가 3으로 분류된 수

함수 | table()

패키지	stats
기능	교차표 작성
사용법	`table(…,)` • 매개변수 변수: … / 설명: 1개 이상의 데이터 세트
반환값	교차표

1부터 15까지 클러스터의 수 증가에 따른 WSS 변화를 살펴보고 iris 데이터에서 가장 적절한 군집 수를 찾아보자. 다음 출력결과를 보면, 군집의 수가 4개 이후에는 서서히 줄어드는 경향이 있다. 이 경우 군집의 수는 4개가 적절하다.

군집 수의 변화에 따른 Withinss의 변화

```
wss <- NULL
for (i in 1:15) {
    kc <- kmeans(data.scaled, centers=i)
    twss <- c(twss, kc$tot.withinss)
}
plot(1:15, twss,
    xlim=c(0, 15), type="b",
    xlab="군집 수", ylab="TWSS")
```

출력 결과

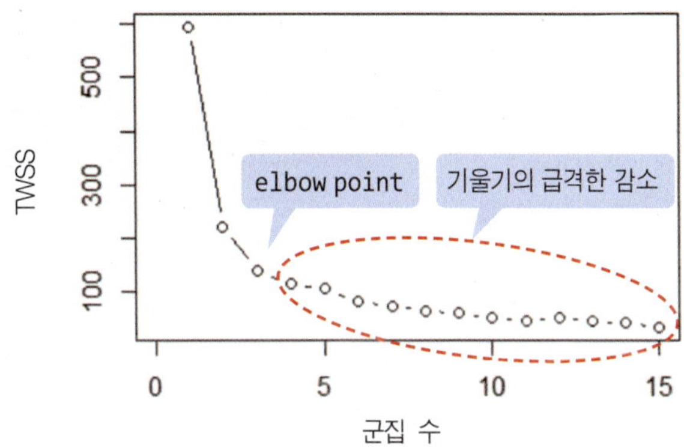

요약

K-평균 군집분석 개요: 자료에 있는 각 개체를 유사한 특성(거리)을 지닌 K 개의 군집으로 분할하는 군집화 방법이다.

K-평균 군집분석 역사: "K-평균" 의 개념은 1957년 폴란드 수학자인 Hugo Steinhaus가 소개하였으며, 용어는 1967년 James MacQueen에 의해 처음 사용되었다. 표준 알고리즘은 1957년에 미국 Bell Labs의 Stuart Lloyd가 고안하였지만 1982년이 되어서야 컴퓨터 과학 매거진에 처음 공개되었다. 그 후 1975년과 1979년에 Hartigan과 Wong에 의해 거리 계산이 필요하지 않은 좀 더 효율적인 방법이 소개 되었다.

표준 알고리즘: 먼저 데이터를 표준화하고, K개에 해당하는 군집의 초기 중심을 정한 후에 각 개체들을 가까운 군집으로 할당한다. 군집화가 이루어지면 군집 중심을 다시 계산하고 군집 중심이 변하지 않으면 군집화 과정을 종료한다.

K-평균 군집분석 절차: 데이터 표준화(1단계), 군집의 수 지정(2단계), 클러스터 중심 초기화(3단계), 군집화(4단계), 각 클러스터의 중심 계산(5단계) 과정으로 진행된다.

R을 이용한 K-평균 군집분석 방법: stat 패키지를 사용한다.

연습문제

1. 다음 K-평균 군집화 과정에 대한 물음에 답하시오(각 선의 숫자는 거리를 의미).

1.1 군집 1에 있는 d의 거리를 구하시오.

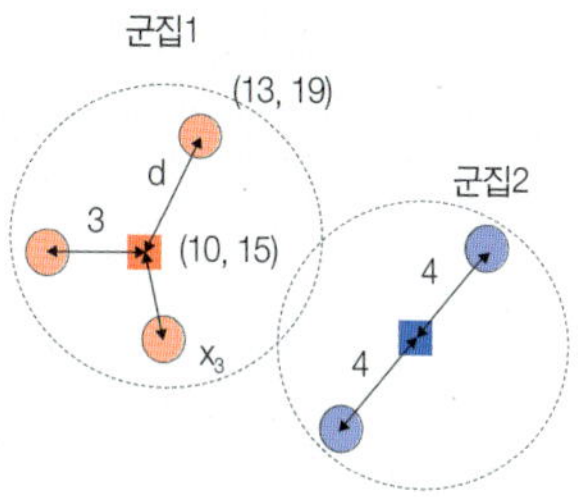

1.2 각 군집의 WSS를 구하고, TSS를 구하시오.

1.3 K의 변화에 따른 TSS는 다음과 같다. 군집의 수는 몇 개로 정하면 좋을까? 그 근거는? [5점]

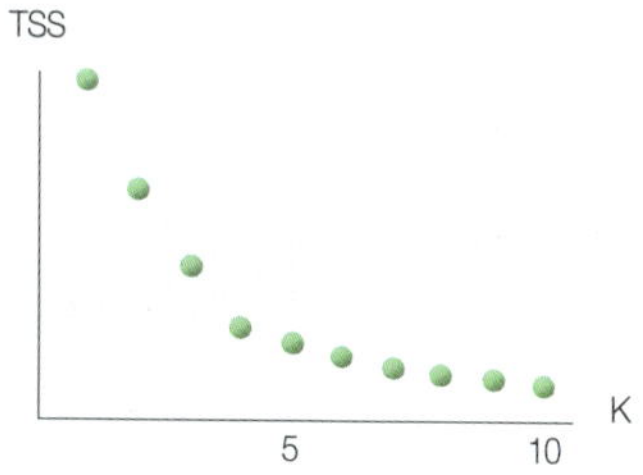

1.4 x와 y 벡터를 열로 구성하는 데이터 프레임 df가 있다. K-평균 군집화를 위한 다음 R스크립트의 밑줄을 완성하시오.

```
df <- …..생략…..
k <- 3
# 군집화
kc <- __________ (______, k)
```

2. 다음 5개의 개체를 두 개의 군집(K=2)으로 분류하려고 한다. 다음 물음에 단계적으로 답하시오.

2.1 다음 표의 빈칸 부분을 계산하고, 각 개체를 군집 1과 군집 2에 할당하시오. 군집 중심은 각각 ID가 1, 2인 개체로 한다.

ID	데이터		편차 표준화		거리		⑨군집 할당
	X	Y	⑤ X	⑥ Y	⑦거리(군집1, ID)	⑧거리(군집2, ID)	
1	1	4					
2	4	2					
3	3	7					
4	6	1					
5	2	5					
	$\overline{X}$ = ①	$\overline{Y}$ = ③					
	S_X = ②	S_Y = ④					

2.2 할당된 군집 1과 군집 2의 중심을 구하시오.

2.3 각 군집의 WSS를 계산하고, 그 총합(TSS)를 구하시오.

자동차 분류

응용 문제

R의 datasets 패키지에 있는 mtcars 데이터 세트에서 엔진 마력과 연비에 대해 X-Y 플로팅 그래프로 산포도를 그려보고 군집화해보자.

☞ mtcars 데이터 세트는 1973~1974년 32개 자동차 모델들의 6개 속성에 대한 데이터로서, 1974 motor Trend US magazine에서 추출한 자료이다. 연비와 엔진마력에 대한 항목명은 각각 1열에 mpg(miles per gallon), 4열에 hp(gross horsepower)로 구성되어 있다.

	mpg	cyl	disp	hp	drat	wt	qsec	vs	am	gear	carb
Mazda RX4	21.0	6	160.0	110	3.90	2.620	16.46	0	1	4	4
Mazda RX4 Wag	21.0	6	160.0	110	3.90	2.875	17.02	0	1	4	4
Datsun 710	22.8	4	108.0	93	3.85	2.320	18.61	1	1	4	1
Hornet 4 Drive	21.4	6	258.0	110	3.08	3.215	19.44	1	0	3	1
Hornet Sportabout	18.7	8	360.0	175	3.15	3.440	17.02	0	0	3	2
Porsche 914-2	26.0	4	120.3	91	4.43	2.140	16.70	0	1	5	2
Lotus Europa	30.4	4	95.1	113	3.77	1.513	16.90	1	1	5	2
Ford Pantera L	15.8	8	351.0	264	4.22	3.170	14.50	0	1	5	4
Ferrari Dino	19.7	6	145.0	175	3.62	2.770	15.50	0	1	5	6
Maserati Bora	15.0	8	301.0	335	3.54	3.570	14.60	0	1	5	8
Volvo 142E	21.4	4	121.0	109	4.11	2.780	18.60	1	1	4	2

(1) 분석 데이터 읽기

```
## 데이터 세트 출력
mtcars
## 클러스터링 대상 데이터 세트 만들기
# 엔진마력: hp(gross horsepower), 연비: mpg(miles per gallon)
data <- cbind(mtcars$hp, mtcars$mpg)
```

(2) 데이터(엔진마력과 연비) 분포 파악

(3) 데이터 표준화

(4) 클러스터링

(5) 클러스터 출력

9 연관분석을 통한 연관규칙 발견

학습목표

연관분석 기법의 이해와 활용 능력 함양

학습내용

연관분석 원리 이해
연관분석에 의한 연관규칙 발견
연관분석 실습

9.1 배경

매장에는 서로 잘 어울리는 상품들이 함께 전시되거나 가까운 선반에 비치되어 있다. 이런 상품들 간 연관성은 어떻게 발견할 수 있을까? 질병들은 서로 어떤 연관성이 있을까? 생물정보로부터 어떻게 그 연관성을 파악할 수 있을까? 사람들은 사회에서 어떤 연관성을 가지고 살아가고 있을까? 인구조사로 알 수 있을까?

본 장에서는 개체들의 특성을 설명하는 다양한 항목들의 데이터들에 대해 연관규칙을 발견하는 방법을 살펴본다. 연관분석 결과로 나타나는 연관규칙을 발견하는 여러가지 알고리즘이 있다. 특히, 대용량의 데이터베이스로부터 거래 빈도가 많은 상품들을 기반으로 연관규칙을 발견하는 알고리즘으로 Apriori 알고리즘, Eclat 알고리즘, FP-growth 알고리즘 등이 있다. 본 책에서는 Apriori 알고리즘에 대해 살펴보기로 한다. 8.2절에서는 연관분석의 개요, 8.3절에서는 Apriori 알고리즘에 기반을 둔 연관분석의 원리를 살펴보고, 8.4절에서는 R을 이용해서 문제를 푸는 방법을 공부해보자. 8.5절에서는 식료품 매장의 실제 데이터 일부인 Groceries 데이터 세트를 이용해 식료품 상품의 아이템 간 연관규칙을 찾아보기로 한다. 응용문제에서는 인구조사 데이터 예제로 연관규칙을 통한 인구행태학적 특성을 살펴보기로 하자.

9.2 연관분석 개요

연관분석은 대용량 데이터베이스에서 빈도가 높은 거래 아이템 간 연관규칙을 발견하는 기법으로, 머신러닝의 비지도학습에 속한다. 예를 들면 상품 구매 데이터베이스로부터 "전체 거래의 10.5%가 양파와 감자를 구매했으며, 양파와 감자를 구매한 고객 중 80%가 햄버거를 동시에 구매하였다."는 소비자의 구매 행태를 파악할 수 있다. 즉, 양파와 감자를 구매하면, 동시에 햄버거를 구매하는 연관규칙을 발견하게 된다({양파, 감자} ⇒햄버거). 이렇게 함께 잘 팔리는 상품 정보는 교차판매 또는 상품진열 전략에 활용될 수 있고, 양파와 감자를 구매한 고객들에게 어떤 제품(햄버거)들을 팔 수 있을지 판매전략을 수립하는 데에도 활용될 수 있다. 연관분석은 1993년 Rakesh Agrawal와 Tomasz Imieliński, Arun Swami[10]이 슈퍼마켓의 POS(Point-of-Sale) 시스템의 대용량 거래 데이터에서 상품 간 규칙적인 패턴을 발견하기 위해 Apriori Algorithm으로 연관규칙을 소개하는 데서 시작되었다. 지금은 의료 분야의 질환 간 연관성 분석을 통한 의학 연구, 인구 조사에서 나타나는 응답 결과를 바탕으로 연관성 분석을 통한 인구행태학적 특성 연구 등 다양하게 활용되고 있다(응용문제2 참조).

다음은 식료품 매장의 거래 데이터들에서 1~3번째 거래 내역을 나타낸 예이다. 첫 번째는 감귤(citrus fruit), 반제품 빵(semi-finished bread), 마가린(margarine), 즉석 스프(ready soups)의 네 가지 식품이 거래된 것을 의미한다. 연관분석으로 발견한 연관규칙1의 경우 "냉동 야채(frozen vegetable)를 구매하면 그중 42%가 저온 살균 우유(whole milk)를 구매한다"는 사실을 알려주고 있다(8.5절 참조). 'support(지지도)'는 전체 거래 중에서 냉동 야채와 저온 살균 우유를 구매한 비율이며(2%), 'count'는 그 거래 건 수가 201건임을 의미한다. 또한, 'confidence(신뢰도)'는 냉동 야채를 구매한 경우 저온 살균 우유를 구매한 비율(42.5%)을 의미한다. 'Lift'가 1보다 1.663094는 냉동 야채를 구매할 경우 저온 살균 우유의 구매가 증가하는 양의 상관관계를 의미한다.

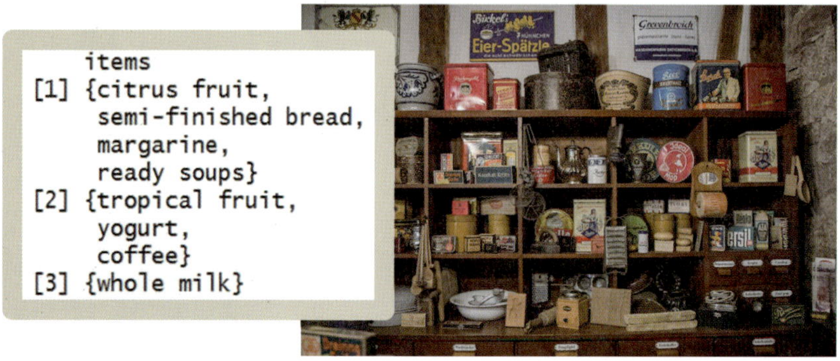

연관규칙1

```
    lhs                                          rhs
[1] {frozen vegetables}                       => {whole milk}
[2] {beef}                                    => {whole milk}
[3] {curd}                                    => {whole milk}
[4] {margarine}                               => {whole milk}
[5] {butter}                                  => {whole milk}
[6] {domestic eggs}                           => {whole milk}
[7] {whipped/sour cream}                      => {other vegetables}
[8] {whipped/sour cream}                      => {whole milk}

    support    confidence lift     count
[1] 0.02043721 0.4249471 1.663094 201
[2] 0.02125064 0.4050388 1.585180 209
[3] 0.02613116 0.4904580 1.919481 257
[4] 0.02419929 0.4131944 1.617098 238
[5] 0.02755465 0.4972477 1.946053 271
[6] 0.02999492 0.4727564 1.850203 295
[7] 0.02887646 0.4028369 2.081924 284
[8] 0.03223183 0.4496454 1.759754 317
```

9.3 Apriori 알고리즘의 원리 이해

(1) 모형과 분석 절차

연관규칙을 발견하는 Apriori Algorithm(선험적 알고리즘)은 먼저 지지도(support)를 기반으로 발생빈도가 높은 빈발 항목 집합(frequent itemsets)을 찾고, 신뢰도(confidence)와 리프트(lift)를 적용하여 연관규칙을 발견한다. 빈발 항목 집합은 거래 데이터내에 포함되어 있는 모든 항목들을 2개 이상 조합들로 구성할 때 최소 지지도(전체 거래 대비 일정 비율) 이상이 되는 조합들의 집합을 의미한다.

거래 데이터에 있는 모든 항목(s_i)들의 집합을

$$S_1 = \{s_i\}$$

로 두면, S_1의 모든 부분집합 (Z)의 집합, 즉 멱집합(power set)은

$$P(S_1) = \{Z \mid Z \subset S_1\}$$

가 된다. 거래 데이터를 구성하는 항목들의 수가 n(S_1)=K개이면 부분집합의 수는 2^K이 된다. 이 중에서 1개 항목으로 구성되는 집합의 수 (K)와 공집합을 빼면, 멱집합에서 2개 이상의 항목으로 구성되는 집합을 원소로 하는 수는

$$2^k - (k + 1)$$

이 된다. 연관성은 2개 이상의 항목 간에 나타나는데, k의 수가 커질수록 연관분석 대상은 지수함수적으로 증가하게 된다. 이에 비해 Apriori Algorithm은 대용량의 데이터로부터 2개 이상의 항목들로 구성되는 모든 집합을 대상으로 하지 않고, 단계적으로 빈발 항목 집합을 찾는 효율적인 방법을 제공한다. 그 과정은 다음과 같다.

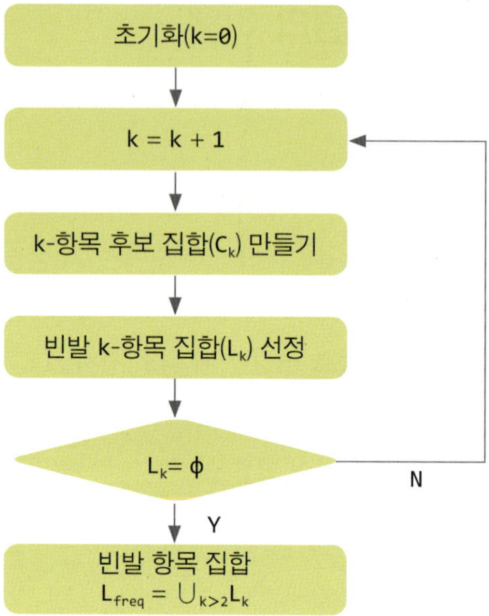

k는 연관 상품의 수를 의미하는데, 2 이상부터 연관성이 존재하게 된다.

처음 1-항목 후보 집합(candidate set) C_1은, 멱집합에서 1개의 항목만을 집합으로 하는 원소로 구성되는 집합

$$C_1 = \{Z \mid Z \subset S_1, \mathrm{n}(Z) = 1\}$$

이 된다. 후보 집합에서 각 원소를 구성하는 거래 빈도가 최소 지지도 이상이 되는 원소만 선택하면 빈발 1-항목 집합(large 1-itemset) L_1가 된다. k≥2 부터는 L_k를 구성하는 모든 항목(s_i)들의 집합을

$$S_k = \{s_i\}$$

로 두면, k-항목 후보 집합(candidate set) C_k은, S_k의 멱집합에서 k개의 항목만을 집합으로 하는 원소로 구성되는 집합은

$$C_k = \{Z \mid Z \subset S_k, n(Z) = k\}$$

가 된다. 후보 집합에서 각 원소를 구성하는 거래 빈도가 최소 지지도 이상이 되는 원소만 선택하면 빈발 k-항목 집합(large k-itemset) L_k가 된다. 반복 과정에서 빈발 k-항목 집합이 없으면($L_k = \varphi$)이 반복을 종료하고 모든 빈발 k-항목 집합을 합하여 빈발 항목 집합으로 정한다($L_{freq} = \cup_{k \geq 2} L_k$).

(2) 평가지표

k-항목 후보집합 C_k에서 빈발 k-항목 집합 L_k를 선정하는 과정에서는 지지도, 빈발 k-항목 집합에서 연관규칙을 발견하기 위해서는 신뢰도와 리프트 지표를 사용한다.

T를 상품의 거래에 대한 전체 집합이라고 하자. 한편, X와 Y를 각각 임의로 구성되는 1개 이상의 상품 집합으로, 그리고 T_X, T_Y는 각각 X, Y 상품을 포함하는 거래 집합, $T_{X\&Y}$는 각각 X,와 Y 상품들을 모두 포함하는 거래 집합이라고 하자. 그 관계를 벤다이어그램으로 표현하면 다음과 같다. t_i는 i번째 거래를 의미한다. 즉, t_1, t_2는 X 상품 집합만 포함하는 거래이며, t_3은 Y 상품 집합만 포함하는 거래이다. 한편, t_4는 X와 Y 상품 모두를 포함하는 거래를 의미한다.

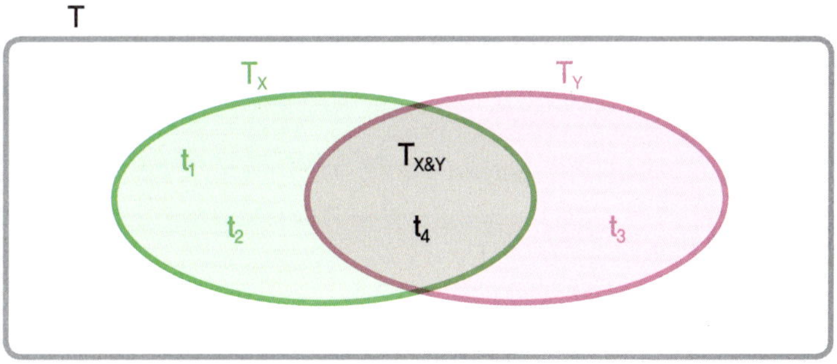

X와 Y 상품 집합에 대한 지지도는 전체 거래 중 X와 Y 상품 집합을 동시에 포함하는 거래 비율로서, 전체 구매 경향을 파악할 수 있다. 그 비율이 의미를 갖기 위해서는 지지도가

최소 지지도 값(예: 40%) 이상이 되어야 한다. 신뢰도는 X 상품 집합을 포함하는 거래 중에서 Y 상품 집합이 거래되는 비율로서, X와 Y 상품 집합이 동시에 거래되는 연관성 정도를 파악할 수 있다. 그 비율이 의미를 갖기 위해서는 신뢰도가 최소 신뢰도 값(예: 70%) 이상이 되어야 한다. 한편, 두 상품 간 거래되는 비율이 양의 관계가 될 수도 있고, 그 반대로 음의 관계도 될 수 있다. 이 음의 관계는 설사를 멈추게 하는 지사제와 설사를 하게 하는 설사약이 대표적인 예이다. 리프트 값은 그 정도를 파악한다. 즉, 리프트는 고객들이 Y 상품만을 구매하는 비율($P(Y)$) 대비 X 상품을 사면서 동시에 Y 상품을 포함하는 비율($P(Y|X)$)을 의미한다. 그 값이 1 보다 크면, Y 상품이 독립적으로 팔리는 비율보다는 X 상품이 Y 상품의 구매에 기여하는 비율이 더 크기 때문에 X 상품은 Y 상품의 거래를 증가시키는 양의 상관관계가 있다고 할 수 있다. 반면, 그 값이 1보다 작으면 X 상품은 Y 상품의 거래를 감소시키는 음의 상관관계로 해석된다. 1이면 서로 독립적임을 의미한다.

<table>
<tr><th>지표</th><th colspan="3">개념</th></tr>
<tr><td>지지도
Support(X ⇒ Y)</td><td colspan="3">• $P(X \cap Y)$
• 전체 거래 중 X와 Y 상품을 동시에 포함하는 거래 비율
• 전체 구매도에 대한 경향 파악 가능</td></tr>
<tr><td>신뢰도
Confidence(X ⇒ Y)</td><td colspan="3">• $P(Y \mid X) = \dfrac{P(X \cap Y)}{P(X)} = \dfrac{Support(X \Rightarrow Y)}{P(X)}$
• X 상품을 포함하는 거래 중에서 Y 상품이 포함될 확률
• 상품 간의 연관성 정도</td></tr>
<tr><td rowspan="5">리프트
Lift(X ⇒ Y)</td><td colspan="3">• $\dfrac{P(Y \mid X)}{P(Y)} = \dfrac{P(X \cap Y)}{P(X)\,P(Y)} = \dfrac{Confidence(X \Rightarrow Y)}{P(Y)}$
• Y가 구매되는 비율(P(Y)) 대비 상품 X를 구매한 거래가 Y를 포함하는 비율(P(Y|X))</td></tr>
<tr><td>Lift</td><td>의미</td><td>예</td></tr>
<tr><td>1</td><td>두 집합이 서로 독립적인 관계</td><td>과자와 후추</td></tr>
<tr><td>>1</td><td>두 집합이 서로 양의 상관관계</td><td>빵과 설탕</td></tr>
<tr><td><1</td><td>두 집합이 서로 음의 상관관계</td><td>지사제와 설사약</td></tr>
</table>

(3) 단계별 분석

〈그림 9.1〉의 장바구니에서 상품 간 함께 팔리는 연관규칙을 찾아보자. 모두 다섯 건의 거래가 있고 모두 A~H 상품 아이템들의 일부들로 구성되어 있다. 즉,

$$S_1 = \{A, B, C, D, E, F, G, H\}$$

가 된다. 최소 지지도는 40%, 최소 신뢰도는 70%로 하자.

거래 ID	상품
t_1	A, B, C, D, E
t_2	B, C
t_3	A, B, F
t_4	A, B, G
t_5	A, F, H

그림 9.1 장바구니 거래 정보

1단계 빈발 항목 집합 만들기

❶ k = 1에 대한 빈발 항목 집합 L_1 만들기

S_1의 부분집합 Z에서 Z를 구성하는 항목 수가 1, 즉 n(Z) = 1인 Z로 1-항목 후보 집합을 구성하면

$$C_1 = \{\{A\}, \{B\}, \{C\}, \{D\}. \{E\}, \{F\}, \{G\}, \{H\}\}$$

이 된다. 후보 집합을 구상하는 각 원소의 상품들이 최소 지지도 40% 이상인 경우만 선택하면 빈발 1-항목 집합 L_1이 된다. 다음 표는 후보 집합에서 빈발 항목 집합이 선택된 결과를 나타낸 것이다.

C_1	거래 수	지지도	L_1
{A}	4 (t = 1, 3, 4, 5)	4/5(80%)	{A}
{B}	4 (t = 1, 2, 3, 4)	4/5(80%)	{B}
{C}	2 (t = 1, 2)	2/5(40%)	{C}
{D}	1 (t = 1)	1/5(20%)	
{E}	1 (t = 1)	1/5(20%)	
{F}	2 (t = 3, 5)	2/5(40%)	{F}
{G}	1 (t = 4)	1/5(20%)	
{H}	1 (t = 5)	1/5(20%)	

❷ k = 2에 대한 빈발 항목 집합 L_2 만들기

빈발 1-항목 집합 L_1을 구성하는 각 상품들은

$$S_2 = \{A, B, C, F\}$$

이므로, 2-항목 후보 집합은

$$C_2 = \{\{A, B\}, \{A, C\}, \{A, F\}, \{B, C\}, \{B, F\}, \{C, F\}\}$$

가 된다. 즉 4개 항목에서 2개씩 조합(5.3절 참조)을 만드는 가지 수는

$${}_4c_2 = \frac{4!}{2!(4-2)!} = 6$$

가 된다. 후보 집합을 구상하는 각 원소의 상품들이 최소 지지도 40% 이상인 경우만 선택하면 빈발 2-항목 집합 L_2가 된다.

C_2	거래 수	지지도	L_2
{A, B}	3 (t = 1, 3, 4)	3/5(60%)	{A, B}
{A, C}	1 (t = 1)	1/5(20%)	
{A, F}	2 (t = 3, 5)	2/5(40%)	{A, F}

C_2	거래 수	지지도	L_2
{B, C}	2 (t = 1, 2)	2/5(40%)	{B, C}
{B, F}	1 (t = 3)	1/5(20%)	
{C, F}	0	0/5(0%)	

❸ k = 3에 대한 빈발 항목 집합 L_3 만들기

빈발 2–항목 집합 L_2를 구성하는 각 상품들은 $\{A, B, C, F\}$이므로, 3–항목 후보 집합은

$$C_3 = \{\{A, B, C\}, \{A, B, F\}, \{A, C, F\}, \{B, C, F\}\}$$

가 된다. 즉 4개 항목에서 3개씩 조합을 만드는 가지 수는

$$_4c_3 = \frac{4!}{3!(4-3)!} = 4$$

가 된다. 후보 집합을 구상하는 각 원소의 상품들이 최소 지지도 40% 이상인 경우만 선택하면 빈발 3–항목 집합 L_3이 된다.

C_3	거래 수	지지도	L_3
{A, B, C}	1 (t=1)	1/5	
{A, B, F}	1 (t=3)	1/5	
{A, C, F}	0	0	
{B, C, F}	0	0	

❹ $L_3 = \phi$ 이기 때문에 반복 과정을 종료한다.

❺ k≥2에 대한 L_k로부터 빈발 항목 집합을 찾으면

$$L_{freq} = \cup_{k \geq 2} L_k = L_2 \cup L_3 = \{\{A, B\}, \{A, F\}, \{B, C\}\}$$

이 된다.

2단계 빈발 항목 집합에서 연관규칙 발견하기

빈발 항목 집합의 각 원소를 구성하는 상품 간 연관규칙을 발견하기 위해 신뢰도와 리프트를 적용한다. 신뢰도는 최소 신뢰도 이상이 되어야 하며, 리프트는 1보다 큰 연관관계가 최종 연관규칙으로 결정된다. 다음은 빈발 항목 집합의 각 원소를 구성하는 상품들 간 연관규칙을 발견하는 과정을 지지도, 신뢰도, 리프트 순으로 정리한 표이다. 각 규칙의 의존성은 순서에 영향을 받기 때문에 (X, Y)와 (Y, X)의 두 가지를 구분하여 파악하게 된다. $\{A, B\}$의 경우, 리프트가 1보다 작으며, $\{A, F\}$의 경우는 최소 신뢰도인 70%보다 작기 때문에 연관규칙에서 탈락된 경우이다. 6개의 후보 중에서 연관규칙은 2개가 발견되었다.

Large Itemsets (X, Y)	지지도	신뢰도		리프트		연관규칙
	Sup(X⇒Y)= $P(X \cap Y)$	P(X)	Conf(X⇒Y) = Sup(X⇒Y) / P(X)	P(Y)	Lift(X⇒Y) = Conf(X⇒Y) / P(Y)	
{A, B}	60%	80%	75%	80%	~~94%**~~	–
{B, A}	60%	80%	75%	80%	~~94%**~~	–
{A, F}	40%	80%	~~50%*~~	–	–	–
{F, A}	40%	40%	100%	80%	125%	연관규칙 1
{B, I3}	40%	80%	~~50%*~~	–	–	–
{C, B}	40%	40%	100%	80%	125%	연관규칙 2

*는 최소 지지도(%) 미만, **는 1(100%) 보다 작기 때문에 연관규칙에서 제외됨

연관규칙 1과 2는 다음과 같이 해석할 수 있다.

- 연관규칙 1: F ⇒ A (if F then A), 즉 전체 거래의 40%가 F을 구매하였으며, 그 중에서 100%가 A를 구매하였다(Conf(F⇒A)).
- 연관규칙 2: C ⇒ B (if C then B), 즉 전체 거래의 40%가 C를 구매하였으며, 그 중에서 100%가 B를 구매하였다(Conf(C⇒B)).

9.4 R을 이용한 연관분석

(1) 사용 패키지

9.3절의 과정을 R로 실행하여 연관규칙을 발견해보자. 사용 패키지는 arules와 arulesViz이다.

패키지	개요	사용 함수	기능
arules	트랜잭션 데이터와 패턴(연관분석) 분석	apriori()	Apriori 알고리즘에 의한 연관분석
		inspect()	트랜잭션 데이터 파일 또는 연관규칙 출력
		itemFrequency()	아이템별 빈도
		itemFrequencyPlot()	아이템별 빈도 차트
		read.transaction()	데이터 프레임을 트랜잭션 데이터 파일로 읽기
arulesViz	연관분석 결과의 시각화	plot()	연관규칙과 아이템 세트의 시각화

(2) 분석 절차

다음은 연관분석의 각 단계와 사용 R 함수를 나타낸 것이다. 먼저 거래 데이터를 트랜잭션 클래스 유형으로 작성한다. 데이터 파일을 읽고, 현황을 파악하고, 연관분석 후에 결과를 분석한다.

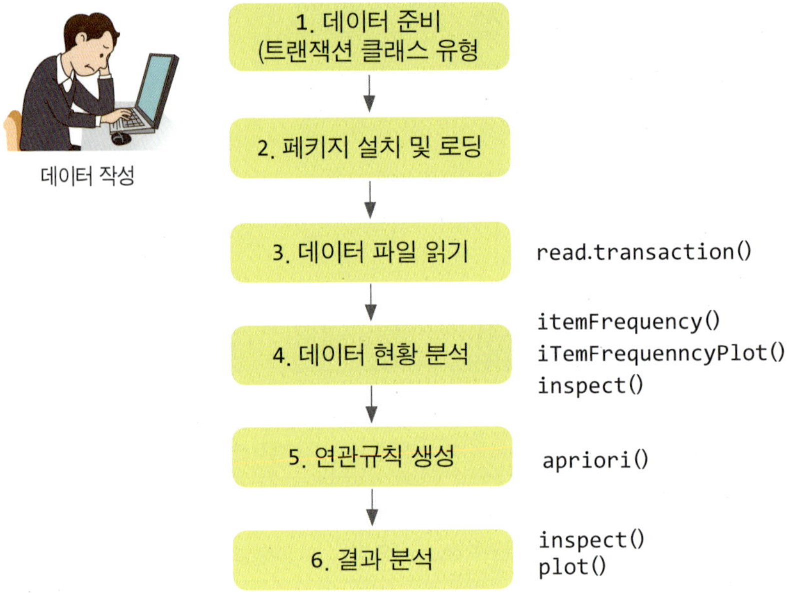

(3) 단계별 분석

1단계 데이터 작성

〈그림 9.1〉의 장바구니의 거래별 상품 아이템을 문서 편집기로 작성하고, 임의의 폴더에 sales.csv 파일로 저장한다. 상품 아이템 간에는 ‘,’로 구분한다.

거래 ID	상품
t_1	A, B, C, D, E
t_2	B, C
t_3	A, B, F
t_4	A, B, G
t_5	A, F, H

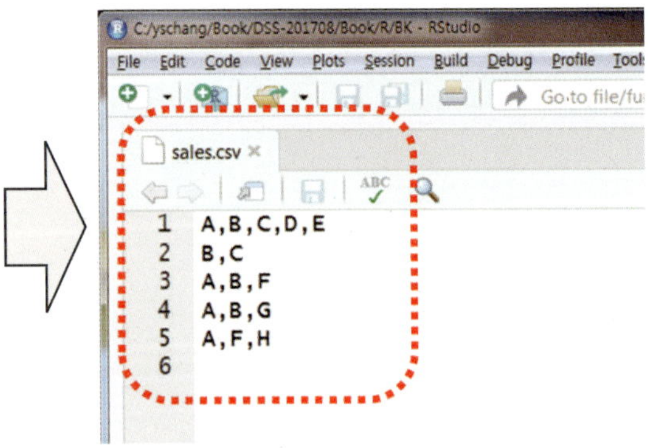

2단계 패키지 설치 및 로딩

먼저, 패키지를 설치하고 로딩한다.

패키지 설치 및 로딩

```
install.packages("arules")
install.packages("arulesViz")

library(arules)
library(arulesViz)
```

패키지 설치

패키지 로딩

3단계 데이터 파일 읽기

폴더에 저장한 sales.csv 파일을 연관분석이 가능한 트랜잭션 클래스 형태의 데이터로 읽는다. 윈도우 탐색기가 나타나면 파일이 있는 폴더로 이동해서 선택하면 된다.

sales.csv 파일 읽기

```
# 트랜잭션 클래스 형태의 데이터 파일(Sales.csv) 읽기
trans <- read.transactions(file.choose(), format = "basket", sep=",");
trans
```

윈도우 탐색기로 입력 파일(sales.csv) 선택

트랜잭션 클래스 유형으로 읽음

상품 아이템은 ','로 구분하여 읽음

출력 결과

```
transactions in sparse format with
 5 transactions (rows) and
 8 items (columns)
```

함수 | read.transaction()

<table>
<tr><td>패키지</td><td colspan="2">arules</td></tr>
<tr><td>기능</td><td colspan="2">데이터 프레임을 트랜잭션 데이터 파일로 읽기</td></tr>
<tr><td rowspan="5">사용법</td><td colspan="2"><code>read.transactions(filem format=c("basket", "single", sep=""))</code>
• 매개변수</td></tr>
<tr><td>변수</td><td>설명</td></tr>
<tr><td>file</td><td>파일 이름</td></tr>
<tr><td>format</td><td>데이터 세트의 포맷 이름. "basket" 또는 "single"
• "basket" 포맷은 각 행에 여러 거래 아이템 나열
A,B,C,D,E
B,C
……
• "single" 포맷의 경우, 각 행은 거래ID와 하나의 아이템만 나열
1,A
1,B
1,C
…..</td></tr>
<tr><td>sep</td><td>데이터가 구분되는 문자열</td></tr>
<tr><td>반환값</td><td colspan="2">'transaction' 클래스 객체</td></tr>
</table>

거래 내역을 확인한다.

데이터 출력

```
inspect(trans)    # 트랜잭션 데이터 출력
```

출력 결과

```
    items
[1] {A,B,C,D,E}
[2] {B,C}
[3] {A,B,F}
[4] {A,B,G}
[5] {A,F,H}
```

함수 | inspect()

패키지	arules
기능	트랜잭션과 연관성 데이터를 읽을 수 있는 포맷으로 출력
사용법	inspect(x) • 매개변수 변수: x — 설명: 트랜잭션 또는 연관성 데이터 세트

4단계 데이터 현황 분석

상품 아이템별 거래 빈도와 그래프로 현황을 파악한다.

데이터 현황

```
itemFrequency(trans, type="absolute")
```
아이템별 거래 빈도(거래 건 수)

출력 결과

```
A B C D E F G H
4 4 2 1 1 2 1 1
```

```
itemFrequency(trans)
```
아이템별 거래 빈도(비율)

출력 결과

```
  A   B   C   D   E   F   G   H
0.8 0.8 0.4 0.2 0.2 0.4 0.2 0.2
```

```
itemFrequencyPlot(trans, type="absolute",
        xlab="상품 아이템", ylab="거래 빈도",
        col=1:5)
```
아이템별 거래 빈도 차트(거래 건 수)

출력 결과

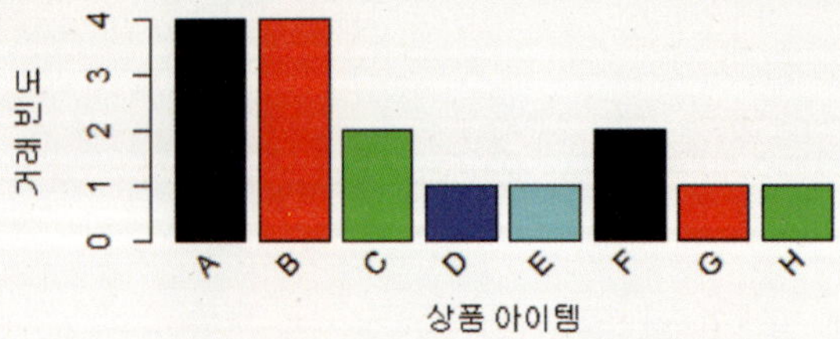


```
itemFrequencyPlot(trans,
        xlab="상품 아이템", ylab="비율",
        col=1:5, topN=5)
```
상위 5개 아이템의 거래 빈도 차트(비율)

출력 결과

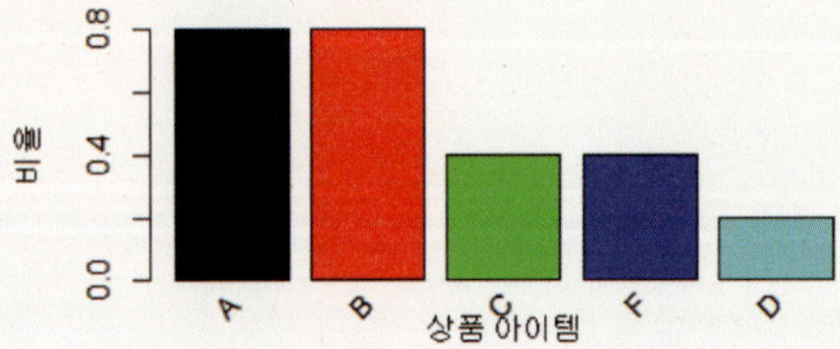

함수 | itemFrequency()

패키지	arules
기능	각 거래에 있는 아이템들의 빈도 계산
사용법	`itemFrequency(x, type)` • 매개변수 <table><tr><th>변수</th><th>설명</th></tr><tr><td>x</td><td>객체</td></tr><tr><td>type</td><td>출력 형태. "absolute"는 빈도 수, "relative"는 상대적인 비율로 표현(디폴트)</td></tr></table>
반환값	숫자 벡터

함수 | itemFrequencyPlot()

패키지	arules
기능	각 거래에 있는 아이템들의 막대 그래프 출력
사용법	`itemFrequencyPlot(x, xlab, ylab, col, topN)` • 매개변수 <table><tr><th>변수</th><th>설명</th></tr><tr><td>x</td><td>그래프로 출력될 객체</td></tr><tr><td>xlab</td><td>X축 라벨</td></tr><tr><td>ylab</td><td>Y축 라벨</td></tr><tr><td>col</td><td>그래프 막대 색</td></tr><tr><td>topN</td><td>빈도 수 높은 순으로 출력할 갯수</td></tr></table>
반환값	숫자 벡터. 그래프의 각 막대 중앙값(그래프에 추가할 때 유용)

5단계 연관규칙 생성

거래 데이터에 대해 최소 지지도와 신뢰도를 설정해서 연관규칙을 생성한다.

연관규칙 생성

```
# 연관규칙 생성
rules <- apriori(trans,
                 parameter = list(supp=0.4, conf=0.7, minlen=2))
```

최소 지지도: 0.4, 최소 신뢰도: 0.7,
규칙 구성 최소 아이템 수: 2

함수 | apriori()

패키지	arules
기능	숫자를 표준화함
사용법	apriori(data, parameter, appearance) • 매개변수 변수 / 설명 data: trasactions 클래스의 객체 parameter: 연관규칙 생성을 위한 제어 인자(최소 지지도, 최소 신뢰도, 규칙 구성 아이템 수) appearance: 연관규칙 표현을 위한 제어 인자(조건부와 결론부)
반환값	rules 또는 itemsets 클래스의 객체

변수	설명
data	trasactions 클래스의 객체
parameter	연관규칙 생성을 위한 제어 인자(최소 지지도, 최소 신뢰도, 규칙 구성 아이템 수)
appearance	연관규칙 표현을 위한 제어 인자(조건부와 결론부)

6단계 결과분석

도출된 4개 연관규칙에 대한 정보를 보자. 각 연관규칙에는 지지도, 신뢰도, 리프트, 거래 건 수에 대한 정보가 나타난다.

연관규칙

```
inspect(rules)
```

연관규칙 출력

출력 결과

```
    lhs    rhs support confidence lift   count
[1] {F} => {A} 0.4     1.00       1.2500 2
[2] {C} => {B} 0.4     1.00       1.2500 2
[3] {B} => {A} 0.6     0.75       0.9375 3
[4] {A} => {B} 0.6     0.75       0.9375 3
```

연관규칙은 리프트가 1보다 큰 경우가 의미 있기 때문에, 이를 조건검색으로 걸러내면 다음 2개의 연관규칙을 최종 확인할 수 있다.

규칙의 조건 검색

```
rules2 <- subset(rules, lift>1.0)
rules3 <- sort(rules2, by="lift", decreasing=TRUE)
inspect(rules3)
```

리프트가 1 이상(lift > 1)의 규칙 출력

데이터 정렬(lift 값의 내림차순)

출력 결과

```
    lhs    rhs support confidence lift count
[1] {F} => {A} 0.4     1          1.25 2
[2] {C} => {B} 0.4     1          1.25 2
```

연관규칙의 그래프 출력

```
plot(rules2, method="graph",
  control=list(nodeCol="green", edgeCol="red", alpha=1))
```

그래프 출력: nodecol은 노드 배경색, edgeCol은 연결선 색, alpha는 노드 배경색과 연결선 색의 투명도(0~1, 0은 완전 투명, 1은 완전 불투명)

출력 결과

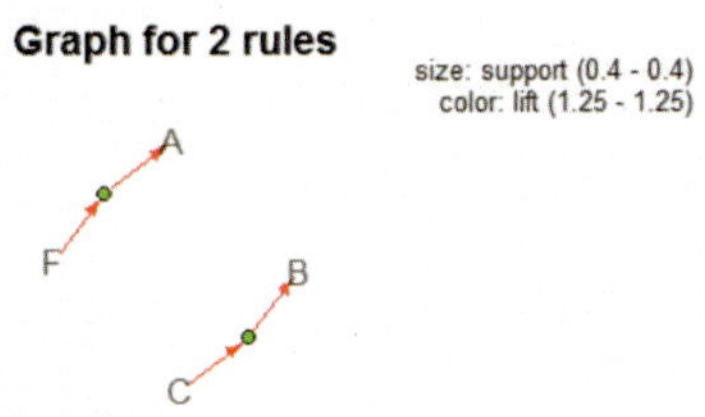

함수 | plot()

패키지	arulesViz
기능	연관규칙을 그래프로 출력
사용법	plot(x, method, control) • 매개변수

변수	설명
x	연관규칙 또는 아이템 세트 클래스의 객체
method	출력 유형
control	그래프를 위한 제어 인자의 리스트(노드 색, 연결선 색, 투명도)

함께 잘 팔리는 연관 상품들은 무엇인지, 어떤 상품이 다른 상품 판매에 영향을 주는지 살펴보자.

특정 상품 아이템에 의해 영향을 받는 상품 아이템

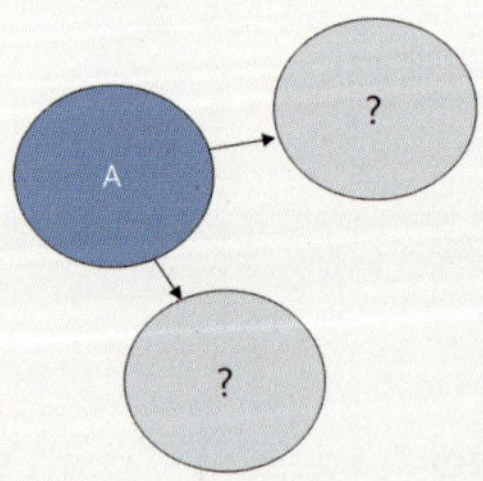


```
rules4 <- apriori(trans,
                  parameter = list(supp=0.4, conf=0.7, minlen=2),
                  appearance = list(default="rhs", lhs="A"))
inspect(rules4)
```

'A' 아이템이 영향을 주는 연관규칙

출력 결과

```
    lhs     rhs support confidence lift   count
[1] {A} => {B} 0.6     0.75       0.9375 3
```

'A' 상품이 판매에 영향을 미치는 연관규칙

특정 상품 아이템의 판매에 영향을 주는 상품 아이템

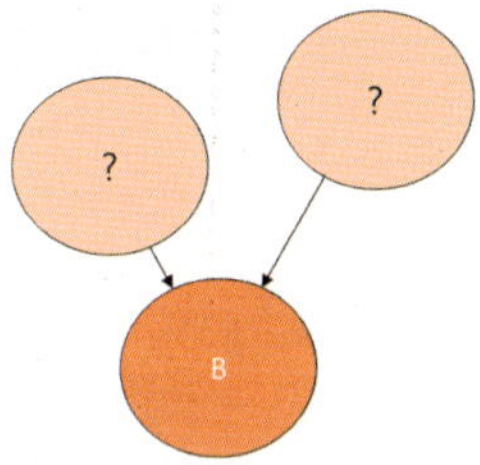


```
rules5 <- apriori(trans,
                  parameter = list(supp=0.4, conf=0.7, minlen=2),
                  appearance = list(default="lhs", rhs="B"))
inspect(rules5)
```

'B' 아이템에 영향을 주는 연관규칙

출력 결과

```
    lhs     rhs support confidence lift   count
[1] {C} => {B} 0.4     1.00       1.2500 2
[2] {A} => {B} 0.6     0.75       0.9375 3
```

```
rules6 <- subset(rules5, lift>1.0)
inspect(rules6)
```

(lift > 1)인 규칙에 대한 출력

출력 결과

```
    lhs     rhs support confidence lift count
[1] {C} => {B} 0.4     1          1.25 2
```

'B' 상품의 판매에 영향을 미치는 연관규칙

9.5 예제: Groceries 상품 연관성 분석

arules 패키지에서 제공하는 Groceries 데이터 세트를 사용해서 R로 연관분석을 시도해보자.

Groceries 데이터 세트

Groceries 데이터 세트는 arules 패키지에서 사용할 수 있도록 Michael Hahsler, Kurt Hornik, Thomas Reutterer가 작성하였다. Groceries는 1달간(30일) 한 지역의 전형적인 식료품 매장에서 발생한 실제 POS 거래 데이터로, 169가지의 상품분류 수준에서 거래된 9835건을 포함하고 있다.

분석의 기본 절차는 8.5절과 같다. 다만, Groceries 데이터 세트는 arules 패키지에 있기 때문에 별도로 데이터 파일을 작성할 필요는 없다. 다음 절차에 따라 실행해보자.

1단계 패키지 설치와 로딩

먼저, 패키지를 설치하고 로딩한다.

패키지 설치 및 로딩

```
#install.packages("arules")      패키지 설치
#install.packages("arulesViz")
library(arules)                  패키지 로딩
library(arulesViz)
```

2단계 데이터 세트 확인

arules 패키지에 Groceries 데이터 세트를 확인해보자. 기본정보를 살펴보기 위해서는 '?Groceries'를 입력하면 오른쪽의 'help' 탭에 간단한 정보가 나타난다.

데이터 세트 읽기

```
?Groceries      Groceries 데이터 세트 정보
```

출력 결과

Groceries {arules} R Documentation

Groceries Data Set

- 지역 식료품점의 1달간(30일) 실제 POS 데이터
- 9835 거래의 총 169 상품 아이템

Description

The `Groceries` data set contains 1 month (30 days) of real-world point-of-sale transaction data from a typical local grocery outlet. The data set contains 9835 transactions and the items are aggregated to 169 categories.

If you use this data set in your paper, please refer to the paper in the references section.

Usage

`data(Groceries)`

Format

Object of class `transactions`.

패키지를 별도로 설치한 기타 패키지이기 때문에 data() 함수로 내장 데이터 세트를 로딩해야 된다(3장 참조). 데이터 요약정보를 보면 'Whole Milk' 제품의 거래가 2513 건으로 가장 많으며, 전반적으로 각 거래의 상품 수는 적은 편이다.

데이터 세트 읽기

```
data(Groceries)
summary(Groceries)
```

- data(Groceries): arules 패키지 내의 Groceries 데이터 세트 로딩
- summary(Groceries): 데이터 세트 요약 정보

출력 결과

```
transactions as itemMatrix in sparse format with
 9835 rows (elements/itemsets/transactions) and
 169 columns (items) and a densit

most frequent items:
      whole milk other vegetables       rolls/buns
            2513             1903             1809
            soda           yogurt          (Other)
            1715             1372            34055

element (itemset/transaction) length distribution:
sizes
   1    2    3    4    5    6    7    8    9   10   11   12   13
2159 1643 1299 1005  855  645  545  438  350  246  182  117   78
  14   15   16   17   18   19   20   21   22   23   24   26   27
  77   55   46   29   14   14    9                             1
  28   29   32
   1    3    1
```

- 169개 상품 아이템 9835 거래 수
- 가장 많은 거래 상품 카테고리: whole milk 거래 수: 2513
- 거래 별 상품 수 분포: 한 거래에 1개 상품이 2159 건, 2개 상품이 1643 건으로 많음

거래 수가 많기 때문에 거래 앞과 뒤 일부분의 거래 상품을 살펴보자.

데이터 출력

```
inspect(Groceries)  거래 상품
inspect(Groceries[1:3])  1~3번째 거래 상품
```

출력 결과

```
    items
[1] {citrus fruit,
     semi-finished bread,
     margarine,
     ready soups}
[2] {tropical fruit,
     yogurt,
     coffee}
[3] {whole milk}
```

```
inspect(Groceries[9834:9835])  9834~9835번째 거래
```

출력 결과

```
    items
[1] {semi-finished bread,
     bottled water,
     soda,
     bottled beer}
[2] {chicken,
     tropical fruit,
     other vegetables,
     vinegar,
     shopping bags}
```

3단계 데이터 현황 분석

상품 아이템별 거래 빈도와 그래프로 현황을 파악해 본다.

데이터 현황

```
itemFrequency(Groceries)
```
아이템별 거래 빈도(비율)

출력 결과

```
          frankfurter                sausage             liver loaf
         0.0589730554           0.0939501779           0.0050838841
                  ham                   meat      finished products
         0.0260294865           0.0258261312           0.0065073716
      organic sausage                chicken                 turkey
         0.0022369090           0.0429079817           0.0081342145
                 pork                   beef         hamburger meat
```

```
         0.0113879004
              candles            light bulbs   sound storage medium
         0.0089476360           0.0041687850           0.0001016777
           newspapers             photo/film             pot plants
         0.0798169802           0.0092526690           0.0172852059
flower soil/fertilizer        flower (seeds)           shopping bags
         0.0019318760           0.0103711235           0.0985256736
                 bags
         0.0004067107
```

```
itemFrequencyPlot(Groceries,
        xlab="상품 아이템", ylab="비율", col=1:5, topN=10)
```
상위 10개 아이템의 거래 빈도(비율) 차트

출력 결과

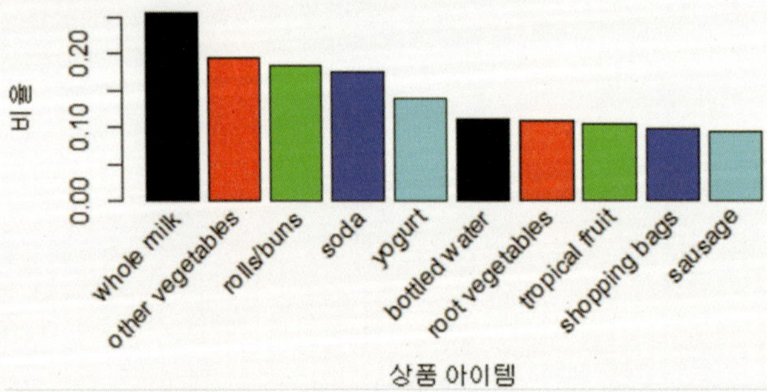

4단계 연관규칙 생성

연관규칙 수가 많기 때문에 규칙 내의 상품 수가 2~3인 결과만 보기로 한다.

연관규칙 생성

```
rules <- apriori(Groceries,
                 parameter = list(supp=0.02, conf=0.4, minlen=2, maxlen=3))
```

연관규칙 생성 최소 지지도: 0.02,
최소 신뢰도: 0.4,
규칙 구성 최소 아이템 수: 2
규칙 구성 최대 아이템 수: 3

5단계 결과분석

연관규칙은 모두 15개이며, 각 연관규칙에는 지지도, 신뢰도, 리프트, 거래 건수를 볼 수 있다.

연관규칙

```
inspect(rules)
```

연관규칙 출력

출력 결과

```
     lhs                                     rhs
[1]  {frozen vegetables}                  => {whole milk}
[2]  {beef}                               => {whole milk}
[3]  {curd}                               => {whole milk}
[4]  {margarine}                          => {whole milk}
[5]  {butter}                             => {whole milk}
[6]  {domestic eggs}                      => {whole milk}
[7]  {whipped/sour cream}                 => {other vegetables}
[8]  {whipped/sour cream}                 => {whole milk}
[9]  {tropical fruit}                     => {whole milk}
[10] {root vegetables}                    => {other vegetables}
[11] {root vegetables}                    => {whole milk}
[12] {yogurt}                             => {whole milk}
[13] {root vegetables,other vegetables}   => {whole milk}
[14] {root vegetables,whole milk}         => {other vegetables}
[15] {other vegetables,yogurt}            => {whole milk}
     support    confidence lift     count
[1]  0.02043721 0.4249471  1.663094 201
[2]  0.02125064 0.4050388  1.585180 209
[3]  0.02613116 0.4904580  1.919481 257
[4]  0.02419929 0.4131944  1.617098 238
[5]  0.02755465 0.4972477  1.946053 271
[6]  0.02999492 0.4727564  1.850203 295
[7]  0.02887646 0.4028369  2.081924 284
[8]  0.03223183 0.4496454  1.759754 317
[9]  0.04229792 0.4031008  1.577595 416
[10] 0.04738180 0.4347015  2.246605 466
[11] 0.04890696 0.4486940  1.756031 481
[12] 0.05602440 0.4016035  1.571735 551
[13] 0.02318251 0.4892704  1.914833 228
[14] 0.02318251 0.4740125  2.449770 228
[15] 0.02226741 0.5128806  2.007235 219
```

연관규칙의 그래프 출력

```
plot(rules,method="graph",
  control=list(nodeCol="green",edgeCol="red",alpha=1))
```

그래프 출력 nodecol은 노드 배경색, edgeCol은 연결선 색, alpha는 노드 배경색과 연결선 색의 투명도(0~1, 0은 완전 투명, 1은 완전 불투명)

출력 결과

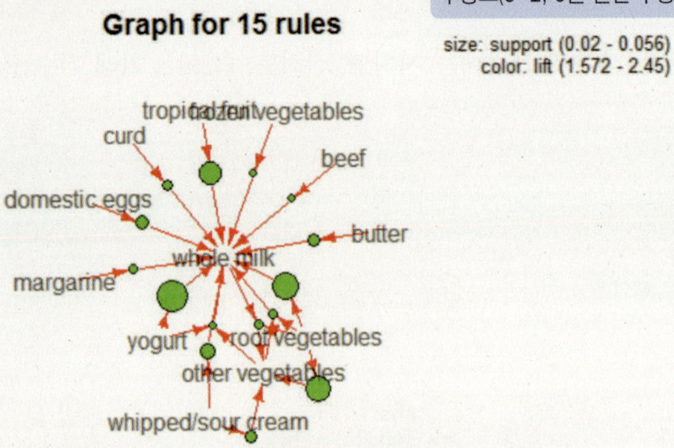

함께 잘 팔리는 연관 상품들은 무엇인지, 어떤 상품이 다른 상품 판매에 영향을 주는지 살펴보자.

특정 상품 아이템에 의해 영향을 받는 상품 아이템

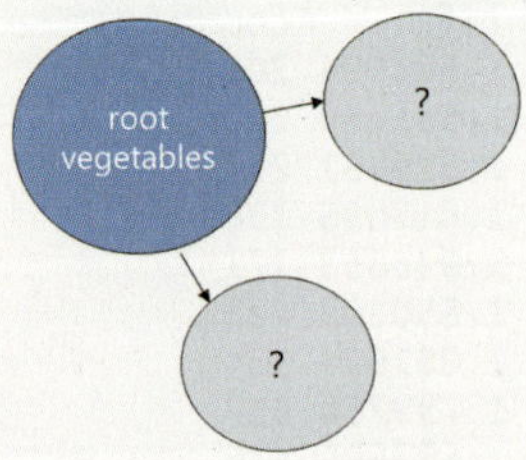

```
rules2 <- apriori(Groceries,          'root vegetables' 아이템이
                                      다른 아이템 판매에 영향을 주는 연관규칙
                  parameter = list(supp=0.02, conf=0.4, minlen=2, maxlen=3),
                  appearance = list(default="rhs",lhs="root vegetables"))
inspect(rules2)
```

출력 결과

```
    lhs                  rhs                support    confidence
[1] {root vegetables} => {other vegetables} 0.04738180 0.4347015
[2] {root vegetables} => {whole milk}       0.04890696 0.4486940
    lift     count
[1] 2.246605 466
[2] 1.756031 481
```

특정 상품 아이템의 판매에 영향을 주는 상품 아이템

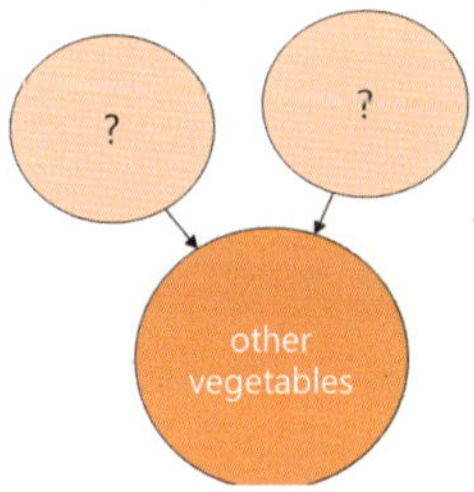


```
rules3 <- apriori(Groceries,    'other vegetables' 아이템 판매에 영향을 주는 연관규칙
                  parameter = list(supp=0.02, conf=0.4, minlen=2, maxlen=3),
                  appearance = list(default="lhs", rhs="other vegetables"))
inspect(rules3)
```

출력 결과

```
    lhs                             rhs                support
[1] {whipped/sour cream}         => {other vegetables} 0.02887646
[2] {root vegetables}            => {other vegetables} 0.04738180
[3] {root vegetables,whole milk} => {other vegetables} 0.02318251
    confidence lift     count
[1] 0.4028369  2.081924 284
[2] 0.4347015  2.246605 466
[3] 0.4740125  2.449770 228
```

요약

연관분석 개요: 연관분석은 대용량 데이터베이스에서 빈도가 높은 거래 아이템 간 연관규칙을 발견하는 기법이다.

연관분석 역사: 연관분석은 Rakesh Agrawal와 Tomasz Imieliński, Arun Swami가 1993년 슈퍼마켓의 POS(Point-of-Sale) 시스템의 대용량 거래 데이터에서 상품 간 규칙적인 패턴을 발견하기 위해 Aproiri Apriori Algorithm으로 연관규칙을 소개하는 데서 시작되었다.

연관분석 모형: Apriori algorithm은 지지도 기반으로 빈발 항목 집합을 발견하고, 이에 신뢰도와 리프트를 작용하여 연관규칙을 발견한다.

R 패키지: arules 패키지의 함수들을 통해 연관 규칙 등을 도출하며, arulesViz 패키지를 사용하여 연관규칙과 아이템 세트를 시각화한다.

R을 이용한 연관분석 절차: 데이터 준비(트랜잭션 클래스 유형) → 패키지 설치 및 로딩 → 데이터 파일 읽기 → 데이터 현황 분석 → 연관규칙 생성 → 결과 분석의 과정으로 진행된다.

연습문제

1. 다음 거래 데이터에서 A와 B에 대한 지지도, 신뢰도, 리프트는 얼마인가?

거래ID	상품
t1	A, B, C, D, E
t2	B, C
t3	A, B
t4	A, B
t5	A

① Sup(A⇒B) ② Conf(A⇒B) ③ Lift(A⇒B)

2. 문제1의 거래 데이터에 대해 다음 문항의 절차에 따라 연관규칙을 발견하시오. 단, 최소 지지도는 40%, 최소 신뢰도는 70%로 한다.

2.1 k=1에 대한 빈발 항목 집합 L_1을 찾으시오.

C_1	거래 수	지지도	L_1

2.2 k=2에 대한 빈발 항목 집합 L_2를 찾으시오.

C_2	거래 수	지지도	L_2

2.3 빈발 항목 집합에서 k=2일 때의 빈발 항목에 대해 연관규칙을 발견하고 해석하시오.

Large Itemsets (X, Y)	지지도	신뢰도		리프트		연관규칙
	Sup(X⇒Y)	P(X)	Conf(X⇒Y)	P(Y)	Lift(X⇒Y)	

3. 문제 1의 거래 데이터를 다음과 같은 트랜잭션 데이터 유형으로 편집하고 임의 폴더에 저장하였다.

```
A, B, C, D, E
B, C
A, B
A, B
A
```

거래 데이터를 읽고, Apriori 알고리즘으로 연관규칙을 발견한 후에 결과를 출력하며, 그 중에서 리프트가 1보다 큰 규칙을 출력하는 R 스크립트를 완성하시오.

```
trans <- read.____________(file.choose(), format = ______, sep= ______);
rules <- ______(trans,
      parameter = list(supp= ___, conf= ___, minlen=2))
______(rules)
subset(rules, ____________)
```

연관분석 연습

응용 문제1

다음 장바구니 정보에 대해 Apriori 알고리즘을 이용해서 연관규칙을 발견해보자. 최소 지지도와 신뢰도는 각각 0.5로 한다.

거래 ID	상품
t_1	A, B, C, D, E
t_2	B, C, D
t_3	A, B, F
t_4	A, C, D, G
t_5	A, B, C, D

1단계 데이터 파일 작성

2단계 패키지 설치 및 로딩

3단계 데이터 파일 읽기

4단계 데이터 현황 분석

5단계 연관규칙 생성

6단계 결과분석

응용 문제2 'Adult' 인구 조사 데이터 분석

arules 패키지에 있는 'Adult' 데이터 세트에 대해 연관규칙을 발견해보자. 'Adult' 데이터베이스는 1994년 Ronny Kohavi와 Barry Becker가 조사한 미국 인구 조사국 데이터베이스 자료이다. 데이터 세트는 15개 항목으로 구성되며, 48,842명의 응답 결과를 포함하고 있다. AdultUCI는 데이터 프레임 형태의 데이터 세트이며, Adult는 연관분석이 가능한 트랜잭션 클래스 형태의 데이터 세트이다. Adult 데이터 세트를 이용해서 연관분석을 하면 된다.

데이터 확인

```
#install.packages("arules")
library(arules)
data(AdultUCI)      AdultUCI 데이터 프레임 로딩
dim(AdultUCI)       AdultUCI 데이터 세트의 행과 열의 크기
```

출력 결과

```
[1] 48842    15
```

```
head(AdultUCI)      AdultUCI 데이터 세트의 앞 부분(1~6행)
```

출력 결과

```
  age        workclass fnlwgt education education-num     marital-status
1  39        State-gov  77516 Bachelors            13      Never-married
2  50 Self-emp-not-inc  83311 Bachelors            13 Married-civ-spouse
3  38          Private 215646   HS-grad             9           Divorced
4  53          Private 234721      11th             7 Married-civ-spouse
5  28          Private 338409 Bachelors            13 Married-civ-spouse
6  37          Private 284582   Masters            14 Married-civ-spouse
         occupation  relationship  race    sex capital-gain capital-loss
1      Adm-clerical Not-in-family White   Male         2174            0
2   Exec-managerial       Husband White   Male            0            0
3 Handlers-cleaners Not-in-family White   Male            0            0
4 Handlers-cleaners       Husband Black   Male            0            0
5    Prof-specialty          Wife Black Female            0            0
6   Exec-managerial          Wife White Female            0            0
  hours-per-week native-country income
1             40  United-States  small
2             13  United-States  small
3             40  United-States  small
4             40  United-States  small
5             40           Cuba  small
6             40  United-States  small
```

```
data(Adult)   Adult 트랜잭션 데이터 로딩
inspect(Adult[1:2])   Adult 트랜잭션 데이터의 1~2행
```

출력 결과

```
    items                              transactionID
[1] {age=Middle-aged,
     workclass=State-gov,
     education=Bachelors,
     marital-status=Never-married,
     occupation=Adm-clerical,
     relationship=Not-in-family,
     race=White,
     sex=Male,
     capital-gain=Low,
     capital-loss=None,
     hours-per-week=Full-time,
     native-country=United-States,
     income=small}                                 1
[2] {age=Senior,
     workclass=Self-emp-not-inc,
     education=Bachelors,
     marital-status=Married-civ-spouse,
     occupation=Exec-managerial,
     relationship=Husband,
     race=White,
     sex=Male,
     capital-gain=None,
     capital-loss=None,
     hours-per-week=Part-time,
     native-country=United-States,
     income=small}                                 2
```

1단계 패키지 설치 및 로딩

2단계 트랜잭션 데이터 파일 로딩

3단계 데이터 현황 분석

4단계 연관규칙 생성

5단계 결과분석

CHAPTER

10 의사결정나무 분석을 통한 분류

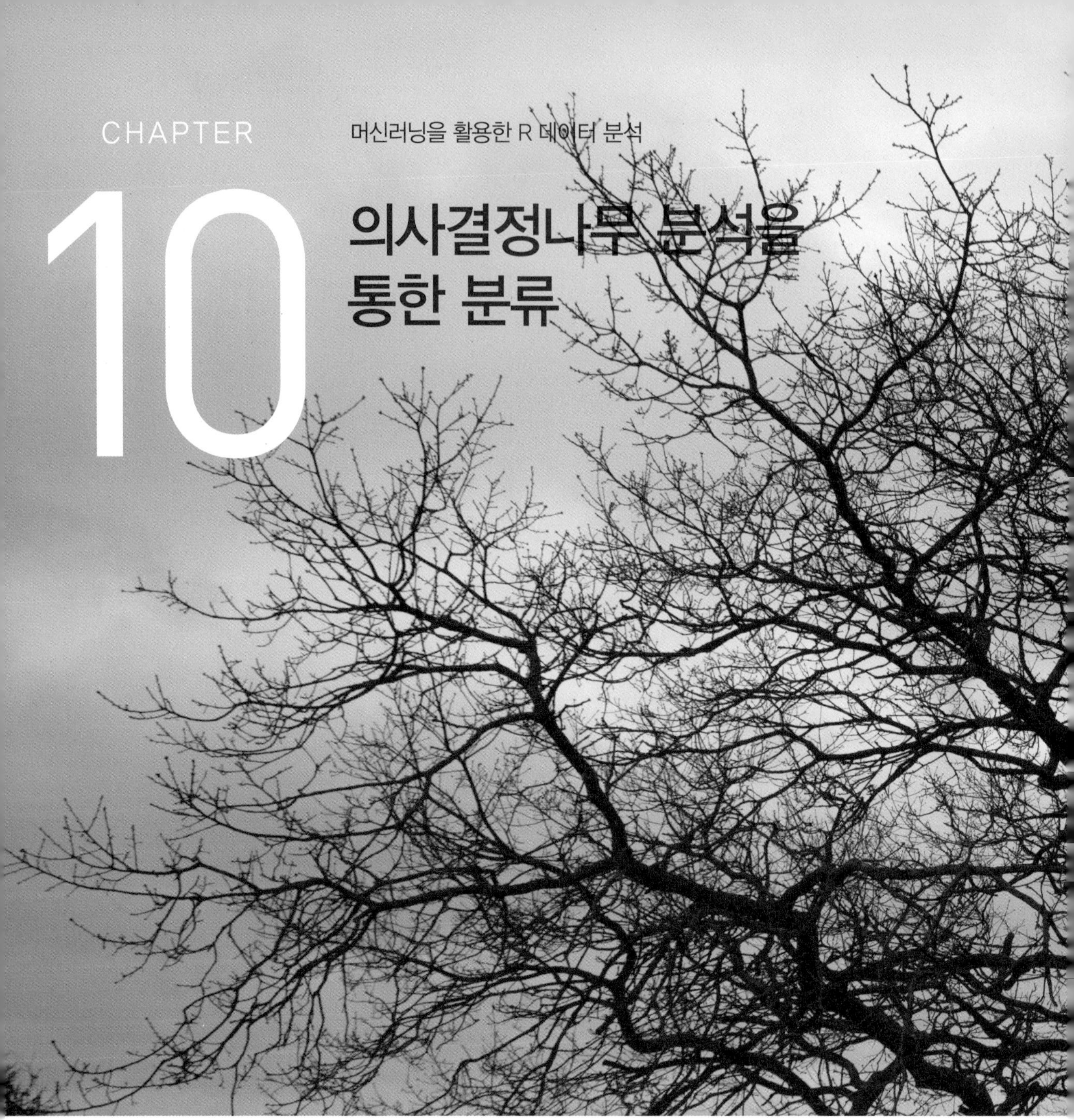

학습목표

의사결정나무 기법의 이해와 활용 능력 함양

학습내용

의사결정나무 분석 원리 이해
의사결정나무 발견
의사결정나무 분석 실습

10.1 배경

고객에게 신용카드를 발급하려고 하는데 어느 등급으로 해야 할까? 어떤 부류의 고객이 신용등급이 높을까? 어떤 구매자가 반품할 확률이 높을까? 새로 관찰한 식물은 어느 종에 속할까? 비즈니스는 물론 학문적인 관점에서 분류 문제는 다양하게 활용되고 있다. 기존 데이터로부터 어떤 방법으로 분류하고, 이를 바탕으로 어떻게 예측할 수 있을까?

본 장에서는 개체들의 특성을 설명하는 다양한 항목들의 데이터로부터 의사결정 규칙들을 의사결정나무로 도표화하고 새로운 데이터에 대해 예측하는 방법을 살펴본다. 의사결정나무를 발견하는 방법은 여러가지가 있다. 엔트로피와 정보획득이론을 기반으로 인공지능의 머신러닝 분야로 발전한 ID3, C4.5, C5.0 알고리즘, 통계학에 기반으로 둔 CART와 CHAID가 그 예이다. C5.0은 ID3가 C4.5를 거쳐 발전된 모형이다. 본 책에서는 C5.0 알고리즘에 대해 살펴보기로 한다. 10.2절에서는 의사결정나무 분석의 개요, 10.3절에서는 C5.0 알고리즘에 기반을 둔 의사결정나무 분석의 원리를 살펴보고, 10.4절에서는 R을 이용해서 문제를 푸는 방법을 공부해보자. 10.5절에서는 타이타닉 생존여부 데이터 세트를 이용해 의사결정나무를 찾아보기로 한다. 응용문제에서는 붓꽃 데이터 예제로 관찰 붓꽃의 종을 분류해보기로 한다.

10.2 의사결정나무 분석 개요

의사결정나무 분석은 데이터를 여러 그룹으로 분류하여 변수 간 나타나는 의사결정규칙을 나무구조와 같이 분류하고 예측을 수행하는 분석 방법이다. C5.0은 의사결정나무를 발견하는 기법 중 하나로, 머신러닝내 지도학습에 속한다. 즉, 데이터로 학습하여 의사결정나무 모형을 만들게 된다. 의사결정나무는 입력변수(설명변수)들이 마디(node)로 표현되면서 조건에 따라 여러 그룹으로 분류되는 가지(branch) 형태의 계층으로 구성되며, 맨 아래 마지막 마디인 끝 마디에는 목표변수(종속변수)들이 분류된 그룹들로 나타난다.

C5.0은 Ross Quinlan이 자신이 개발한 ID3, C4.5를 발전시켜 만든 알고리즘이다[11]. C5.0은 엔트로피(entropy)와 정보이득(information gain) 개념에 기반을 두고 있다. 초기 목표변수의 데이터들이 혼재되어 있으면 무질서도 즉, 엔트로피가 큰 상태가 되는데, 각 입력변수들의 데이터들을 여러 그룹으로 나누는 과정에서 목표변수의 엔트로피를 낮추는 방향으로 진행한다. 이때 목표변수는 정보이득이 발생하게 되는데, 그 값을 가장 크게 해주는 입력변수를 우선적으로 의사결정나무의 상위 계층으로 분류한다.

타이타닉 호의 생존여부를 설명하는 데이터를 예로 들어 보자. 타이타닉 호는 1912년 첫 항해로 영국의 사우샘프턴에서 출항하여 미국 뉴욕으로 항해하던 중, 4월 14일 빙산과 충돌하여 침몰하였고 2,224명의 탑승자 중에서 68%가 사망하였다. 좌석등급과 성별을 입력변수로, 목표변수를 생존여부로 분류하는 의사결정나무를 예시하기 위해 다음과 같은 10명의 승객을 임의로 생각해보자.

타이타닉 호의 생존여부 예

No	좌석등급	성별	생존여부
1	1	M(남)	Y(생존)
2	1	M	Y
3	1	M	Y
4	1	F(여)	Y
5	2	M	N(사망)
6	2	M	N
7	2	M	N
8	2	M	Y
9	2	F	Y
10	2	F	Y

10명의 생존여부를 제시한 표로부터 의사결정나무를 도식화하면 다음과 같다. 10명 중 7명이 생존하였고, 3명은 사망하였다. 생존여부를 분류해 보면 좌석등급(Node 1)이 '1(1등급)' 이하이면 4명(n=4) 모두 생존(Y)하였다(Node 2). 좌석등급이 '1(1등급)'보다 큰 경우는, 성별(Node 3)이 여성(F)이면 4명(n=4) 모두 생존(Y)하였으며(Node 4), 남성(M)이면 4명(n=4) 중에 1명은 생존(Y)이고, 나머지 3명은 사망(N)으로 분류된다(Node 5). 즉, Node 5의 경우에는 10명 중 1명을 제대로 분류하지 못한 분류 오차 10%를 포함하고 있다. 구체적인 분류 방법은 10.3절에서 살펴보기로 한다.

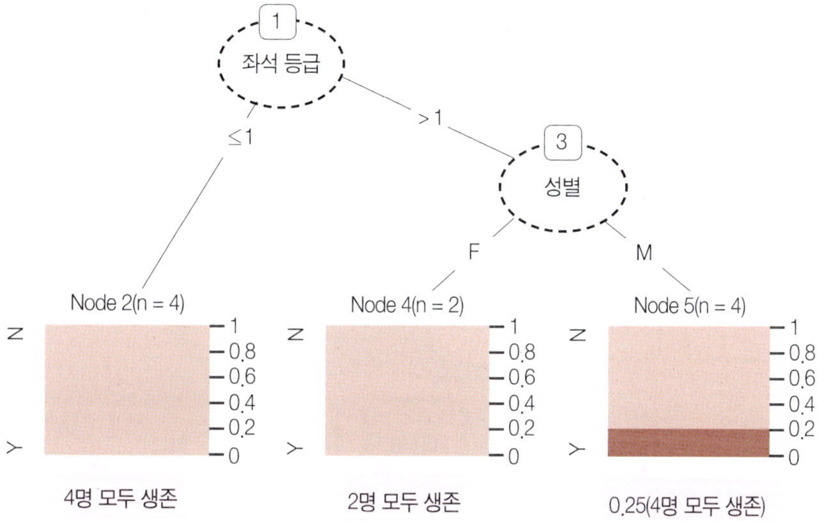

10.3 의사결정나무 분석의 원리 이해

(1) 모형과 분석 절차

의사결정나무는 각 마디가 가지로 분기되는 나무형태로 도표화된다. 마디는 변수, 가지는 데이터가 조건에 따른 분류를 나타낸다. 가장 상위의 마디를 뿌리 마디(root node), 가장 아래 마디는 끝 마디(terminal node 또는 leaf node)리고 하며 그 사이에 있는 마디들은 중간 마디(internal node)라고 한다. 끝 마디는 목표변수 데이터들이 분류된 여러 그룹들로 나타나며, 그 외 마디는 모두 입력변수들로 계층을 이룬다. 임의 노드에서 위쪽 계층으로 연결된 마디를 부모 마디(parent node), 아래쪽 계층으로 연결된 마디를 자식 마디(child node)라고 한다. 한편, 뿌리 마디에서 끝마디까지 연결되는 마디의 수를 깊이(depth)라고 한다. 마디의 분기는 목표변수의 데이터들을 가장 잘 분류하는 입력변수를 우선으로 의사결정나무에 추가한다.

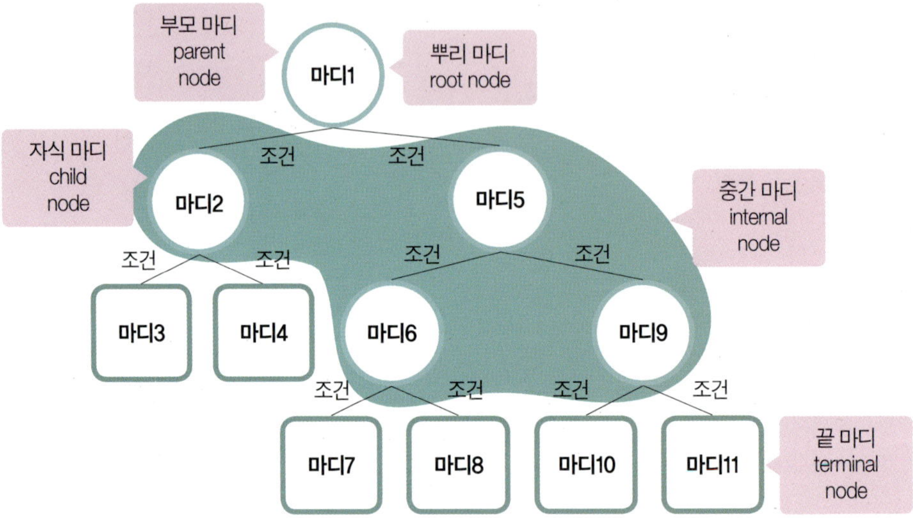

이제, 타이타닉 생존자 예제로 돌아가서 좌석등급과 성별로 생존여부를 의사결정나무로 분류하는 과정을 살펴보자. 좌석등급(1,2,3)과 성별(M,F)은 입력변수이며, 생존여부는 목표변수가 된다. 생존여부는 사망(N)과 생존(Y)의 두 상태로 구성되어 있다. 의사결정나무 모형을 만드는 과정은 다음과 같다.

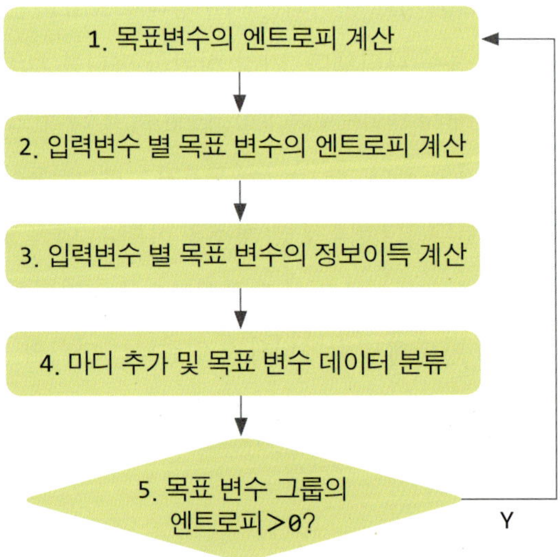

먼저, 목표변수(생존여부)에 대한 엔트로피를 의미하는 ***H***(생존여부)를 계산한다. 두 번째, 각 입력변수(생존여부를 제외한 좌석등급과 성별)에 의한 목표변수의 엔트로피인 ***H***(생존여부|입력변수)를 계산한다. 세 번째, 각 입력변수별 목표변수의 정보이득인 ***IG***(생존여부, 입력변수)를 계산한다. 네 번째, 정보이득이 가장 큰 입력변수 즉 목표변수의 엔트로피를 가장 낮게 해주는 입력변수를 마디에 추가한다. 다섯 번째, 입력변수의 조건별로 목표변수를 분류한다. 분류된 목표변수의 엔트로피인 ***H***(생존여부, 입력변수)가 0보다 큰 분류가 있으면 그 그룹에 대해 1단계부터 반복한다. 분석과정에 사용되는 평가지표는 다음과 같다.

(2) 평가지표

의사결정나무는 엔트로피와 정보이득 이론에 기반하고 있다. 엔트로피는 무질서한 정도를 의미한다. 한편, 입력변수에 의한 목표변수의 정보이득은 초기 목표변수의 엔트로피 ***H***(T)와 입력변수에 의한 목표변수의 총 엔트로피 ***H***(T|V)의 차이로 평가한다.

목표변수(T)의 엔트로피	$H(T) = -\sum_{i} P(i)\log_2 P(i)$
입력변수(V)에 의한 목표변수(T)의 총 엔트로피	$H(T \mid V) = -\sum_{j} P(T \mid j)H(T \mid j)$
입력변수(V)에 의한 목표변수(T)의 정보이득	$IG(T,V) = H(T) - H(T \mid V)$

목표변수 T에 여러 상태(i)가 있을 때, 각 상태의 확률을 P(i)로 두면, 목표변수 T의 엔트로피 ***H***(T)는 0~1 사이의 값으로 계산된다. 0은 목표변수 T가 하나의 상태만으로 되는 경우 즉, 무질서도가 가장 낮은 경우를 말한다. 1은 여러 상태가 같은 비율로 섞여 있는 경우 즉, 무질서도가 가장 높은 경우가 된다.

다음 그래프는 하나의 변수에 대한 총 10개 데이터가 두 상태(예: Y, N)로 구분될 때 각 상태의 개수에 따른 엔트로피의 변화를 나타낸 것이다. 모두 같은 상태일 때는 엔트로피가 가장 낮은 상태가 되고, 서로 같은 비율로 섞여 있을 때는 엔트로피가 가장 높은 상태가 된다.

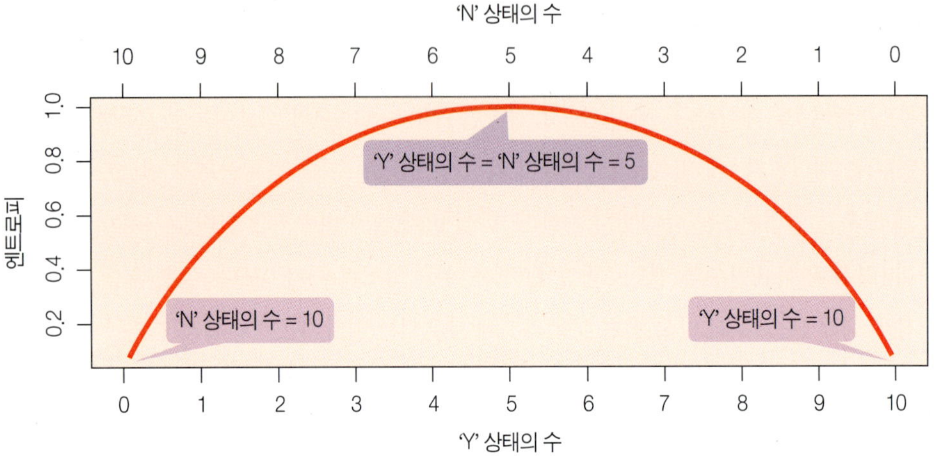

두 상태의 수에 따른 엔트로피의 변화

목표변수 T의 값이 입력변수 V의 상태에 따라 여러 그룹으로 분류된다. 이 때, 입력변수에 의한 목표변수의 총 엔트로피 ***H***(T|V)는 입력변수의 각 상태(j)로 나누어진 목표변수의 엔트로피들을 가중 합산하여 평가한다. 가중치는 입력변수가 특정 상태(j)가 되는 확률 P(j)가 된다.

(3) 단계별 분석

1단계 목표변수의 엔트로피 계산

10.2절의 표에서, 10명에 대한 타이타닉 호의 생존여부를 엔트로피로 계산해보자. '생존(Y)'은 7명, '사망(N)'은 3명으로 두 가지 분류가 섞여 있다.

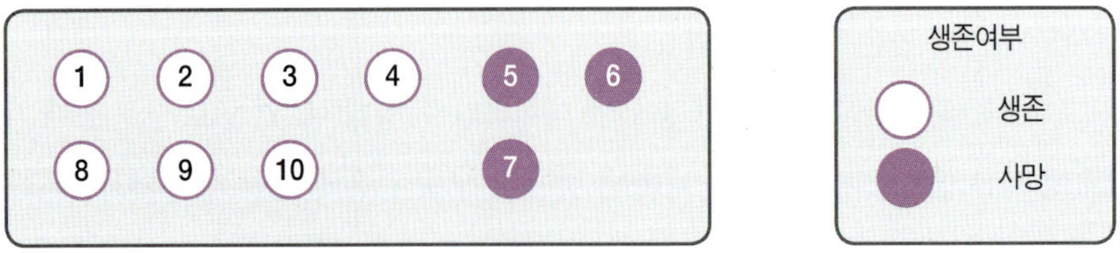

H(생존여부) = 0.8813

'생존'과 '사망' 확률은 각각

$$P(\text{생존}) = \frac{7}{10},\ P(\text{사망}) = \frac{3}{10}$$

이 된다.

따라서, 생존여부의 엔트로피는

$$\begin{aligned}
&H(\text{생존여부}) \\
&= -P(\text{생존})\log_2 P(\text{생존}) - P(\text{사망})\log_2 P(\text{사망}) \\
&= -\frac{7}{10}\log_2\frac{7}{10} - \frac{3}{10}\log_2\frac{3}{10} \\
&= -\frac{7}{10}\times 0.5146 + \frac{3}{10}\times 1.7370 \\
&= 0.8813^{①}
\end{aligned}$$

이 된다.

2단계 입력변수별 목표변수의 엔트로피 계산

각 입력변수(좌석등급, 성별)의 상태에 따른 목표변수의 엔트로피를 계산한다.

(1) 좌석등급 변수에 대한 목표변수의 엔트로피

좌석등급 변수에 의해 생존여부가 분류되는 상황을 나타내는 교차표를 참고하여, 좌석등급별 엔트로피 $H(\text{생존여부}|1)$와 $H(\text{생존여부}|2)$를 계산 후에 좌석등급에 의한 생존여부의 총 엔트로피 $H(\text{생존여부}|\text{좌석등급})$를 계산한다.

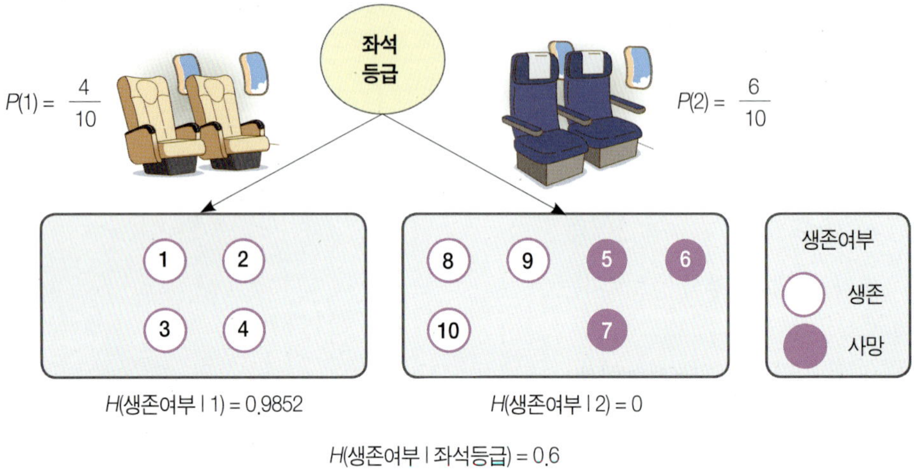

(입력변수) 좌석등급	(목표변수) 생존여부		계	좌석등급별 엔트로피
	생존	사망		
1	4 $P(생존 \mid 1) = \frac{4}{4}$	0 $P(사망 \mid 1) = \frac{0}{4}$	4 $P(1) = \frac{4}{10}$	$H(생존여부 \mid 1)$ $= -P(생존 \mid 1)\log_2 P(생존 \mid 1)$ $- P(사망 \mid 1)\log_2 P(사망 \mid 1)$ $= -\frac{4}{4}\log_2\frac{4}{4} - \frac{0}{4}\log_2\frac{0}{4}$ = 0②
2	3 $P(생존 \mid 2) = \frac{3}{6}$	3 $P(사망 \mid 2) = \frac{3}{6}$	6 $P(2) = \frac{6}{10}$	$H(생존여부 \mid 2)$ $= -P(생존 \mid 2)\log_2 P(생존 \mid 2)$ $= -\frac{3}{6}\log_2\frac{3}{6} - \frac{3}{6}\log_2\frac{3}{6}$ = 1③
계	7	3	10	$H(생존여부 \mid 좌석등급)$ $= P(1)H(생존여부 \mid 1)$ $+ P(2)H(생존여부 \mid 2)$ $= \frac{4}{10} \times 0 + \frac{6}{10} \times 1$ = 0.6④

(2) 성별 변수에 대한 목표변수의 엔트로피

다음으로 성별 변수에 의해 생존여부가 분류되는 상황을 나타내는 교차표를 참고하여, 각 성별별로 엔트로피 H(생존여부 | 남)과 H(생존여부 | 여)를 계산한 후에 성별에 의한 생존여부의 총 엔트로피 H(생존여부 | 성별)을 계산한다.

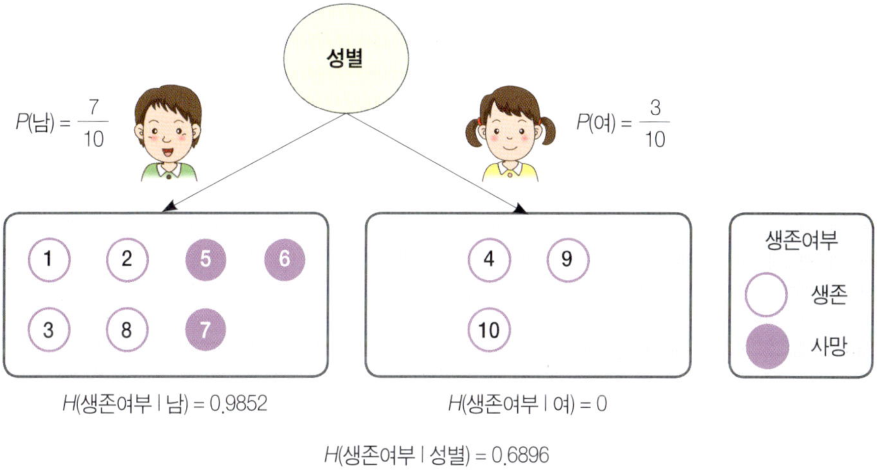

(입력변수) 성별	(목표변수) 생존여부		계	좌석등급별 엔트로피
	생존	사망		
남	4 P(생존 | 남) $= \frac{4}{7}$	3 P(사망 | 남) $= \frac{3}{7}$	7 P(남) $= \frac{7}{10}$	H(생존여부 | 남) $= -P$(생존 | 남)$\log_2 P$(생존 | 남) $-P$(사망 | 남)$\log_2 P$(사망 | 남) $= -\frac{4}{7}\log_2\frac{4}{7} - \frac{3}{7}\log_2\frac{3}{7}$ = 0.9852[5]
여	3 P(생존 | 여) $= \frac{3}{3}$	0 P(사망 | 여) $= \frac{0}{3}$	3 P(여) $= \frac{3}{10}$	H(생존여부 | 여) $= -P$(생존 | 여)$\log_2 P$(생존 | 여) $-P$(사망 | 여)$\log_2 P$(사망 | 여) $= -\frac{3}{3}\log_2\frac{3}{3} - \frac{0}{3}\log_2\frac{0}{3}$ = 0[6]

(입력변수) 성별	(목표변수) 생존여부		계	좌석등급별 엔트로피
	생존	사망		
계	7	3	10	H(생존여부 | 성별) = P(남)H(생존여부 | 남) + P(여)H(생존여부 | 여) $= \frac{7}{10} \times 0.9852 + \frac{3}{10} \times 0$ = 0.6896⑦

3단계 입력변수별 목표변수의 정보이득

초기 상태의 생존여부 엔트로피는 좌석등급과 성별에 의해 엔트로피의 변화가 발생하게 된다. 각 입력변수에 의한 생존여부 변수의 정보이득은 다음과 같다.

입력변수	정보이득
좌석등급	IG(생존여부, 좌석등급) = H(생존여부)① − H(생존여부 | 좌석등급)④ = 0.8813 − 0.6 = 0.2813⑧
성별	IG(생존여부, 성별) = H(생존여부)① − H(생존여부 | 성별)⑦ = 0.8813 − 0.6896 = 0.1917⑨

정보이득이 양수가 되면 엔트로피의 감소가 있다는 의미이며, 음수는 증가를 나타낸다. 즉, 정보이득이 큰 값일수록 엔트로피의 감소가 더 크고, 생존여부가 여러 그룹으로 더 잘 분류된다는 것을 나타낸다.

4단계 마디 추가 및 목표변수 데이터 분류

입력변수별 생존여부의 정보이득은

$$IG(\text{생존여부, 좌석등급})^{⑧} > IG(\text{생존여부, 성별})^{⑨}$$

이기 때문에 성별보다 좌석등급(노드1)으로 먼저 분류하면 된다. 좌석등급은 부모마디가 없기 때문에 뿌리마디가 된다. 좌석등급(노드1)은 1등급과 2등급으로 분류된다. 1등급으로 분류되는 노드2는 4명 모두 '생존(Y)'으로 분류되어 엔트로피가 0이 된다(2단계 계산 결과 참조).

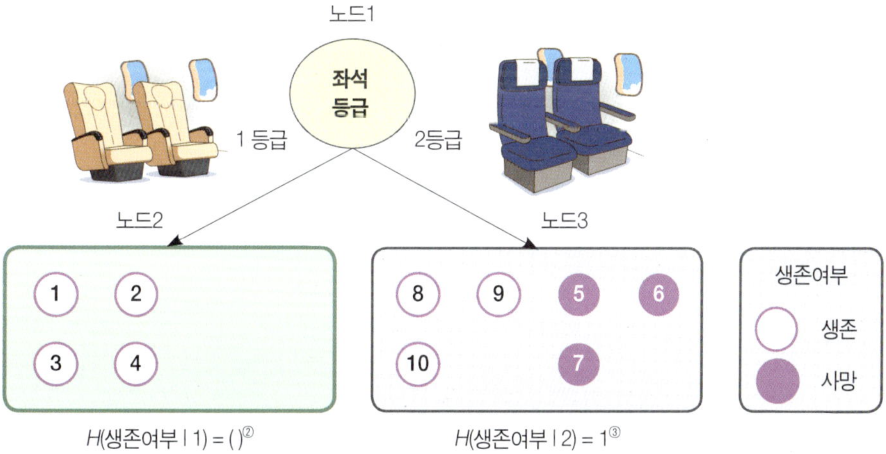

5단계 반복 결정

엔트로피가 0보다 큰 노드3은 엔트로피를 낮추기 위해 1~4단계를 반복한다.

1단계 목표변수의 엔트로피 계산

노드3의 생존여부를 목표변수로 두면, 엔트로피는 앞 과정의 2단계에서 계산한 값과 같다.

$$H(\text{생존여부}) \equiv H(\text{생존여부} \mid 2) = 1^{③}$$

2단계 입력변수별 목표변수의 엔트로피 계산

부모마디인 좌석등급을 제외한 노드3의 좌석등급이 2인 경우에 입력변수(성별)에 대해 목표변수의 엔트로피를 계산한다.

No	좌석등급	성별	생존여부
1	1	M	Y
2	1	M	Y
3	1	M	Y
4	1	F	Y
5	2	M	N
6	2	M	N
7	2	M	N
8	2	M	Y
9	2	F	Y
10	2	F	Y

노드3(엔트로피=1)이 성별에 의해 노드4와 노드5로 분류되는 경우를 보자. 그에 따른 생존여부의 엔트로피는 0.5409로 낮아진 것을 볼 수 있다.

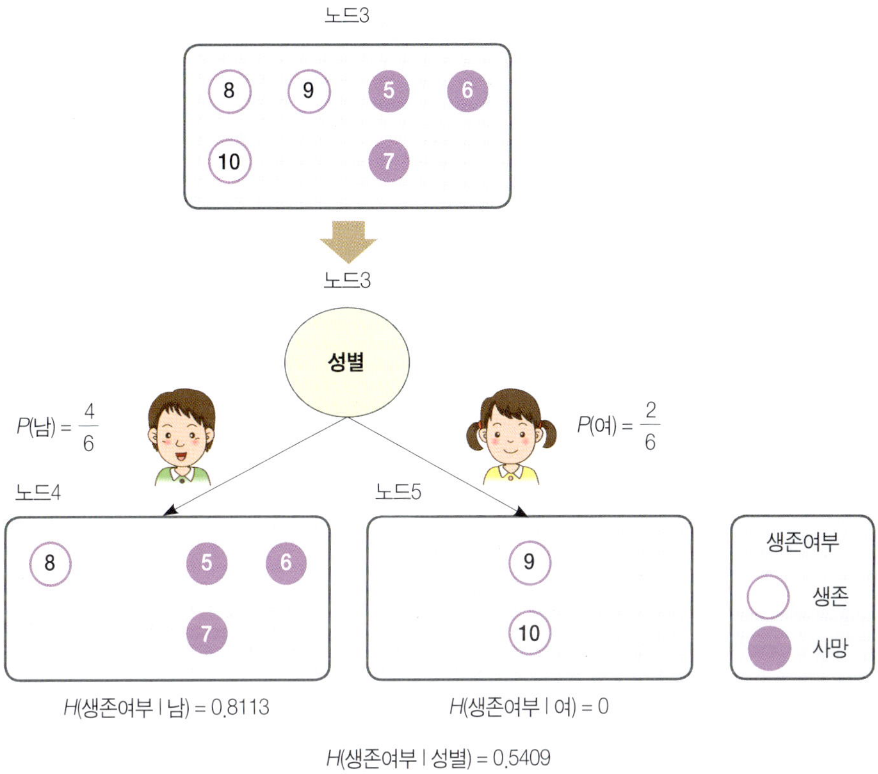

(입력변수) 성별	(목표변수) 생존여부		계	좌석등급별 엔트로피
	생존	사망		
남	1 $P(생존 \mid 남)$ $= \frac{1}{4}$	3 $P(사망 \mid 남)$ $= \frac{3}{4}$	4 $P(남)$ $= \frac{4}{6}$	$H(생존여부 \mid 남)$ $= -P(생존 \mid 남)\log_2 P(생존 \mid 남)$ $- P(사망 \mid 남)\log_2 P(사망 \mid 남)$ $= -\frac{1}{4}\log_2\frac{1}{4} - \frac{3}{4}\log_2\frac{3}{4}$ = 0.8113[10]
여	2 $P(생존 \mid 여)$ $= \frac{2}{2}$	0 $P(사망 \mid 여)$ $= \frac{0}{2}$	2 $P(여)$ $= \frac{2}{6}$	$H(생존여부 \mid 여)$ $= -P(생존 \mid 여)\log_2 P(생존 \mid 여)$ $- P(사망 \mid 여)\log_2 P(사망 \mid 여)$ $= -\frac{2}{2}\log_2\frac{2}{2} - \frac{0}{2}\log_2\frac{0}{2}$ = 0[11]

(입력변수) 성별	(목표변수) 생존여부		계	좌석등급별 엔트로피
	생존	사망		
계	3	3	6	H(생존여부 | 성별) = P(남)H(생존여부 | 남) + P(여)H(생존여부 | 여) $= \frac{4}{6} \times 0.8113 + \frac{2}{6} \times 0$ = 0.5409[12]

3단계 입력변수별 목표변수의 정보이득

노드3이 성별로 인해 생존여부가 분류되는 경우, 성별에 의한 생존여부의 정보이득은 다음과 같다.

입력변수	정보이득
성별	IG(생존여부, 성별) = H(생존여부)[3] − H(생존여부 | 성별)[12] = 1 − 0.5409 = 0.4591[13]

4단계 마디 추가 및 목표변수 데이터 분류

정보이득이 양수이기 때문에 성별이 생존여부의 분류에 기여하는 것으로 판단할 수 있다. 따라서, 노드3은 성별에 의해 노드4와 노드5로 분류되게 된다.

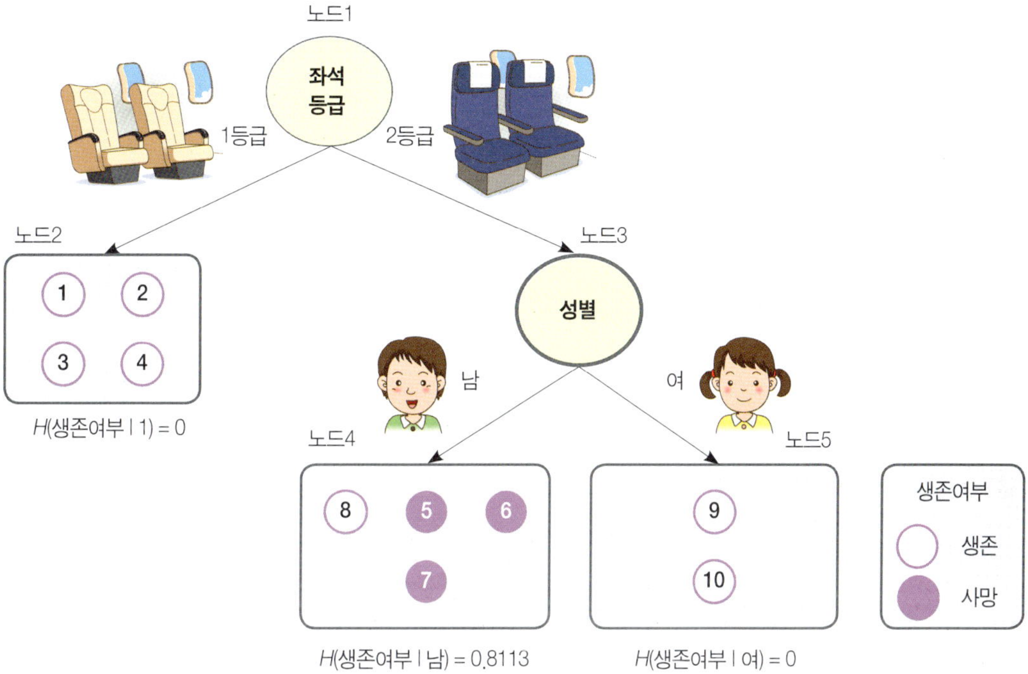

5단계 반복 결정

성별(노드3)은 '남'과 '여'로 분류된다 '남'으로 분류되는 노드4는 엔트로피가 0보다 크기 때문에 1~4 단계를 반복할 필요가 있다. 한편, '여'로 분류되는 노드5는 2명 모두 '생존(Y)'이기 때문에 엔트로피가 0으로 가지치기를 종료한다.

결과적으로 좌석등급을 뿌리마디로, 성별을 자식마디의 계층으로 분류하게 된다. 그런데, 좌석등급이 1등급일 때는 4명 모두 '생존' 즉, 엔트로피는 H(생존여부|1)=0이기 때문에 생존여부가 끝마디로 된다. 한편, 좌석등급이 2등급일 때는 H(생존여부|2) > 0이기 때문에 자식 마디인 성별변수의 성별 데이터에 따라 한번 더 분류하게 된다. 6명 중에서 성별이 '여'인 2명은 모두 '생존'하였으며, 성별이 '남'인 4명은 생존(3명)과 사망(1명)이 섞여 있다. 즉, 전체 10명에서 1명이 제대로 분류되지 않은 오차(10%)를 가지게 된다.

10.4 R을 이용한 의사결정나무 연습

(1) 사용 패키지

10.3절의 과정을 R로 실행하여 의사결정나무로 분류해보자. 사용 패키지는 C50이다.

패키지	개요	사용 함수	기능
C50	C5.0 알고리즘에 의한 의사결정나무 분석	C5.0()	C5.0 알고리즘에 의한 학습
		plot()	의사결정나무 출력
		predict()	의사결정나무 기반 예측

(2) 분석 절차

다음은 의사결정나무 분석의 각 단계와 사용 R 함수를 나타낸 것이다. 먼저 C50 패키지를 설치 및 로딩한다. 데이터를 준비하고, 학습 후에 의사결정나무 모형을 출력하며, 최종적으로 예측한다. 학습과정에서의 가지치기(Pruning), 그리고 학습모형에 대해 테스트 데이터로 예측한 값과 실제 데이터를 비교하는 검증과정은 10.5절에서 살펴보기로 한다.

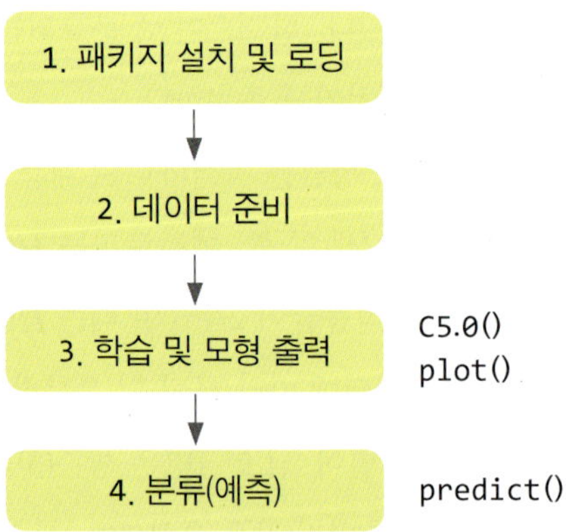

(3) 단계별 분석

1단계 패키지 설치 및 로딩

먼저, 패키지를 설치하고 로딩한다.

패키지 설치 및 로딩

```
install.packages("C50")   패키지 설치 및 로딩
library(C50)
```

2단계 데이터 준비

학습 데이터와 테스트 데이터를 준비한다. 학습 데이터는 10.2, 10.3절에서 사용한 10명의 승객 데이터로 한다. 목표변수에 해당하는 생존여부는 데이터 유형을 명목변수로 인식하는 팩터(Factor)로 설정한다.

학습 데이터 작성

```
pclass   <- c(1, 1, 1, 1, 2,
              2, 2, 2, 2, 2)   좌석등급
gender   <- c("M", "M", "M", "F", "M",
              "M", "M", "M", "F", "F")   성별
survived <- c("Y", "Y", "Y", "Y", "N",
              "N", "N", "Y", "Y", "Y")   생존여부

train_data <- data.frame("좌석등급"=pclass,
                         "성별" = gender,
                         "생존여부""=survived)   학습 데이터

train_data
```

출력 결과

```
   좌석등급 성별 생존여부
1         1    M        Y
2         1    M        Y
3         1    M        Y
4         1    F        Y
5         2    M        N
6         2    M        N
7         2    M        N
8         2    M        Y
9         2    F        Y
10        2    F        Y
```

```
str(train_data)
```
생존여부

출력 결과

```
'data.frame':   10 obs. of  3 variables:
 $ 좌석등급: num  1 1 1 1 2 2 2 2 2 2
 $ 성별    : Factor w/ 2 levels "F","M": 2 2 2 1 2 2 2 2 1 1
 $ 생존여부: Factor w/ 2 levels "N","Y": 2 2 2 2 1 1 1 2 2 2
```

의사결정나무 분류 후에 예측할 3명의 테스트 데이터를 다음과 같이 임의로 하자.

No	좌석등급	성별
1	1	F
2	2	F
3	2	M

테스트 데이터 작성

```
pclass  <- c(1, 2, 2)
gender <- c("F", "F", "M")

test_data <- data.frame("좌석등급"=pclass,
                        "성별" = gender)
test_data
```
테스트 데이터

출력 결과

```
  좌석등급 성별
1        1    F
2        2    F
3        2    M
```

3단계 학습 및 모형 출력

학습 데이터를 이용하여 의사결정나무 모형을 만들고 출력한다.

데이터 출력

```
model <- C5.0(생존여부 ~., data=train_data)
summary(model)
```

학습: train_data에서 생존여부 항목을 목표변수로 설정(그 외 항목은 입력변수가 됨)

학습결과 요약

출력 결과

```
Call:
C5.0.formula(formula = 생존여부 ~ ., data = train_data)


C5.0 [Release 2.07 GPL Edition]        Thu May 30 18:12:32 2019
-------------------------------

Class specified by attribute `outcome'

Read 10 cases (3 attributes) from undefined.data

Decision tree:

좌석등급 <= 1: Y (4)
좌석등급 > 1:
:...성별 = F: Y (2)
    성별 = M: N (4/1)

Evaluation on training data (10 cases):
```

의사결정나무 모형
- 분류오차: 1개

출력 결과

```
Decision Tree
----------------
Size      Errors

   3    1(10.0%)   <<
```

끝마디의 수: 3
분류오차: 10% (전체 10개 중 1개)

```
  (a)   (b)    <-classified as
 ----  ----
    3          (a): class N
    1     6    (b): class Y
```

분류 교차표

```
Attribute usage:

100.00% 좌석등급
 60.00% 성별
```

좌석등급으로 100% 분류됨
성별로 60% 분류됨
☞ 분류 오차 포함

```
Time: 0.0 secs
```

```
plot(model)
```

의사결정나무 출력

출력 결과

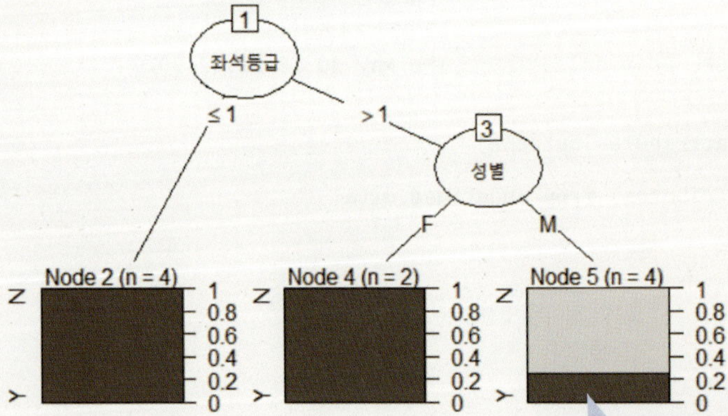

분류오차: 1/10(10%)
신뢰도: 1/4=0.25

함수 | C5.0()

패키지	C50
기능	C5.0 의사결정나무 생성
사용법	**C5.0**(formula, data, control) **C5.0**(x, y, control) (☞ 응용문제 참조) • 매개변수 <table><tr><th>변수</th><th>설명</th></tr><tr><td>formula</td><td>입력변수와 목표변수 (목표변수 ~.)</td></tr><tr><td>data</td><td>formula에 사용되는 변수를 포함하는 데이터 프레임</td></tr><tr><td>x</td><td>입력변수들의 데이터 프레임</td></tr><tr><td>y</td><td>목표변수에 해당하는 팩터 벡터(2개 이상 레벨)</td></tr><tr><td>control</td><td>제어 인자들의 리스트(☞ 10.5절 참조)</td></tr></table>
반환값	C5.0 클래스의 객체

함수 | summary()

패키지	C50
기능	C5.0 모형의 요약
사용법	**summary**(object) • 매개변수 <table><tr><th>변수</th><th>설명</th></tr><tr><td>object</td><td>C5.0 클래스의 객체</td></tr></table>
반환값	C5.0 모형 값들의 리스트

4단계 분류(예측)

테스트 데이터에 대해 의사결정모형으로 분류한다. 첫 번째와 두 번째 승객은 '생존(Y)', 세 번째 승객은 '사망(N)'으로 분류된다.

분류

```
results <- predict(object = model, newdata = test_data)
results
```

예측: 학습한 모형 model을 이용하여 test_data에 대해 분류

출력 결과

```
[1] Y Y N
Levels: N Y
```

함수 | predict()

패키지	C50
기능	의사결정나무 모형을 이용한 예측
사용법	**predict**(object, newdata, type) • 매개변수
반환값	팩터 또는 행렬

변수	설명
object	C5.0 클래스의 객체
newdata	입력변수들의 데이터 프레임
type	예측 값의 출력 유형. "type": 팩터 벡터(디폴트) "prob": 신뢰도 값의 행렬

10.5 예제: 붓꽃 종의 분류와 예측

8.5절에서 K-평균 군집 분석에서 사용했던 iris(붓꽃) 데이터 세트로 의사결정나무 분석을 사용하여 종을 분류해보자. 붓꽃은 꽃받침의 너비와 길이, 꽃잎의 너비와 길이에 따라 세 가지 종으로 분류된다.

setosa

versicolor

virginica

붓꽃의 종

150개 종의 데이터의 80%에 해당하는 120개 종으로 학습하여 의사결정나무 모형을 만들고, 이 모형으로 30개 종의 입력변수로 예측하여 실제 분류된 종과 일치하는 정확도를 파악해본다. 분석절차는 다음과 같다.

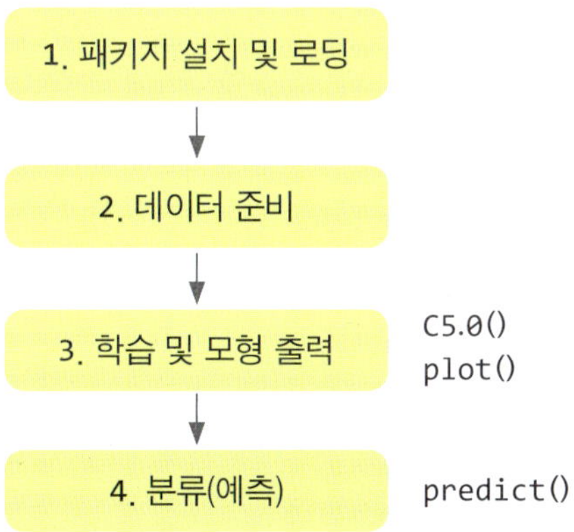

1단계 패키지 설치 및 로딩

먼저, 패키지를 설치하고 로딩한다.

패키지 설치 및 로딩

```
# install.packages("C50")   5.4절에서 설치했기 때문에 재설치 불필요
library(C50)
```

2단계 데이터 준비

R에 내장된 붓꽃에 대한 iris 데이터 세트를 출력해본다.

파일 읽기

```
iris   데이터 세트 확인
```

출력 결과

```
    Sepal.Length Sepal.Width Petal.Length Petal.Width    Species
1            5.1         3.5          1.4         0.2     setosa
2            4.9         3.0          1.4         0.2     setosa
3            4.7         3.2          1.3         0.2     setosa
4            4.6         3.1          1.5         0.2     setosa
5            5.0         3.6          1.4         0.2     setosa
6            5.4         3.9          1.7         0.4     setosa
7            4.6         3.4          1.4         0.3     setosa
8            5.0         3.4          1.5         0.2     setosa
...
146          6.7         3.0          5.2         2.3  virginica
147          6.3         2.5          5.0         1.9  virginica
148          6.5         3.0          5.2         2.0  virginica
149          6.2         3.4          5.4         2.3  virginica
150          5.9         3.0          5.1         1.8  virginica
```

```
str(iris)
```

출력 결과

데이터 세트 구조
150개 개체(행)와 5개의 변수
꽃받침(sepal) 길이와 너비, 꽃잎(petal)의 길이와 너비

```
'data.frame':   150 obs. of  5 variables:
 $ Sepal.Length: num  5.1 4.9 4.7 4.6 5 5.4 4.6 5 4.4 4.9 ...
 $ Sepal.Width : num  3.5 3 3.2 3.1 3.6 3.9 3.4 3.4 2.9 3.1 ...
 $ Petal.Length: num  1.4 1.4 1.3 1.5 1.4 1.7 1.4 1.5 1.4 1.5 ...
 $ Petal.Width : num  0.2 0.2 0.2 0.2 0.2 0.4 0.3 0.2 0.2 0.1 ...
 $ Species     : Factor w/ 3 levels "setosa","versicolor",..: 1 1 1
```

```
nrow(iris)
```

데이터 세트 행의 수

출력 결과

```
[1] 150
```

데이터 세트를 학습용(80%)과 테스트용(20%)으로 분리하기 위해 색인을 무작위로 선택한다. 시드(seed)라고 하는 난수 발생 숫자를 임의로 설정한다. 데이터 검증 시, 같은 시드를 사용하면 반복 실행에 유용하다.

R 데이터 분리를 위한 색인

```
set.seed(3598)
idx <- sample(1:nrow(iris), size = nrow(iris)*0.8)
idx
```

시드 초기화

전체 행의 80%에 해당하는 무작위적 행 번호 추출

출력 결과

```
  [1]  61  47  34  22  13 146 105  73 115 125  70  64  67  46  53  50
 [17] 126  27  12  51 119  66 101 106 114  31 140  60 138  91  28  79
 [33]  76  94  10  89  75 118  90  63 147   8  17   2  74  11  71 129
 [49]  29  38 100   9   5 133 144  26 136  84  19  33 113 145  97  32
 [65]  15 121  55  59 117  78  30  57 148  21 143  68  14  49 128 109
 [81] 131 132  18 123 111  88  58 150  54 107 103 134  95  83  52 108
 [97] 127  16 116 102  56   6  48 149  99  36 104 139  35 142  45  43
[113]  93  41  24  77 120   7  98 110
```

```
length(idx)
```

추출 행의 수
☞ 150개 행의 80%

출력 결과

```
[1] 120
```

전체 행의 80%로 추출한 색인을 이용해서 데이터를 학습용과 테스트용으로 분리한다.

데이터 분리

```
train_data <- iris[idx,]
train_data
```

학습 데이터: 행의 80% 추출

출력 결과

```
    Sepal.Length Sepal.Width Petal.Length Petal.Width    Species
61           5.0         2.0          3.5         1.0 versicolor
47           5.1         3.8          1.6         0.2     setosa
34           5.5         4.2          1.4         0.2     setosa
22           5.1         3.7          1.5         0.4     setosa
13           4.8         3.0          1.4         0.1     setosa
146          6.7         3.0          5.2         2.3  virginica
105          6.5         3.0          5.8         2.2  virginica

77           6.8         2.8          4.8         1.4 versicolor
120          6.0         2.2          5.0         1.5  virginica
7            4.6         3.4          1.4         0.3     setosa
98           6.2         2.9          4.3         1.3 versicolor
110          7.2         3.6          6.1         2.5  virginica
```

```
test_data <- df.dt[-idx,]
test_data
```

테스트 데이터: 학습 데이터를 제외(행의 20%)

출력 결과

```
    Sepal.Length Sepal.Width Petal.Length Petal.Width    Species
1            5.1         3.5          1.4         0.2     setosa
3            4.7         3.2          1.3         0.2     setosa
4            4.6         3.1          1.5         0.2     setosa
20           5.1         3.8          1.5         0.3     setosa
23           4.6         3.6          1.0         0.2     setosa
25           4.8         3.4          1.9         0.2     setosa
37           5.5         3.5          1.3         0.2     setosa
                                      1.3         0.2
124          6.3         2.7                                virginica
130          7.2         3.0          5.8         1.6  virginica
135          6.1         2.6          5.6         1.4  virginica
137          6.3         3.4          5.6         2.4  virginica
141          6.7         3.1          5.6         2.4  virginica
```

3단계 학습 및 모형 출력

학습 데이터에서 종(Species)을 목표변수로, 그 외 항목(꽃받침의 너비와 길이, 꽃잎의 너비와 길이)을 입력변수로 하여 학습한다. 먼저, 가지치기 없이 모든 나무구조가 나타나는 모형을 만들어보자.

가지치기 (pruning)

의사결정나무에서 분기 수가 증가할 때 처음에는 분류 오차가 감소하지만, 분기 수가 일정 수준 이상이 되면 반대로 분류 오차가 증가하게 된다(over-fitting). 따라서 분류 오차가 증가하는 시점에서 적절한 가지치기를 해야 한다.

(모형 1) 가지치기 없는 경우

```
c5_options <- C5.0Control(noGlobalPruning = T, CF = 1)
model1 <- C5.0(Species ~., data=train_data, control = c5_options)
summary(model1)
```

분류 조건
- 전체 대상 가지치기
- 가지치기 정도: 1

학습: 의사결정나무 만들기

의사결정나무 요약

출력 결과

```
Call:
C5.0.formula(formula = Species ~ ., data = train_data, control
 = c5_options)


C5.0 [Release 2.07 GPL Edition]        Sat Jun 08 15:19:53 2019
-------------------------------

Class specified by attribute `outcome'

Read 120 cases (5 attributes) from undefined.data

Decision tree:

Petal.Width <= 0.5: setosa (39)
Petal.Width > 0.5:
:...Petal.Width > 1.7: virginica (41/1)
    Petal.Width <= 1.7:
    :...Petal.Width <= 1.4: versicolor (28)
        Petal.Width > 1.4:
        :...Sepal.Width > 2.8: versicolor (6)
            Sepal.Width <= 2.8:
            :...Sepal.Length <= 6.1: virginica (3/1)
                Sepal.Length > 6.1: versicolor (3/1)

Evaluation on training data (120 cases):
```

의사결정나무 모형
- 분류오차: 3개

출력 결과

```
Decision Tree
----------------
Size      Errors

   6    3( 2.5%)   <<
```

끝마디의 수: 6
분류오차: 2.5% (전체 120개 중 3개)

```
 (a)   (b)   (c)    <-classified as
 ----  ----  ----
   39                (a): class setosa
         36     2    (b): class versicolor
          1    42    (c): class virginica
```

분류 교차표

```
Attribute usage:

100.00% Petal.Width
 10.00% Sepal.Width
  5.00% Sepal.Length
```

꽃잎의 너비로 100% 분류됨
꽃받침의 너비로 10% 분류됨
☞ 분류 오차 포함

```
Time: 0.0 secs
```

```
plot(model)
```

의사결정나무 출력

출력 결과

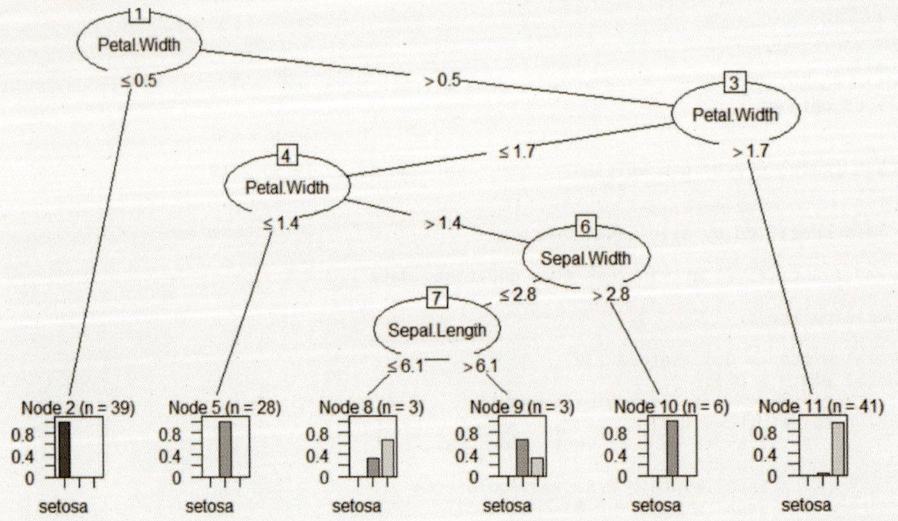

함수 | C5.0Control()

<table>
<tr><th>패키지</th><td>C50</td></tr>
<tr><th>기능</th><td>C5.0 의사결정나무 모형 생성을 위한 제어</td></tr>
<tr><th>사용법</th><td>C5.0Contrl(winnow, noGlobalPruning, CF)

• 매개변수
<table>
<tr><th>변수</th><th>설명</th></tr>
<tr><td>winnow</td><td>유용하지 않은 입력변수는 걸러냄(입력변수가 많을 경우에 유용)
TRUE 또는 FALSE</td></tr>
<tr><td>noGlobalPruning</td><td>가지치기 범위
TRUE: 전체 가치를 대상으로 강도가 낮은 서브 트리의 가지치기
FLASE: 각 가지별 가치치기(디폴트)</td></tr>
<tr><td>CF</td><td>신뢰계수, 가지치기를 위한 목표변수 그룹의 최소 신뢰도.
0~1: 0에 가까울수록 가지치기 강도가 강함(디폴트는 0.25)</td></tr>
</table></td></tr>
<tr><th>반환값</th><td>제어 항목들의 리스트</td></tr>
</table>

각 가지별로 신뢰도가 낮은 경우 신뢰계수(confidence factor)는 가지치기의 한 방법이다. 0~1 사이의 신뢰계수를 지정하면 그 보다 낮은 신뢰도를 갖는 목표변수의 분류 그룹은 걸러진다. 신뢰계수를 0.25로 즉, CF=0.25로 하여 가지치기를 해 보자.

(모형 2) 지역적 가지치기

```
c5_options <- C5.0Control(noGlobalPruning = T, CF = 0.25)
model2 <- C5.0(Species ~., data=train_data, control = c5_options)

summary(model2)
```

분류 조건
- 전역적 가지치기
- 가지치기 정도: 0.25

학습: 의사결정나무 만들기

의사결정나무 요약

출력 결과

```
Call:
C5.0.formula(formula = Species ~ ., data
 = train_data, control = c5_options)


C5.0 [Release 2.07 GPL Edition]        Sat Jun 08 15:44:40 2019
-------------------------------

Class specified by attribute `outcome'

Read 120 cases (5 attributes) from undefined.data

Decision tree:

Petal.Width <= 0.5: setosa (39)
Petal.Width > 0.5:
:...Petal.Width <= 1.7: versicolor (40/3)
    Petal.Width > 1.7: virginica (41/1)


Evaluation on training data (120 cases):

         Decision Tree
       ----------------
       Size      Errors

          3    4( 3.3%)   <<


        (a)   (b)   (c)    <-classified as
       ----  ----  ----
         39                (a): class setosa
               37     1    (b): class versicolor
                3    40    (c): class virginica


      Attribute usage:

      100.00% Petal.Width


Time: 0.0 secs
```

의사결정나무 모형
- 분류오차: 4개

끝마디의 수: 3
분류오차: 3.3% (전체 120개 중 4개)

분류 교차표

꽃잎 너비로 100% 분류됨

```
plot(model2)
```

의사결정나무 출력

출력 결과

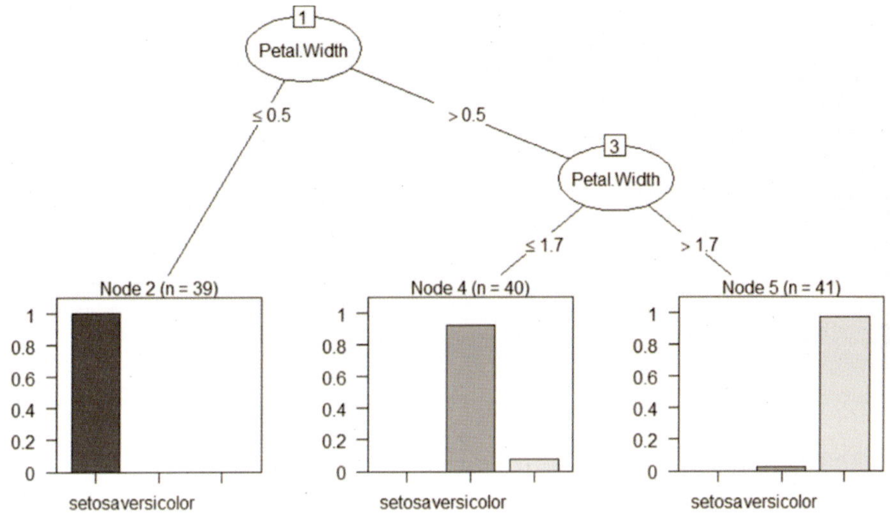

의사결정나무 모형의 전역적 관점에서만 가지치기를 해보면, 이 경우는 model2와 같은 결과가 나타난다.

(모형 3) 전역적 가지치기

```
c5_options <- C5.0Control(noGlobalPruning = F, CF = 1)
model3 <- C5.0(Species ~., data=train_data, control = c5_options)

summary(model3)  # model2와 동일한 결과
plot(model3)     # model2와 동일한 결과
```

분류 조건
- 전역적 가지치기
- 가지치기 정도: 1

학습: 의사결정나무 만들기

4단계 분류(예측)

분류 오차가 가장 작은 model1에 대해 테스트 데이터(test.dat)로 목표변수를 예측해보자. 30개 꽃받침과 꽃잎의 각 길이와 너비 데이터에 대한 종의 분류 결과는 다음과 같다.

예측

```
results <- predict(object = model1, newdata = test_data)
results
```

예측: 학습한 모형 model1을 이용하여 test_data에 대해 분류

출력 결과

```
 [1] setosa     setosa     setosa     setosa     setosa     setosa
 [7] setosa     setosa     setosa     setosa     versicolor versicolor
[13] versicolor versicolor versicolor versicolor versicolor versicolor
[19] versicolor versicolor versicolor versicolor versicolor virginica
[25] virginica  virginica  versicolor versicolor virginica  virginica
Levels: setosa versicolor virginica
```

학습모형으로 예측한 결과를 실제 데이터와 비교하는 교차표를 출력해본다. versicolor 종을 setosa와 virginica 종으로 잘못 분류한 경우는 각각 1건과 2건으로 나타났다.

예측결과 검증

```
table(results, test_data$survived)
```

테스트 데이터의 예측값과 실제값 비교

출력 결과

```
results      setosa versicolor virginica
  setosa         10          0         0
  versicolor      1         12         2
  virginica       0          0         5
```

정확도(accuracy)

$$= \frac{10 + 12 + 5}{30} \times 100 = 90(\%)$$

요약

의사결정나무 분석 개요: 입력변수(설명변수)와 목표변수(종속변수)의 값들을 바탕으로 의사결정나무로 도표화되는 의사결정 규칙으로 분류하고, 새로운 입력변수들의 데이터로부터 목표변수 데이터들의 한 그룹으로 예측하는 방법이다.

의사결정나무 분석 역사: 의사결정나무를 발견하는 대표적인 기법인 C5.0은 머신러닝의 지도학습에 속하며, Ross Quinlan이 자신이 개발한 ID3, C4.5를 발전시켜 만든 알고리즘이다.

의사결정나무 분석 모형: 엔트로피(Entropy)와 정보이득(Information Gain) 개념에 기반을 두고 있으며, 목표변수의 정보이득을 크게 하는 입력변수를 우선으로 노드에 추가한다.

의사결정나무 분석 절차: 목표변수의 엔트로피 계산 (1단계) → 각 입력변수에 의한 목표변수의 엔트로피 계산 (2단계) → 각 입력변수에 의한 목표변수의 정보이득 계산(3단계) → 자식노드 추가(4단계) → 반복여부 결정(5단계) 과정으로 진행된다.

R을 이용한 의사결정나무 분석 방법: C50 패키지의 C5.0 함수를 사용하여 의사결정나무를 생성하며, predict() 함수를 사용하여 의사결정나무 모형을 기반으로 예측한다.

연습문제

1. 다음은 고객들의 주택 소유 여부와 자가용 배기량에 따른 신용등급을 분류한 데이터 세트이다. C5.0 기법을 이용하여 신용등급을 목표변수로 하는 의사결정나무를 발견하려고 한다. 각 문항에 따라 답하시오.

No	주택 소유 여부	자가용 배기량	신용등급
1	N	소형	B
2	N	소형	B
3	N	소형	B
4	N	중형	B
5	Y	소형	A
6	Y	소형	A
7	Y	중형	A
8	Y	중형	A
9	Y	대형	A
10	Y	대형	A

1.1 신용등급의 엔트로피를 계산하시오.

1.2 주택 소유 여부 변수에 대한 신용등급의 엔트로피, H(신용등급|실거주지 소유 여부)를 계산하시오.

1.3 자가용 배기량 변수에 대한 신용등급의 엔트로피 즉, H(신용등급|자가용 배기량)를 계산하시오.

1.4 입력변수별 목표변수의 정보이득을 계산하시오. 어느 변수로 먼저 분류하면 되는가? .

2. 1번 문항의 데이터를 데이터 프레임으로 만들고, C5.0 알고리즘으로 주택 소유 여부와 자가용 배기량에 따른 신용등급을 분류하는 의사결정모형을 학습하는 R 스크립트를 완성하시오.

```
library(C50)

# 주택 소유 여부
ownership <- ______________________
# 자가용 배기량
displacement <- ____________________
# 신용 등급
credit <- ____________________

train_data <- data.frame(주택소유여부= ________,
자가용배기량= ________,
신용등급= ________)
model <- C5.0(________, data= ________)
# 학습 결과의 요약정보 출력
________(model)
# 의사결정나무 그래프 출력
________(model)
```

3. 2번 문항의 학습모형을 이용하여 주택 소유 여부와 자가용 배기량에 대해 신용등급을 판단하는 R 스크립트를 완성하시오.

```
ownership <- c('N', 'N', 'Y')
displacement <- c('소형', '중형', '대형')
test_data <- data.frame(주택소유여부= ________,
자가용배기량= ________)
results <- ________(object = ________, newdata = ________)
results
```

응용문제 신용상태 분류와 예측

다음은 recipes 패키지에 있는 credit_data의 데이터 구조이다. 목표변수 Status(신용상태)에 대해 분류 가능한 입력변수를 설정하여 의사결정나무 모형을 만들고 신용상태를 예측해보자.

```
install.packages("recipes")
library(recipes)
data(credit_data)   # recipes 패키지에 있는 credit_data를 로딩
str(credit_data)
```

출력 결과

```
'data.frame':   4454 obs. of  14 variables:
 $ Status   : Factor w/ 2 levels "bad","good": 2 2 1 2 2 2 2 2 2 1
 $ Seniority: int  9 17 10 0 0 1 29 9 0 0 ...
 $ Home     : Factor w/ 6 levels "ignore","other",..: 6 6 3 6 6 3 3
 $ Time     : int  60 60 36 60 36 60 60 12 60 48 ...
 $ Age      : int  30 58 46 24 26 36 44 27 32 41 ...
 $ Marital  : Factor w/ 5 levels "divorced","married",..: 2 5 2 4 4
 $ Records  : Factor w/ 2 levels "no","yes": 1 1 2 1 1 1 1 1 1 1 ..
 $ Job      : Factor w/ 4 levels "fixed","freelance",..: 2 1 2 1 1
 $ Expenses : int  73 48 90 63 46 75 75 35 90 90 ...
 $ Income   : int  129 131 200 182 107 214 125 80 107 80 ...
 $ Assets   : int  0 0 3000 2500 0 3500 10000 0 15000 0 ...
 $ Debt     : int  0 0 0 0 0 0 0 0 0 0 ...
 $ Amount   : int  800 1000 2000 900 310 650 1600 200 1200 1200 ...
 $ Price    : int  846 1658 2985 1325 910 1645 1800 1093 1957 1468
```

① 학습데이터는 credit_data에서 무작위로 3,000개 행을 추출하여 만들고, 그 나머지 행은 테스트 데이터로 사용한다.

② 데이터 프레임의 일부 항목들로 입력변수(예: Homerhk Seniority)를 설정할 때, 학습과 예측은 다음과 같다.

```
# 학습
model <- C5.0(x = traim_data[, c("Home", "Seniority")], y = train_data$Status)
# 예측
predict(model, test_data[,c("Home", "Seniority")]
```

1단계 패키지 설치 및 로딩

2단계 데이터 준비

3단계 학습 및 모형 출력

4단계 예측

CHAPTER 11

회귀분석을 통한 예측

학습목표

회귀분석과 머신러닝의 원리 이해

학습내용

회귀분석 원리 이해
회귀선 발견
회귀분석 실습

11.1 배경

키를 알면 몸무게를 추측할 수 있을까? 고객들의 소득을 파악하면 우리 백화점의 구매 금액을 추정할 수 있을까? 방의 갯수와 범죄율을 알면 주택 가격을 추정할 수 있을까? 두 변수 간 선형관계를 설명하는 모형을 어떻게 만들 수 있을까?

회귀분석은 변수 간 관계를 모형화하는 통계적 방법이다. 하나의 독립변수와 하나의 종속변수 간 회귀분석은 단순 회귀분석이라 한다. 이에 비해 독립변수가 여러 개인 경우를 다중 회귀분석이라고 한다. 본 장에서는 두 변수가 서로 독립변수(x)와 종속변수(y)의 선형관계가 있을 때, x에 대응하는 추론 값($\hat{y}$)과 실제 값(y) 사이의 오차($\hat{y} - y$)인 잔차(residual)를 가장 작게 하는 직선의 회귀선(linear regression line)을 만들고, 임의의 x 값에 대한 $\hat{y}$ 값을 추정하는 방법을 살펴보기로 한다. 회귀선은 일반적으로 잔차의 제곱합들을 최소로 하는 최소자승법의 수리적 모형을 이용하여 구하지만, 본 장에서는 다음 장에서 다룰 인공 신경망의 기본적인 원리를 이해하기 위해 최소 자승법의 기본 개념을 머신러닝을 적용하여 회귀선을 구하도록 해보자. 11.2절에서는 회귀분석의 개요, 11.3절에서는 머신러닝을 이용한 회귀선의 원리 이해, 11.4절에서는 R을 이용해서 문제를 푸는 방법을 공부해보자. 11.5절에서는 키와 몸무게 간 회귀선을 찾아본다. 응용문제에서는 자동차 속력과 정지 거리 간의 회귀분석을 살펴보기로 하자.

11.2 회귀분석 개요

회귀분석은 변수 간의 관계를 추정하는 통계적인 방법을 말한다. 선형회귀분석은 독립변수(x)에 대한 종속변수(y)의 값들을 이용해 두 변수 간의 선형 관계를 설명하는 회귀선인 직선의 방정식($\hat{y} = bx + a$)을 만들고, 임의의 x값에 대한 추정치인 $\hat{y}$ 값을 추론하는 방법이다. 회귀선은 각 x_i에 대응하는 실제값 y_i와 추정값 $\hat{y}_i$ 간의 오차인 잔차들의 제곱 합을 최소로 하는 직선이다. 회귀선을 찾는 방법에는 범위 탐색, 통계적 방법, 머신러닝 방법 등이 있다. 범위 탐색은 탐색할 a와 b의 범위에서 임의의 간격으로 모든 a, b에 대응하는 잔차들의 제곱 합을 구한 뒤에 그 값을 최소화하는 a, b를 결정하는 방법이다. 일반적으로 많이 사용하는 통계적 방법은 잔차 제곱합을 최소화하는 최소 자승법을 이용한다. 잔차 제곱 값에 관한 식을 a와 b로 편미분한 식을 연립방정식으로 풀면 a와 b를 구할 수 있다. 머신러닝은 잔차 제곱합이 감소하는 방향으로 a와 b를 조금씩 조정하다가 잔차 제곱합의 변화량이 없거나 허용되는 범위 내에 있을 때 a와 b를 결정하는 방법이다.

가장 초기의 회귀의 형태는 최소자승법으로 1805년 Legendre와 1809년 Gauss가 태양에 대한 혜성의 궤도에 관해 출판하였다. 회귀(regression)라는 용어는 19 세기에 프란시스 갈튼(Francis Galton)이 키가 큰 조상들의 후손들은 그 조상들에 비해 상대적으로 키가 작아지는 회귀 현상을 설명하는 데서 사용하였다. 이 연구는 후에 Udny Yule과 Karl Pearson에 의해 보다 일반적인 통계적 맥락으로 확대되었다[12].

다음 두 변수의 데이터를 예로 들어 보자. 10개의 x, y 데이터 간의 관계를 산포도로 점을 찍으면 x가 증가하면 y도 증가하는 선형 관계를 파악할 수 있다. 선형 관계를 하나의 직선으로 표현하는 회귀선을 그려서 임의의 x값에 대한 $\hat{y}$값을 추정하고자 한다면 어떤 회귀선이 가장 적당할까? 아마 직관적으로 ①번 선을 선택할 것이다. 그 직선이 모든 점들에 대해 가장 가까이 지나기 때문이다. 그런데 실제로는 데이터 수가 훨씬 많고 수많은 직선들 중에서 선택해야 하기 때문에 문제는 더 어려워진다. 다음 절에서 머신러닝으로 가장 적절한 하나의 직선을 찾는 방법을 살펴보자.

i	x_i	y_i
1	10	41
2	22	45
3	35	62
4	40	75
5	52	85
6	64	90
7	71	110
8	83	115
9	92	125
10	100	140

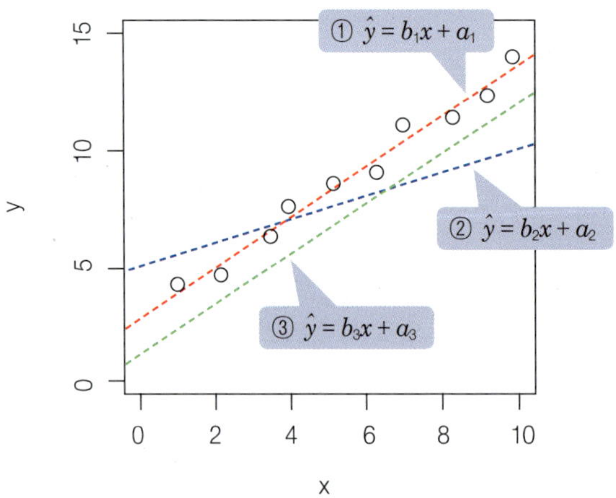

11.3 머신러닝을 이용한 회귀선의 원리 이해

(1) 회귀선의 수학적 모형

독립변수 x에 대한 종속변수 y와의 관계를 선형적인 관계로 설명하는 추정식인 회귀선은

$$\hat{y} = bx + a \tag{1}$$

로 나타낼 수 있다. b는 기울기(가중치), a는 y절편(편향, bias)을 의미한다. x의 데이터에 대한 실제 값 y와 회귀선 상의 추정값 $\hat{y}$ 간 차이를 최소화하는 a와 b를 구해보자. 각 x_i에 대한 실제값 y_i와 추정식에 의한 $\hat{y}_i$ 간 차이를 잔차(residual) e_i로 표시하면 다음과 같다.

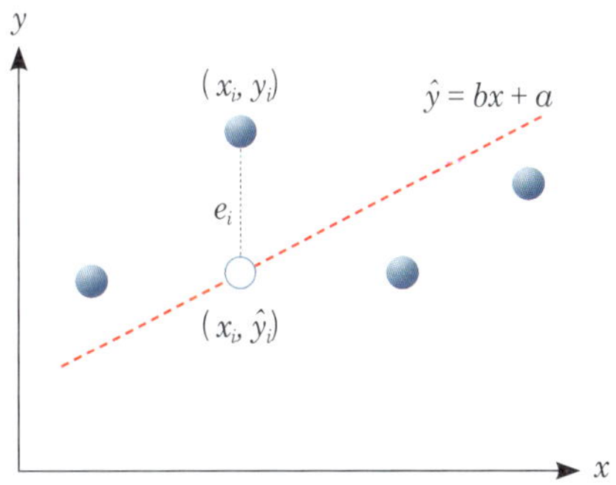

회귀선을 구하는 일반적인 방법은, 통계적인 방법으로 잔차 제곱합인

$$\sum_{i=1}^{m} e_i^2 = \sum_{i=1}^{m} (y_i - \hat{y}_i)^2 = \sum_{i=1}^{m} \{y_i - (bx_i + a)\}^2 \tag{2}$$

를 최소화하는 최소자승법(Method of Least Squares)이다. (2)식의 값이 최소값을 갖는 조건은 a와 b에 대해 각각 편미분한 식이 각각 0이 될 때이다.

$$\frac{\partial}{\partial a} \sum_{i=1}^{m} e_i^2 = -2 \sum_{i=1}^{m} \{y_i - (bx_i + a)\}^2 = 0 \tag{3}$$

$$\frac{\partial}{\partial b}\sum_{i=1}^{m} e_i^2 = -2\sum_{i=1}^{m} x_i\{y_i - (bx_i + a)\}^2 = 0 \tag{4}$$

이 두 식을 연립방적식으로 풀면, a와 b의 해는 다음과 같다.

$$b = \frac{\sum_{i=1}^{m}(x_i - \bar{x})\sum_{i=1}^{m}(y_i - \bar{y})}{\sum_{i=1}^{m}(x_i - \bar{x})^2} \tag{5}$$

$$a = \bar{y}_i - b\bar{x} \tag{6}$$

a, b를 (1)식에 대입하면, 임의의 x 값에 대한 추정치 $\hat{y}$을 구할 수 있다. 이제, 관측값들을 이용하여 회귀선을 구하는 머신러닝 방법을 살펴보자.

(2) 머신러닝을 이용한 회귀선 구하기

경사하강법(gradient descent)을 이용하여 비용함수 값이 최소화되는 a와 b를 조정해보자. 회귀선에 대한 비용함수(cost function)는 잔차(e_i) 제곱의 합을 사용할 수 있다. 실제 문제에서는 비용함수의 미분계수를 이용하여 a, b를 조정하기 때문에 미분에 의한 식을 단순화하기 위해 계수는 1/2로 한다.

$$f(a,b) = \frac{1}{2}\sum_{i=1}^{m} e_i^2 = \frac{1}{2}\sum_{i=1}^{m}(y_i - \hat{y}_i)^2 = \frac{1}{2}\sum_{i=1}^{m}\{y_i - (bx_i + a)\}^2 \tag{7}$$

비용함수는 y와 $\hat{y}$ 간 오차가 없을 때 가장 작은 값을 가지게 되고(f_{min}), 오차가 커지면 비용함수는 제곱으로 비례하게 된다. 즉, a와 b가 변함에 따라 아래로 볼록한 곡면의 형태를 띤다. 다음은 임의의 (a, b)에서 각각 Δa, Δb 만큼 이동하면서 비용함수가 최소가 되는 (a_{min}, b_{min})을 찾아가는 경로를 나타낸 것이다.

주어진 (a, b)점에서 경사(기울기)를 측정하면 (a_{min}, b_{min})으로 가는 방향을 찾을 수 있

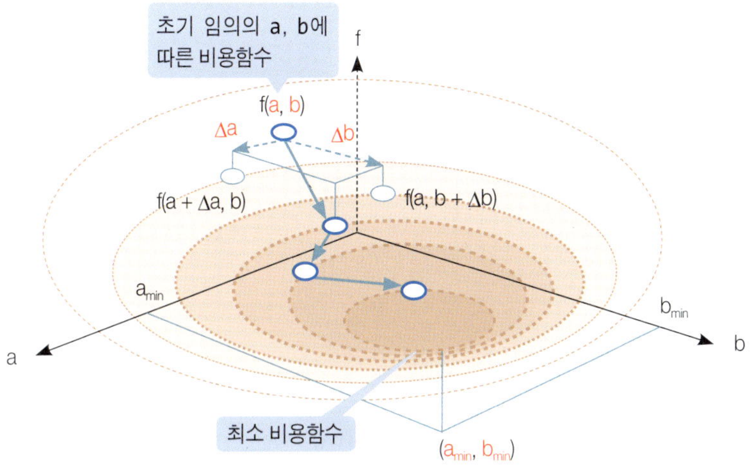

다. 다음의 아래로 볼록한 포물선은 a의 관점에서 본 비용함수의 변화로 간단히 예시한 것이다.

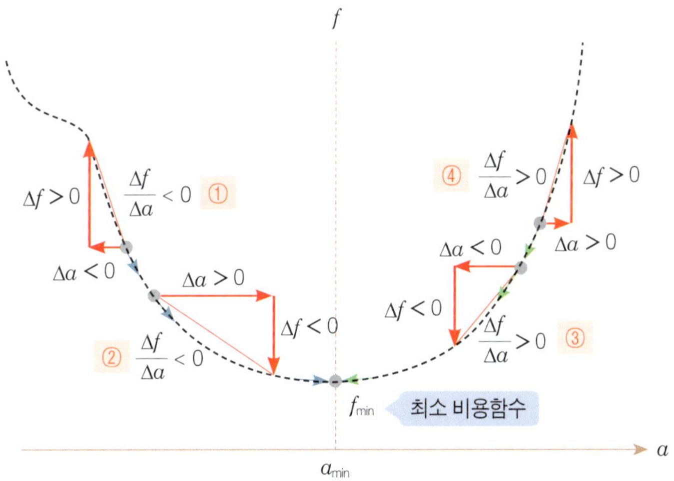

a를 최소 비용함수 값인 f_{min}이 되는 a_{min}으로 가는 방법은 Δa에 대한 Δf의 기울기 ($\frac{\Delta f}{\Delta a} = \frac{f(a+\Delta a,b) - f(a,b)}{\Delta a}$)의 부호에 따라 Δa의 방향을 조정하면 된다. 한편, 기울기가 크면 Δa를 크게, 기울기가 작으면 Δa를 작게 하면 a가 더 빨리 a_{min}으로 수렴할 수 있지만, 여기서는 간단히 Δa를 일정한 크기로 두기로 한다. Δa와 Δf의 부호에 따라 네 가지 유형으로 구분하면 a를 다음과 같이 조정할 수 있다.

기울기 유형	Δa	Δf	$\frac{\Delta f}{\Delta a}$	Δa의 변화	a의 변화
①	−	+	−	$\Delta a = -sgn(\frac{\Delta f}{\Delta a}) \times abs(\Delta a)$	$a = a + \Delta a$
②	+	−	−		
③	−	−	+		
④	+	+	+		

①과 ②의 경우는 $a<a_{min}$이다. ①의 경우는 $\Delta a<0$으로 a는 a_{min}로부터 더 멀어지는 방향으로 가고 있으며, 비용함수 값이 증가하게 된다($\Delta f>0$, $\frac{\Delta f}{\Delta a}<0$) 비용함수 값을 f_{min}으로 줄이기 위해 Δa를 $\Delta a>0$로 조정하여 a를 커지는 방향으로 조정하면 된다. ②의 경우는 $\Delta a>0$이며, a는 증가하고 비용함수 값은 감소하게 된다($\Delta f<0$, $\frac{\Delta f}{\Delta a}<0$). a는 여전히 같은 방향으로 커지게 두면 된다. 이에 비해, ③과 ④의 경우는 $a>a_{min}$이다. ③의 경우는 $\Delta a<0$으로 a는 더 작아지고 비용함수 값도 감소한다($\Delta f<0$, $\frac{\Delta f}{\Delta a}>0$). a를 여전히 같은 방향으로 작아지도록 하면 된다. ④의 경우는 $\Delta a>0$으로 a는 a_{min}로부터 더 멀어지는 방향으로 증가하게 되며, 비용함수 값도 증가한다($\Delta f>0$, $\frac{\Delta f}{\Delta a}>0$). 비용함수 값을 f_{min}으로 줄이기 위해 a는 작아지는 방향으로 조정하면 된다. 결과적으로 a는 $\frac{\Delta f}{\Delta a}$의 부호에 따라 다음과 같이 조정하면 된다. sgn(x)는 x의 부호(+, 0, −)를 의미한다.

$$a = a + \Delta a, \text{ where } \Delta a = -sgn(\frac{\Delta f}{\Delta a}) \times abs(\Delta a) \tag{8}$$

임의의 초기치 a와 b를 비용함수 값이 줄어드는 방향으로 변화시키면서 비용함수 값이 최소가 되는 a_{min}과 b_{min}을 찾고 추정한 회귀선으로 예측에 활용하는 과정은 다음과 같다.

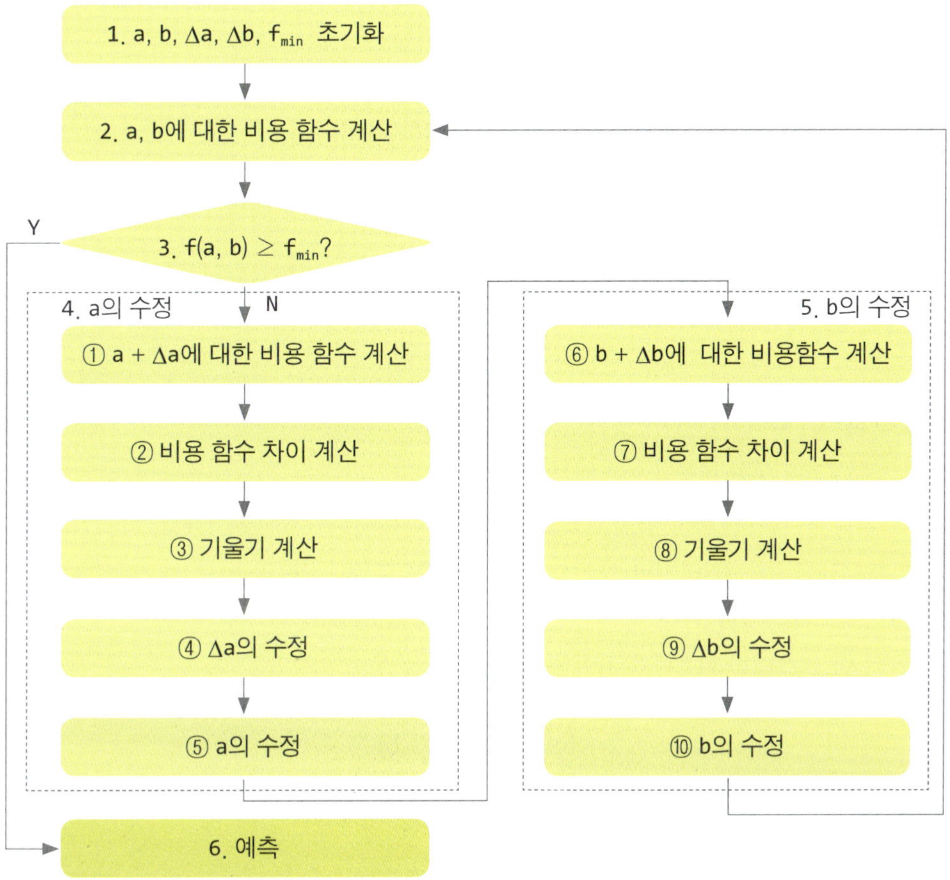

(3) 단계별 분석

11.2절의 데이터에 대해 a와 b를 결정해보자. 다음 1단계 초기화 후에 2~5단계를 계속 반복한다.

1단계 변수 초기화

a와 b의 초기치를 임의로 정하고(예: a=25.5, b=0.8), Δa와 Δb의 크기를 정한다(예: Δa=Δb=0,1). 초기의 최소 비용함수(f_{min})는 예상되는 비용함수 값보다 큰 수를 정한다(예: 100,000).

2단계 a, b에 대한 비용함수 계산

$$f(a,b) = \frac{1}{2}\sum_{i=1}^{m}\{y_i - (bx_i + a)\}^2$$

3단계 종료 여부 확인

f(a,b) $\geq f_{min}$이면 종료하고, 그렇지 않으면 f(a,b)를 f_{min}으로 둔다.

4단계 a 값의 수정

① a+Δa, b에 대한 비용함수를 계산한다.

$$f(a+\Delta a,b) = \frac{1}{2}\sum_{i=1}^{m}[y_i - \{bx_i + (a + \Delta a)\}]^2$$

② a+Δa, b에 대한 비용함수 차이를 계산한다.

$$f(a+\Delta a,b) = f(a,b)$$

③ a+Δa, b에 대한 비용함수의 기울기를 계산한다.

$$\frac{\Delta f}{\Delta a} = \frac{f(a+\Delta a,b) - f(a,b)}{\Delta a}$$

④ Δa를 계산한다.

$$\Delta a = -\mathrm{sgn}(\frac{\Delta f}{\Delta a}) \times \mathrm{abs}(\Delta a)$$

⑤ a의 값을 계산한다.

$$a = a + \Delta a$$

5단계 b 값의 수정

⑥ a, b+Δb에 대한 비용함수를 계산한다.

$$f(a,b+\Delta b) = \frac{1}{2}\sum_{i=1}^{m}[y_i - \{(b+\Delta b)x_i + a\}]^2$$

⑦ a, b+Δb에 대한 비용함수 차이를 계산한다.

$$f(a,ba+b) = -f(a,b)$$

⑧ a, b+Δb에 대한 비용함수의 기울기를 계산한다.

$$\frac{\Delta f}{\Delta b} = \frac{f(a,\ b+\Delta b) - f(a,b)}{\Delta b}$$

⑨ Δb를 계산한다.

$$\Delta b = -sgn(\frac{\Delta f}{\Delta b}) \times abs(\Delta b)$$

⑩ b의 값을 계산한다.

$$b = b + \Delta b$$

2단계로 이동한다.

6단계 예측

추정식 $\hat{y} = bx + a$로 임의의 x 값에 대해 추정값 $\hat{y}$를 예측한다.

다음은 앞의 과정에 대한 예시이다. 1단계에서 초기치를 설정하고, 2~5단계 과정으로 a, b가 수정되는 1회의 과정을 표로 나타낸 것이다.

1단계 초기치 설정

$$a=25.5,\ b=0.8,\ \Delta a=0.1,\ \Delta b=0.1,\ f_{min}=100{,}000$$

2~5단계 a, b 수정

i	실제 데이터		$\hat{y}=bx+a$		$a+\Delta a,\ b$ $\hat{y}=bx+(a+\Delta a)$		$a,\ b+\Delta b$ $\hat{y}=(b+\Delta b)x+a$	
	x_i	y_i	$\hat{y}_i$	$(\hat{y}_i+y_i)^2$	$\hat{y}_i$	$(\hat{y}_i+y_i)^2$	$\hat{y}_i$	$(\hat{y}_i+y_i)^2$
1	10	41	33.5	56.2	33.6	54.8	34.5	42.2
2	22	45	43.1	3.6	43.2	3.2	45.3	0.1
3	35	62	53.5	72.2	53.6	70.6	57	25
4	40	75	57.5	306.2	57.6	302.8	61.5	182.2
5	52	85	67.1	320.4	67.2	316.8	72.3	161.3
6	64	90	76.7	176.9	76.8	174.2	83.1	47.6
7	71	110	82.3	767.3	82.4	761.8	89.4	424.4
8	83	115	91.9	533.6	92	529	100.2	219
9	92	125	99.1	670.8	99.2	665.6	108.3	278.9
10	100	140	105.5	1190.2	105.6	1183.4	115.5	600.2
$f(a,b)$				2048.8				
종료 여부				$f < f_{min}$ $\therefore f_{min} = 2048.8$ (미종료)				

$f(a+a,b)$				2031.1①		
$f(a+\Delta a,b)-f(a,b)$				−17.7②		
$\frac{\Delta f}{\Delta a}$				−177③		
Δa				Δa = 0.1④		
$a=a+\Delta a$				a = 25.6⑤		
$f(a,b+\Delta b)$						990.5⑥
$f(a,b+\Delta b)-f(a,b)$						−1058.3⑦
$\frac{\Delta f}{\Delta b}$						−10583⑧
Δb						Δb = 0.1⑨
$b=b+\Delta b$						b = 0.9⑩

앞의 과정을 반복적으로 실행해서 비용함수 값을 최소로 하는 a와 b를 찾으면 된다. 다음 표는 1단계 초기치 설정 후에, 2~5단계를 5회 반복하는 과정을 나타낸 것이다. 5회째에 반복을 종료하고 그때의 a, b로 결정하게 된다. 반복횟수는 a, b의 초기치와 Δa, Δb의 크기에 따라 다르게 된다.

1단계 초기치 설정

$$a=25.5,\ b=0.8,\ \Delta a=0.1,\ \Delta b=0.1,\ f_{min}=1{,}00{,}000$$

2~5단계 단계: a, b 수정

첫 번째 반복 과정에서 수정된 a, b는 두 번째 과정의 a, b로 사용된다. 다음 과정들도 동일하다.

반복	a, b		$a+\Delta a, b$				$a, b+\Delta b$			
	a b	$f(a,b)$ f_{min}	$f(a+\Delta a,b)$ Δf	$\frac{\Delta f}{\Delta a}$	Δa	a	$f(a,b+\Delta b)$ Δf	$\frac{\Delta f}{\Delta b}$	Δb	b
1	25.5 0.8	2048.8 2048.8	2031.1 −17.7	−177	0.1	25.6	990.5 −1058.3	10583	0.1	0.9
2	25.6 0.9	978.5 978.5	966.5 −12.0	−120	0.1	25.7	331.9 −646.6	−6466	0.1	1.0
3	25.7 1.0	325.6 325.6	319.5 −6.1	−61	0.1	25.8	90.8 −234.8	−2348	0.1	1.1
4	25.8 1.1	90.3 90.3	90 −0.3	−3	0.1	25.9	267.2 176.9	1769	-0.1	1.0
5	25.9 1.0	313.4 종료								

5회 반복 과정에서 a=25.9, b=1.0에 대해 비용함수 값 f(a,b)=313.4는 이전 4회 반복 과정보다 증가하기 때문에 종료한다. 따라서, 4회 반복 과정의 비용함수 값, a, b로부터

$$f_{min}=90.3,\ a_{min}=25.8,\ b_{min}=1.1$$

이 된다. 따라서, 추정 회귀선은

$$\hat{y} = 1.1x + 25.8$$

이 된다. a, b는 수학적으로 구한 값과 오차가 발생할 수 있는데, 그 이유는 비용함수 값의 변화에 대한 a, b의 영향이 다르기 때문이다. 비용함수 기울기의 크기($\frac{\Delta f}{\Delta a}$, $\frac{\Delta f}{\Delta b}$)와 기울기 크기에 대한 가중치($\eta_a$, η_b)를 반영하여 a와 b를 조정한다면 그 오차는 줄일 수 있을 것이다(12장 참조).

6단계 예측

x=30이라면, 추정치는

$$\hat{y} = 1.1 \times 30 + 25.9 = 58.9$$

로 예측할 수 있다. 다음 절에서 R을 이용해서 문제를 풀어보도록 하자.

11.4 R을 이용한 문제 해결

(1) 사용 패키지

11.3절의 과정을 R로 실행하여 회귀선의 기울기(b)와 y절편(a)을 구해 보자. 기울기와 y절편의 변화에 따라 비용함수 값의 크기 변화를 3차원으로 보기 위해 scatterplot3d 패키지를 사용하도록 한다.

패키지	개요	사용 함수	기능
scatterplot3d	3차원 그래픽 출력	scatterplot3d()	3차원 그래픽 출력

(2) 분석 절차

먼저 데이터 세트를 작성하고 산포도로 선형관계를 확인한다. 다음 단계로 학습 초기치를 설정하고, a와 b를 수정하는 반복 과정으로 회귀선을 발견해서 그려본다. 비용함수 값이 작아지는지 확인해 본다. 마지막으로 추정한 회귀선으로 임의의 독립변수 값에 대해 종속변수 값을 예측한다.

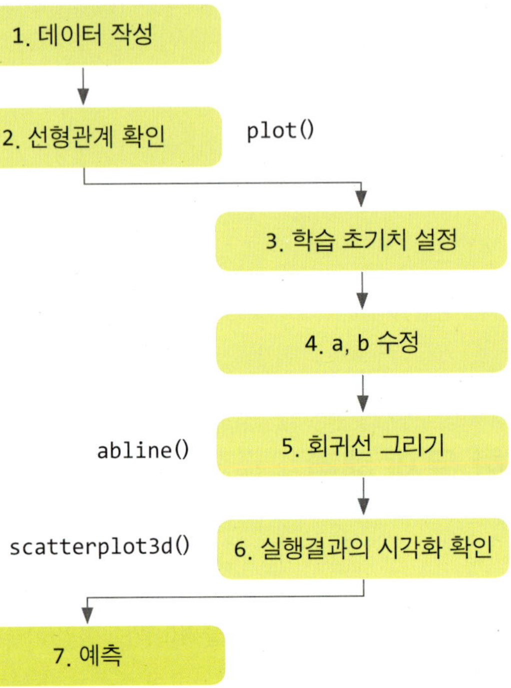

(3) 단계별 분석

1단계 데이터 작성

11.2절의 데이터를 각각 x, y 벡터로 할당한다.

학습 데이터 작성

```
x <- c(10, 22, 35, 40, 52, 64, 71, 83, 92, 100)
y <- c(41, 45, 62, 75, 85, 90, 110, 115, 125, 140)
```

학습 데이터: 독립변수(x)와 종속변수(y)

2단계 선형관계 확인

x 데이터에 대한 y 데이터의 산포도를 그려 선형관계가 나타나는지 확인한다.

선형관계 확인

```
plot(x, y,
  xlim=c(0, max(x)), ylim=c(0, max(y)))   # 산포도 출력
```

출력 결과

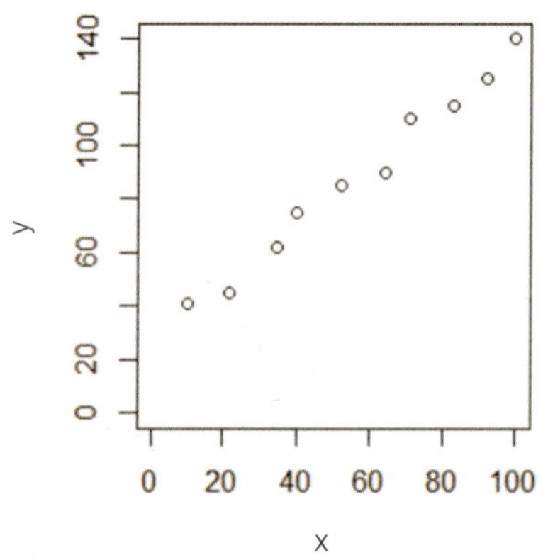

3단계 학습 초기치 설정

a(y절편), b(기울기), 그리고 Δa, Δb의 초기치를 설정한다. 11.3절 값과 동일하게 설정해서 결과를 비교해 보자.

초기치 설정

```
a <- 25.5
b <- 0.8     # y절편과 기울기, 변화량, 비용함수 최솟값 초기화
db <- 0.1
da <- 0.1
f.min <- 100000
```

4단계 기울기와 y절편의 변화에 따른 비용함수 비교를 통한 a, b 수정

학습과정에 해당한다. 주어진 a, b에 대한 비용함수 값을 계산해서, 이전 반복까지의 비용함수 최솟값보다 작은지 확인한다. 작으면 현재의 비용함수를 최솟값으로 대체하고 반복을 계속하고, 크다면 반복을 종료한다. 각 반복 과정에서는 a와 b의 각 변화량에 따른 비용함수 값의 변화량을 계산해서, Δa, Δb의 방향을 결정하고 a, b를 수정한다. 다음 실행결과는 비용함수 값이 감소하다가, 5회 반복 과정에서 증가하기 때문에 종료하는 현상을 보여주고 있다. 따라서, 4회 반복 과정에서 나타나는 a=25.8, b=1.1를 각각 y절편과 기울기로 결정하게 된다.

R a, b 수정

```
A <- NULL        y절편(A), 기울기(B), 비용함수(F) 벡터 초기화
B <- NULL
F <- NULL
i <- 0        반복 단계
while(TRUE) {        최소 비용함수 값 발견 시까지 무한 반복
  i <- i + 1        반복횟수의 1 증가

  # 비용함수 f(a, b)        오차 제곱합 초기화
  err.sum <- 0
  for(k in 1:length(x)) {
      y_hat <- b*x[k] + a        각 x에 대한 y의 추정값
      err  <- (y_hat - y[k])^2        각 x에 대한 오차(y의 추정치 –y의 실제 값) 제곱
      err.sum <- err.sum + err        오차 제곱합
  }
  f <- round(err.sum / 2, 1)        비용함수 값(소수점 1자리)
  print(paste(i, "단계", sep=""))        반복 과정의 a, b와 비용함수 값 출력
  print(paste("a = ", a, ", b = ", b, sep=""))
  print(paste("Cf.min = ", round(Cf.min, 1), ", Cf = ", round(Cf, 1), sep=""))

  # 종료여부 결정
  if (f >= f.min)        비용함수 값이 최소 비용함수보다 크면 반복 종료
     break
  else {
     f.min <- f        비용함수 값이 최소 비용함수보다 작으면
     a.min <- a        최솟값(비용함수 값, a, b)을 재설정
     b.min <- b
  }
```

```
A <- c(A, a)      반복과정의 a, b, 비용함수 값 저장
B <- c(B, b)
F <- c(F, f)

# a의 변화와 비용함수 값 f(a+da, b)
err.sum <- 0
for(k in 1:length(x)) {
     y_hat <- b*x[k] + (a + da)
     err  <- (y_hat - y[k])^2
     err.sum <- err.sum + err
}
f.da <- round(err.sum / 2, 1)      비용함수 값

slope.da <- (f.da - f) / da      비용함수의 기울기

print(paste("f.da = ", round(f.da, 1), ", slope.da = ", round(slope.da, 1), ", da = ",
da, ", a = ", a, sep=""))      비용함수 값, 기울기, a의 변화량, a 출력

da <- -sign(slope.da)*abd(da)      Δa의 수정

# b의 변화와 비용함수 값 f(a, b+db)
err.sum <- 0
for(k in 1:length(x)) {
     y_hat <- (b + db)*x[k] + a
     err  <- (y_hat - y[k])^2
     err.sum <- err.sum + err
}
f.db <- round(err.sum / 2, 1)      비용함수 값

slope.db <- (f.db - f) / db      비용함수의 기울기

print(paste("f.db = ", round(f.db, 1), ", slope.db = ", round(slope.db, 1), ", db = ",
db, ", b = ", b, sep=""))      비용함수 값, 기울기, b의 변화량, b 출력

db <- -sign(slope.db)*abd(db)      Δb의 수정

# a, b 수정
a <- round(a + da, 2)      a의 수정
b <- round(b + db, 2)      b의 수정
```

```
    print(paste("da = ", da, "db = ", db, ", a = ", a, ", b = ", b, sep=""))
}
```

수정된 Δa, Δb, a, b 출력

출력 결과

```
[1] "1단계 #####"
[1] "a = 25.5, b = 0.8"
[1] "f.min = 1e+06, f = 2048.8"
[1] "f.da = 2031.1, slope.da = -177, da = 0.1, a = 25.5"
[1] "f.db = 990.5, slope.db = -10583, db = 0.1, b = 0.8"
[1] "da = 0.1, db = 0.1, a = 25.6, b = 0.9"
[1] "2단계 #####"
[1] "a = 25.6, b = 0.9"
[1] "f.min = 2048.8, f = 978.5"
[1] "f.da = 966.5, slope.da = -120, da = 0.1, a = 25.6"
[1] "f.db = 331.9, slope.db = -6466, db = 0.1, b = 0.9"
[1] "da = 0.1, db = 0.1, a = 25.7, b = 1"
[1] "3단계 #####"
[1] "a = 25.7, b = 1"
[1] "f.min = 978.5, f = 325.6"
[1] "f.da = 319.5, slope.da = -61, da = 0.1, a = 25.7"
[1] "f.db = 90.8, slope.db = -2348, db = 0.1, b = 1"
[1] "da = 0.1, db = 0.1, a = 25.8, b = 1.1"
[1] "4단계 #####"
[1] "a = 25.8, b = 1.1"
[1] "f.min = 325.6, f = 90.3"
[1] "f.da = 90, slope.da = -3, da = 0.1, a = 25.8"
[1] "f.db = 267.2, slope.db = 1769, db = 0.1, b = 1.1"
[1] "da = 0.1, db = -0.1, a = 25.9, b = 1"
[1] "5단계 #####"
[1] "a = 25.9, b = 1"
[1] "f.min = 90.3, f = 313.4"
```

종료: 이전 단계의 비용함수 최솟값보다 증가

```
a.min
```

y절편

출력 결과

```
[1] 25.8
```

```
b.min
```

기울기

출력 결과

```
[1] 1.1
```

5단계 회귀선 그리기

앞에서 찾은 a=25.8, b=1.1로 회귀선을 그려보자.

회귀선 그리기

```
plot(x, y,
     xlim=c(0, max(x)), ylim=c(0, max(y)))     # 데이터의 산포도
abline(b=b.min, a=a.min, col="red", lty=2)     # 추정 회귀선
```

출력 결과

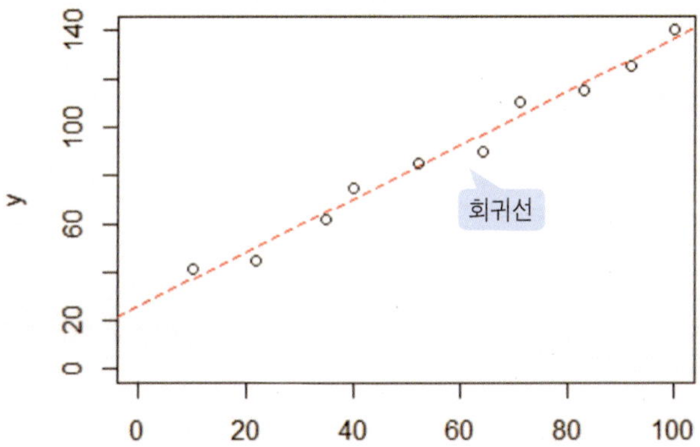

다음과 같이 수리적 모형으로 해를 구한 값과 비교해보자. lm()은 변수 간 선형모형(linear model)으로 회귀선을 구하는 함수이다. y절편(a)은 26.015, 기울기(b)는 1.103으로 오차가 있다.

수리적 모형으로 해 구하기

```
lm(y~x)
```
x를 독립변수, y를 종속변수로 하는 회귀모형

출력 결과

```
Call:
lm(formula = y ~ x)

Coefficients:
(Intercept)            x
     26.015        1.103
```
y절편 / 기울기

함수 | lm()

패키지	stats
기능	선형 모형화
사용법	lm(formula) • 매개변수 변수: formula — 설명: formula 클래스의 객체, 독립변수~종속변수
반환값	lm 객체 (기울기, y절편, 잔차 등)

6단계 실행결과의 시각화 확인

a, b 초기치가 반복횟수에 따라 비용함수를 줄이는 방향으로 변하는 과정을 그래프로 출력해보자.

비용함수 값의 변화

```
par(mfrow = c(1,3))    # 그래프 출력 영역을 1행 3열로 구분
plot(1:length(A), A,
  xlab="반복 수", ylab="y절편",
  main="y절편의 변화",
  type='o')
plot(1:length(B), B,
  xlab="반복 수", ylab="기울기",
  main="기울기의 변화",
  type='o')
plot(1:length(F), F,
  xlab="반복 수", ylab="비용함수 값",
  main="비용함수 값의 변화",
  type='o')
```

y절편에 대한 그래프
type='o': 그래프를 기호와 선으로 출력
☞ 1행 1열에 출력

기울기에 대한 그래프
☞ 1행 2열에 출력

비용함수 값에 대한 그래프
☞ 1행 3열에 출력

출력 결과

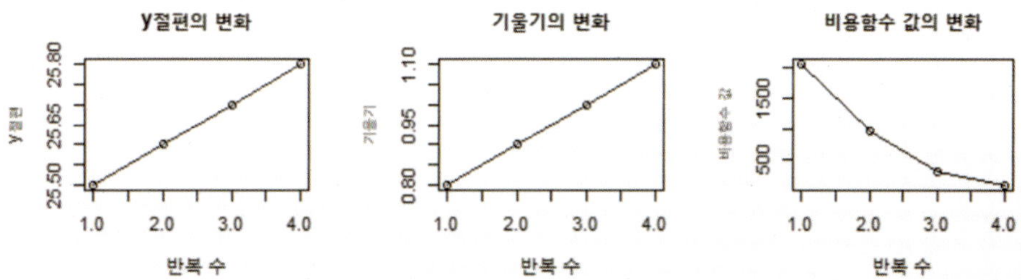


```
dev.off()
```

par()에 의한 그래프 출력 영역(1행 3열) 변화의 초기화(1행 1열)

a, b에 따른 비용함수 값의 변화를 3차원적으로 보면 점점 줄어드는 현상을 쉽게 파악할수 있다.

비용함수 값의 변화 (3차원 비교)

```
install.packages("scatterplot3d")     3D 그래프 패키지 설치 및 로딩
library(scatterplot3d)
s3d <- scatterplot3d(x=A, y=B, z=F/1000,     3D 그래프 출력
         pch=19,
         cex.symbols=1.5,
         color="steelblue",
         type="h",
         main="비용함수의 변화",
         xlab = "y절편",
         ylab = "기울기",
         zlab = "비용함수(X1000)")
text(s3d$xyz.convert(A, B, F/1000+0.3),     데이터 라벨 위치
   labels = 1:length(A),                    z축으로는 위로 0.3 이동
   cex= 0.8, col = "red")
```

출력 결과

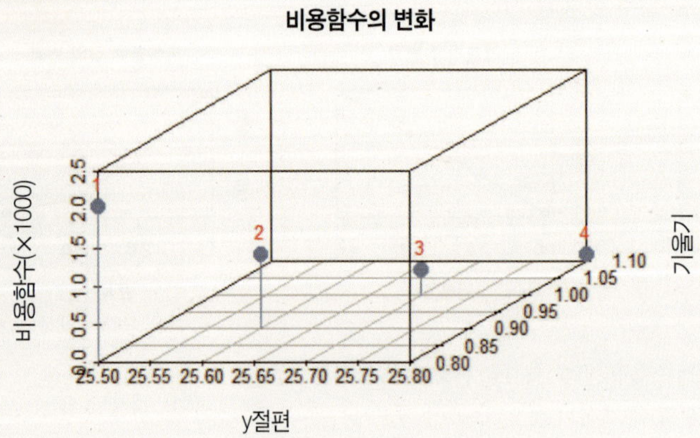

함수 | scatterplot3d()

<table>
<tr><td>패키지</td><td>scatterplot3d</td></tr>
<tr><td>기능</td><td>3차원 산포도 출력</td></tr>
<tr><td>사용법</td><td>scatterplot3d(x, y, z, type, color, main, xlab, ylab, zlab)

• 매개변수
<table>
<tr><th>변수</th><th>설명</th></tr>
<tr><td>x</td><td>x 좌표 데이터</td></tr>
<tr><td>y</td><td>y 좌표 데이터</td></tr>
<tr><td>z</td><td>z 좌표 데이터</td></tr>
<tr><td>pch</td><td>플로팅 문자</td></tr>
<tr><td>cex.symbols</td><td>pch 크기</td></tr>
<tr><td>color</td><td>점의 색</td></tr>
<tr><td>type</td><td>'h'로 지정하면 각 플로팅 문자 아래 수직선 표시</td></tr>
<tr><td>main</td><td>그래프 제목</td></tr>
<tr><td>xlab</td><td>x 라벨</td></tr>
<tr><td>ylab</td><td>y 라벨</td></tr>
<tr><td>zlab</td><td>z 라벨</td></tr>
</table></td></tr>
<tr><td>반환값</td><td></td></tr>
</table>

7단계 예측

데이터 학습으로 얻은 추정식($\hat{y} = 1.1x + 25.8$)을 이용해 임의의 독립변수 값(x=30)에 대한 종속변수 값을 추정해 보자.

예측

```
x <- 30
y.hat <- b.min*x + a.min
y.hat
```

출력 결과

```
[1] 58.8
```

11.5 예제: 키에 따른 몸무게 예측

키와 몸무게는 어떤 선형 관계가 있을까? 11.4절의 절차대로 두 데이터 세트에 대한 산포도를 그려서 선형관계가 있는지 살펴보고, 회귀선을 구해보자. 키가 65인치이면 몸무게는 얼마로 추정할 수 있을까? 데이터는 R에 있는 women 데이터 세트로 한다. women에는 15명의 여성에 대한 키(height)와 몸무게(weight)에 대한 정보가 있다. 키의 단위는 인치(in), 몸무게는 파운드(lbs)이다.

1단계 데이터 작성

키와 몸무게에 대한 데이터를 각각 x, y 벡터로 할당한다.

학습 데이터 작성

```
women
```

출력 결과

```
   height weight
1      58    115
2      59    117
3      60    120
4      61    123
5      62    126
6      63    129
7      64    132
8      65    135
9      66    139
10     67    142
11     68    146
12     69    150
13     70    154
14     71    159
15     72    164
```

```
x <- women$height
y <- women$weight
```

2단계 선형관계 확인

x 데이터에 대한 y 데이터의 산포도를 그려 선형관계가 나타나는지 확인한다.

선형관계 확인

```
plot(x, y,
  xlab="키(in)", ylab="몸무게(lbs)")
```

출력 결과

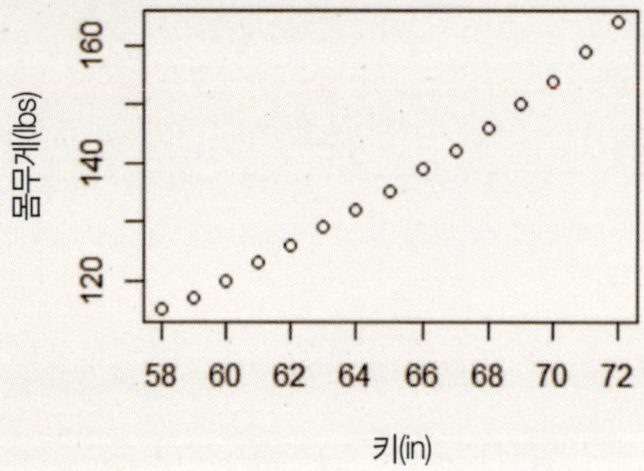


```
plot(x, y,
  xlim=c(0, max(x)), ylim=c(0, max(y)),
  xlab="키(in)", ylab="몸무게(lbs)")
```

출력 결과

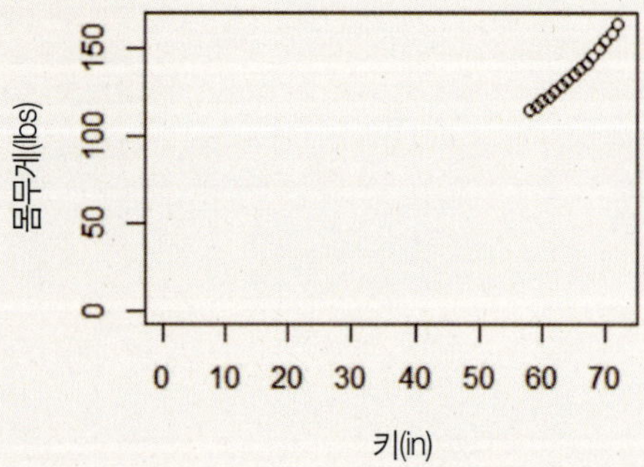

3단계 초기치 설정

a, b, 그리고 Δa, Δb의 초기치를 설정한다. 초기 a, b를 설정하기 힘든 경우에는, 임의의 초기값 a, b에 대해 큰 값의 Δa, Δb로 개략적인 a, b를 찾고, Δa, Δb를 더 작게 해서 최종적인 a와 b를 결정하는 것도 한 방법이다.

R 초기치 설정

```
a  <--90
b  <-3
da  <-0.01
db  <-0.01
f.min <- 100000
```

4단계 기울기와 y절편의 변화에 따른 비용함수 비교를 통한 a, b 수정

11.4절의 R 스크립트와 동일하게 실행한다.

R a, b의 수정

```
A <- NULL
B <- NULL
F <- NULL

i <- 0
while(TRUE) {
  i <- i + 1

  .....
}
```

11.4절의 4단계 R스크립트 (pp.390~392)와 동일

출력 결과

```
[1] "1단계 #####"
[1] "a = -90, b = 3"
[1] "f.min = 1e+06, f = 7596"
[1] "f.da = 7591.2, slope.da = -480, da = 0.01, a = -90"
[1] "f.db = 7288.5, slope.db = -30750, db = 0.01, b = 3"
[1] "da = 0.01, db = 0.01, a = -89.99, b = 3.01"
[1] "2단계 #####"
[1] "a = -89.99, b = 3.01"
[1] "f.min = 7596, f = 7283.9"
[1] "f.da = 7279.2, slope.da = -470, da = 0.01, a = -89.99"
[1] "f.db = 6982.8, slope.db = -30110, db = 0.01, b = 3.01"
[1] "da = 0.01, db = 0.01, a = -89.98, b = 3.02"
[1] "3단계 #####"

[1] "49단계 #####"
[1] "a = -89.52, b = 3.48"
[1] "f.min = 19, f = 15.3"
[1] "f.da = 15.3, slope.da = 0, da = 0.01, a = -89.52"
[1] "f.db = 18, slope.db = 270, db = 0.01, b = 3.48"
[1] "da = 0.01, db = -0.01, a = -89.51, b = 3.47"
[1] "50단계 #####"
[1] "a = -89.51, b = 3.47"
[1] "f.min = 15.3, f = 18.8"
```

```
a.min
```

y절편

출력 결과

```
[1] -89.52
```

```
b.min
```

기울기

출력 결과

```
[1] 3.48
```

5단계 회귀선 그리기

추정한 a, b로 회귀선을 그려본다.

회귀선 그리기

```
plot(x, y,
  xlab="키(in)", ylab="몸무게(lbs)")
abline(b=b.min, a=a.min, col="red", lty=2)
```

출력 결과

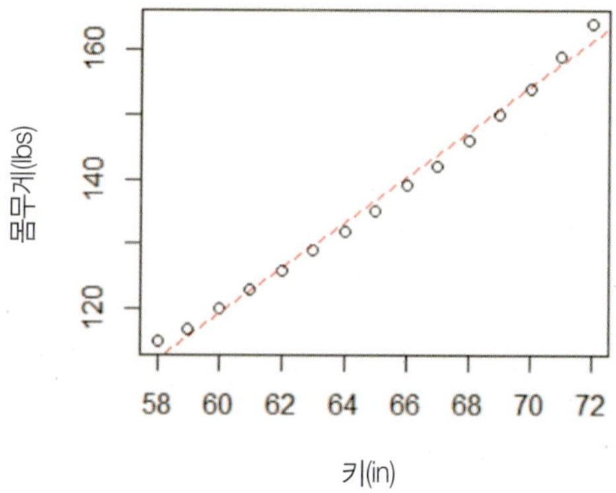

다음과 같이 수리적 모형으로 해를 구한 값과 비교해보자. lm()은 변수 간 선형모형으로 회귀선을 구하는 함수이다. y절편(a)은 −87.52, 기울기(b)는 3.45로 약간의 오차가 있다.

수리적 모형으로 해 구하기

```
lm(y~x)
```

출력 결과

```
Call:
lm(formula = y ~ x)

Coefficients:
(Intercept)            x
     -87.52         3.45
```

6단계 실행결과의 시각화 확인

a, b 초기치가 반복횟수에 따라 비용함수를 줄이는 방향으로 변하는 과정을 그래프로 출력해보자.

비용함수 값의 변화

```
par(mfrow = c(1,3))        # 그래프 출력 영역을 1행 3열로 구분
plot(1:length(A), A,
  xlab="반복 수", ylab="y절편",
  main="y절편의 변화",
  type='o')
```

y절편에 대한 그래프
type='o': 그래프를 기호와 선으로 출력
☞ 1행 1열에 출력

```
plot(1:length(B), B,
  xlab="반복 수", ylab="기울기",
  main="기울기의 변화",
  type='o')
```

기울기에 대한 그래프
☞ 1행 2열에 출력

```
plot(1:length(F), F,
  xlab="반복 수", ylab="비용함수 값",
  main="비용함수 값의 변화",
  type='o')
```

비용함수 값에 대한 그래프
☞ 1행 3열에 출력

출력 결과

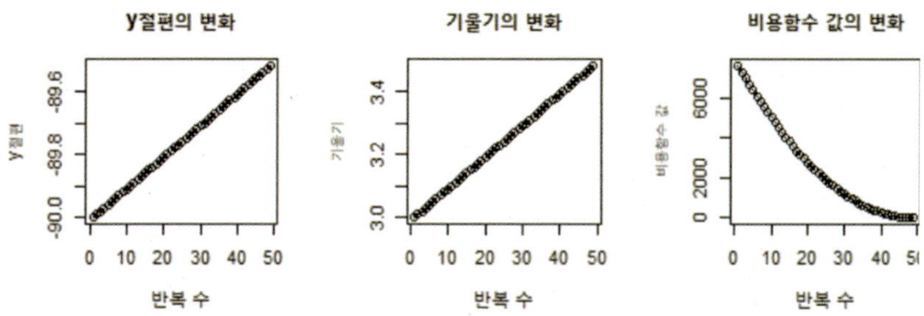


```
dev.off()
```

par()에 의한 그래프 출력 영역 초기화

a, b에 따른 비용함수 값의 변화를 3차원적으로 보면 더 이해가 쉬울 것이다.

비용함수의 변화 (3차원 비교)

```
# install.packages("scatterplot3d")
library(scatterplot3d)
s3d <- scatterplot3d(x=A, y=B, z=F/10000,
        angle=30,
        pch=21,
        cex.symbols=1,
        color="steelblue",
        bg="yellow",
        type="h",
        main="비용함수의 변화",
        xlab = "y절편",
        ylab = "기울기",
        zlab = "비용함수(X10,000)")
text(s3d$xyz.convert(A, B, F/10000+0.05),
  labels = c(1, rep(NA, length(A)-2), length(A)),
  cex= 0.8, col = "red")
```

- angle=30: 3D 그래프의 기울기 축의 출력 각도
- pch=21: 플로팅 문자: 테두리와 배경 색이 다른 원
- color: 플로팅 문자의 테두리 색
- bg: 플로팅 문자의 배경 색
- labels: 데이터 라벨 1과 A 벡터 크기 사이에 A 벡터 크기보다 2 적은 수 만큼 NA 설정

출력 결과

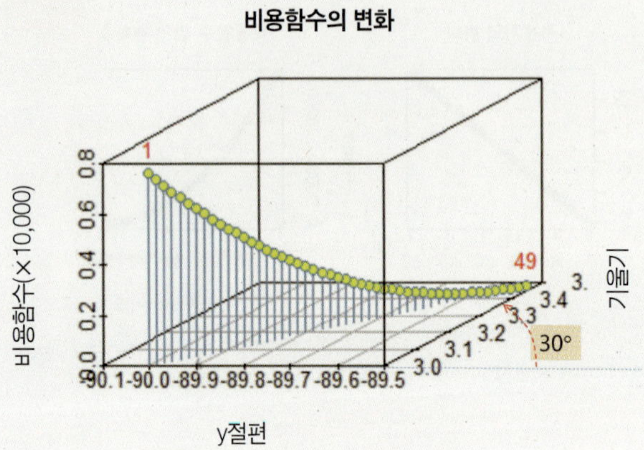

7단계 몸무게의 추정

키가 65 in인 경우, 몸무게는 136.68 lbs로 추정된다.

예측

```
x <- 65
y.hat <- b.min*x + a.min
y.hat
```

출력 결과

```
[1] 136.68
```

요약

회귀분석 개요: 선형회귀분석은 1개 이상의 독립변수와 하나의 종속변수 간 관계를 선형관계(또는 로지스틱 등)로 모형화하여 임의의 독립변수 값에 대해 종속변수 값을 추정하는 방법이다.

회귀분석 역사: 가장 초기의 회귀의 형태는 최소자승법으로 1805년 Legendre와 1809년 Gauss가 태양에 대한 혜성의 궤도에 관해 출판하였다. 회귀(regression)라는 용어는 19세기에 프란시스 갈튼(Francis Galton)이 키가 큰 조상들의 후손들은 그 조상들에 비해 상대적으로 키가 작아지는 회귀 현상을 설명하는 데서 사용하였다. 이 연구는 후에 Udny Yule과 Karl Pearson에 의해 보다 일반적인 통계적 맥락으로 확대되었다.

회귀분석 모형: 잔차의 제곱합을 최소화하는 최소자승법을 이용하여 기울기와 y절편을 구하는 수리모형이 있으며, 경사하강법 기반 머신러닝으로 모형화할 수 있다.

회귀분석 절차: 데이터 준비(1단계) → 선형관계 확인(2단계) → 학습 초기치 설정(3단계) → a, b 수정(4단계) → 회귀선 그리기(5단계) → 비용함수 값 변화 분석(6단계) → 예측(7단계) 과정으로 진행된다.

R을 이용한 회귀분석 방법: 경사하강법의 원리로 초기치 a, b에 대해 반복 과정의 시뮬레이션을 통해 기울기와 y절편을 구한다.

연습문제

1. 다음 5개의 x, y 관측치에 대해 머신러닝으로 회귀선을 구하려고 한다. 다음 물음에 대해 단계적으로 답하시오. 단, 초기치는 a=3, b=2, Δa=0.1, Δb=0.1, f_{min}=10,000로 한다.

1.1 다음 표의 □ 칸을 채우시오.

i	실제 데이터		$\hat{y} = bx + a$	
	x_i	y_i	$\hat{y}_i$	$(\hat{y}_i - y_i)^2$
1	5	15		
2	9	19		
3	15	31		
4	20	39		
5	26	52		

1.2 a, b에 대한 비용함수 f(a, b)는?

1.3 b의 변화에 대한 다음 표의 □ 칸을 채우시오.

i	실제 데이터		$a, b+\Delta b$ $\hat{y} = (b+\Delta b)x + a$	
	x_i	y_i	$\hat{y}_i$	$(\hat{y}_i - y_i)^2$
1	5	15		
2	9	19		
3	15	31		
4	20	39		
5	26	52		

1.4 a, $b+\Delta b$에 대한 비용함수 $f(a, b+\Delta b)$는?

1.5 $f(a, b+\Delta b) - f(a, b)$는?

1.6 $\dfrac{\Delta f}{\Delta b}$ 는?

1.7 b의 증가 또는 감소에 의해 변경되는 값은?

2. 1번 문항의 참고하여 다음 표의 □ 칸을 채우시오. 단, 초기치는 a=3, b=2, Δa=0.1, Δb=0.1, f_{min}=10,000로 한다.

i	실제 데이터		$\hat{y} = bx + a$		$a + \Delta a, b$ $\hat{y} = bx + (a + \Delta a)$		$a, b + \Delta b$ $\hat{y} = (b + \Delta b)x + a$	
	x_i	y_i	$\hat{y}_i$	$(\hat{y}_i - y_i)^2$	$\hat{y}_i$	$(\hat{y}_i - y_i)^2$	$\hat{y}_i$	$(\hat{y}_i - y_i)^2$
1	5	15						
2	9	19						
3	15	31						
4	20	39						
5	26	52						
$f(a, b)$								
종료 여부								
$f(a + \Delta a, b)$								
$f(a + \Delta a, b) - f(a, b)$								
$\dfrac{\Delta f}{\Delta a}$								
Δa								
$a = a + \Delta a$								
$f(a, b + \Delta b)$								
$f(a, b + \Delta b) - f(a, b)$								
$\dfrac{\Delta f}{\Delta b}$								
Δb								
$b = b + \Delta b$								

응용문제 자동차 속력에 따른 정지 거리 예측

자동차의 속력과 정지 거리 간의 선형 관계를 살펴보고, 회귀식을 구한 뒤에 속력이 15.5라면 정지거리는 얼마로 추정할 수 있을까? R의 기본 패키지인 datasets에 있는 cars 데이터는 다음과 같다. 50개 속력(speed)과 정지 거리(dist)에 대해, 속력을 독립변수로 정지 거리를 종속변수로 하자. 먼저, 산포도를 그려 선형관계가 나타나는지 보고, 기울기와 y절편을 구해보자. 속력의 단위는 miles/hour, 정지 거리의 단위는 feet이다.

```
> cars
   speed dist
1      4    2        26    15   54
2      4   10        27    16   32
3      7    4        28    16   40
4      7   22        29    17   32
5      8   16        30    17   40
6      9   10        31    17   50
7     10   18        32    18   42
8     10   26        33    18   56
9     10   34        34    18   76
10    11   17        35    18   84
11    11   28        36    19   36
12    12   14        37    19   46
13    12   20        38    19   68
14    12   24        39    20   32
15    12   28        40    20   48
16    13   26        41    20   52
17    13   34        42    20   56
18    13   34        43    20   64
19    13   46        44    22   66
20    14   26        45    23   54
21    14   36        46    24   70
22    14   60        47    24   92
23    14   80        48    24   93
24    15   20        49    24  120
25    15   26        50    25   85
```

1단계 데이터 준비

2단계 선형관계 확인

3단계 학습 초기치 설정

4단계 a, b 수정

5단계 회귀선 그리기

6단계 결과분석비용함수 값의 변화 분석

7단계 예측

CHAPTER 12 인공신경망 개요

학습목표

인공신경망의 원리 이해

학습내용

인공신경망의 모형구조 이해
인공신경망의 학습원리 이해
인공신경망 기초 활용

12.1 배경

최근 인공신경망을 이용한 다양한 사례들이 소개되고 있다. 인공신경망으로 이미지는 어떻게 인식할까? 시계열 자료는 어떻게 예측할까? 인공신경망의 활용을 위해서는 기본원리를 잘 이해할 필요가 있다. 인공신경망은 어떻게 구성되며, 어떻게 작동하는 것일까? 구체적으로 어떻게 학습하며, 학습 후에 어떻게 활용하는 것일까?

인공신경망은 데이터 학습을 통해 분류(범주형 출력 데이터의 분류)와 회귀(연속적인 출력값의 예측) 등에 응용된다. 본 장에서는 가장 간단한 인공신경망 모형을 예시로 입력값과 출력값(목표치)로 구성된 데이터 세트로 학습하는 지도학습 방법을 통해 학습하고 새로운 입력 데이터를 기반으로 예측하는 과정을 살펴보자. 이를 위해 12.2절에서는 먼저 인공신경망의 개요를 살펴보고, 12.3절에서는 OR 연산으로 입력 값을 분류하는 예시로 인공신경망의 구조와 학습원리를 살펴본다. 12.4절에서는 R을 이용해서 학습과 예측하는 방법을 살펴보고, 12.5절에서는 키에 대한 몸무게를 추정하는 회귀문제를 살펴보기로 한다.

12.2 인공신경망 개요

인공신경망은 머신러닝 분야에서 연구되는 학습 알고리즘의 하나이며, 데이터 학습을 통해 분류(범주형 출력 데이터의 분류)와 회귀(연속적인 출력값의 예측) 등에 응용된다. 인공신경망은 대부분 통계적으로 접근하여 확률을 계산하는 다른 머신러닝 기술과 달리, 인간의 뇌의 구조를 모방하여 만들어졌다. 뇌의 신경세포 "뉴런"은 신경 세포체(soma)를 중심으로, 전기적 신호를 신경 세포체에 전달하는 수상돌기(dendrites), 신경 세포체로부터 전기적 신호를 내보내는 축삭(axon), 그 축삭과 다른 뉴론의 수상돌기 간 화학적 신호로 연결하는 시냅스(synapse)로 구성된다. 시냅스는 축삭으로부터의 전기적 신호를 짧은 간극 간에 화학적 신호로 전달하고 다시 전기적 신호로 변환하여 전달하는 역할로 기억과 판단을 만들어낸다. 화학적 신호는 한 뉴런에서 다른 뉴런으로 전달되는 신호를 증폭 또는 감소시킬 수 있다.

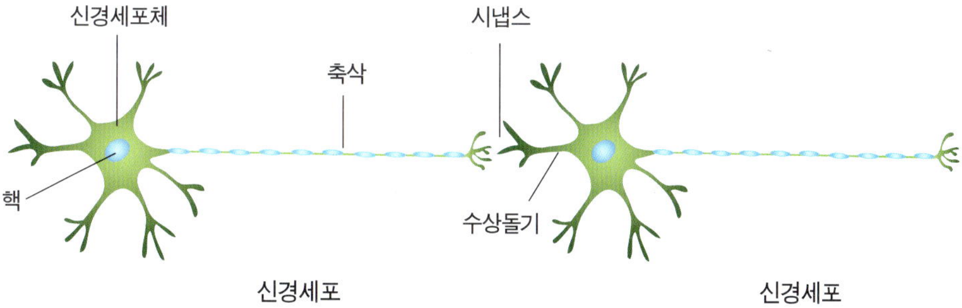

생물학적 신경망

인공신경망은 신경 세포체를 노드(node)로, 축삭은 출력, 수상돌기는 입력으로 흉내 내고 시냅스는 노드 간 가중 값을 갖는 연결로 네트워크를 구성한다. 입력 데이터에 대해 목표치를 출력하려는 학습과정을 거치는 동안 각 연결망의 가중치는 달라지게 된다.

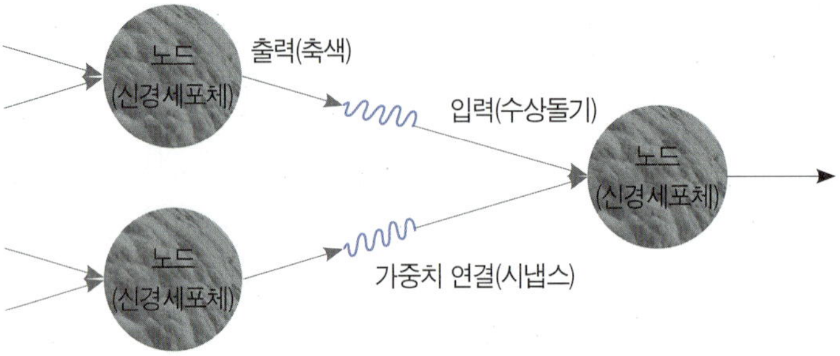

인공 신경망

Warren McCulloch과 Walter Pitts는 1943년에 신경망의 컴퓨팅 모델에 관한 논문을 발표하였고, 1940년대 후반에는 심리학자 Donald Hebb는 경험에 의해 두뇌가 변화되는 능력인 신경가소성(Neuroplasticity)의 원리에 근거한 헤비안 학습 모형을 고안하였다. 1958년에 Frank Rosenblatt는 헤비안 학습법을 적용하기 위해 퍼셉트론(perceptron)을 제안하였으며, 1975년도에는 Werbos가 다층 퍼셉트론에 적용할 수 있는 역전파 알고리즘을 개발하였다[13]. 인공신경망은 데이터의 분류하거나 연속적인 출력값을 예측하는데 사용되며, 이를 기반으로 다양한 분야에 응용되고 있다. 딥러닝의 발전에 관한 역사는 13장에서 살펴보기로 한다.

다음 OR 연산을 생각해 보자. OR 연산은 입력 데이터(x_1, x_2)가 하나라도 1(TRUE)일 때 1의 결과를 출력한다. 네 가지 각 경우의 입력에 대해 올바른 출력 값을 만드는 가장 단순한 학습모형을 살펴보고, 학습모형을 확장해 보기로 하자.

AND 연산

x_1	x_2	x_1 OR x_2
0	0	0
1	0	1
0	1	1
1	1	1

12.3 분류문제를 통한 인공신경망 원리 이해

12.3.1 인공신경망의 학습

(1) 퍼셉트론

다음의 AND/OR 진리표를 보자. AND/OR 연산의 경우, 각 입력에 대한 출력값을 $X-Y$ 평면에 표시하면 서로 다른 두 그룹을 구분하기 위해서는 직선의 분류자 1개가 필요하다. 기울기에 영향을 주는 가중치(ω_1, ω_2)와 y절편에 영향을 주는 편향과 가중치(b, ω_2)를 정해서 좋은 분류자를 찾는 과정이 학습에 해당한다.

AND 연산

x_1	x_2	x_1 AND x_2
0	0	0
1	0	0
0	1	0
1	1	1

OR 연산

x_1	x_2	x_1 OR x_2
0	0	0
1	0	1
0	1	1
1	1	1

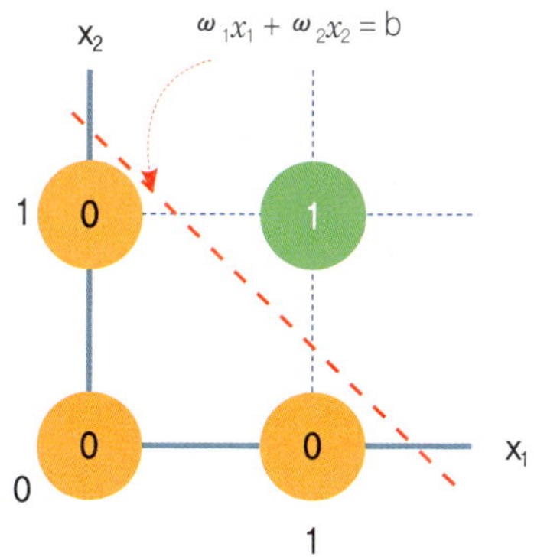

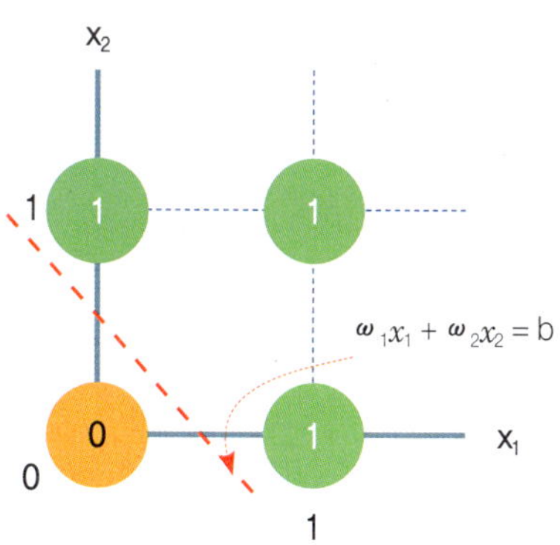

가장 단순한 인공신경망 모형은 입력 노드와 출력 노드로만 구성되는 단층 퍼셉트론

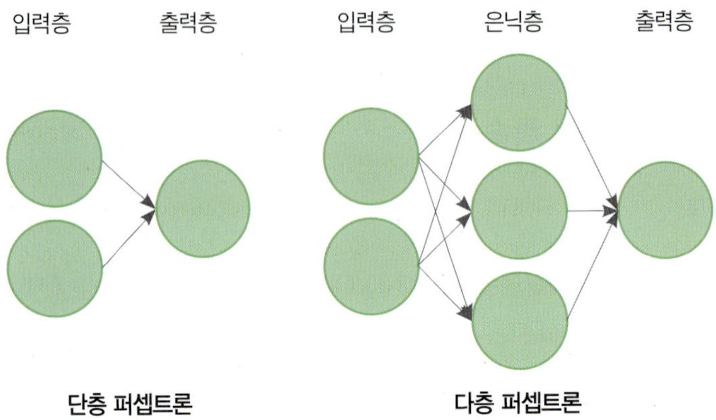

(SLP: Single-Layer Perception)이다. AND 또는 OR 연산은 2개의 노드를 가진 입력층과 1개의 노드로 구성되는 단층 퍼셉트론으로 학습이 가능하다.

한편, XOR 연산에서는 서로 다른 두 그룹을 구분하기 위해서 2개의 선형 분류자가 필요하다. 이 경우, 은닉층이 최소 1개가 있어야 가능하다. 은닉층이 있는 인공신경망을 다층 퍼셉트론(MLP: Mingle-Layer Perception)이라 하며, 특히 은닉층이 2개 이상인 인공신경망 모형의 학습을 딥러닝(deep learning)이라고 한다.

XOR 연산

x_1	x_2	x_1 OR x_2
0	0	0
1	0	1
0	1	1
1	1	0

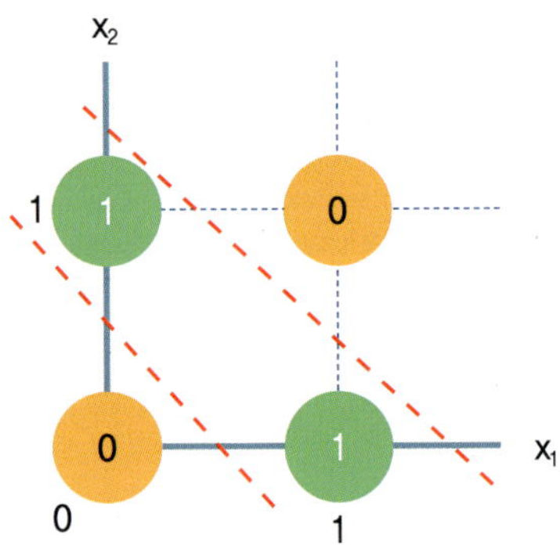

(2) 학습

다음 그림은 인공신경망의 일반적인 구조이다. 각각 한 개 이상의 노드를 가진 입력층과 출력층이 있으며, 그 사이에 은닉층이 있을 수 있다. x_i는 입력값, ω_i는 가중치, b는 편향,

y는 합성함수, z는 활성화 함수를 의미한다.

학습은 입력층부터 출력층까지 연결된 노드에 따라 입력 값을 출력으로 내보내는 과정의 순전파(feed propergation)와 출력층에서 입력층으로 에러를 줄이기 위해 가중치를 조정하는 역전파(backward propergation) 과정으로 진행된다.

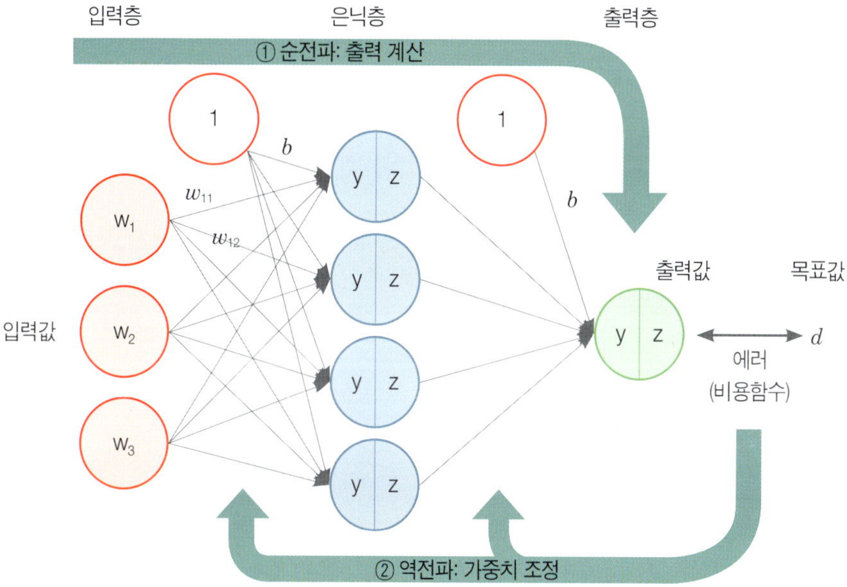

• 순전파

입력층의 각 노드는 입력 데이터를 받아 연결된 노드에 전달하는 역할을 한다. 은닉층과 출력층의 각 노드는 먼저 입력으로 들어오는 값들을 합성함수로 변환한다. 합성함수(y)는 각 입력값(x)에 가중치(w)를 곱한 총합에 편향(b)을 더한 가중합으로 표현한다. 은닉층의 j번째 노드의 경우

$$y_j = \sum_i w_{ij} x_i + \mathrm{b}_j$$

이며, 편향(b)은 합성함수 값을 높이거나 줄이기 위한 조정값이다. 뉴런 간 전달되는 신호

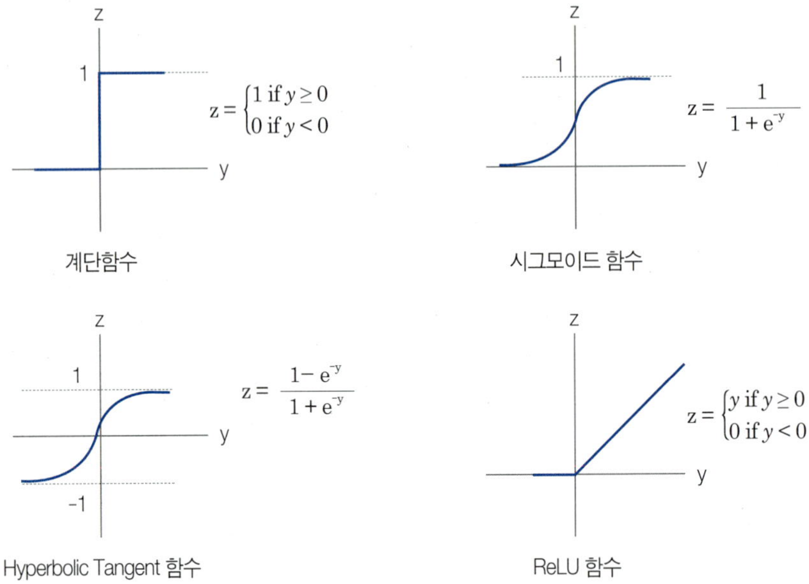

활성화 함수

는 화학적 신호에 의해 증폭 또는 감소되는데, 활성화 함수가 그 역할을 한다. 즉, 활성화 함수는 합성함수 값을 증폭 또는 감소시켜 출력으로 내보내는데, 계단(step) 함수, 시그모이드(sigmoid) 함수, tanh(hyperbolic tangent) 함수, ReLU(Rectified Linear Unit) 함수 등이 있다. 계단함수는 입력을 0과 1로 분류하며 단층 퍼셉트론과 같이 간단한 모형에서 이진 분류를 통한 인공신경망의 원리를 이해하기 위한 학습용으로 사용하기 편리하다. 시그모이드 함수는 계단함수를 확장한 것으로 0~1 사이의 값을 갖으며, tanh 함수는 −1~1 사이 값을 갖는다. 한편, 최근 딥러닝에 사용되는 ReLU 함수는 음수는 0으로, 0 이상은 그 값 그대로 출력한다.

• 역전파

역전파란 순전파의 반대 방향으로, 출력층에서 나타나는 출력값(z_j)과 목표값(d_j)의 에러(오차)를 보정하기 위해 다시 입력층의 방향으로 가면서 가중치와 편향(ω_{ij}, b_j)들을 조정하는 과정을 말한다.

에러는 비용함수(cost function)로 나타낸다. 비용함수는 데이터의 출력(z)과 목표치(d)와의 차이를 제곱하여 합한 값인 오차제곱합(SSE: Sum of Squared Error)이 한 예이다.

$$SSE = \frac{1}{2}\sum_{j=1}^{n}(z_j - d_j)^2$$

계수 1/2은 가중치 조정 시 비용함수의 기울기(미분)를 이용하기 때문에 미분에 의한 식의 단순화를 위해 둔 계수이다. j는 학습 데이터의 색인, n은 학습 데이터의 수를 의미한다.

데이터 출력(z)은 입력의 가중합이 활성화 함수를 거쳐 출력되기 때문에, z는 가중치(ω)의 함수가 된다. 따라서, SSE는 가중치들의 크기에 따라 가장 작을 값을 갖는 SSE_{min} 지점으로부터 점점 큰 값을 가지게 되는 아래로 볼록한 곡면의 형태를 띠게 된다. 다음 그림은 하나의 가중치 ω_i에 따른 SSE의 변화를 예시한 것이다.

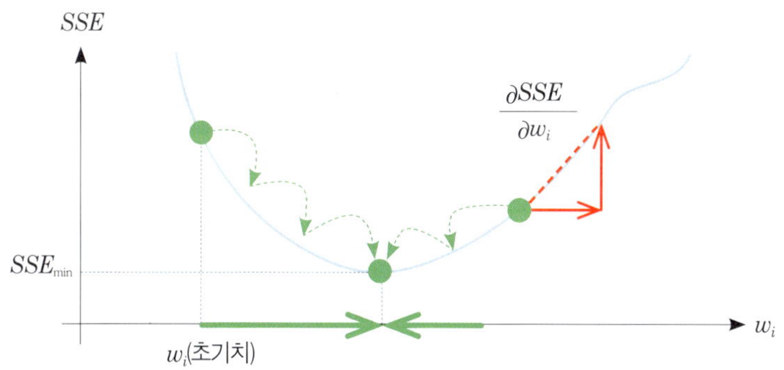

SSE의 최솟값은 각 가중치(ω_i)에 의한 SSE의 편미분 값(기울기)이 0이 되는 지점에서 결정되기 때문에, 기울기가 양 또는 음의 값을 가지게 되면 다음과 같이 가중치를 조정하여 SSE를 줄이게 된다.

$$\omega_1 = \omega_1 - \alpha\frac{\partial SSE}{\partial w_1}$$

α는 학습계수로서, 역전파 과정에서 가중치가 변경되는 정도를 의미한다. 오차를 분배하여 가중치를 변경하는 과정에서 편미분 항에는 활성화 함수의 미분값이 나타나게 된다. 대표적으로 많이 사용되어 온 시그모이드 함수는 입력값이 0이면 미분값은 0.5, 입력값이 0에서 멀어질수록 미분값은 0으로 수렴하는 현상을 보이게 되는데, 출력층에서 은닉층을 거쳐 입력층으로 갈수록 미분값들의 곱으로 가중치를 조정해주는 역전파 특성에서 결과적으로 미분값들이 소실(gradient vanishing)되는 현상이 발생하게 된다. 따라서, 최근 은닉층의 수가 많은 딥러닝에서는 입력값이 0이상이면 기울기가 1로서 일정한 ReLU 함수를 활성화함수로 사용한다(13장 참조).

12.3.2 단층 퍼셉트론과 AND/OR 연산

OR 연산을 위한 인공신경망을 만들고, 학습을 통한 가중치의 변화를 보자. 학습 후에는 테스트 데이터로 목표값과 같이 출력하는지 확인해보자.

(1) 데이터 작성(학습 데이터와 테스트 데이터)

학습 데이터는 0(FALSE), 1(TRUE)의 입력 값의 4가지 조합에 대응하는 OR 연산의 목표값(결과 값)으로 구성된다. 학습 후의 테스트는 4가지 모든 경우에 대해 하기로 한다. 테스트 데이터에 있는 목표값은, 입력에 따른 출력 결과를 비교하기 위한 참고자료이다.

학습 데이터 (OR 연산)

Case	입력값		목표값(d)
	x_1	x_2	
1	0	0	0
2	1	0	1
3	0	1	1
4	1	1	1

테스트 데이터 (OR 연산)

테스트를 위한 입력값에 대한 예측값과 비교하기 위한 데이터

Case	입력값		목표값(d)
	x_1	x_2	
1	0	0	0
2	0	1	1
3	1	0	1
4	1	1	1

(2) 학습

활성화 함수는 계단함수를 이용하고, 학습모형은 간단한 델타 학습 규칙[14]을 사용하기로 한다. 출력(z)과 목표치(d) 간 오차를

$$\Delta \equiv z - d$$

라 하면, 델타 학습 규칙에 의한 t 시점의 가중치 조정은 다음과 같다.

$$\omega_i^{t+1} = \omega_i^{t} - \alpha \Delta x_i$$

α는 학습계수, x_i는 i번째 입력 데이터를 의미한다.

이제, 초기치를 설정하고 학습하는 과정을 살펴보자. 두 입력 노드의 초기 가중치는

$$\omega_1 = 0.1,\ \omega_2 = 0.3,$$

로 두자. 편향은

$$b = -0.5$$

그리고 학습계수는

$$\alpha = 0.2$$

로 한다. 학습계수는 상수가 된다. 가중치와 편향은 임의의 초기치에서 시작하여 학습 과정에서 조정되지만, 여기서는 편의상 편향을 상수로 두기로 한다. 이에 대한 초기 인공신경망 모형은 다음과 같다.

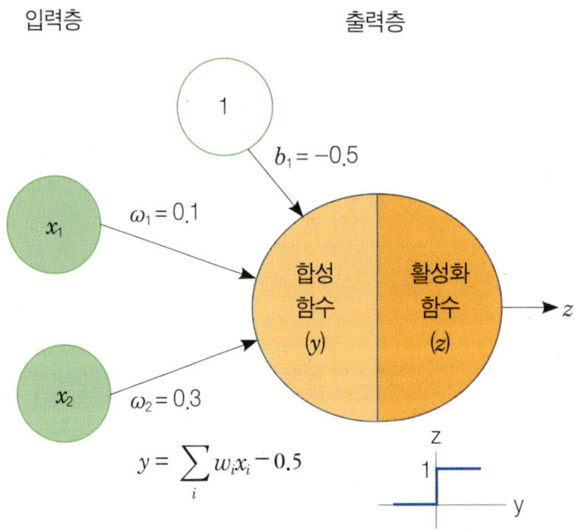

다음은 학습과정의 첫 번째 반복(1 epoch)에서 case 1과 case 2의 입력에 따른 목표치와의 차이로 인한 가중치 조정 과정을 나타낸 표이다.

case 1에 의한 가중치 변환

가중치	$\omega_1 = 0.1,\ \omega_2 = 0.3$
입력 값과 목표 값	$x_1 = 0,\ x_2 = 0,\ d = 0$
① 입력 데이터의 합성함수 값	$y = \omega_1 x_1 + \omega_2 x_2 - 0.5 = 0.1 \times 0 + 0.3 \times 0 - 0.5 = -0.5$

② 활성화함수를 통한 출력값	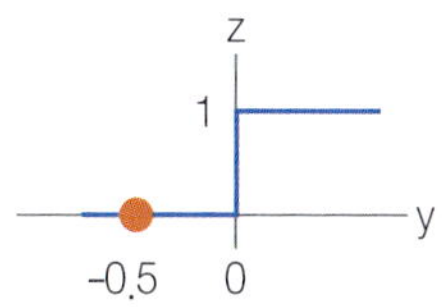 $z = 0$
오차	$\Delta = d - z = 0 - 0 = 0$
③ 가중치 조정	$\omega_1^2 = \omega_1^1 + a \times \Delta \times x_1 = 0.1 + 0.2 \times 0 \times 0 = 0.1$ $\omega_2^2 = \omega_2^1 + a \times \Delta \times x_2 = 0.3 + 0.2 \times 0 \times 0 = 0.3$ ☞ 가중치의 변화가 없음

case 2에 의한 가중치 변환

가중치	$\omega_1 = 0.1,\ \omega_2 = 0.3$
입력 값과 목표 값	$x_1 = 0,\ x_2 = 1,\ d = 1$
① 입력 데이터의 합성함수 값	$y = \omega_1 x_1 + \omega_2 x_2 - 0.5 = 0.1 \times 0 + 0.3 \times 1 - 0.5 = -0.2$
② 활성화함수를 통한 출력값	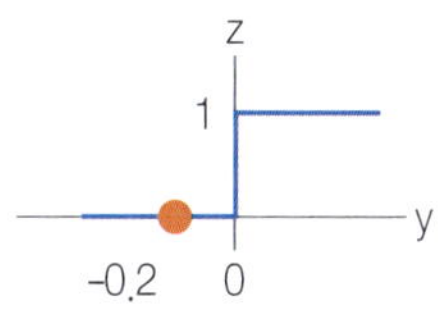 $z = 0$
오차	$\Delta = d - z = 1 - 0 = 1$
③ 가중치 조정	$\omega_1^3 = \omega_1^2 + a \times \Delta \times x_1 = 0.1 + 0.2 \times 1 \times 0 = 0.1$ $\omega_2^3 = \omega_2^2 + a \times \Delta \times x_2 = 0.3 + 0.2 \times 1 \times 1 = 0.5$ ☞ ω_2의 가중치 변화가 있음

앞의 과정과 같이 세 번의 학습 반복으로 가중치가 변하는 과정은 다음 표와 같다. 첫 번째와 두 번째 반복(1~2 epoch)에서 각 case 1, 2, 3, 4에 따른 가중치의 수정과 세 번째의 반복(3 epoch) 과정에서 네 가지 경우 모두 가중치의 변화가 없는 학습 종료 상태를 볼 수 있다.

3번의 반복(3 epoch)과정을 통한 가중치 변화

Epoch	Case	가중치		입력			입력처리	출력처리	오차	가중치 수정	
		ω_1^t	ω_2^t	x_1	x_2	d	Y (합성함수)	Z (활성화함수)	Δ	ω_1^{t+1}	ω_2^{t+1}
1	1	0.1	0.3	0	0	0	-0.5	0	0	0.1	0.3
	2	0.1	0.3	0	1	1	-0.2	0	1	0.1	0.5
	3	0.1	0.5	1	0	1	-0.4	0	1	0.3	0.3
	4	0.3	0.3	1	1	1	0.1	1	0	0.3	0.3
2	1	0.3	0.3	0	0	0	-0.5	0	0	0.3	0.3
	2	0.3	0.3	0	1	1	-0.2	0	1	0.3	0.5
	3	0.3	0.5	1	0	1	-0.2	0	1	0.5	0.5
	4	0.5	0.5	1	1	1	0.5	1	0	0.5	0.5
3	1	0.5	0.5	0	0	0	-0.5	0	0	0.5	0.5
	2	0.5	0.5	0	1	1	0	1	0	0.5	0.5
	3	0.5	0.5	1	0	1	0	1	0	0.5	0.5
	4	0.5	0.5	1	1	1	0.5	1	0	0.5	0.5

학습된 모형의 최종 조정된 가중치는 ω_1=0.5, ω_2=0.5이다.

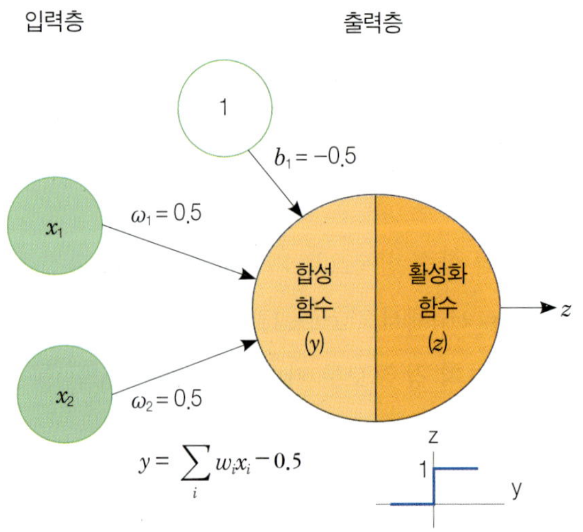

(3) 테스트

테스트 데이터로 4가지 경우의 입력 값을 입력하면 모두 목표 값과 같은 출력이 되는 현상을 볼 수 있다.

테스트 결과

Case	가중치		입력값		입력처리	출력처리	오차	
	ω_1	ω_2	x_1	x_2	Y (합성함수)	Z (활성화함수)	목표값 d	오차 Δ
1	0.5	0.5	0	0	-0.5	0	0	0
2	0.5	0.5	0	1	0	1	1	0
3	0.5	0.5	1	0	0	1	1	0
4	0.5	0.5	1	1	0.5	1	1	0

12.4 R을 이용한 문제 해결

(1) 사용 패키지

R은 인공신경망을 위한 다양한 패키지를 제공하고 있다. 이번 장에서는 neuralnet 패키지를 사용하기로 한다. neuralnet 패키지는 다층 인공신경망 구조를 지원하고, 사용이 간편하다. 또한 인공신경망 모형을 시각화하는 간단한 기능이 있기 때문에 처음에 사용하기에 편하다.

패키지

패키지	개요	사용 함수	기능
neuralnet	다층 인공신경망의 학습과 예측	compute()	학습된 인공신경망을 이용한 테스트
		neuralnet()	인공신경망 구조 설계 및 학습
		plot()	인공신경망의 그래프 출력

(2) 분석 절차

12.3절의 OR 연산자를 이용한 분류문제를 학습하고 예측해보자. 계단함수는 y=0에서 미분이 불가능하며, 그 외에서는 미분값이 모두 0이 된다. 따라서, neuralnet 등 R 패키지는 역전파에서 미분값을 필요로 하기 때문에 계단함수를 활성화 함수로 사용하지 않는다. 이진 분류문제의 경우, 출력층의 노드는 0 또는 1에 가까운 값을 출력하는 시그모이드 함수를 사용하면 된다. 다중 분류문제의 경우, 소프트맥스(softmax) 함수를 사용한다(13장 참조).

1. 데이터 작성 — data.frame()
2. 학습 — neuralnet()
3. 테스트(분류) — compute()

(3) 단계별 분석

neuralnet 패키지를 설치하고 로딩한다.

패키지 설치 및 로딩

```
install.packages("neuralnet")   # 패키지 설치 및 로딩
library(neuralnet)
```

1단계 데이터 작성

x_1, x_2를 입력변수로 d를 출력변수로 하는 단층 퍼셉트론 모형에 대한 학습용과 테스트 데이터를 작성한다.

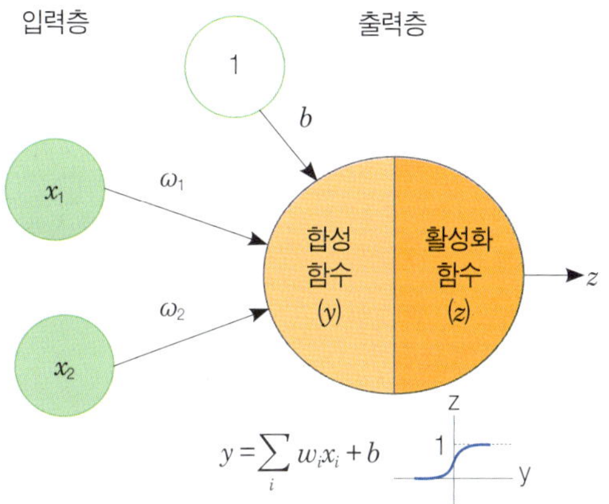

학습용 입출력 데이터

```
x1 <- c(0, 0, 1, 1)
x2 <- c(0, 1, 0, 1)
d  <- c(0, 1, 1, 1)

trainset <- data.frame(x1, x2, d)
trainset
```

- x1, x2: OR 연산을 위한 입력 데이터
- d: OR 연산을 위한 출력 데이터
- ① 학습용 데이터 세트

출력 결과

```
  x1 x2 d
1  0  0 0
2  0  1 1
3  1  0 1
4  1  1 1
```

```
testset <- data.frame(x1, x2, d)
testset
```

① 테스트용 데이터 세트
☞ 데이터 수가 적기 때문에 학습용의 4가지 유형을 모두 테스트하기로 함

출력 결과

```
  x1 x2 d
1  0  0 0
2  0  1 1
3  1  0 1
4  1  1 1
```

2단계 학습

가중치와 편향은 초기 임의 값으로 설정되며, 학습을 통해 조정된다. 활성화 함수는 지정하지 않으면 디폴트로 시그모이드 함수가 된다. 학습계수는 디폴트로 0.2로 주어진다. 최대 학습반복 수는 디폴트 값이 100,000이며, 에러 함수의 기울기가 디폴트로 지정된 0.01(threshold) 이하가 되면 그전에 종료한다.

R 학습

② 학습: 활성화 함수는 디폴트로 설정되는 시그모이드 함수를 적용

```
nn <- neuralnet(d ~ x1 + x2,          # 입출력 변수 형식: 출력변수 세트~입력변수 세트
                trainset,              # 학습용 데이터 세트
                hidden=0,              # 은닉층의 수
                linear.output = FALSE)
```

linear.output을 FALSE로 설정하면 출력층의 최종 출력은 활성화 함수를 적용
☞ 활성화 함수를 적용하여 0, 1로 분류

함수 | neuralnet()

패키지	neuralnet (추가 패키지)
기능	인공신경망 학습 및 예측
사용법	**neuralnet**(formula, data, hidden = 1, threshold = 0.01, stepmax = 1e+05, err.fct = "sse", act.fct = "logistic", linear.output = TRUE)

• 매개변수

변수	설명
formula	학습모형의 입출력 변수
data	formula를 구성하는 변수를 포함하는 데이터 프레임
hidden	은닉층의 노드 수
threshold	학습 종료 기준, 에러 함수의 편미분 값

	변수	설명
사용법	stepmax	최대 학습 반복 수, 디폴트는 100,000임
	startweights	초기 가중치
	learningrate	학습계수
	err.fct	에러 함수, 디폴트인 sse는 sum of squared errors를 의미함
	act.fct	활성화 함수, 디폴트는 logistics 함수임
	linear.output	TRUE로 설정되면 출력노드에 활성화함수가 적용되지 않고(회귀문제), FALSE이면 적용됨(분류문제)
반환값	모형 관련 정보를 담고 있는 nn 클래스의 객체	

학습된 인공신경망을 출력해보자. 학습결과의 가중치(ω_1, ω_2)와 편향 값(b)이 함께 나타난다. 초기 가중치와 편향 값이 다르기 때문에 실행 시마다 그 값들은 다르게 결정된다.

인공신경망 구조

```
plot(nn)
```

출력 결과

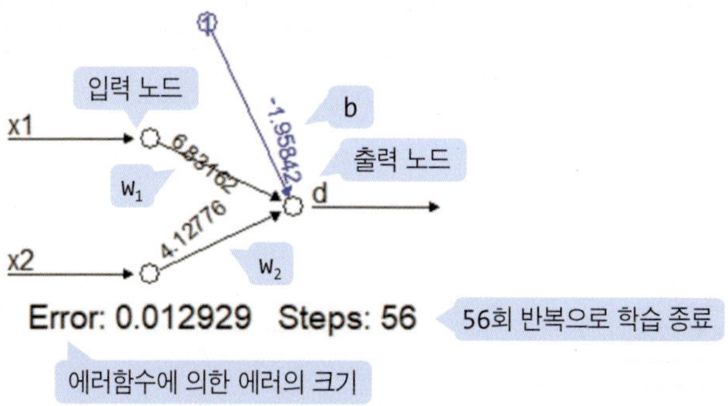

함수 | plot()

패키지	neuralnet (추가 패키지)
기능	학습모형을 이용한 예측
사용법	**plot**(x) 또는 **plot.nn**(x) • 매개변수 변수: x — 설명: 학습모형
반환값	예측결과를 포함하는 리스트

print(nn)으로 학습된 인공신경망의 상세 내용을 볼 수 있지만, 주요 내용을 확인해보면 다음과 같다. 한편, 4개의 입력에 의한 결과와 목표치와의 오차는

$$\text{cost} = \frac{1}{2}\sum_{i=1}^{4}(z_i - d_i)^2$$

가 된다.

인공신경망 모형 출력

```
nn$result.matrix
```

학습모형 결과

출력 결과

```
                          [,1]
error               0.012929041
reached.threshold   0.009435875
steps              56.000000000
Intercept.to.d     -1.958415287
x1.to.d             6.831623804
x2.to.d             4.127758414
```

```
nn$startweights[[1]][[1]]
```
학습 초기 가중치

출력 결과

```
           [,1]
[1,]  0.4619847
[2,]  1.3316238
[3,] -1.3722416
```

```
nn$weights[[1]][[1]]
```
학습 후의 가중치

출력 결과

```
          [,1]
[1,] -1.958415
[2,]  6.831624
[3,]  4.127758
```

```
nn$net.result[[1]]
```
학습 후, 각 입력에 대한 결과

출력 결과

```
          [,1]
[1,] 0.1236387
[2,] 0.8974625
[3,] 0.9924093
[4,] 0.9998767
```

```
sum((nn$net.result[[1]] - trainset[,2])^2)/2
```
에러 함수 값

출력 결과

```
[1,] 0.012929041
```

3단계 테스트(분류)

이제 학습된 모형에 대해 테스트 데이터로 입력에 대한 출력을 예측해보고, 정확도를 평가해보자.

예측용 입력 데이터 및 예측

```
predict <- compute(nn, testset)
predict$net.result
```

학습된 모형으로 테스트 데이터를 분류

출력 결과

```
          [,1]
[1,] 0.1236387
[2,] 0.8974625
[3,] 0.9924093
[4,] 0.9998767
```

테스트 데이터의 입력에 대한 예측

함수 | compute()

패키지	neuralnet (추가 패키지)
기능	학습모형을 이용한 예측
사용법	compute(x, covariate) • 매개변수 변수: x — 학습모형 변수: covariate — 학습모형의 입력노드에 사용된 변수의 데이터 프레임
반환값	예측결과를 포함하는 리스트

변수	설명
x	학습모형
covariate	학습모형의 입력노드에 사용된 변수의 데이터 프레임

시그모이드 활성화 함수의 특성 상, 목표치 0과 1에 대한 분류는 각각 0과 1에 가까운 수를 출력하기 때문에 0.5를 기준으로 0과 1로 구분하여 해석하면 된다. 다음 결과는 각 입력에 대한 OR 연산의 목표치와 같은 현상을 보여주고 있다.

정확도 평가

```
predict.bin <- ifelse(predict$net.result >= 0.5, 1, 0)
predict.bin
```

예측 값이 0.5 이상이면 1, 그렇지 않으면 0으로 설정

출력 결과

```
     [,1]
[1,]    0
[2,]    1
[3,]    1
[4,]    1
```

12.5 키에 따른 몸무게 추정(회귀문제)

회귀문제는 입력 데이터에 대한 연속적인 값을 예측하는 문제이다. 키와 몸무게의 분포를 살펴보자. 선형관계가 있다면 키를 입력으로, 몸무게를 출력으로 하는 간단한 인공신경망으로 모형화가 가능하다. 데이터는 R에 내장된 15명의 여성의 키와 몸무게에 대한 women 데이터 세트를 이용하기로 한다. 학습모형이 만들어지면 통계적 방법으로 분석한 회귀분석 모형과 비교해보자. 그리고 임의의 키에 대한 몸무게를 추론해보자. 그 절차는 다음과 같다.

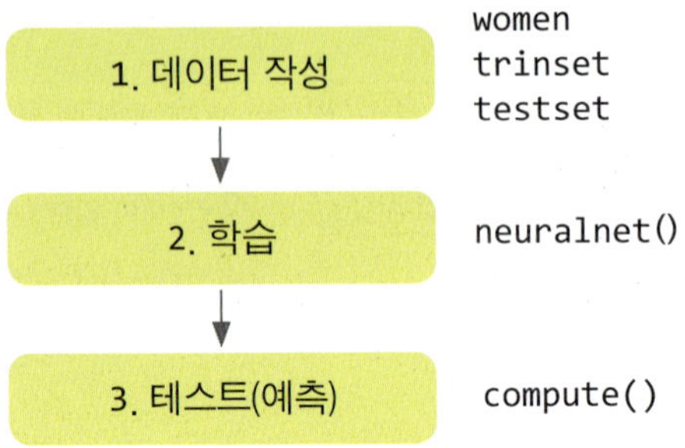

먼저, 정규화된 훈련용 데이터 세트와 테스트용 데이터 세트를 만든다. 입출력 변수 형식을 설정하고 훈련용 데이터로 인공신경망 모형을 학습한다. 학습된 모형에 대해 테스트용 데이터로 출력을 예측하고 정확도를 평가한다. 각 단계는 다음과 같다.

1단계 데이터 작성

12.4절에서 neuralnet 패키지를 설치했다면 설치를 반복할 필요는 없으며, RStudio를 다시 실행했다면 패키지 로딩만 하면 된다.

패키지 설치 및 로딩

```
#install.packages("neuralnet")   ◀ 패키지 설치 및 로딩
library(neuralnet)
```

women 데이터 세트를 확인해본다. 통계적 회귀모형에 의한 키에 대한 몸무게 간의 선형관계에서 기울기에 해당하는 가중치와 y절편 값에 해당하는 편향을 구해보자.

데이터 확인

```
women
```

출력 결과

```
   height weight
1      58    115
2      59    117
3      60    120
4      61    123
5      62    126
6      63    129
7      64    132
8      65    135
9      66    139
10     67    142
11     68    146
12     69    150
13     70    154
14     71    159
15     72    164
```

키(ft)와 몸무게(lb) 데이터

```
plot(women)
```

키(ft)와 몸무게(lb)에 대한 산포도
☞ plot(women$height, women$weight)와 동일

출력 결과

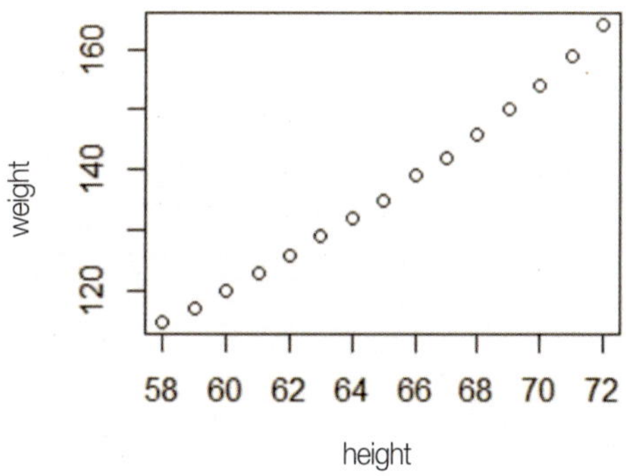

훈련용과 테스트용으로 데이터를 준비하고, 데이터를 각 열의 최댓값으로 나누어 0~1 사이의 값으로 정규화한다.

데이터 정규화

```
trainset <- women                        ① 훈련용 데이터 세트

max1 <- max(women[,1])                   키와 몸무게의 최댓값
max2 <- max(women[,2])
trainset[,1] <- trainset[,1] / max1      키와 몸무게 데이터의 정규화
trainset[,2] <- trainset[,2] / max2
trainset
```

출력 결과

```
      height    weight
1  0.8055556 0.7012195
2  0.8194444 0.7134146
3  0.8333333 0.7317073
4  0.8472222 0.7500000
5  0.8611111 0.7682927
6  0.8750000 0.7865854
7  0.8888889 0.8048780
8  0.9027778 0.8231707
9  0.9166667 0.8475610
10 0.9305556 0.8658537
11 0.9444444 0.8902439
12 0.9583333 0.9146341
13 0.9722222 0.9390244
14 0.9861111 0.9695122
15 1.0000000 1.0000000
```

```
testset <- data.frame(height=c(65.5, 70.5))    ① 테스트 데이터 세트(키)
testset[,1] <- testset[,1] / max1              테스트 데이터의 정규화
testset
```

출력 결과

```
     height
1 0.9027778
2 1.0555556
```

2단계 학습

women 데이터 세트에 대해 height를 입력변수로, weight를 출력변수로 하는 인공신경망을 만들고 학습한다. 은닉층은 설정하지 않기로 한다. 이 경우, linear.output를 TRUE로 설정하여, 출력층은 활성화 함수를 거치지 않고 합성함수 값이 그대로 출력되도록 한다.

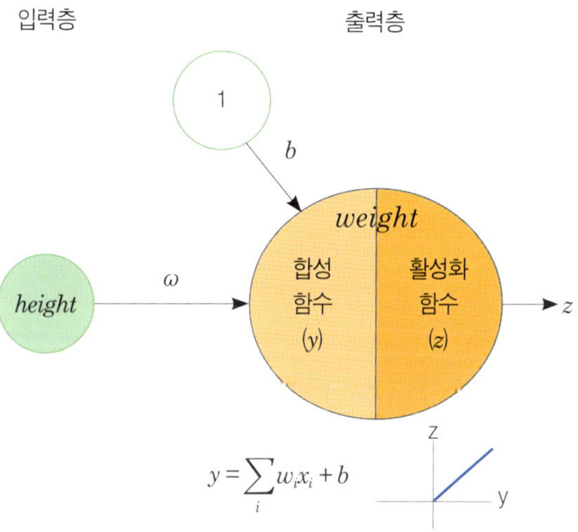

R 학습

② 학습

```
nn <- neuralnet(weight ~ height,
                trainset,
                hidden=0,
                linear.output = TRUE)
```

- `weight ~ height`: 입출력 변수 형식: 출력변수 세트~입력변수 세트
- `trainset`: 학습용 데이터 세트
- `hidden=0`: 은닉층의 수
- linear.output을 TRUE로 설정하면 출력층의 최종 출력은 활성화 함수를 거치지 않음 → z=y의 선형관계로 출력

학습된 인공신경망을 출력해보자. 초기 가중치와 편향 값이 다르기 때문에 실행할 때마다 그 값들은 다르게 결정된다.

인공신경망 구조

```
plot(nn)
```

출력 결과

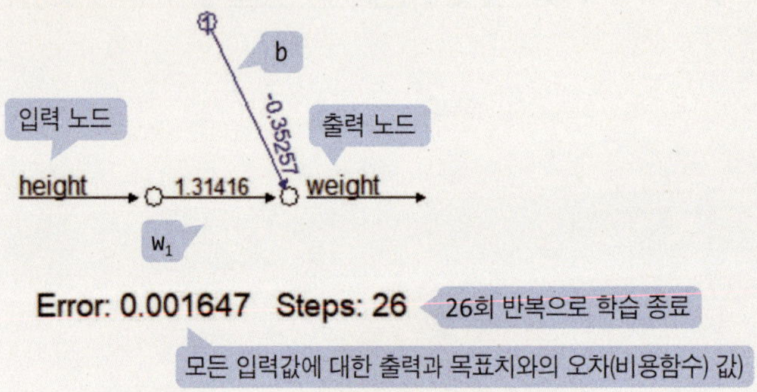

주요 내용을 확인해보면 다음과 같다. 15개의 입력에 의한 결과와 목표치와의 오차는

$$SSE = \frac{1}{2}\sum_{i=1}^{15}(z_i - d_i)^2$$

가 된다.

인공신경망 모형 출력

```
nn$result.matrix
```

학습모형 결과

출력 결과

```
                              [,1]
error                  0.001647435
reached.threshold      0.009677700
steps                 26.000000000
Intercept.to.weight   -0.352572628
height.to.weight       1.314163277
```

편향 (Intercept.to.weight)

가중치 (height.to.weight)

```
nn$startweights[[1]][[1]]
```
학습 초기 가중치

출력 결과

```
          [,1]
[1,] 0.1761024
[2,] 1.8428383
```
편향 / 가중치

```
nn$weights[[1]][[1]]
```
학습 후의 가중치

출력 결과

```
           [,1]
[1,] -0.3525726
[2,]  1.3141633
```
편향 / 가중치

```
nn$net.result[[1]]
```
학습 후, 각 입력에 대한 결과

출력 결과

```
           [,1]
 [1,] 0.7060589
 [2,] 0.7243112
 [3,] 0.7425634
 [4,] 0.7608157
 [5,] 0.7790680
 [6,] 0.7973202
 [7,] 0.8155725
 [8,] 0.8338248
 [9,] 0.8520770
[10,] 0.8703293
[11,] 0.8885816
[12,] 0.9068338
[13,] 0.9250861
[14,] 0.9433384
[15,] 0.9615906
```
키에 대한 몸무게의 추정치

```
sum((nn$net.result[[1]] - trainset[,2])^2)/2
```
에러: 비용함수 값

출력 결과

```
[1] 0.001647435
```

3단계 테스트(예측)

키가 65, 76인 경우는 몸무게가 어느 정도로 추정될까? 학습된 모형에 대해 테스트 데이터를 예측하면 다음과 같다.

예측용 입력 데이터 및 예측

```
predict <- compute(nn, testset)
predict$net.result
```

③ 테스트 데이터의 입력값(키): 65.5, 70.5

출력 결과

```
          [,1]
[1,] 0.8338248
[2,] 1.0345997
```

몸무게의 추정값

```
predict$net.result * max(women[,2])
```

비정규화를 통한 몸무게의 실제 척도로 변환

출력 결과

```
         [,1]
[1,] 136.7473
[2,] 169.6744
```

요약

인공신경망 개요: 인공신경망은 머신러닝 분야에서 연구되는 학습 알고리즘의 하나이며, 인간의 뇌의 구조를 모방하여 만들어졌다. 데이터 학습을 통해 분류(범주형 출력 데이터의 분류)와 회귀(연속적인 출력값의 예측) 등에 응용된다.

인공신경망 역사: Warren McCulloch과 Walter Pitts는 1943년에 신경망의 컴퓨팅 모델에 관한 논문을 발표하였고, 1940년대 후반에는 심리학자 Donald Hebb는 경험에 의해 두뇌가 변화되는 능력인 신경가소성(Neuroplasticity)의 원리에 근거한 헤비안 학습 모형을 고안하였다. 1958년에 Frank Rosenblatt는 헤비안 학습법을 적용하기 위해 퍼셉트론(perceptron)을 제안하였다. 1975년도에는 Werbos가 다층 퍼셉트론에 적용할 수 있는 역전파 알고리즘을 개발하였다.

인공신경망 모형: 입력, 은닉층, 출력층으로 구성되며, 은닉층과 출력층은 입력값을 합성함수로 계산하고 활성화함수를 통해 출력한다. 입력에서 출력 처리는 순전파 과정이며, 목표치와의 오차를 줄이기 위해 출력에서 입력층 방향으로 역전파 과정을 통해 가중치를 조정한다. 단층 퍼셉트론은 입력과 출력층으로만 구성되며, AND와 OR 연산이 가능하다. 한편, 한 개의 선형 분류자로 분류할 수 없는 XOR 연산의 경우는 최소 1개의 은닉층이 있는 다층 퍼셉트론 모형으로 분류할 수 있다. 특히, 은닉층이 2개 이상인 인공신경망 모형의 학습을 딥러닝이라고 한다.

인공신경망 분석 절차: 먼저, 학습용과 테스트용 데이터 세트를 준비한다. 필요 시, 데이터 정규화를 통해 0~1 사이의 크기로 변환한다. 다음에는 입력층, 은닉층, 출력층의 노드 수를 정하고, 활성화함수를 설정 후에 학습용 데이터로 학습한다. 학습 후에는 테스트 데이터로 분류 또는 예측한다.

R을 이용한 인공신경망 분석 방법: 다층 인공신경망의 학습과 예측에 활용되는 neuralnet 패키지를 사용한다. neuralnet 패키지는 처음 사용하기에 편리하며, 학습모형에 대한 시각화를 통한 학습이 용이하다. 데이터 프레임으로 학습용과 테스트용으로 데이터 세트를 작성하고, neuralnet() 함수로 학습 후에, compute() 함수로 분류 및 예측한다.

연습문제

1. 다음 AND 연산의 각 경우(case 1~4)에 대한 학습으로 변화되는 가중치(ω_1, ω_2)를 계산하는 과정을 기술하시오. 델타 학습규칙을 적용하며, 학습계수(α)는 0.2, 편향(b)은 -0.3으로 한다.

Case	입력값		목표값(d)
	x_1	x_2	
1	0	0	0
2	1	0	0
3	0	1	0
4	1	1	1

• case 1에 의한 가중치 변환

가중치	$\omega_1 = 0.3$, $\omega_2 = -0.2$
입력 값과 목표 값	
입력 데이터의 합성함수 값	
활성화함수를 통한 출력값	
오차	
가중치 조정	

• case 2에 의한 가중치 변환

가중치	
입력 값과 목표 값	
입력 데이터의 합성함수 값	
활성화함수를 통한 출력값	
오차	
가중치 조정	

• case 3에 의한 가중치 변환

가중치	
입력 값과 목표 값	
입력 데이터의 합성함수 값	
활성화함수를 통한 출력값	
오차	
가중치 조정	

• case 4에 의한 가중치 변환

가중치	
입력 값과 목표 값	
입력 데이터의 합성함수 값	
활성화함수를 통한 출력값	
오차	
가중치 조정	

2. 다음 AND 연산에 대한 인공신경망의 학습과 테스트를 위한 R스크립트의 밑줄을 완성하시오.

```
x1 <- c(0, 0, 1, 1)
x2 <- c(0, 1, 0, 1)
d  <- c(0, 1, 1, 1)
trainset <- data.frame(x1, x2, d)
testset <- data.frame(x1, x2, d)
model <- neuralnet( ________, ________, ________, linear.output = ________)
p <- compute( ________, ________)
p.bin <- ifelse( ________, 1, 0)
p.bin
```

응용문제1 XOR 연산(분류문제)

12.3절의 XOR 진리표로부터 XOR 연산이 가능하도록 다층 퍼셉트론의 인공신경망 모형을 만들어보자. 한 개의 은닉층에 노드의 수를 2, 3, 4로 설정할 때, 어떤 모형이 가장 좋은지 비교해보자.

힌트: 학습모형

```
nn <- neuralnet(d ~ x1 + x2, trainset, hidden=2, linear.output = FALSE)
```

은닉층의 노드 수

1단계 데이터 작성

2단계 학습

3단계 예측

4단계 각 모형별 비교

자동차 속력에 따른 정지 거리 예측(회귀문제)

응용 문제2

자동차의 속력과 정지 거리 간의 선형 관계를 살펴보자. R의 기본 패키지인 datasets에 있는 cars 데이터는 다음과 같다. 50개 속력(speed)과 정지 거리(dist)에 대해, 속력을 독립변수로 정지 거리를 종속변수로 하자. 먼저, 산포도를 그려보고, 기울기와 y절편을 구해보자. 속력의 단위는 miles/hour, 정지 거리의 단위는 feet이다.

```
> cars
  speed dist
1     4    2
2     4   10
3     7    4
4     7   22
5     8   16
6     9   10
```

1단계 데이터 작성

2단계 학습

3단계 예측

응용문제3 $y=\sqrt{x}$의 해(회귀문제)

다음은 1~100까지의 정수(x)에 대한 제곱근(y)의 그래프이다. x에 대한 제곱근의 추정값($\hat{y}_i$)을 구하는 인공신경망 모형을 개발해보자.

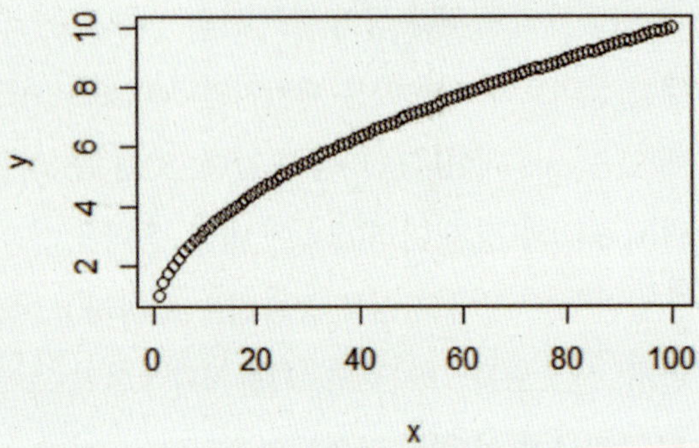

정수(x)에 대한 제곱근을 예측하고, 참값(y_i) 대비 절대 오차($|\frac{y_i-\hat{y}_i}{y_i}|$)의 비율에 대한 평균을 의미하는 평균 절대 백분율 오차(MAPE: Mean Absolute Percentage Error)가 얼마나 되는지 살펴보자. 여기서 n은 100이 된다.

힌트 : 12.5절의 모형에서 은닉층을 추가하고, 은닉층의 수와 각 은닉층의 노드 수를 변화시키면서 MAPE가 가장 적은 모형을 찾아보자.

$$MAPE(\%)=\frac{1}{n}\sum_{i=1}^{n}|\frac{y_i-\hat{y}_i}{y_i}|\times 100(\%)$$

힌트: 학습모형

```
nn <- neuralnet(y ~ x, trainset, hidden=c(3, 2), linear.output = TRUE)
```

순서대로 첫 번째와 두 번째 은닉층의 노드 수를 의미함

1단계 데이터 작성

2단계 학습

3단계 예측

4단계 각 모형별 $MAPE$ 비교

CHAPTER 13

머신러닝을 활용한 R 데이터 분석

딥러닝 개요

학습목표

딥러닝의 이해와 활용 능력 함양

학습내용

딥러닝 원리 이해
딥러닝의 활용: 분류문제
딥러닝의 활용: 회귀문제

13.1 배경

복잡한 이미지는 어떻게 분류할까? 다양한 입력 데이터로부터 출력값은 어떻게 예측할까? 이런 기능이 가능한 딥러닝은 어떤 인공신경망 구조로 되어 있을까? 최근 인공지능분야에서 딥러닝의 활용이 크게 기대되고 있다. 딥러닝은 어떤 분야에 응용되고 있는지 살펴보자.

딥러닝은 2016년 바둑게임에서 알파고가 이세돌을 4:1로 이기면서 사회적으로 큰 이슈가 되었다. 딥러닝의 인공신경망 모형으로는 합성곱 신경망(CNN, Convolutional Neural Network), 순환 신경망(RNN, Recursive Neural Network)이 대표적이다. CNN은 이미지 인식, RNN은 자연어 처리 등에 응용되고 있다. ImageNet(www.image-net.org)에서 2010년부터 시작한 이미지넷 이미지 인식대회(ILSVRC, ImageNet Large Scale Visual Recognition)에서, 2012년도에는 제프리 힌튼의 딥러닝 기반 AlexNet(오차 16%)이 우승하였고, 2015년에는 인간의 이미지 인식 오차(5%)보다 낮은 ResNet(오차 3.6%), 2016년 GoogleNet-v4(오차 3%), 2017년 SENet(2.3%)으로 계속 발전하고 있다. 본 장에서는 딥러닝의 기본적인 원리와 활용방법을 살펴보기로 한다. 이를 위해, 13.2절에서는 딥러닝의 개요, 13.3절에서는 이미지를 분류하는 다중 분류 문제를 살펴본다. 13.4절에서는 13.3절의 내용을 R로 문제를 푸는 방법을 공부해보자. 13.5절에서는 주택 가격을 예측하는 회귀 문제를 살펴보기로 한다.

13.2 딥러닝 개요

최근 딥러닝의 출현에 따라 인공지능에 대한 관심이 고조되고 있다. 딥러닝은 인공신경망에서 입력층과 출력층 사이에 은닉층이 여러 개로 구성되는 심층 신경망(DNN: Deep Neural Network) 구조로 학습하는 것을 말한다. 딥러닝을 통해 복잡한 비선형 관계를 모델링할 수 있기 때문에, 음성인식, 이미지 인식, 자연어 처리, 추천 시스템, 금융사기 방지 등 복잡한 분야에 응용되고 있다.

'딥러닝' 용어는 1986년에 Rina Dechter에 의해 머신러닝 학회에서 소개되었다. 1965년에 Alexey Ivakhnenko는 최초의 일반적인 지도학습의 딥러닝 알고리즘을 발표하였고, 1971 년에는 8 개의 은닉층이 있는 딥 네트워크로 데이터 처리를 위한 학습을 발표하였다. 1989 년 Yann LeCun과 그의 동료들은 역전파 알고리즘을 이용해서 손으로 쓰여진 우편번호를 인식하기 위해 심층신경망을 적용했는데, 그 당시 컴퓨팅 환경으로는 신경망 학습에 3일이 소요되어 현실적인 사용에 문제가 있었다. 2006년에는 Geoff Hinton 등이 여러 층의 네트워크가 한번에 한 층씩 어떻게 효과적으로 사전 훈련이 되는지 보였다. 2010년경에는 산업계에서 대규모의 음성 인식 분야에 딥러닝을 적용하기 시작하였다. 한편, 하드웨어의 발전은 딥러닝 분야의 새로운 관심을 가져 오게 되었다. Nvidia 기업의 GPU(Graphics Processing Units)는 기존의 딥러닝을 100배 더 빠르게 처리하면서 실행 시간을 단축할 수 있게 되었다[15].

숫자 이미지를 분류하는 예를 보자. MNIST(Modified NIST) 데이터베이스는 미국 국립표준기술연구소(NIST, National Institute of Standards and Technology)에서 제공하는 인구조사국 직원들의 필기체 숫자 이미지 데이터세트에 중등학교 학생들의 데이터 세트를 추가하여 만든 것으로, 다양한 이미지 처리 시스템의 학습에 활용되고 있다. MNIST 데이터베이스에는 6만 개의 학습용 데이터 세트와 1만 개의 테스트 데이터 세트가 있다. 각 숫자 이미지는 가로와 세로로 28×28 픽셀 단위로 0~255의 숫자로 표현된다. 다음 절에서 숫자 이미지로 학습하고 분류하는 방법을 살펴보자.

〈자료원: Wikipedia〉

13.3 이미지 숫자 분류(다중 분류)

(1) 이미지 분류 기본 원리

이미지 분류는 다중 분류 방법의 하나이다. 다중 분류는 입력 데이트들에 대해 목표치(라벨)별로 여러 개로 분류하게 된다. 다음 그림은 0~9 사이의 숫자 이미지를 가로와 세로로 쪼개어 픽셀 단위의 행렬 데이터로 만든 입력 데이터와 그에 대응하는 숫자를 목표치로 학습하는 인공신경망 모형 개념도이다. '2'라는 필기체 숫자 이미지를 가로와 세로로 28X28로 구분한 픽셀 단위의 784개 입력 데이터가 주어지면, 은닉층을 거쳐 0~9의 10개 숫자에 대응하는 10개 출력 노드에서 3번째 노드에 1이 출력되도록 학습하게 된다.

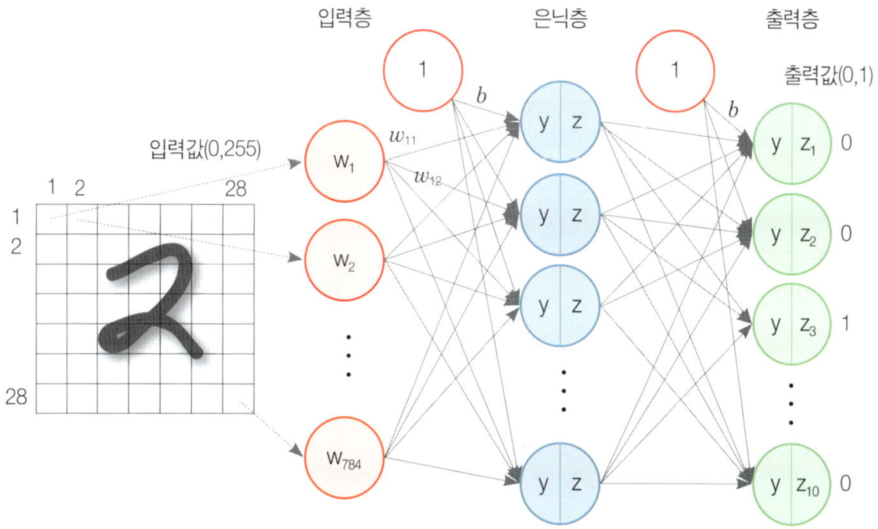

숫자 분류를 위한 DNN

• MNIST 데이터 세트

MNIST 데이터 세트는 손으로 쓴 0~9 사이의 숫자 이미지를 가로와 세로로 각각 28개의 픽셀로 쪼개어 총 784개 픽셀 별로 0~255 밝기의 그레이스케일(grayscale)로 만든 것이다. 60,000 개의 학습용 데이터 세트와 10,000개의 테스트용 데이터 세트가 있다. 13.3절에서는 딥러닝을 위한 R 패키지에서 제공하는 데이터를 이용하기로 한다.

MNIST 데이터 세트 보기

다음은 MNIST 원본 데이터를 쉽게 활용할 수 있도록 csv 포맷으로 만든 파일을 다운로드 받을 수 있는 사이트 중 하나이다. kaggle에 로그인 후에, "MNIST in CSV"로 검색하거나 "https://www.kaggle.com/oddrationale/mnist-in-csv" URL에서 다운로드 받아 압축을 해제하면, 학습용(mnist_train.csv)과 테스트용(mnist_test.csv)의 csv 파일을 볼 수 있다.

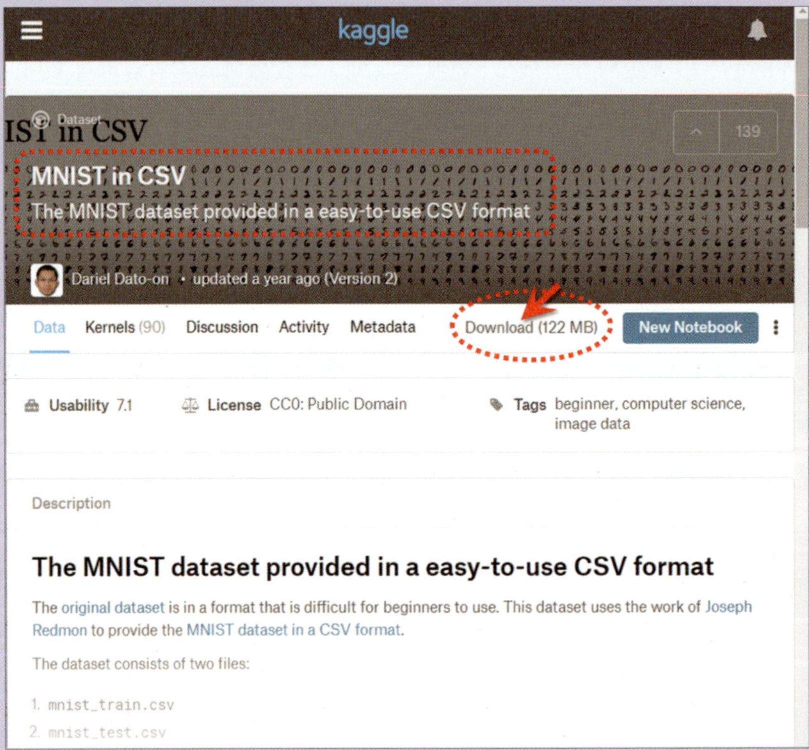

두 개 파일을 임의 폴더("c:/Temp")에 저장하고, 문서 편집기로 보면 다음과 같다. 1열은 숫자를 의미하는 0~9의 라벨이 있고, 2~785열은 각 행의 라벨에 해당하는 숫자 이미지를 28X28 픽셀로 구분한 총 784개의 픽셀 데이터(0~255)를 한 줄로 쓴 것이다. MNIST 데이터 세트는 제공하는 기관마다 데이터 구조 또는 열의 위치가 다를 수 있다.

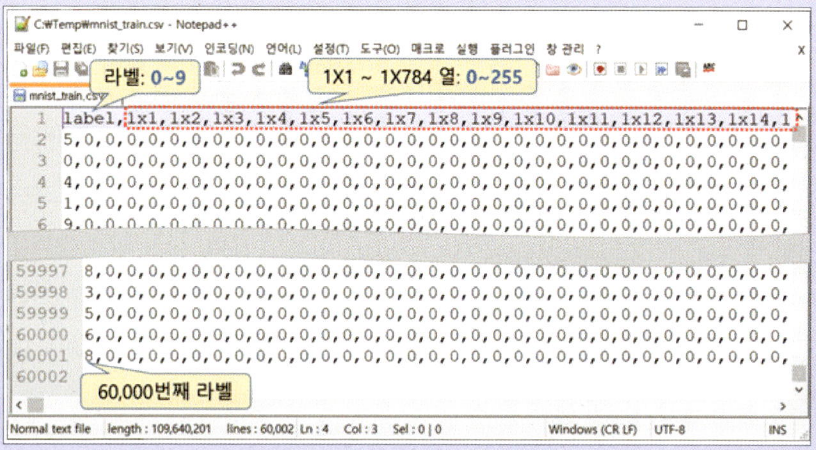

학습용 데이터 세트(mnist_train.csv)

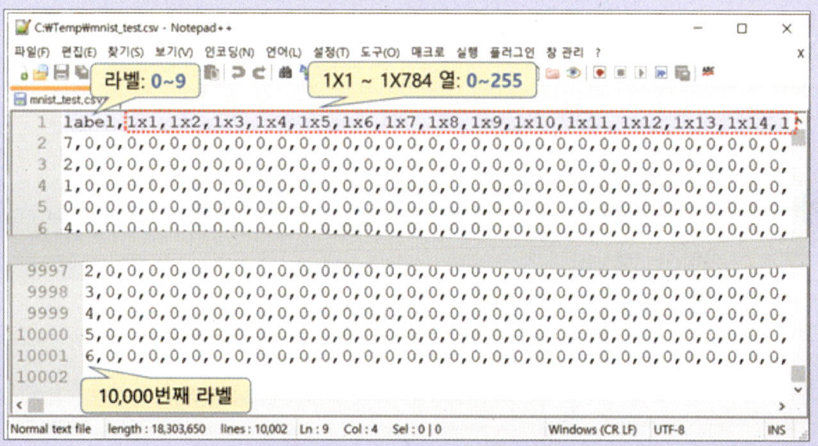

테스트용 데이터 세트(mnist_test.csv)

• 입출력과 활성화함수

입력층은 각 숫자 이미지의 28X28 픽셀의 784개에 대응하는 입력 노드들로 구성한다. 은닉층은 1개 이상으로 한다. 본 장에서는 2개층의 딥러닝 환경으로 실행해보기로 하자. 은닉층의 활성화함수를 시그모이드 함수로 설정하면, 은닉층의 수가 많을 때는 역전파 과정에서 가중치 조정에 영향을 주는 미분값들이 소실되는 현상(gradient vanishing)이 있기 때문에 미분값이 1로서 일정한 ReLU 함수를 사용한다(13.3절 참조).

다중 분류인 경우, 출력층의 노드는 분류 대상의 수로 구성한다. 숫자 0은 첫 번째 노드, 숫자 1은 두 번째 노드, 숫자 9는 10번째 노드로 대응하는 총 10개의 출력 노드로 한다. 각 숫자들에 대응하는 출력 노드는 1, 나머지는 0이 출력되도록 목표치를 설정하여 학습하도록 한다. 즉, 입력 숫자가 2인 경우는 3번째 위치에 있는 노드만 1, 나머지 노드들은 0이 된다. 이런 방법은 원-핫 인코딩(one−hot encoding)이라고 하며, 이를 위해 출력층의 m개 노드들의 합은 1이 되고, 각 노드들(i)의 출력은 0~1 사이의 값을 갖는 softmax 함수를 활성화함수로 지정한다. 이는 한 노드의 값은 1에 가깝고, 나머지 노드들은 0에 가까운 값이 출력되도록 하여 분류가 용이하게 된다.

$$\sum_{i=1}^{m} z_i = 1,\ \text{where } z_i = \frac{e^{y_i}}{\sum_{i=1}^{m} e^{y_i}}$$

• 분류 절차

먼저 입출력 데이터를 준비하고, 학습 데이터로 학습모형을 학습한다. 학습 후에 테스트 데이터로 분류하고, 평가한다.

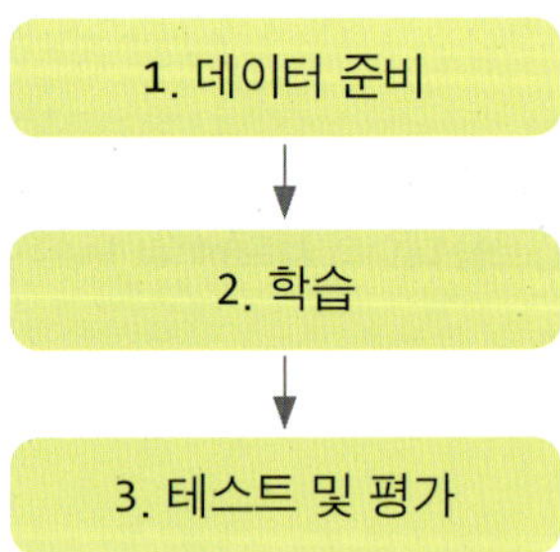

(2) 단계별 분석

1단계 데이터 준비

MNIST 데이터 세트는 학습용과 테스트용으로 분리되어 있다. 각 행에는 0~9 중의 목표치(라벨)와, 각 라벨에 대응하는 28×28 행렬 값이 1차원 벡터로 기록되어 있다. 입력 데이터들은 모두 0~1 사이의 값들로 정규화한다. 각 목표치에 해당하는 출력층의 원-핫 인코딩을 위해 0~9에 대응하는 10개의 열을 추가하고, 각 목표치에 대응하는 열의 값은 1, 그 외에는 0을 설정한다.

2단계 학습

학습모형은 784개 입력 노드, 10개의 출력 노드로 구성한다. 은닉층과 각 층의 노드 수는 다양하게 시뮬레이션 할 필요가 있다. 13.4절에서는 제 1 은닉층은 258개, 제 2 은닉층은 128개로 구성한다. 활성화함수는 은닉층은 ReLU 함수, 출력층은 소프트맥스로 한다.

3단계 테스트 및 평가

테스트에 의한 출력 노드의 값들은 모두 0과 1로 변환하고, 1이 있는 위치에 대응하는 0~9 숫자로 인식한다. 테스트 결과의 평가는 분류와 회귀 문제에서 다르다. 분류 문제의 경우, 실제 분류 값과 예측한 분류 값의 일치 비율을 나타내는 정확도가 평가의 한 방법이다. 실제 값 대비 예측 값의 분포는 교차표에 해당하는 confusion matrix로 표현할 수 있다. 한편, 회귀 문제는 각 출력에 대한 절대 오차(실제값과 예측값의 차이에 대한 절대값)를 평균한 평균 절대 오차 또는 실제값 대비 절대 오차(실제값과 예측값의 차이에 대한 절대값) 비율을 평균한 평균 절대 백분율 오차(12장 응용문제3 참조) 방법이 될 수 있다. 실제 값 대비 예측 값의 분포는 산포도로 파악할 수 있다.

13.4 R을 이용한 문제 해결

(1) 사용 패키지

딥러닝을 위한 R 패키지에는 여러가지가 있다. deepnet, h2o, mxnet, darch, keras 등의 패키지들이 그 예이다. keras 패키지는 구글이 오픈 소스로 제공하는 딥 러닝 라이브러리인 텐서플로우(TensorFlow) 등을 포함하고 있다. RStudio에서 keras 패키지, R에서는 kerasR 패키지를 사용한다(이 절에서는 RStudio 환경으로 예시한다). keras는 파이썬 환경을 필요로 한다. 다음을 참고하여 파이썬 배포판인 Anaconda를 설치하면 된다.

- Anaconda 설치

Anaconda는 홈페이지(www.anaconda.com)에서 "Download" 메뉴를 클릭하여 설치하면 된다.

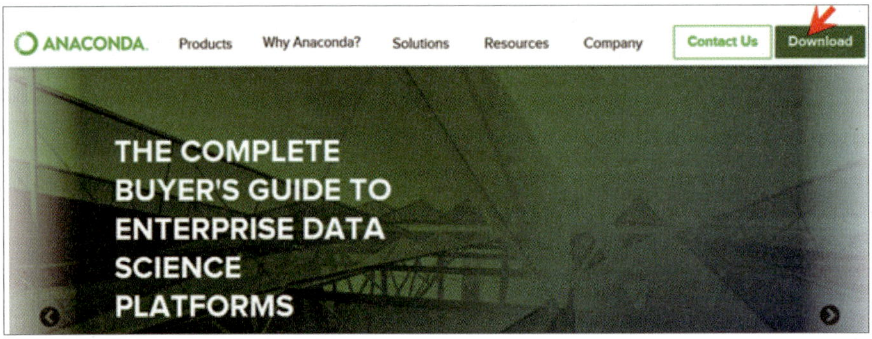

Anaconda 설치

설치 과정은 부록 3을 참고하기 바란다. 이 책에서는 윈도우 운영체계를 중심으로 설치하는 과정을 설명한다.

(2) 분석 절차

dataset_mnist() 함수로 MNIST 데이터 세트를 로딩하고, 학습과 테스트로 사용할 입출력 데이터 세트를 만든다. 신경망 모형을 구성하고 학습 후에 테스트 데이터의 입력에 의한 출력 값과 실제 값을 비교하여 정확도를 평가한다.

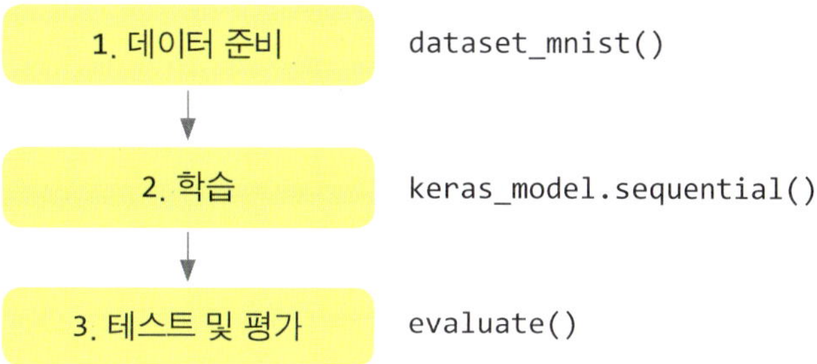

(3) 단계별 분석

keras는 TensorFlow를 기반으로 실행된다. keras 패키지를 설치하고, install_keras()를 이용해서 keras와 TensorFlow 라이브러리를 설치한다. 다음 실행 때에는 이 과정을 생략하면 된다.

keras 패키지 설치

```
install.packages("keras")   패키지 설치 및 로딩
library(keras)
install_keras()   TensorFlow와 keras 라이브러리 설치
```

함수 | install_keras()

패키지	keras (추가 패키지)
기능	Keras와 TensorFlow 라이브러리 설치
사용법	install_keras()
반환값	

1단계 데이터 준비

keras 패키지는 별도의 MNIST 데이터 세트를 제공한다. 데이터를 로딩하고, 학습용과 테스트용 데이터로 구분한다.

학습 및 테스트 데이터 작성

```
library(keras)   # keras 패키지 로딩
mnist <- dataset_mnist()   # MNIST 데이터 세트 로딩

# 학습용 데이터
train.x <- mnist$train$x   # 학습용 입력 데이터
train.y <- mnist$train$y   # 학습용 출력 데이터 (라벨)

# 테스트용 데이터
test.x <- mnist$test$x   # 테스트용 입력 데이터
test.y <- mnist$test$y   # 테스트용 출력 데이터 (라벨)
```

함수 | dataset_mnist()

패키지	keras (추가 패키지)
기능	6만 개 28X28 행렬의 그레이스케일(0~255)의 학습 데이터 세트와1만개의 테스트 데이터
사용법	**dataset_mnist()**
반환값	학습과 테스트 데이터의 리스트: train$x, train$y, test$x, test$y x: 그레이스케일(0~255)의 28X28 행렬 y: 10진수 라벨(0~9)의 배열

참고로 학습용과 테스트용의 데이터 구조는 같기 때문에 학습용 데이터 세트를 중심으로 구조를 살펴보고, 1행의 데이터를 그래프로 출력해서 라벨과 같은지 확인해 보자.

데이터 세트 구조

```
str(train.x)
```

학습 데이터 세트의 입력 데이터 구조
3차원 배열: 60,000개의 28X28 행렬

출력 결과

```
int [1:60000, 1:28, 1:28] 0 0 0 0 0 0 0 0 0 0 ...
```

```
str(train.y)
```

학습 데이터 세트의 라벨 데이터 구조
1차원 배열: 60,000개
60,000개

출력 결과

```
int [1:60000(1d)] 5 0 4 1 9 2 1 3 1 4 ...
```

```
str(test.x)
```

테스트 데이터 세트의 입력 데이터 구조
3차원 배열: 10,000개의 28X28 행렬

출력 결과

```
int [1:10000, 1:28, 1:28] 0 0 0 0 0 0 0 0 0 0 ...
```

```
str(test.y)
```

테스트 데이터 세트의 라벨 데이터
1차원 배열: 60,000개

출력 결과

```
int [1:10000(1d)] 7 2 1 0 4 1 4 9 5 9 ...
```

R 데이터 출력

```
label <- train.y[1]
label
```

1번째 학습 데이터 세트의 라벨

출력 결과

```
[1] 5
```

```
digit <- train.x[1,,]
digit
```

1번째 학습 데이터 세트의 입력 데이터 28X28 행렬

출력 결과

```
     [,1] [,2] [,3] [,4] [,5] [,6] [,7] [,8] [,9] [,10] [,11]
 [1,]    0    0    0    0    0    0    0    0    0     0     0
 [2,]    0    0    0    0    0    0    0    0    0     0     0
 [3,]    0    0    0    0    0    0    0    0    0     0     0
 [4,]    0    0    0    0    0    0    0    0    0     0     0
 [5,]    0    0    0    0    0    0    0    0    0     0     0
 [6,]    0    0    0    0    0    0    0    0    0     0     0
 [7,]    0    0    0    0    0    0    0    0   30    36    94
 [8,]    0    0    0    0    0    0    0   49  238   253   253
[25,]    0    0    0    0  136  253  253  253  212   135   132
[26,]    0    0    0    0    0    0    0    0    0     0     0
[27,]    0    0    0    0    0    0    0    0    0     0     0
[28,]    0    0    0    0    0    0    0    0    0     0     0
     [,12] [,13] [,14] [,15] [,16] [,17] [,18] [,19] [,20] [,21]
 [1,]     0     0     0     0     0     0     0     0     0     0
 [2,]     0     0     0     0     0     0     0     0     0     0
[27,]     0     0     0     0     0     0     0     0     0     0
[28,]     0     0     0     0     0     0     0     0     0     0
     [,22] [,23] [,24] [,25] [,26] [,27] [,28]
 [1,]     0     0     0     0     0     0     0
 [2,]     0     0     0     0     0     0     0
 [3,]     0     0     0     0     0     0     0
 [4,]     0     0     0     0     0     0     0
 [5,]     0     0     0     0     0     0     0
 [6,]   255   247   127     0     0     0     0
```

```
plot(as.raster(digit, max = 255))
```

1번째 학습 데이터 세트의 입력 데이터(28X28 행렬)를 그래프로 출력
☞ 라벨과 일치함

출력 결과

⁝⁝⁝ 함수 | as.raster()

패키지	raster (추가 패키지)
기능	'raster' 그래픽스 이미지(비트맵) 생성
사용법	**as.raster**(x, max) • 매개변수 변수 / 설명 x: 숫자 행렬 max: 최대 픽셀 값
반환값	'raster' 그래픽스 이미지 객체

학습용 데이터 세트에 있는 총 60,000개의 28×28 행렬(2차원 배열)을 1차원 벡터로 변환한다. 같은 방법으로 테스트 데이터 세트에 있는 총 10,000개의 28×28 행렬(2차원 배열)을 1차원 벡터로 변환한다. 0~255 데이터를 0~1로 정규화(normalization)한다. 입력 데이터의 정규화는 서로 다른 단위의 변수들이 갖는 서로 다른 범위의 값들을 조정하여, 학습 속도를 높이고 학습과정에서 비용함수의 지역 최적 상태에 빠지는 가능성을 줄이도록 한다. 표준화(standardization)도 정규화의 한 방법에 속한다(13.5절 참조).

데이터 세트(x)를 구성하는 하나의 데이터(x_i)에 대한 정규화는 최솟값과 최댓값을 이용해서 0~1로 정규화한다.

$$x_i(\text{정규화}) = \frac{x_i - \min(x)}{\max(x) - \min(x)}$$

min(x), max(x)는 x_i가 포함된 열의 최솟값과 최댓값을 의미한다. MNIST 데이터 세트의 입력 값에서는 min(x)=0, max(x)=255에 해당한다. 한편, 라벨의 0~9에 대해서는 10개 카테고리로 원-핫 인코딩을 위한 데이터 구조로 만든다.

입력과 출력 데이터의 변환

```
train.x <- array_reshape(train.x, c(60000, 784))   60,000 X 784 행렬로 변환
test.x <- array_reshape(test.x, c(10000, 784))
train.x[1,]   첫 번째 행
```

출력 결과

```
  [1]   0   0   0   0   0   0   0   0   0   0   0   0   0   0   0
 [16]   0   0   0   0   0   0   0   0   0   0   0   0   0   0   0
 [31]   0   0   0   0   0   0   0   0   0   0   0   0   0   0   0
 [46]   0   0   0   0   0   0   0   0   0   0   0   0   0   0   0
 [61]   0   0   0   0   0   0   0   0   0   0   0   0   0   0   0
 [76]   0   0   0   0   0   0   0   0   0   0   0   0   0   0   0
 [91]   0   0   0   0   0   0   0   0   0   0   0   0   0   0   0
[106]   0   0   0   0   0   0   0   0   0   0   0   0   0   0   0
[121]   0   0   0   0   0   0   0   0   0   0   0   0   0   0   0
[136]   0   0   0   0   0   0   0   0   0   0   0   0   0   0   0
[151]   0   0   3  18  18  18 126 136 175  26 166 255 247 127   0
[166]   0   0   0   0   0   0   0   0   0   0   0  30  36  94 154
[181] 170 253 253 253 253 253 225 172 253 242 195  64   0   0   0
[196]   0   0   0   0   0   0   0   0  49 238 253 253 253 253 253
```

```
train.x <- train.x / 255   데이터 세트의 정규화 (0~1)
test.x <- test.x / 255
train.x[1,]   첫 번째 행
```

출력 결과

```
  [1] 0.000000000 0.000000000 0.000000000 0.000000000 0.000000000
  [6] 0.000000000 0.000000000 0.000000000 0.000000000 0.000000000
 [11] 0.000000000 0.000000000 0.000000000 0.000000000 0.000000000
 [16] 0.000000000 0.000000000 0.000000000 0.000000000 0.000000000
 [21] 0.000000000 0.000000000 0.000000000 0.000000000 0.000000000
 [26] 0.000000000 0.000000000 0.000000000 0.000000000 0.000000000
```

```
[146] 0.000000000 0.000000000 0.000000000 0.000000000 0.000000000
[151] 0.000000000 0.000000000 0.011764706 0.070588235 0.070588235
[156] 0.070588235 0.494117647 0.533333333 0.686274510 0.101960784
[161] 0.650980392 1.000000000 0.968627451 0.498039216 0.000000000
[166] 0.000000000 0.000000000 0.000000000 0.000000000 0.000000000
[171] 0.000000000 0.000000000 0.000000000 0.000000000 0.000000000
[176] 0.000000000 0.117647059 0.141176471 0.368627451 0.603921569
[181] 0.666666667 0.992156863 0.992156863 0.992156863 0.992156863
[186] 0.992156863 0.882352941 0.674509804 0.992156863 0.949019608
[191] 0.764705882 0.250980392 0.000000000 0.000000000 0.000000000
```

```
train.y <- to_categorical(train.y, 10)
test.y <- to_categorical(test.y, 10)
head(train.y)
```

10개의 카테고리로 구성되는 원-핫 인코딩을 위한 데이터 세트로 변환

출력 결과

```
     [,1] [,2] [,3] [,4] [,5] [,6] [,7] [,8] [,9] [,10]
[1,]    0    0    0    0    0    1    0    0    0     0
[2,]    1    0    0    0    0    0    0    0    0     0
[3,]    0    0    0    0    1    0    0    0    0     0
[4,]    0    1    0    0    0    0    0    0    0     0
[5,]    0    0    0    0    0    0    0    0    0     1
[6,]    0    0    1    0    0    0    0    0    0     0
```

라벨 '5'에 해당

함수 | array_reshape()

패키지	reticulate (추가 패키지)
기능	다차원 배열 생성
사용법	**array.reshape**(x, dim) • 매개변수 변수 x: 배열 데이터 세트 변수 dim: 변환될 배열의 새 차원
반환값	다차원 배열

함수 | to_categorical()

<table>
<tr><td>패키지</td><td>tf.keras.utils(추가 패키지)</td></tr>
<tr><td>기능</td><td>정수 벡터 값에 해당하는 이진(0, 1) 행렬로 변환</td></tr>
<tr><td>사용법</td><td><code>to_categorical()</code>

• 매개변수
<table>
<tr><th>변수</th><th>설명</th></tr>
<tr><td>y</td><td>행렬로 변환될 벡터</td></tr>
<tr><td>num_classes</td><td>최대 행의 수</td></tr>
</table></td></tr>
<tr><td>반환값</td><td>이진 행렬</td></tr>
</table>

2단계 학습

모형을 초기화하고, 순차적으로 계층을 추가하여 모형 구조를 정의한다. 제 1 은닉층에는 입력노드 수를 지정한다. 각 층 간 노드들은 모두 연결되는 fully connected network 구조로 한다. 이는 학습용 데이터에는 잘 맞지만 테스트 데이터에는 잘 맞지 않는 과적합 현상이 발생할 수 있는데, 이를 피하기 위해 각 층 간 네트워크의 일부를 끊은 드롭-아웃 네트워크을 사용한다(응용문제 1의 layer_dropout() 참조). 한편, 특징점 추출을 위한 CNN 구조는 이미지 인식에, 입력 항목 간 순서가 있는 RNN 구조는 자연어 처리에 유용하게 사용되고 있다.

모형 구조

```
model <- keras_model_sequential()   # 케라스 모형 초기화

model %>%                            # 모형 구조화
  layer_dense(units = 256, activation = "relu", input_shape = c(784)) %>%
  layer_dense(units = 128, activation = "relu") %>%
  layer_dense(units = 10, activation = "softmax")

summary(model)   # 모형 구조 출력
```

제1은닉층
- 노드 수: 256, 활성화함수: ReLU
- 입력 노드 수: 784

제2은닉층
- 노드 수: 128, 활성화함수: ReLU

출력층
- 노드 수: 10, 활성화함수:softmax

출력 결과

```
________________________________________________________________________
Layer (type)                 Output Shape                 Param #
========================================================================
dense (Dense)     제1은닉층   (None, 256)                  200960
________________________________________________________________________
dense_1 (Dense)   제2은닉층   (None, 128)                  32896
________________________________________________________________________
dense_2 (Dense)   출력층      (None, 10)                   1290
========================================================================
Total params: 235,146                  노드 수      계층 간 연결 수와 편향 수
Trainable params: 235,146
Non-trainable params: 0
________________________________________________________________________
```

함수 | keras_model_sequential()

패키지	keras (추가 패키지)
기능	케라스 순차 모형(계층을 순차적으로 나열) 초기화
사용법	**keras_model_sequential()**
반환값	케라스 모형

함수 | layer_dense()

패키지	keras (추가 패키지)
기능	모형을 구성하는 층의 추가
사용법	**layer_dense**(x, activation, input_shape) • 매개변수 변수 | 설명 units | 노드 수 activation | 활성화 함수 input_shape | 입출 노드 수
반환값	

함수 | layer_dropout()

패키지	keras (추가 패키지)
기능	모형의 층 간 노드 드롭-아웃(drop-out) 비율
사용법	**layer_dropout**(rate) • 매개변수 변수 | 설명 rate | 층 간 노드들의 연결을 끊는 드롭-아웃 비율 (0~1)
반환값	

추가적으로 모형을 평가하는 비용함수, 최적화 방법, 평가기준을 설정한다. 비용함수는 교차 엔트로피(cross-entropy), 가중치를 수정하는 최적화 방법으로는 RMSProp, 학습모형의 평가 기준은 정확도를 설정한다.

교차 엔트로피는 다음과 같이 계산한다. i는 샘플 데이터의 색인을 의미하며, j는 범주를 구성하는 출력 노드의 색인을 의미한다. n은 샘플 데이터의 수, m은 범주 수(출력 노드 수), R_{ij}은 각 샘플 i에 대한 j번째 출력노드의 라벨(실제값)로서 0 또는 1의 값을 가지며, P_{ij}는 각 샘플 i에 대한 j번째 출력노드의 출력값(확률)으로 0~1의 값이 된다.

$$cross\text{-}entropy = \frac{1}{n}\sum_{i=1}^{n}\sum_{i=1}^{m} R_{ij}\log P_{ij}$$

RMSProp는 비용함수의 기울기를 반영하여 가중치를 수정하는 경사하강법(12장 참조)을 보완한 방법 중의 하나이다. 한편, 정확도는 실제 값과 추정한 값과의 일치 비율을 의미한다.

R 모형 구성

```
model %>% compile(                              모형의 구성
  loss = "categorical_crossentropy",            비용함수: Cross-Entropy
  optimizer = optimizer_rmsprop(),              최적화 방법: RMSProp
  metrics = c("accuracy")                       평가 기준: 정확도
)
```

함수 | compile()

패키지	keras (추가 패키지)
기능	학습을 위한 케라스 모형 구성
사용법	compile(loss, optimizer, metrics)

사용법	• 매개변수 <table><tr><th>변수</th><th>설명</th></tr><tr><td>loss</td><td>비용함수 이름 "categorical_crossentropy": Cross-Entropy 오차 함수</td></tr><tr><td>optimizer</td><td>손실함수 값을 낮추기 위한 매개변수(가중치, 편향)의 최적 값을 찾는 방법(경사하강법, RMSProp, ...)</td></tr><tr><td>metrics</td><td>모형 학습평가 기준(MSE, acc(정확도), ...)</td></tr></table>
반환값	

모형 구성이 끝나면, 학습 데이터 세트를 설정하여 학습한다. 학습 데이터는 학습과 검정용으로 구분한다. 검정용은 학습 반복 과정마다 학습정도를 평가하는 데 사용되며, 학습에는 사용되지 않는다.

R 학습

```
history <- model %>% fit(                         # 모형의 학습
    train.x, train.y,                             # 학습용 입력 데이터와 라벨
    epochs = 30, batch_size = 128,                # 128개 이미지들의 묶음으로 30회 반복 학습
    validation_split = 0.2                        # 학습 데이터에서 20%를 검정용으로 사용
)
```

출력 결과

```
Train on 48000 samples, validate on 12000 samples
Epoch 1/30
48000/48000 [==============================] - 4s 77us/sample -
 loss: 0.2949 - acc: 0.9132 - val_loss: 0.1791 - val_acc: 0.9449
Epoch 2/30
48000/48000 [==============================] - 3s 61us/sample -
 loss: 0.1165 - acc: 0.9644 - val_loss: 0.1255 - val_acc: 0.9622
Epoch 3/30
48000/48000 [==============================] - 3s 56us/sample -
 loss: 0.075 ... 0.9766 - val_loss: 0.1164 - val_acc: 0.9653
```

```
Epoch 28/30
48000/48000 [==============================] - 3s 54us/sample -
 loss: 0.0013 - acc: 0.9996 - val_loss: 0.1778 - val_acc: 0.9776
Epoch 29/30
48000/48000 [==============================] - 3s 55us/sample -
 loss: 0.0014 - acc: 0.9996 - val_loss: 0.1709 - val_acc: 0.9778
Epoch 30/30
48000/48000 [==============================] - 3s 57us/sample -
 loss: 0.0023 - acc: 0.9993 - val_loss: 0.1641 - val_acc: 0.9799
```

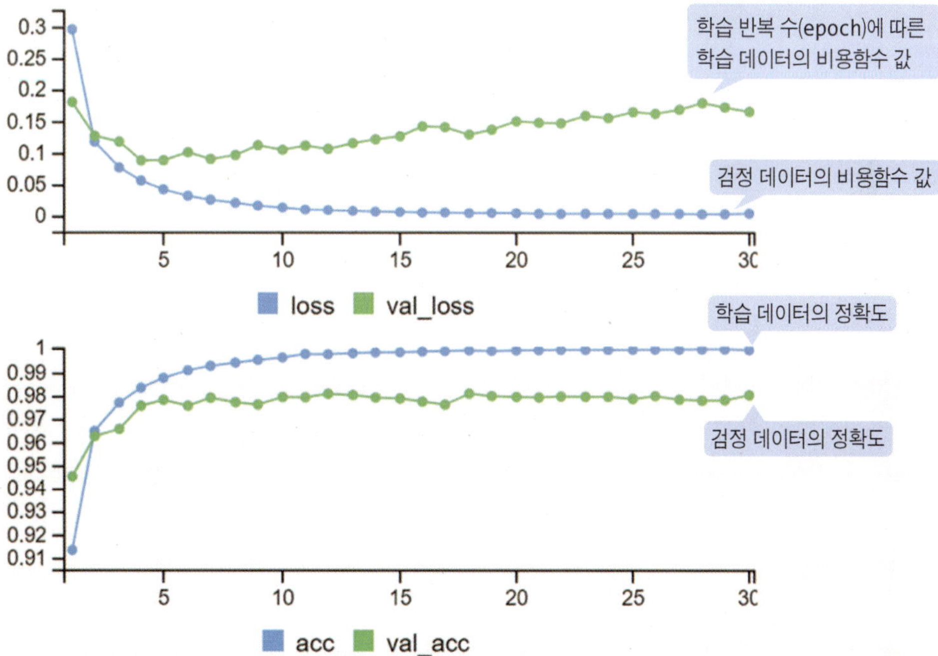

```
plot(history)
```
학습 반복 수(epoch)에 따른 loss와 accuracy에 대한 변화

출력 결과

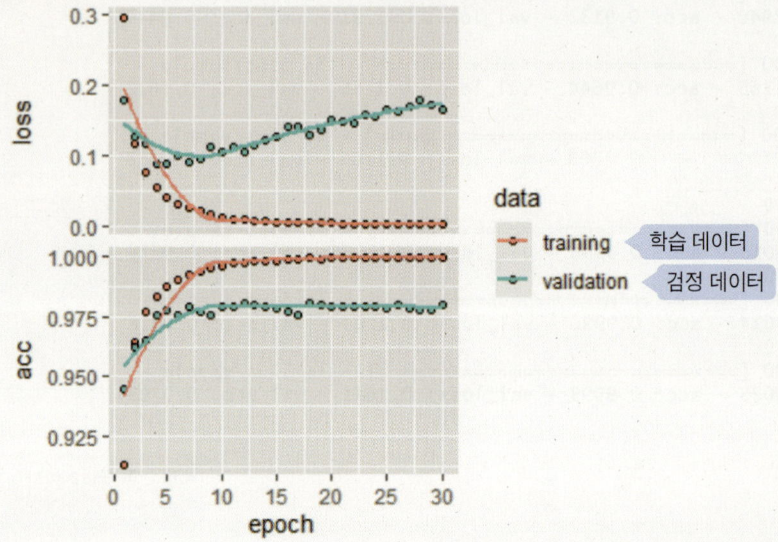

함수 | fit()

패키지	keras (추가 패키지)
기능	설정된 학습 반복 수에 따라 학습
사용법	**fit**(x, y, epochs, batch_size, validation_split) • 매개변수

변수	설명
x	훈련용 데이터 세트의 입력 데이터
y	훈련용 데이터 세트의 목표 데이터
epochs	훈련용 데이터 세트에 대한 반복 학습 수

<table>
<tr><td rowspan="4">사용법</td><td>변수</td><td>설명</td></tr>
<tr><td>batch_size</td><td>가중치 변경을 위한 샘플 수(행의 수)</td></tr>
<tr><td>validation_split</td><td>훈련용 데이터 세트에서 검증을 위해 사용할 비율(0~1), 검증용은 훈련에 사용되지 않고, 각 학습 반복 시마다 모형 평가에 사용됨</td></tr>
<tr><td></td><td></td></tr>
<tr><td>반환값</td><td colspan="2"></td></tr>
</table>

3단계 테스트 및 평가

학습된 모형으로 테스트 데이터의 입력과 출력 데이터로 정확도를 먼저 확인해 보자. 테스트 데이터의 입력만 주어지면 출력될 숫자를 예측할 수 있다. 실제 값과 예측 값의 confusion matrix를 출력하면 각 숫자별 정확도를 구체적으로 확인할 수 있다.

테스트 및 평가

```
model %>% evaluate(test.x, test.y)
```

학습된 모형에 대해 테스트 데이터를 샘플로 하여 입력에 대한 출력 값과 목표치 간 비용함수 값과 정확도 평가

출력 결과

```
10000/10000 [==============================] - 0s 39us/sample -
 loss: 0.1599 - acc: 0.9809
$loss
[1] 0.1598818
```

비용함수 값

```
$acc
[1] 0.9809
```

정확도(98.09%)

```
predict <- model %>% predict_classes(test.x)
predict
```

학습된 모형으로 테스트 데이터의 입력에 대한 예측

출력 결과

```
  [1] 7 2 1 0 4 1 4 9 5 9 0 6 9 0 1 5 9 7 3 4 9 6 6 5 4 0 7 4
 [29] 0 1 3 1 3 4 7 2 7 1 2 1 1 7 4 2 3 5 1 2 4 4 6 3 5 5 6 0
 [57] 4 1 9 5 7 8 9 3 7 4 6 4 3 0 7 0 2 9 1 7 3 2 9 7 7 6 2 7
 [85] 8 4 7 3 6 1 3 6 9 3 1 4 1 7 6 9 6 0 5 4 5 9 2 1 9 4 8 7
[113] 3 9 7 9 4 4 9 2 5 4 7 6 7 9 0 5 8 5 6 6 5 7 8 1 0 1 6 4
[141] 6 7 3 1 7 1 8 2 0 4 9 9 5 5 1 5 6 0 3 4 4 6 5 4 6 5 4 5
[169] 1 4 4 7 2 3 2 7 1 8 1 8 1 8 5 0 8 9 2 5 0 1 1 1 0 9 0 3
[197] 1 6 4 2 3 6 1 1 1 3 9 5 2 9 4 5 9 3 9 0 3 6 5 5 7 2 2 7
[225] 1 2 8 4 1 7 3 3 8 8 7 9 2 2 4 1 5 9 8 7 2 3 0 2 4 2 4 1
[253] 9 5 7 7 2 8 2 6 8 5 7 7 9 1 8 1 8 0 3 0 1 9 3 4 1 8 2 1
[281] 2 9 7 5 9 2 6 4 1 5 8 2 9 2 0 4 0 0 2 8 4 7 1 2 4 0 2 7
[309] 4 3 3 0 0 3 1 9 6 5 2 5 8 7 9 3 0 4 2 0 7 1 1 2 1 5 3 3
```

```
real <- mnist$test$y
eval <- table(real, predict)
eval
```

테스트 데이터에 대한 실제값

테스트 데이터에 대한 실제값과 예측값의 confusion matrix

출력 결과

```
    predict
real    0    1    2    3    4    5    6    7    8    9
   0  973    1    0    0    1    0    2    1    2    0
   1    0 1122    4    1    0    1    3    0    4    0
   2    1    0 1012    2    5                        0
   3    0    0    2  994    0                        4
                          0  965                      7
                          6    1  868    5    0    7    2
                          1    7    6  937    0    1    1
                          2    1    0    0 1009    2    4
                          2    1    2    0    3  954    6
   9    1    4    0    4    7    7    1    5    5  975
```

실제값 '2'를 '4'로 부정확하게 예측한 개수

실제값 '2'를 정확하게 예측한 개수
☞ 대각원소 값: 정확하게 예측한 갯수

```
sum(diag(eval)) / sum(eval)
```

예측 정확도: 테스트 데이터 수(sum(eval)) 대비 정확하게 예측한 개수(diag(eval))

출력 결과

```
[1] 0.9809
```

함수 | evaluate()

<table>
<tr><th>패키지</th><td>keras (추가 패키지)</td></tr>
<tr><th>기능</th><td>테스트의 입출력 데이터로 모형 검정</td></tr>
<tr><th>사용법</th><td>evaluate(x, y)

• 매개변수<table><tr><th>변수</th><th>설명</th></tr><tr><td>x</td><td>입력 데이터</td></tr><tr><td>y</td><td>목표 데이터(라벨)</td></tr></table></td></tr>
<tr><th>반환값</th><td>loss 값</td></tr>
</table>

함수 | predict_classes()

<table>
<tr><th>패키지</th><td>keras (추가 패키지)</td></tr>
<tr><th>기능</th><td>테스트의 입력 데이터에 의한 분류값</td></tr>
<tr><th>사용법</th><td>predict_classes(x)

• 매개변수<table><tr><th>변수</th><th>설명</th></tr><tr><td>x</td><td>입력 데이터 세트</td></tr></table></td></tr>
<tr><th>반환값</th><td>분류 값</td></tr>
</table>

13.5 예제: 주택가격 예측(회귀문제)

(1) 주택가격 예측의 기본 원리

이번 절에서는 회귀문제를 살펴보자. 주택가격에 영향을 주는 여러 입력변수로 연속적인 값의 하나인 주택가격을 예측한다. 카네기 맬론 대학의 StartLib 라이브러리에서 제공하는 1970년대 보스톤 근교 지역의 주택가격과 주택가격에 영향을 주는 13개 항목들로 구성되는 506개 샘플의 보스톤 주택가격 데이터 세트가 있다.

항목명	내용
crim	지역(town) 범죄 비율
zn	25,000 ft2 당 거주자 비율
indus	지역(town) 당 비소매업자의 토지 면적(에이커) 비율
chas	찰스 강 지역에 대한 더미 변수(dummy variable: 강의 경계에 위치하면 1, 그렇지 않으면 0)
nox	질소 산화물(NOx) 농도
rm	주택 당 평균 방의 수
age	1940년 이전에 지어진 소유자 점유 단위의 비율
dis	5개의 보스턴 고용센터까지의 가중 평균 거리
rad	방사형 고속도로의 접근성 지수
tax	$10,000당 재산세율
ptratio	지역(town)의 학생-교사 비율
black	1000(Bk - 0.63)^2, Bk는 지역(town)의 흑인 비율
lstat	인구의 하위 계층 비율(퍼센트)
mediv	주택 가격($1000 단위)

인공신경망 구조는 주택가격(mediv)를 출력노드로, 나머지 변수들은 입력 노드가 된다. 다음은 은닉층을 2개로 할 때 인공신경망 모형의 개념도를 예시한 것이다.

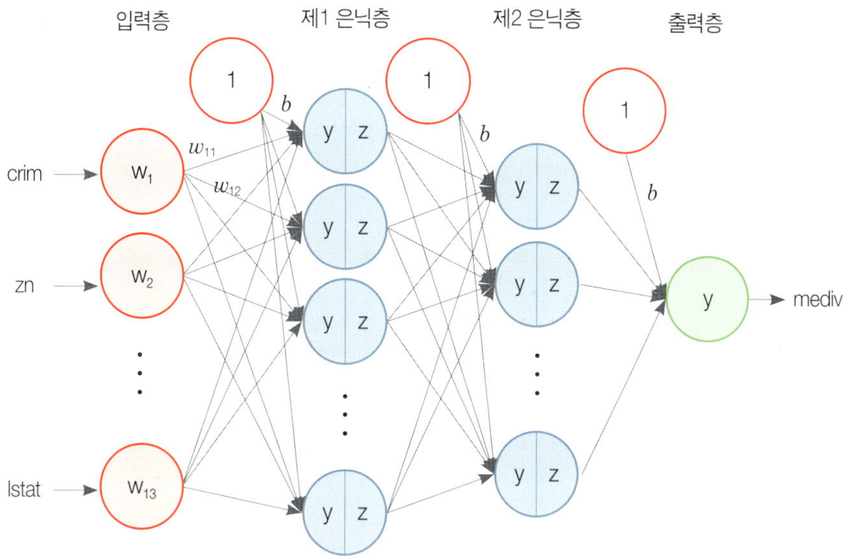

주택가격 예측을 위한 DNN

- 보스톤 주택가격 데이터 세트

보스톤 주택가격 데이터 세트는 kaggle 홈페이지에서 또는 MASS 패키지로 확인할 수 있다. 다음은 간단히 MASS 패키지로 확인하는 방법이다.

보스톤 주택가격 데이터 세트 보기

MASS 패키지를 설치하고 로딩한다.

학습 데이터 작성

```
install.packages("MASS")
library(MASS)
```

Boston 데이터와 구조를 확인해본다.

학습 데이터 작성

```
head(Boston)
```

MASS 패키지에 있는 잇는 "Boston" 데이터 세트 앞부분 일부

출력 결과

```
     crim zn indus chas   nox    rm  age    dis rad tax ptratio
1 0.00632 18  2.31    0 0.538 6.575 65.2 4.0900   1 296    15.3
2 0.02731  0  7.07    0 0.469 6.421 78.9 4.9671   2 242    17.8
3 0.02729  0  7.07    0 0.469 7.185 61.1 4.9671   2 242    17.8
4 0.03237  0  2.18    0 0.458 6.998 45.8 6.0622   3 222    18.7
5 0.06905  0  2.18    0 0.458 7.147 54.2 6.0622   3 222    18.7
6 0.02985  0  2.18    0 0.458 6.430 58.7 6.0622   3 222    18.7
   black lstat medv
1 396.90  4.98 24.0
2 396.90  9.14 21.6
3 392.83  4.03 34.7
4 394.63  2.94 33.4
5 396.90  5.33 36.2
6 394.12  5.21 28.7
```

```
str(Boston)
```

"Boston" 데이터 구조
☞ 데이터 프레임: 506 객체(행), 14개 변수
☞ 각 변수의 이름과 데이터 유형: num(실수) 또는 int(정수)

출력 결과

```
'data.frame':	506 obs. of  14 variables:
 $ crim   : num  0.00632 0.02731 0.02729 0.03237 0.06905 ...
 $ zn     : num  18 0 0 0 0 0 12.5 12.5 12.5 12.5 ...
 $ indus  : num  2.31 7.07 7.07 2.18 2.18 2.18 7.87 7.87 7.87 7.87
 ...
 $ chas   : int  0 0 0 0 0 0 0 0 0 0 ...
 $ nox    : num  0.538 0.469 0.469 0.458 0.458 0.458 0.524 0.524 0.5
24 0.524 ...
 $ rm     : num  6.58 6.42 7.18 7 7.15 ...
 $ age    : num  65.2 78.9 61.1 45.8 54.2 58.7 66.6 96.1 100 85.9
 ...
 $ dis    : num  4.09 4.97 4.97 6.06 6.06 ...
 $ rad    : int  1 2 2 3 3 3 5 5 5 5 ...
 $ tax    : num  296 242 242 222 222 222 311 311 311 311 ...
 $ ptratio: num  15.3 17.8 17.8 18.7 18.7 18.7 15.2 15.2 15.2 15.2
 ...
 $ black  : num  397 397 393 395 397 ...
 $ lstat  : num  4.98 9.14 4.03 2.94 5.33 ...
 $ medv   : num  24 21.6 34.7 33.4 36.2 28.7 22.9 27.1 16.5 18.9 ...
```

(2) 분석 절차

dataset_boston_housing() 함수로 주택가격 데이터 세트를 로딩하고, 학습과 테스트로 사용할 입출력 데이터 세트를 만든다. 신경망 모형을 구성하고 학습 후에 테스트 데이터의 입력에 의한 출력 값과 실제 값을 비교하여 정확도를 평가한다.

단계	함수
1. 데이터 준비	dataset_boston_housing()
↓	
2. 학습	keras_model.sequential()
↓	
3. 테스트 및 평가	evaluate()

(3) 단계별 분석

1단계 데이터 작성

keras 패키지에서 제공하는 보스톤 주택가격 데이터 세트를 활용하기로 한다. 데이터를 로딩하고, 학습용과 테스트용 데이터로 구분한다.

R 데이터 작성

```
library(keras)                                          keras 패키지 로딩
boston_housing <- dataset_boston_housing()              보스톤 주택가격 데이터 세트 로딩

# 학습용 데이터
train.x <- boston_housing$train$x                       학습용 입력 데이터
train.y <- boston_housing$train$y                       학습용 출력 데이터 (라벨)

# 테스트용 데이터
test.x <- boston_housing$test$x                         테스트용 입력 데이터
test.y <- boston_housing$test$y                         테스트용 출력 데이터 (라벨)
```

함수 | dataset_boston_housing()

패키지	keras (추가 패키지)
기능	보스톤 근교의 502개 주택가격 데이터 세트
사용법	dataset_boston_housing()
반환값	학습과 테스트 데이터의 리스트: train$x, train$y, test$x, test$y x: 13개 항목 y: 주택가격

학습용과 테스트 데이터 세트의 구조와 데이터 일부는 다음과 같다.

R 데이터 세트 구조

```
str(train.x)
```

학습 데이터 세트의 입력 데이터 구조
2차원 배열: 404행X13열

출력 결과

```
num [1:404, 1:13] 1.2325 0.0218 4.8982 0.0396 3.6931 ...
```

```
str(train.y)
```

학습 데이터 세트의 라벨 데이터 구조
1차원 배열: 404개

출력 결과

```
num [1:404(1d)] 15.2 42.3 50 21.1 17.7 18.5 11.3 15.6 15.6 14.4 ...
```

```
str(test.x)
```

테스트 데이터 세트의 입력 데이터 구조
2차원 배열: 102행X13열

출력 결과

```
num [1:102, 1:13] 18.0846 0.1233 0.055 1.2735 0.0715 ...
```

```
str(test.y)
```

테스트 데이터 세트의 라벨 데이터
1차원 배열: 102개

출력 결과

```
num [1:102(1d)] 7.2 18.8 19 27 22.2 24.5 31.2 22.9 20.5 23.2 ...
```

데이터 출력

```
head(train.x)
```
학습용 데이터 세트의 입력 데이터 앞 부분
☞ 13개 항목에 대한 6개의 행

출력 결과

```
      [,1] [,2]  [,3] [,4]  [,5]  [,6]  [,7]   [,8] [,9] [,10]
[1,] 1.23247  0.0  8.14    0 0.538 6.142  91.7 3.9769    4   307
[2,] 0.02177 82.5  2.03    0 0.415 7.610  15.7 6.2700    2   348
[3,] 4.89822  0.0 18.10    0 0.631 4.970 100.0 1.3325   24   666
[4,] 0.03961  0.0  5.19    0 0.515 6.037  34.5 5.9853    5   224
[5,] 3.69311  0.0 18.10    0 0.713 6.376  88.4 2.5671   24   666
[6,] 0.28392  0.0  7.38    0 0.493 5.708  74.3 4.7211    5   287
     [,11]  [,12] [,13]
[1,]  21.0 396.90 18.72
[2,]  14.7 395.38  3.11
[3,]  20.2 375.52  3.26
[4,]  20.2 396.90  8.01
[5,]  20.2 391.43 14.65
[6,]  19.6 391.13 11.74
```

```
head(train.y)
```
학습용 데이터 세트의 라벨 앞 부분
☞ 주택가격에 대한 6개 데이터

출력 결과

```
[1] 15.2 42.3 50.0 21.1 17.7 18.5
```

입력 데이터(x_i)들은 각 열의 평균 $\mu(x)$와 표준편차 s(x)로 표준화한다.

$$x_i(\text{표준화}) = \frac{x_i - \mu(x)}{s(x)}$$

데이터 변환

```
train.x <- scale(train.x)
train.x[,1]
```
train.x(행렬) 데이터 세트의 각 열별로 표준화

첫 번째 열(crim: 지역 범죄 비율)

출력 결과

```
  [1] -0.271909187 -0.402926913  0.124785475 -0.400996330
  [5] -0.005627320 -0.374557955  0.588904433  0.038123532
  [9] -0.172070802 -0.229037053  0.633131437  1.630377937
 [13] -0.390225541  0.009926639 -0.363365122  7.552320700
 [17]  0.302318985 -0.398285507 -0.401554727 -0.389195320
 [21]  ...          ...          -0.403358697 -0.404598858
```

```
[385] -0.401914006 -0.386339486  ...          ...
[389] -0.399545147 -0.378250303  2.401918349 -0.390579409
[393] -0.372442323  0.330716078  0.566821772  4.545200389
[397]  0.749582139 -0.380426536  1.596527813 -0.381500044
[401] -0.387739808 -0.401532002 -0.172706032 -0.403725551
```

```
train.x[1,]
```

13개 항목에 대한 첫 번째 행

출력 결과

```
 [1] -0.2719092 -0.4830166 -0.4352220 -0.2565147 -0.16502
 [6] -0.1762241  0.8120550  0.1165538 -0.6254735 -0.59443
[11]  1.1470781  0.4475222  0.8241983
```

```
avg <- attr(train.x, "scaled:center")
std <- attr(train.x, "scaled:scale")
test.x <- scale(test.x, center = avg, scale = std)
```

train.x(행렬) 데이터 세트의 각 열별 평균

train.x(행렬) 데이터 세트의 각 열별 표준편차

Train.x에서 사용한 각 열의 평균과 표준편차를 이용한 test.x(행렬) 데이터 세트의 표준화

1단계 학습

모형을 초기화하고, 순차적으로 계층을 추가하여 모형 구조를 정의한다. 제 1 은닉층에는 입력노드 수를 지정한다.

모형 구조

```
model<-keras_model_sequential()    # 케라스 모형 초기화

model %>%                          # 모형 구조화
  layer_dense(units = 64, activation = "relu", input_shape = 13) %>%   # 제1은닉층 - 노드 수: 64, 활성화함수: ReLU - 입력 노드 수: 13
  layer_dense(units = 64, activation = "relu") %>%                     # 제2은닉층 - 노드 수: 64, 활성화함수: ReLU
  layer_dense(units = 1)                                               # 출력층 - 노드 수: 1

summary(model)                     # 모형 구조 출력
```

출력 결과

```
Layer (type)                  Output Shape              Param #
=================================================================
dense (Dense)      제1은닉층    (None, 64)                896
dense_1 (Dense)    제2은닉층    (None, 64)                4160
dense_2 (Dense)    출력층       (None, 1)                 65
=================================================================
Total params: 5,121          노드 수          계층 간 연결 수와 편향 수
Trainable params: 5,121
Non-trainable params: 0
```

추가적으로 모형을 평가하는 비용함수, 최적화 방법, 평가기준을 설정한다. 비용함수는 평균오차제곱(MSE, Mean Squared Error), 가중치를 수정하는 최적화 방법으로는 RMSProp(13.4절 참조), 학습모형의 평가 기준은 평균절대오차(MAE, Mean Absolute Error)를 설정하기로 한다. 평균오차제곱과 평균절대오차는 다음과 같다. i는 각 샘플 데이터의 색인을 의미하며, y_i는 입력에 대한 실제 값, $\hat{y}_i$는 학습모형으로 추정한 출력 값을 의미한다.

$$MSE = \frac{1}{n}\sum_{i=1}^{n}(y_i - \hat{y}_i)^2 \qquad MAE = \frac{1}{n}\sum_{i=1}^{n}|y_i - \hat{y}_i|$$

모형 구성

```
model %>% compile(             # 모형의 구성
  loss = "mse",                # 비용함수: mse
  optimizer = optimizer_rmsprop(),   # 최적화 방법: RMSProp
  metrics = c("mean_absolute_error")  # 평가 기준: 정확도(낮을 수록 좋음)
)
```

모형 구성이 끝나면, 학습 데이터 세트를 설정하여 학습한다(13.4절 참조).

학습

```
history <- model %>% fit(      # 모형의 학습
  train.x, train.y,            # 학습용 입력 데이터와 라벨
  epochs = 500, batch_size = 128,   # 128개 이미지들의 묶음으로 500회 반복 학습
  validation_split = 0.2       # 학습 데이터에서 20%를 검정용으로 사용
)
```

출력 결과

```
 loss: 2.8769 - mean_absolute_error: 1.1866 - val_loss: 21.83
71 - val_mean_absolute_error: 2.7277
Epoch 499/500
323/323 [==============================] - 0s 611us/sample -
 loss: 2.8387 - mean_absolute_error: 1.1702 - val_loss: 22.01
94 - val_mean_absolute_error: 2.7532
Epoch 500/500
323/323 [==============================] - 0s 540us/sample -
 loss: 2.8227 - mean_absolute_error: 1.1701 - val_loss: 21.00
31 - val_mean_absolute_error: 2.7158
```

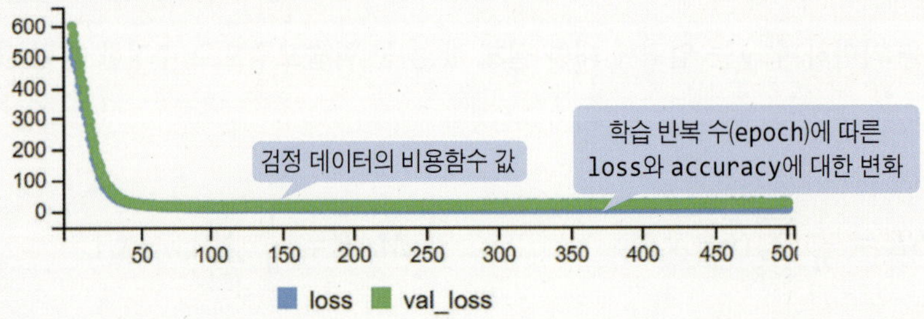

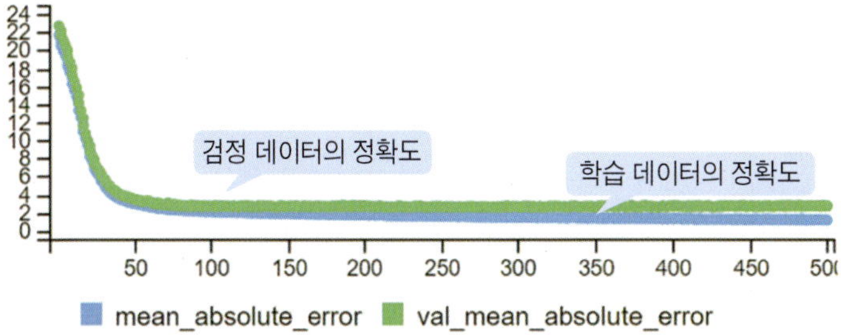


```
plot(history)
```
학습 반복 수(epoch)에 따른 loss와 accuracy에 대한 변화

출력 결과

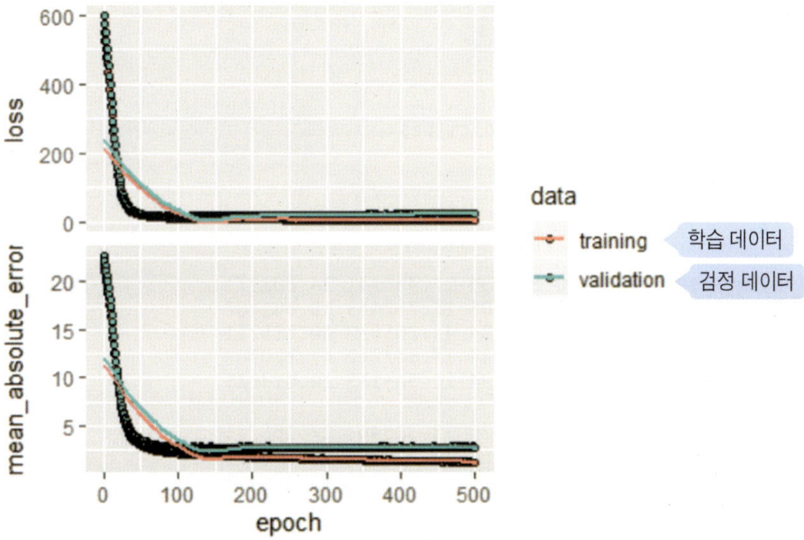

3단계 테스트 및 평가

학습된 모형으로 테스트 데이터의 입력과 출력 데이터로 오차를 측정해보자. 그리고 테스트 데이터를 입력하면 그에 대한 주택가격을 예측할 수 있다.

R 테스트 및 평가

```
model %>% evaluate(test.x, test.y, verbose = 0)
```

학습된 모형에 대해 테스트 데이터를 샘플로 하여 입력에 대한 출력 값과 목표치 간 비용함수 값과 정확도 평가

출력 결과

```
$loss
[1] 24.12681

$mean_absolute_error
[1] 2.871407
```

MSE에 의한 비용함수 값

MAE에 의한 오차

```
test.predictions <- model %>% predict(test.x)
test.predictions[,1]
```

학습된 모형으로 테스트 데이터의 입력에 대한 예측

출력 결과

```
  [1]  7.821969 19.577898 20.807159 27.490141 24.801371
  [6] 23.001356 27.336685 21.213205 18.752443 19.401489
 [11] 22.027586 16.939713 15.290084 42.205639 20.515211
 [16] 20.676748 23.596872 19.335230 17.507242 42.320709
 [21] 10.864179 11.537435 20.271994 12.583155 20.613625

 [81] 20.844337 36.923477 14.670820 13.315463 17.168781
 [86] 20.901720 22.812677 19.835653 21.510584 26.904364
 [91] 20.321035 21.547960 26.473440 39.494431 35.776951
 [96] 20.705278 33.932106 48.319790 25.769793 41.108952
[101] 30.430033 20.482527
```

주택가격의 실제 값과 예측 값은 산포도로 그 분포를 파악할 수 있다. 실제 값과 예측 값들의 분포를 보면, 대각선 가까이 있는 점들은 오차가 작으며 대각선에서 멀리 있는 점들은 오차가 큰 부분이다. 전반적으로는 신경망 모형의 학습이 잘 된 상태로 볼 수 있다.

테스트 데이터의 분포

```
plot(test.y, test.predictions[, 1],      실제 데이터와 예측값의 산포도
     xlab="실제값", ylab="예측값")
abline(b=1, a=0, col="red", lty=2)       원점을 지나는 기울기 1의 직선
```

출력 결과

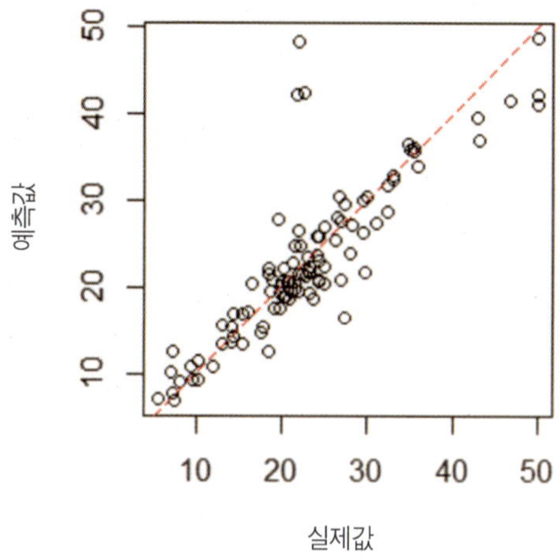

요약

딥러닝 개요: 최근 딥러닝의 출현에 따라 인공지능에 대한 관심이 고조되고 있다. 딥러닝은 인공신경망에서 입력층과 출력층 사이에 은닉층이 여러 개로 구성되는 심층 신경망(DNN: Deep Neural Network) 구조로 학습하는 것을 말한다. 딥러닝을 통해 복잡한 비선형 관계를 모델링할 수 있기 때문에, 음성인식, 이미지 인식, 자연어 처리, 추천 시스템, 금융사기 방지 등 복잡한 분야에 응용되고 있다.

딥러닝 역사: 1965년에 Alexey Ivakhnenko는 최초의 일반적인 지도학습의 딥러닝 알고리즘을 발표하였고, 1971 년에는 8 개의 은닉층이 있는 딥 네트워크로 데이터 처리를 위한 학습을 발표하였다. 1989 년 Yann LeCun과 그의 동료들은 우편번호를 인식하기 위해 심층신경망을 적용하였고, 2006년에는 Geoff Hinton 등이 여러 층의 네트워크가 한번에 한 층씩 어떻게 효과적으로 사전 훈련이 되는지 보였으며, 2010년경에는 산업계에서 대규모의 음성 인식 분야에 딥러닝을 적용하기 시작했다. 한편, Nvidia 기업의 GPU(Graphics Processing Units)는 기존의 딥러닝을 100배 더 빠르게 처리하면서 실행 시간을 단축할 수 있게 되어 딥러닝 분야의 새로운 관심을 끌게 되었다.

딥러닝 모형: 입력 데이트들에 대해 주어진 목표치(라벨)별로 분류하는 다중 분류와, 연속적인 값을 예측하는 회귀모형이 있다.

딥러닝 절차: 입출력 데이터 준비(1단계) → 학습데이터를 이용하여 입력층, 은닉층, 출력층으로 구성된 학습모형 학습(2단계) → 테스트 (3단계) → 정확도 평가 (4단계)로 진행된다.

R을 이용한 딥러닝 방법: 딥러닝을 위한 R 패키지는 neuralnet, deepnet, h2o, mxnet, darch, keras 등 다양한 패키지들이 있으며, keras 패키지는 구글의 TensorFlow를 기반으로 하고 있다.

연습문제

1. A, B, C 문자의 이미지들이 있다. 각 이미지를 4×4 픽셀로 나누고, 입력 데이터와 라벨로 문자들을 학습하고자 한다.

   1.1 인공신경망 모형을 그리시오. 단, 은닉층 수는 1개로 하며 노드는 5개로 하시오.

   1.2 손으로 쓴 'A' 문자가 다음과 같이 4X4 행렬의 파셀 단위로 쓰여져 있다. 학습 데이터의 1행에 라벨과 데이터를 표현하려고 한다. 1열에는 라벨, 2~17열에는 데이터를 적으시오. 단, 흰 점은 0, 검은 점은 1로 표시 하시오. 또, 'A', 'B', 'C' 라벨은 순서대로 1, 2, 3으로 하시오.

2. 1.2번 문항과 같이 손으로 쓴 A, B, C 문자가 각각 1,000 개씩 있다. 각 글씨의 데이터는 행 단위로 label, ×1, ×2, …, ×16의 17개 항목의 순서대로 나열되어 있다. 1열은 라벨, 2~17열은 4×4 행렬의 파셀 단위 데이터를 의미한다. 다음 문항의 순서에 따라 인공신경망을 학습하고 임의의 입력에 대해 출력 값을 예측하는 R 스크립트를 완성하시오.

   2.1 인공신경망 학습을 위해 입력 데이터와 출력 데이터를 만드는 R스크립트를 완성하시오.

```
df <- read,csv(file.choose(), head=__________)
train.x <- df[,1]
trainy <- _______________
train.y <- _______________(train.y, 3)
```

2.2 모형을 구조를 만드는 R 스크립트를 완성하시오.

```
model <- keras_model_sequential()
model %>)%
____________(units = 10, activation = "relu", input_shape = _____) %>%
____________(units = _____, activation = ________
```

2.3 모형의 평가 기준을 설정하는 R 스크립트를 완성하시오.

```
model %>% ________(
 loss = "categorical_crossentropy",
 optimizer = optimizer_rmsprop(),
 metrics = c("accuracy")
)
```

2.4 모형을 학습시키는 R 스크립트를 완성하시오.

```
history <- model %>% _____(
 ________, ________,
 epochs = 30, batch_size = 128,
 validation_split = 0.2
)
```

2.5 학습된 모형으로 입력 데이터에 대해 출력 값을 예측하는 R 스크립트를 완성하시오. 단, 테스트 데이터는 train.x의 2000번째 행으로 하시오.

```
test.x <- train.x[_____,]
predict <- model %)% __________(test.x)
```

드롭-아웃 레이어

응용 문제1

13.4절의 MINST 데이터 세트에 대한 분류모형에서 과적합 현상을 줄이기 위한 한 방법으로 사용되는 드롭-아웃 네트워크 모형을 적용하고 비교해보자

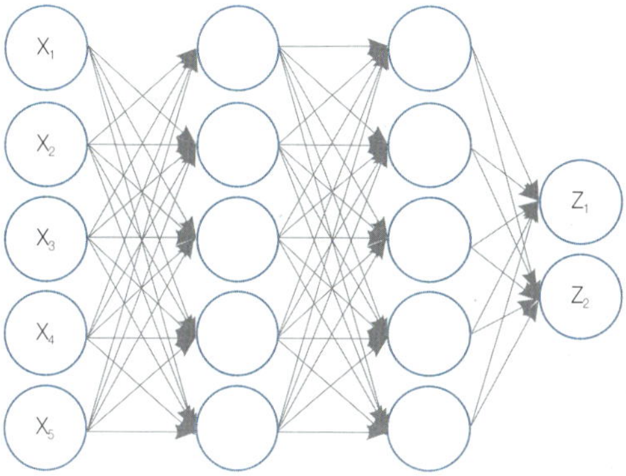

표준 네트워크(fully connected network)

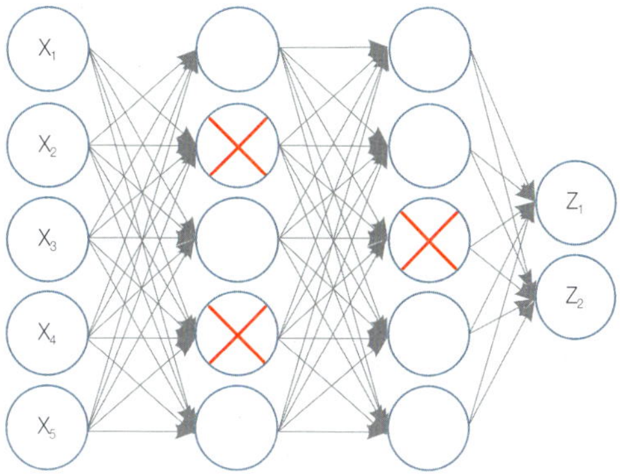

드롭-아웃 네트워크

다음은 제 1 은닉층과 제 2 은닉층의 네트워크에 대한 드롭-아웃 비율은 40%, 제 2 은닉층과 출력층의 네트워크의 드롭-아웃 비율은 30%로 설정하는 예이다.

R 모형 구조와 구성 설정

```
model %>%
   layer_dense(units = 256, activation = "relu", input_shape = c(784)) %>%
   layer_dropout(rate = 0.4) %>%   제1은닉층 - 제2은닉층 간 drop-out 비율: 0.4
   layer_dense(units = 128, activation = "relu") %>%
   layer_dropout(rate = 0.3) %>%   제2은닉층 - 출력층 간 drop-out 비율: 0.3
   layer_dense(units = 10, activation = "softmax")
```

응용 문제2 붓꽃의 분류

R에서는 1936년, 영국의 통계 및 생물학자인 Ronald Fisher가 붓꽃 종을 분류하기 위해 작성한 데이터인 붓꽃(iris) 데이터 세트를 제공하고 있다. 다음 세 가지 종들이 각 50개씩 총 150개 데이터가 있다(8.5절 참조).

setosa

versicolor

virginica

각 종은 꽃받침의 너비와 길이, 꽃잎의 너비와 길이로 분류된다. 꽃받침의 길이(Sepal. Length), 꽃받침의 너비(Sepal.Width), 꽃잎의 길이(Petal.Length), 꽃잎의 너비(Petal. Width) 를 입력 노드로, 종(Species)을 출력 노드로 하는 인공신경망으로 종을 분류하고 정확도를 평가해보자. 다음은 붓꽃 데이터 세트에 대해 학습과 테스트 데이터로 작성하는 R 스크립트이다.

iris 종의 분류

```
library(keras)
iris   # R의 datasets 패키지에 내장된 iris 데이터 세트
```

출력 결과

```
    Sepal.Length Sepal.Width Petal.Length Petal.Width    Species
1            5.1         3.5          1.4         0.2     setosa
2            4.9         3.0          1.4         0.2     setosa
3            4.7         3.2          1.3         0.2     setosa
4            4.6         3.1          1.5         0.2     setosa
5            5.0         3.6          1.4         0.2     setosa
6            5.4         3.9          1.7         0.4     setosa
7            ...         ...          1.4         0.3     setosa
...
146          6.7         3.0          5.2         2.3  virginica
147          6.3         2.5          5.0         1.9  virginica
148          6.5         3.0          5.2         2.0  virginica
149          6.2         3.4          5.4         2.3  virginica
150          5.9         3.0          5.1         1.8  virginica
```

```
data <- iris
data[1:4] = scale(data[1:4])   # data의 1~4열을 각 열별로 표준화

# data에서 80%에 해당하는 행의 번호를 임의로 추출
ind <- sample(1:nrow(data), nrow(data) * 0.8, replace=F)

# 학습 데이터 세트의 입력 데이터
train.x <- data[ind, 1:4]
train.y <- as.integer(data[ind,5]) - 1   # 학습 데이터의 라벨: 0~2
                                         # ☞ 0: setosa, 1: versicolor, 2: virginica

test.x <- data[-ind, 1:4]   # 테스트 데이터 세트의 입력 데이터
test.y <- as.integer(data[-ind,5]) - 1   # 테스트 데이터의 라벨: 0~2
                                         # ☞ 0: setosa, 1: versicolor, 2: virginica

train.y <- to_categorical(train.y, 3)
test.y <- to_categorical(test.y, 3)
```

응용 문제3 유방암 진단

유방암의 판단을 위한 진료 항목은 다음 10가지이다.

항목 번호	항목명	내용
①	radius	중심에서 둘레까지의 평균 반경
②	texture	조직(그레이 스케일의 표준편차)
③	perimeter	둘레
④	area	면적
⑤	smoothness	매끄러운 정도(반경 길이의 국소적 변화)
⑥	compactness	소형화($perimeter^2/area - 1.0$)
⑦	concavity	오목한 정도
⑧	concave points	오목한 점의 수
⑨	symmetry	대칭
⑩	fractal dimension	프랙탈 차원

위스콘신 대학교에서는 569개의 샘플로 구성되는 위스콘신 유방암 진단 데이터 세트(Breast Cancer Wisconsin (Diagnostic) Data Set)를 제공하고 있다. 자료의 첫 항은 샘플 ID, 두 번째 항은 암 진단 결과, 3~22항은 암 진단을 위한 진료 자료들이다.

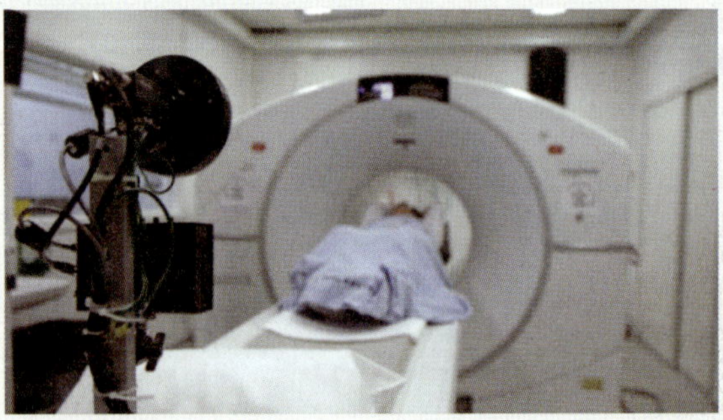

항목 번호	항목명	내용
1	ID number	샘플 아이디
2	diagnosis	M(malignant, 양성), B(benign, 음성)
3~12		①~⑩항의 평균 값
13~22		①~⑩항의 표준오차
23~32		①~⑩항의 각 세포 핵에서 가장 큰 3개의 평균값

3~32번째 항목을 입력으로, 2번째 항목을 출력으로 하는 인공신경망으로 유방암을 진단하고 정확도를 평가해보자. 학습과 테스트 데이터는 각각 샘플의 80%, 20%로 한다(응용문제 2 참조).

위스콘신 유방암 진단 데이터 세트의 다운로드

데이터 세트는 UCI Machine Learning Repository(https://archive.ics.uci.edu)에서 다운로드 받을 수 있다.

① "View All Data Sets" 클릭

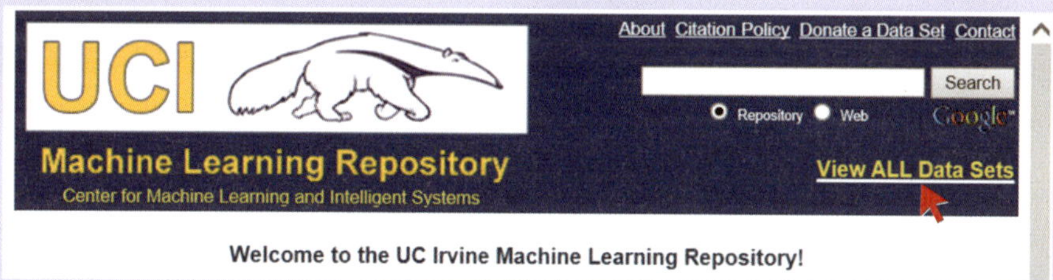

② 목록에서 "Breast Cancer Wisconsin (Diagnostic)" 클릭

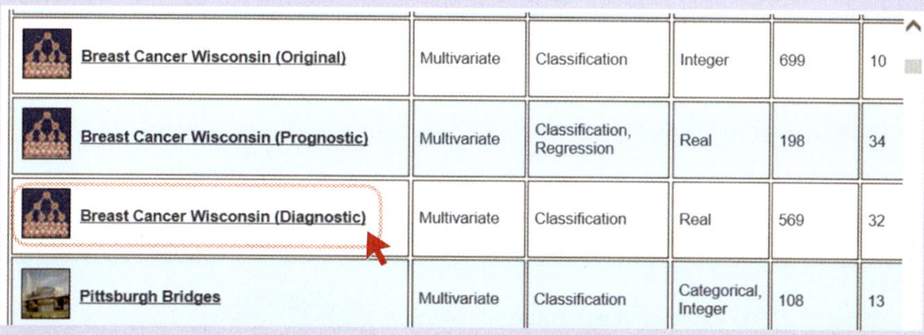

③ "Data Folder" 클릭

Breast Cancer Wisconsin (Diagnostic) Data Set

Download: Data Folder, Data Set Description

Abstract: Diagnostic Wisconsin Breast Cancer Database

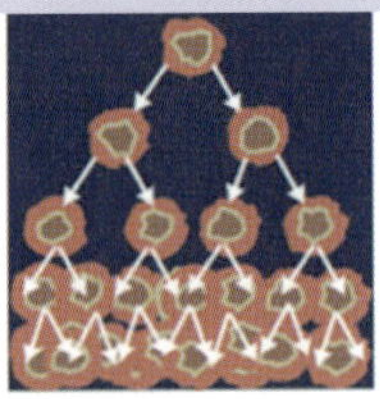

Data Set Characteristics:	Multivariate	Number of Instances:	569	Area:	Life
Attribute Characteristics:	Real	Number of Attributes:	32	Date Donated	1995-11-01
Associated Tasks:	Classification	Missing Values?	No	Number of Web Hits:	1095907

④ "wdbc.data"를 클릭하고, PC에 저장

Index of /ml/machine-learning-databases/breast-cancer-wisconsin

Name	Last modified	Size	Description
Parent Directory		-	
Index	1996-12-03 04:07	326	
breast-cancer-wiscon..>	1992-07-16 10:15	19K	
breast-cancer-wiscon..>	1992-07-16 14:13	5.5K	
unformatted.data	1992-07-16 06:17	21K	
wdbc.data	1996-02-05 11:04	121K	
wdbc.names	1996-02-05 11:04	4.6K	
wpbc.data	1996-02-01 16:00	43K	
wpbc.names	1996-02-01 16:00	5.5K	

Apache/2.4.6 (CentOS) OpenSSL/1.0.2k-fips SVN/1.7.14 Phusion_Passenger/4.0.53 mod_perl/2.0.11 Perl/v5.16.3 Server at archive.ics.uci.edu Port 443

archive.ics.uci.edu의 wdbc.data(121K

저장(S)
다른 이름으로 저장(A)
저장 후 열기(O)

저장(S) ▾ 취소(C)

PC에 저장 후에는, R에서 파일을 읽고 행렬로 변환해서 활용하면 된다

파일 읽기

```
data <- read.csv(file.choose(), header=FALSE)   # 파일 읽기
data <- as.matrix(data)   # 데이터 프레임을 행렬로 변환
```

자동차 연비 예측

응용 문제4

다음은 카네기 멜론 대학의 StartLib 라이브러리에서 제공하는 Auto MPG 데이터 세트이다. 이는 자동차 연비를 측정하기 위한 자료로 9개의 항목으로 구성되어 있다. 2~8번째 항목을 입력으로, 1번째 항목을 출력으로 하는 인공신경망으로 연비를 측정하고 오차를 측정해보자. 학습과 테스트 데이터는 각각 샘플의 80%, 20%로 한다.

항목 번호	항목명	내용
1	mpg	연비 (mile per gallon)
2	cylinders	실린더 수
3	displacement	배기량
4	horsepower	엔진 마력 (6개의 결측치가 있음)
5	weight	차 무게
6	acceleration	가속 성능
7	model year	자동차 연식
8	origin	원산지
9	car name	차 이름

Auto MPG 데이터 세트의 다운로드

데이터 세트는 UCI Machine Learning Repository(https://archive.ics.uci.edu)에서 다운로드 받을 수 있다.
① "View All Data Sets" 클릭

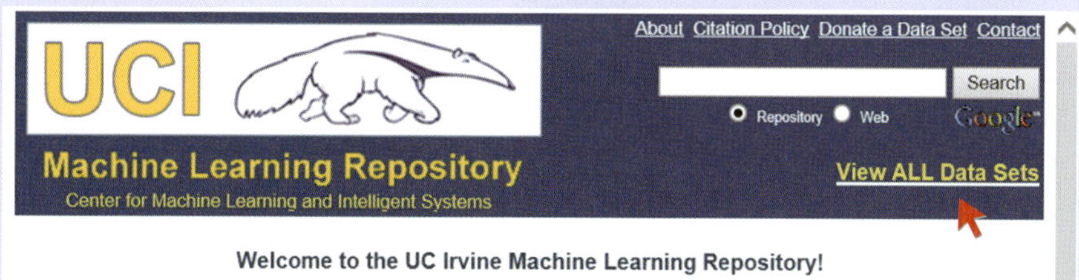

② 목록에서 "Auto MPG" 클릭

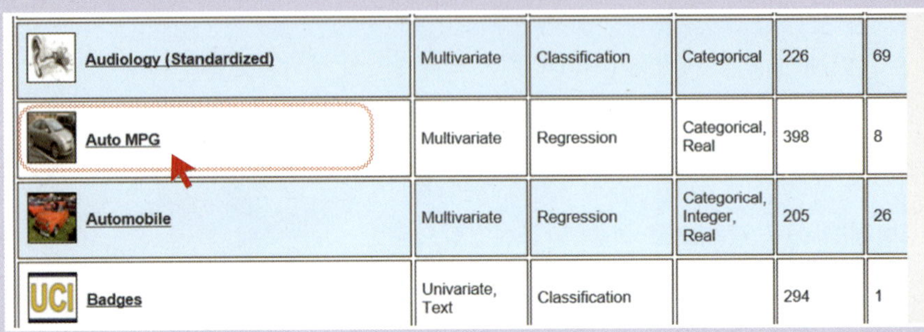

③ "Data Folder" 클릭

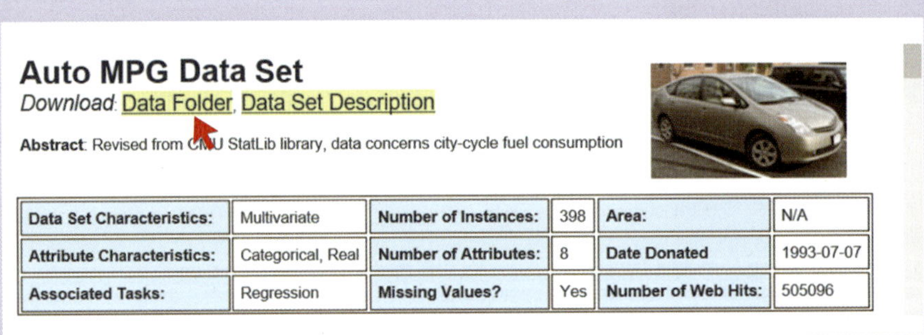

④ "auto-mpg.data"를 클릭하고, PC에 저장

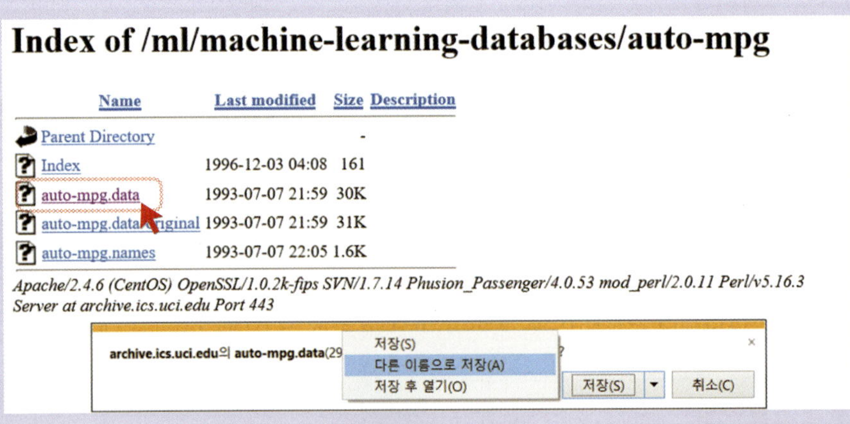

PC에 저장 후에는, R에서 파일을 읽고 행렬로 변환해서 활용하면 된다

파일 읽기

```
data <- read.table(file.choose(), header=FALSE, stringsAsFactors = FALSE)   # 파일 읽기
str(data)
data[,4] <- as.numeric(data[,4])   # 원본 데이터의 4열에서 6개의 결측치는 "?"로 되어 있기 때문에 문자로 읽혀짐 → 숫자로 변환("?"는 NA로 변환)
data <- na.omit(data)   # NA가 있는 부분의 행 삭제
data[,2:8] <- scale(data[,2:8])   # 입력 데이터의 표준화
data <- as.matrix(data)   # 데이터 프레임을 행렬로 변환
data
```

머신러닝을 활용한 R 데이터 분석

APPENDIX

부록

부록 1: R 환경 구축

• 홈페이지(https://www.r-project.org) 접속 후 'CRAN' 클릭

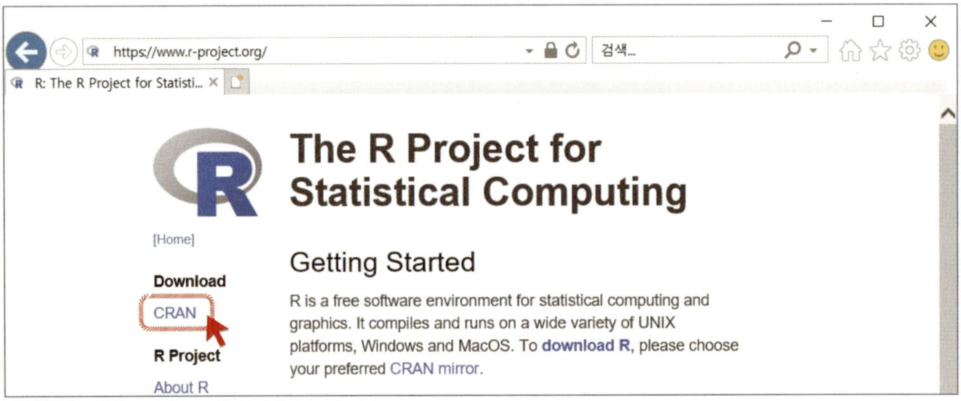

• CRAN 미러의 임의 사이트 선택

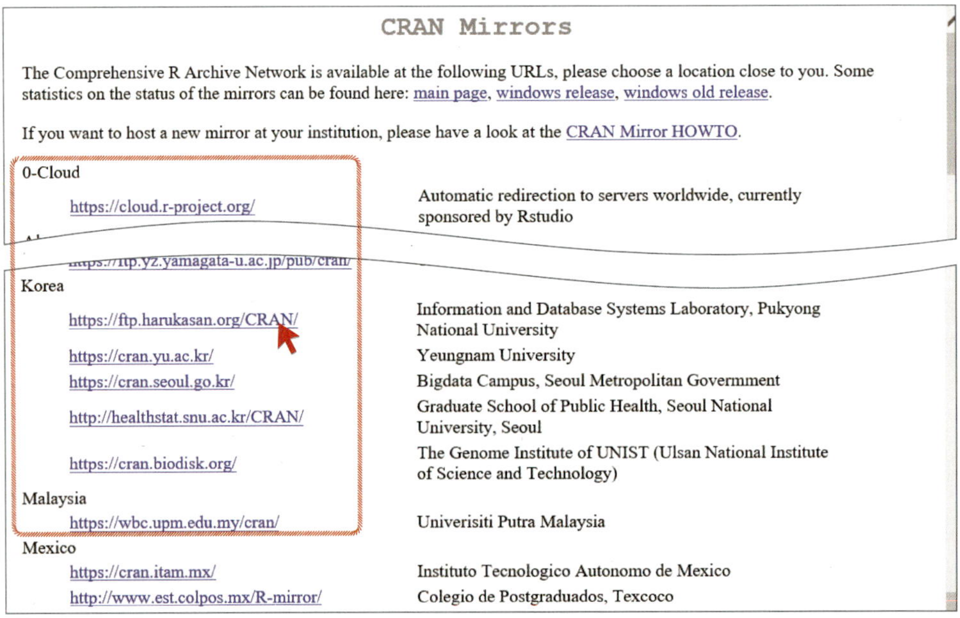

• 운영체제에 맞는 R 선택

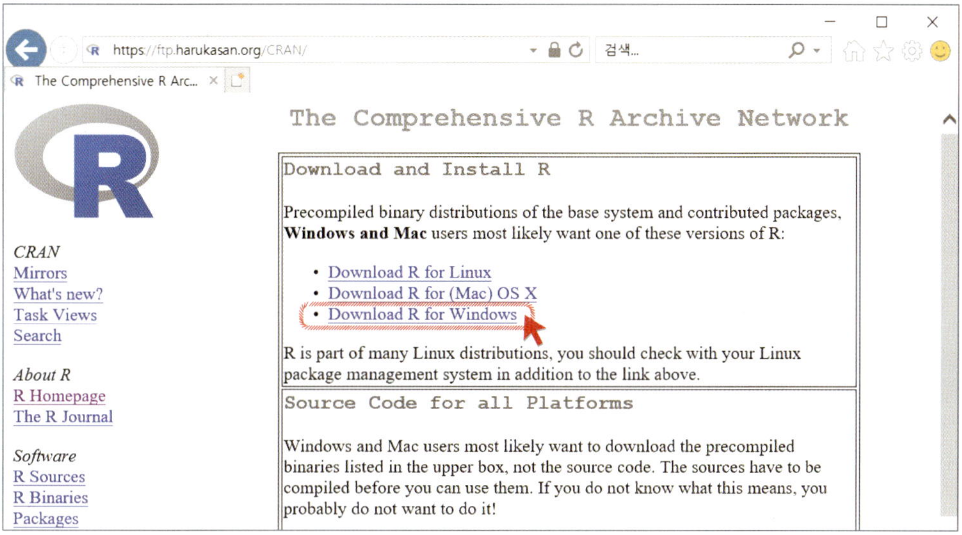

• R 유형 선택

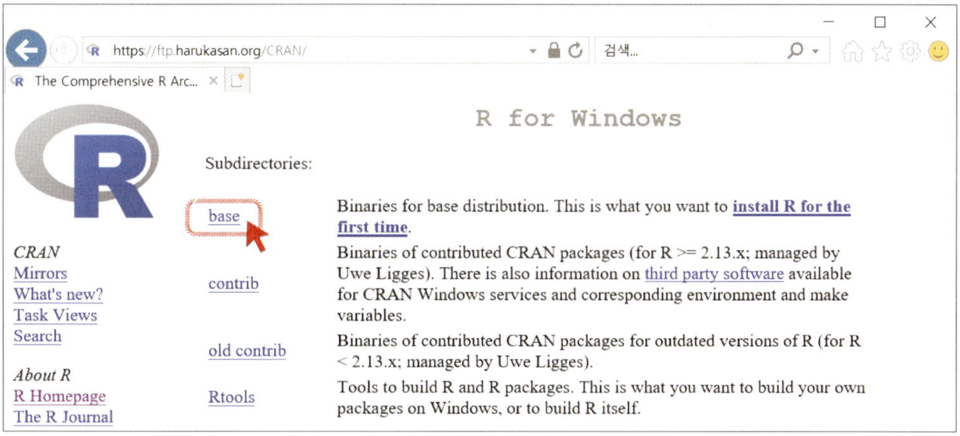

- 다운로드 및 실행

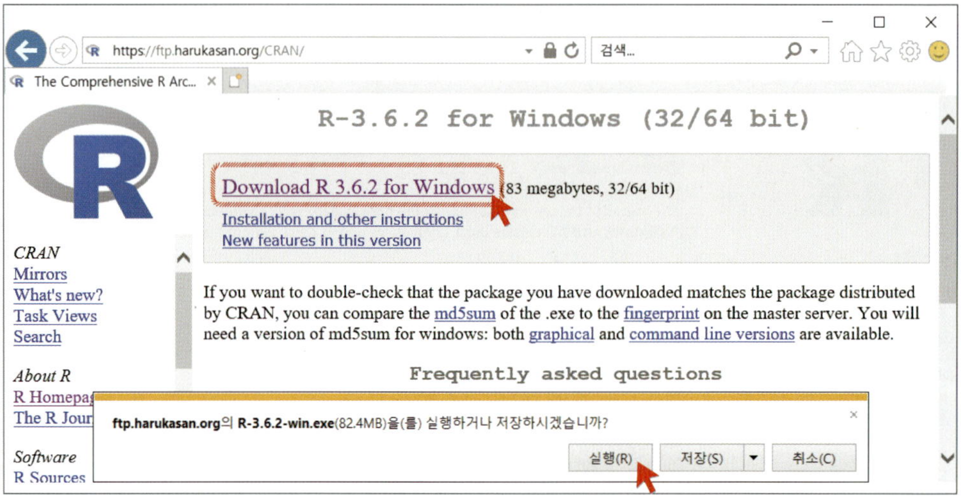

- 언어 선택

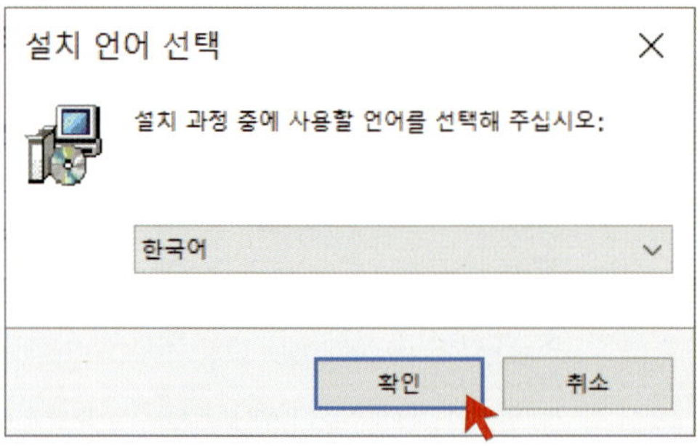

• 설치 정보 확인

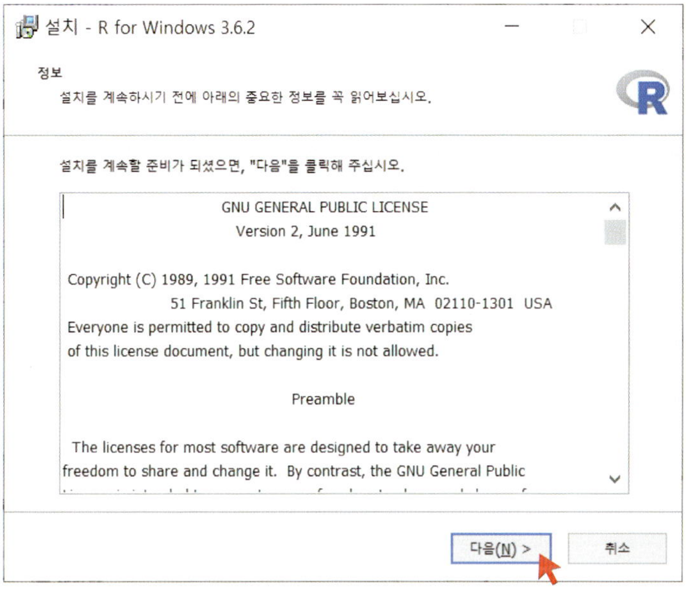

• 설치 폴더 확인

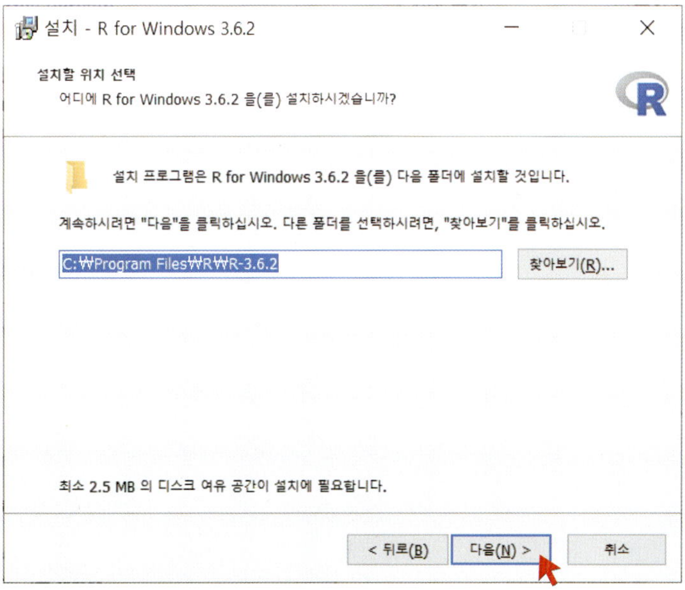

• 설치 구성요소 설정

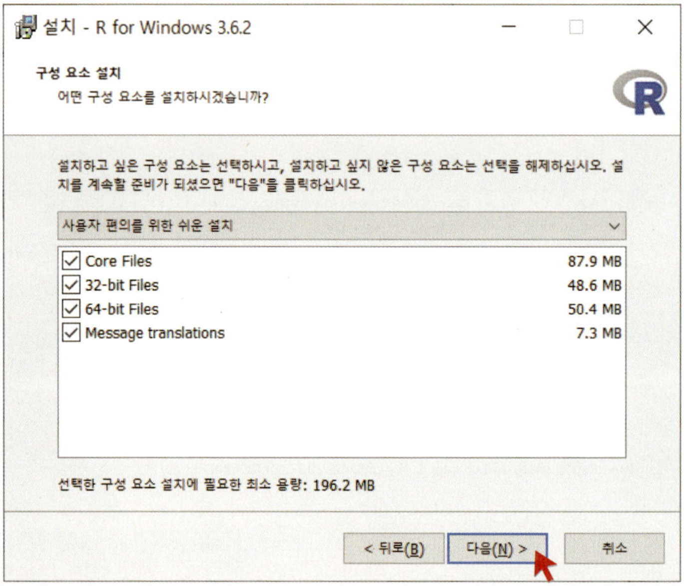

• 스타트업 옵션 선택

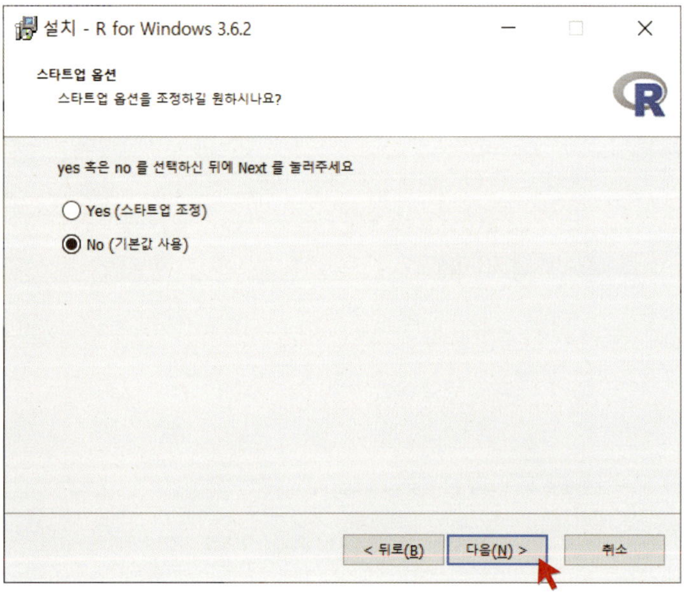

• 시작 메뉴 설정

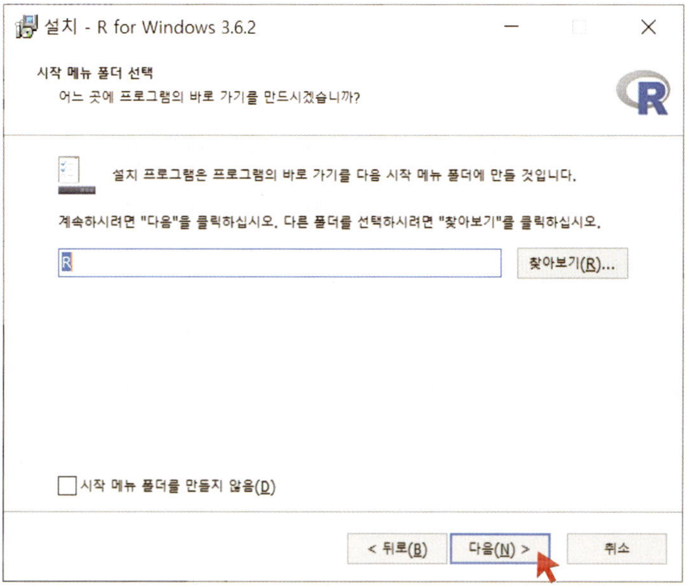

• 추가 사항 설정

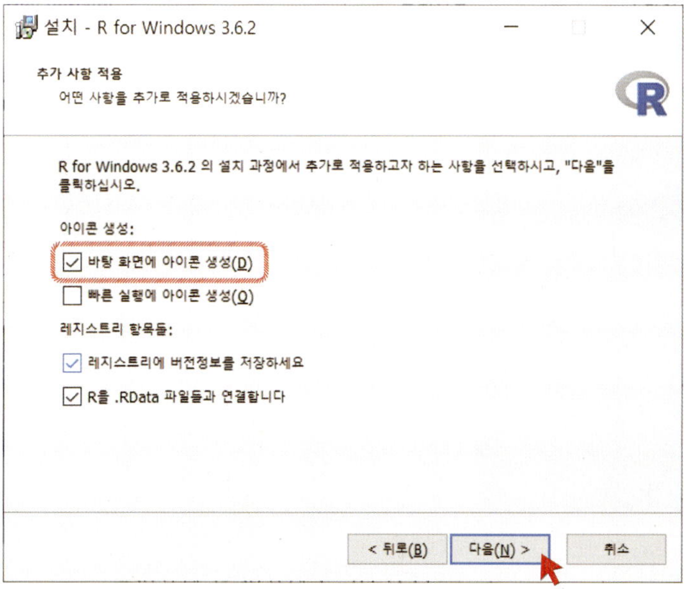

• 설치 진행

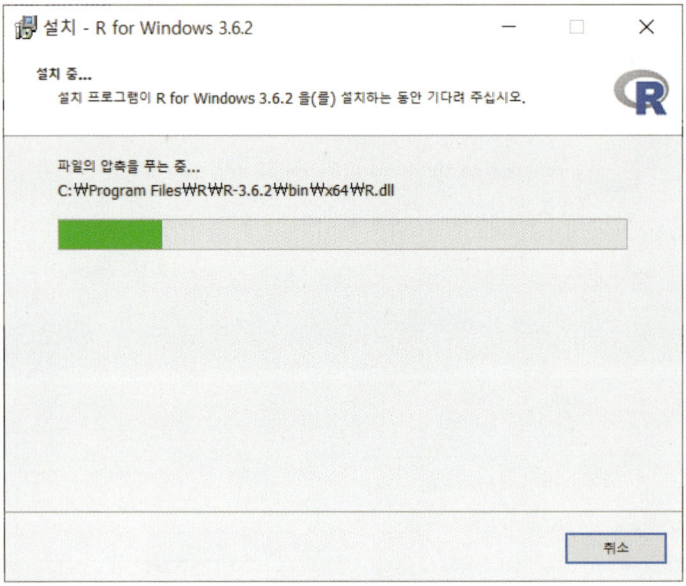
설치 - R for Windows 3.6.2
설치 중...
설치 프로그램이 R for Windows 3.6.2 을(를) 설치하는 동안 기다려 주십시오.
파일의 압축을 푸는 중...
C:₩Program Files₩R₩R-3.6.2₩bin₩x64₩R.dll
취소

• 설치 완료

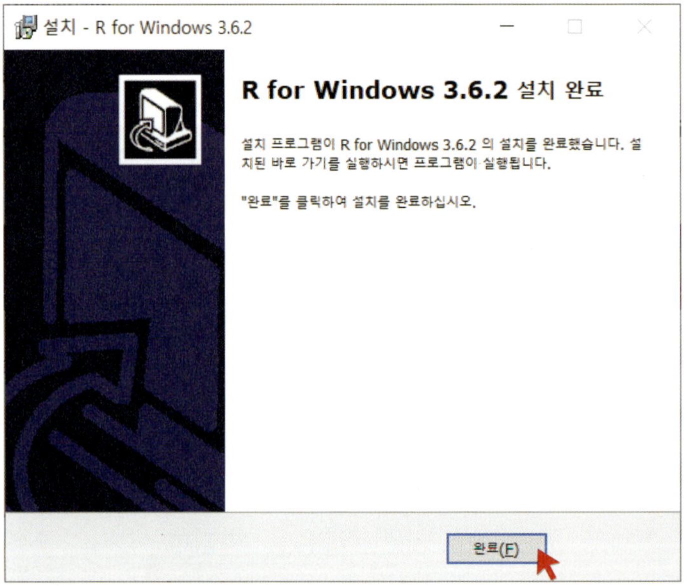
설치 - R for Windows 3.6.2
R for Windows 3.6.2 설치 완료
설치 프로그램이 R for Windows 3.6.2 의 설치를 완료했습니다. 설치된 바로 가기를 실행하시면 프로그램이 실행됩니다.
"완료"를 클릭하여 설치를 완료하십시오.
완료(F)

- R 실행: 바탕화면의 64비트용 아이콘 'R x64' 실행 또는 시작메뉴의 'R x64' 메뉴 실행

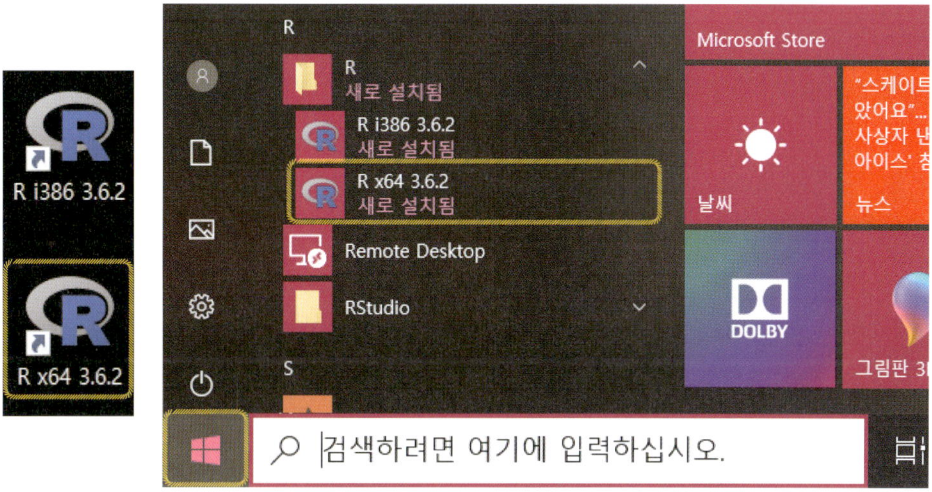

부록 2: RStudio 환경 구축

- 홈페이지(https://rstudio.com)에서 “DOWNLOAD RSTUDIO” 버튼 클릭

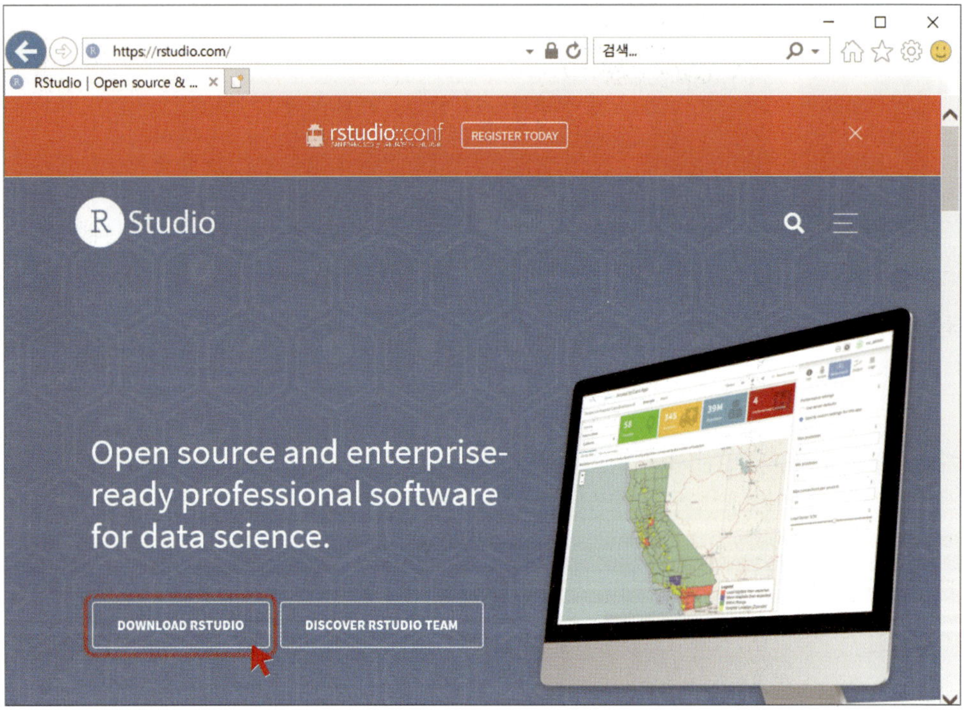

• 무료 버전 "다운로드" 버튼 클릭

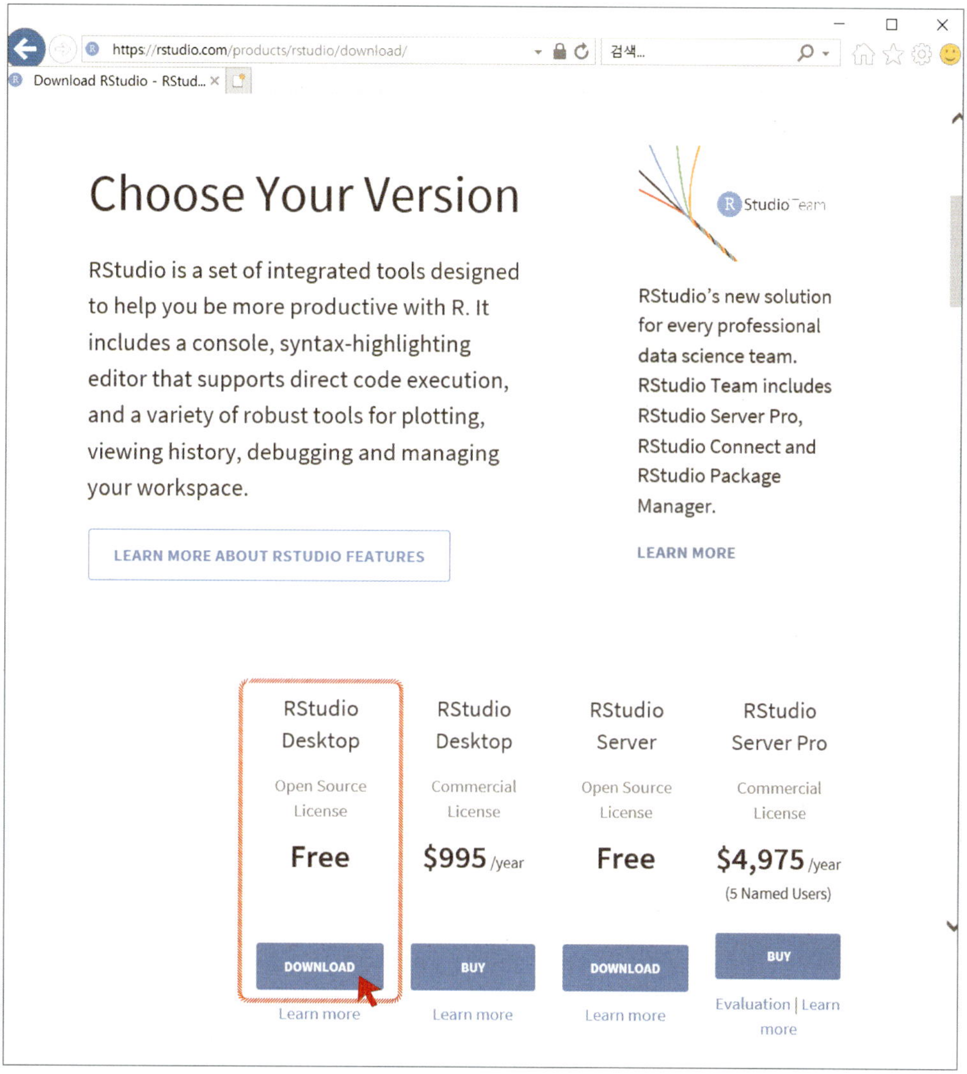

• 운영체계에 맞는 실행파일 선택하고 "실행" 버튼 클릭

• 설치 시작 확인

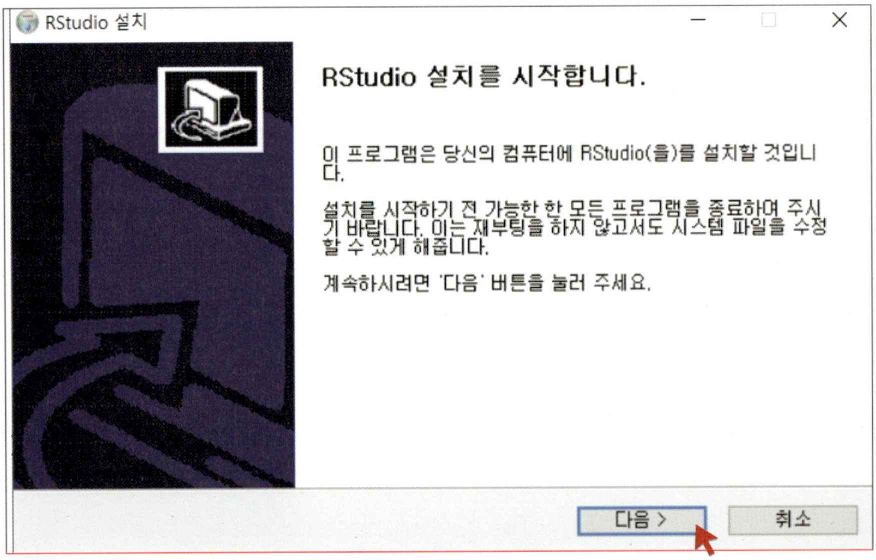

• 설치 폴더 확인

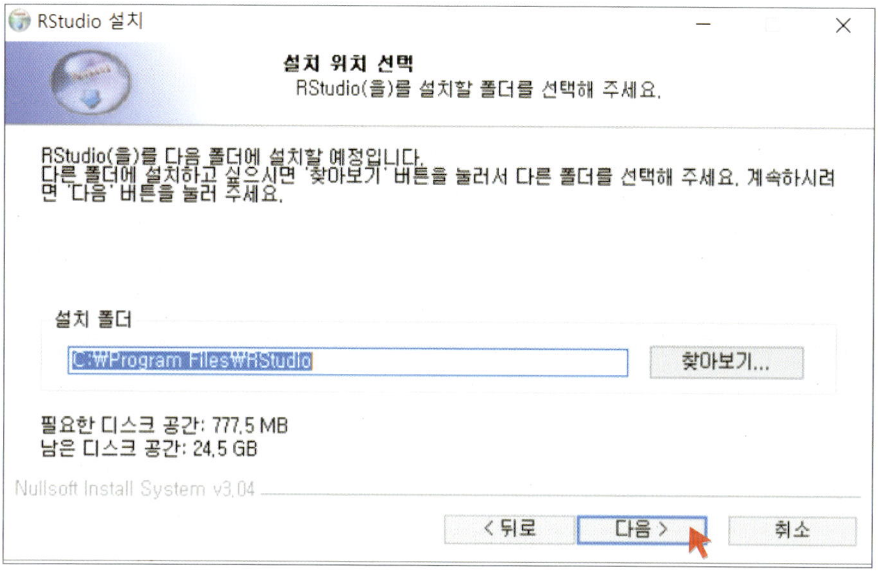

• "시작 메뉴 폴더" 선택

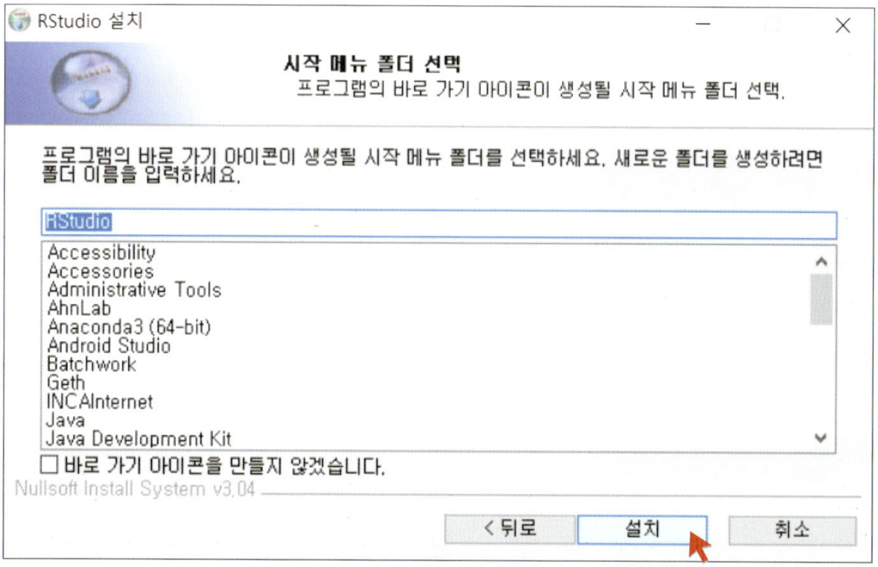

• 설치 진행

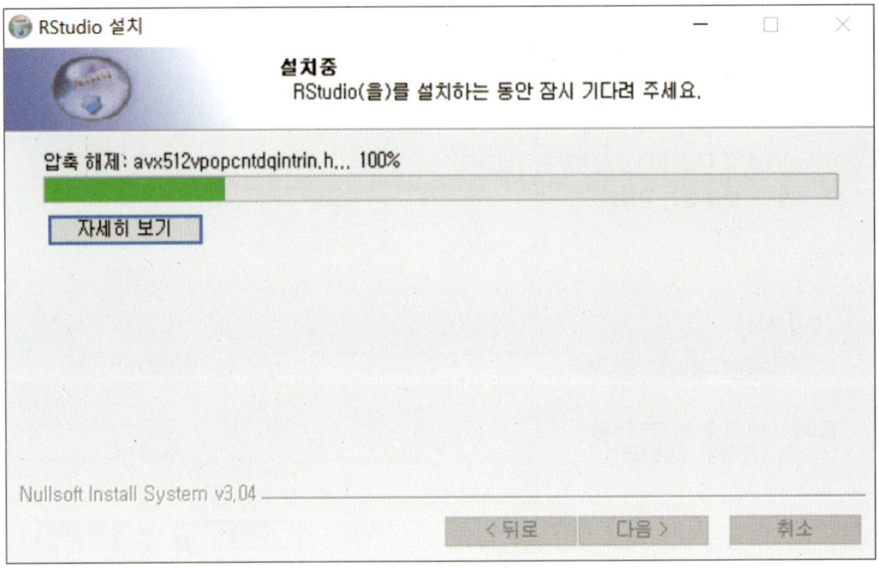
RStudio 설치
설치중
RStudio(을)를 설치하는 동안 잠시 기다려 주세요.
압축 해제: avx512vpopcntdqintrin.h... 100%
자세히 보기
Nullsoft Install System v3.04
< 뒤로
다음 >
취소

• 설치 종료

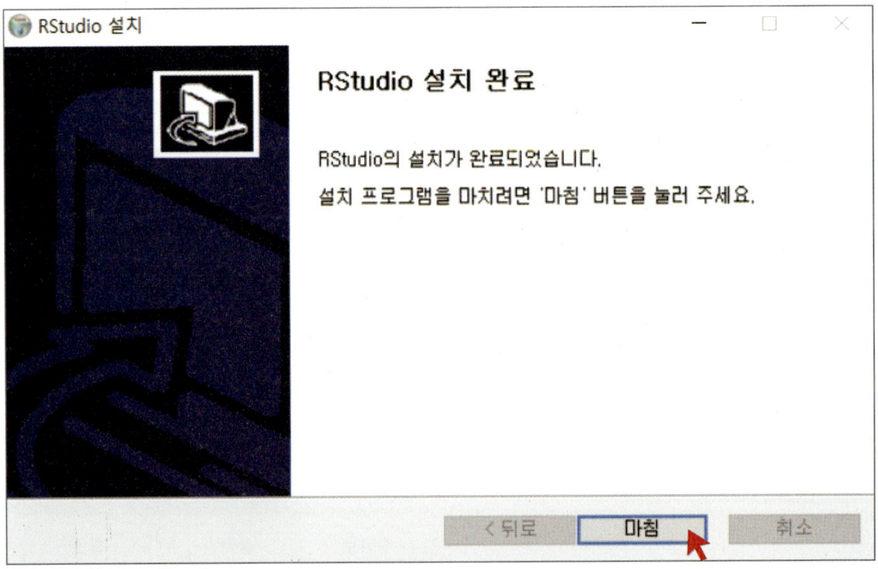
RStudio 설치
RStudio 설치 완료
RStudio의 설치가 완료되었습니다.
설치 프로그램을 마치려면 '마침' 버튼을 눌러 주세요.
< 뒤로
마침
취소

• RStudio 실행: 시작메뉴의 'RStudio' 메뉴 클릭

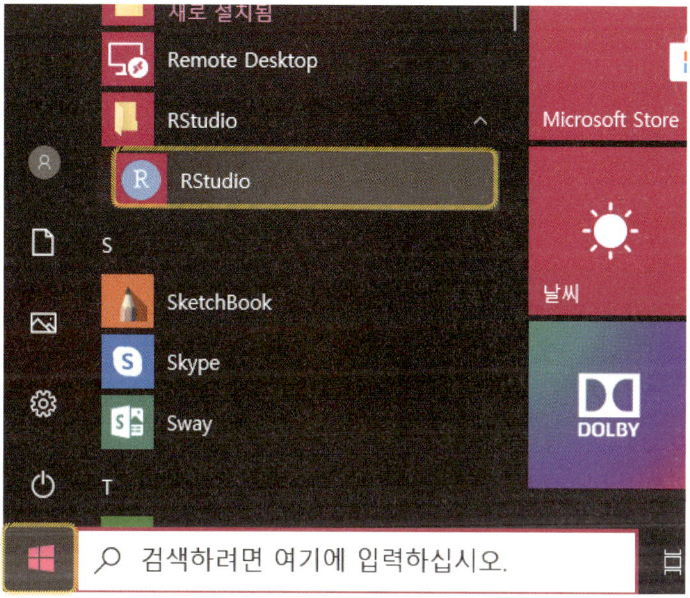

부록 3: Anaconda 환경 구축

- 홈페이지(https://www.anaconda.com)에서 "Download" 메뉴 클릭

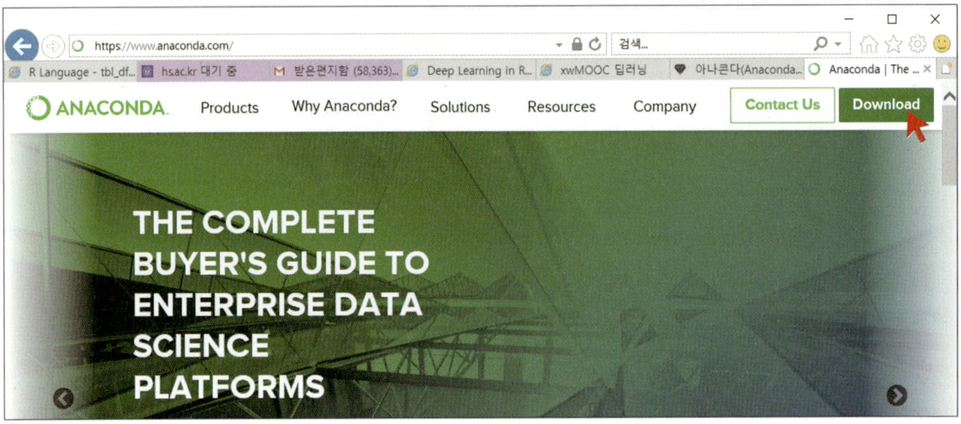

- "Download" 버튼 클릭

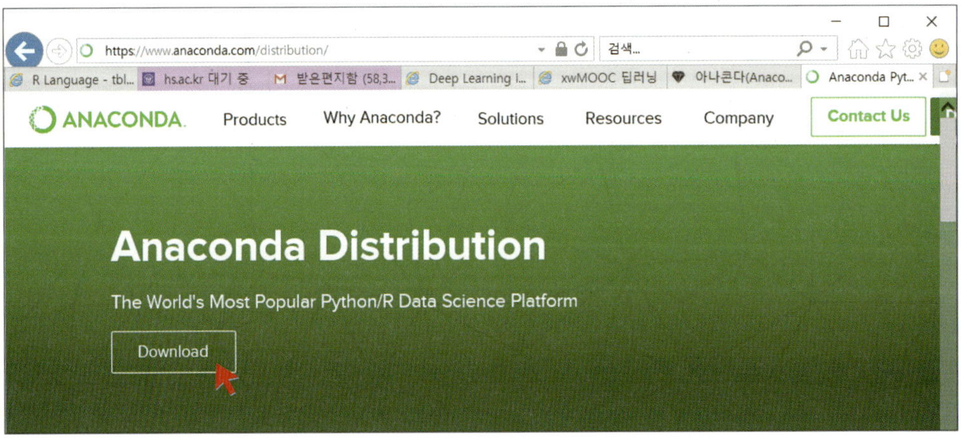

• Python 3.7 버전의 “64 Bit”를 클릭하고, “실행” 버튼 클릭

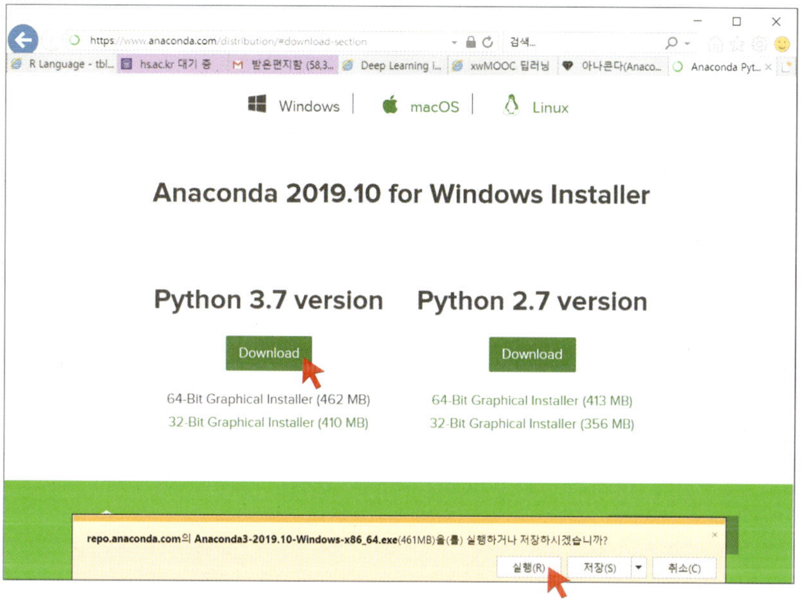

• 설치 시작

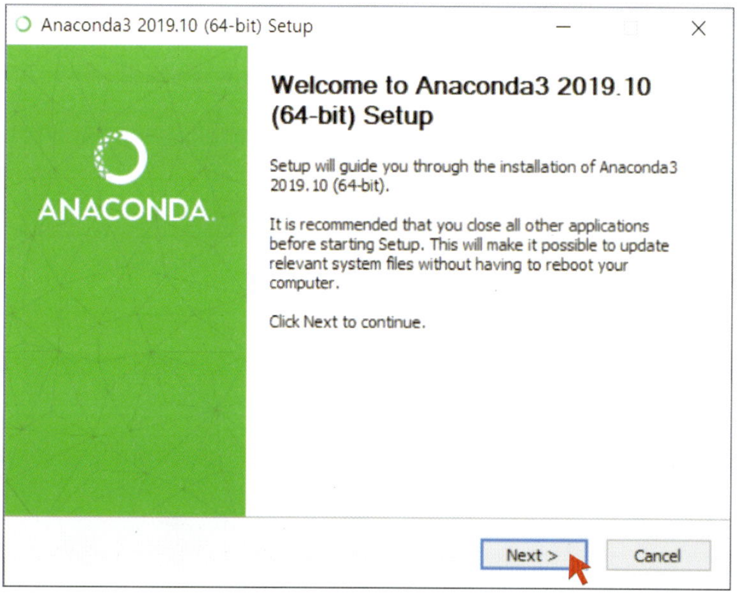

- 라이선스 동의 확인

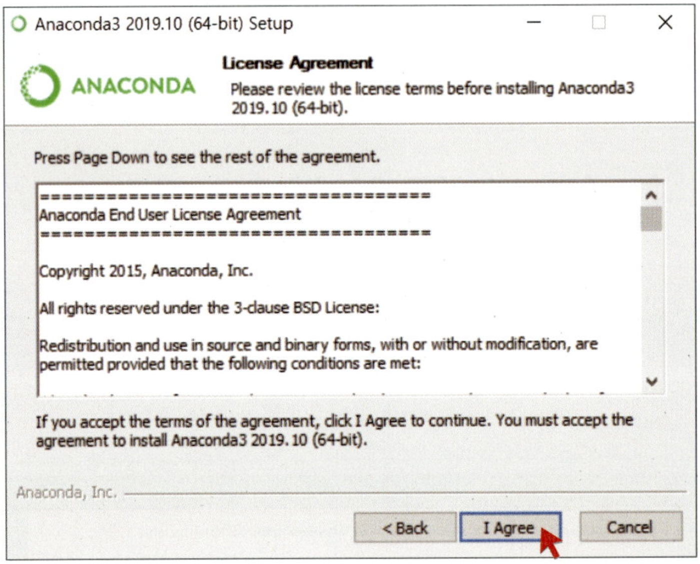

- 설치 유형 설정

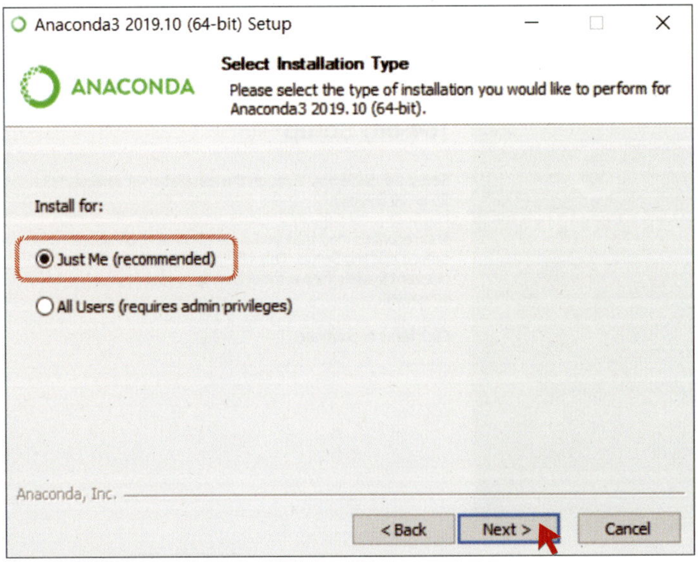

• 설치 위치 설정

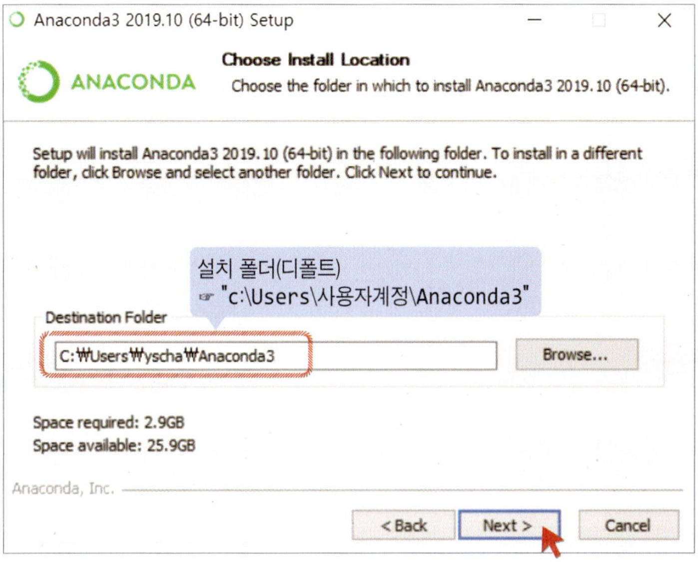

• 설치 옵션 추가

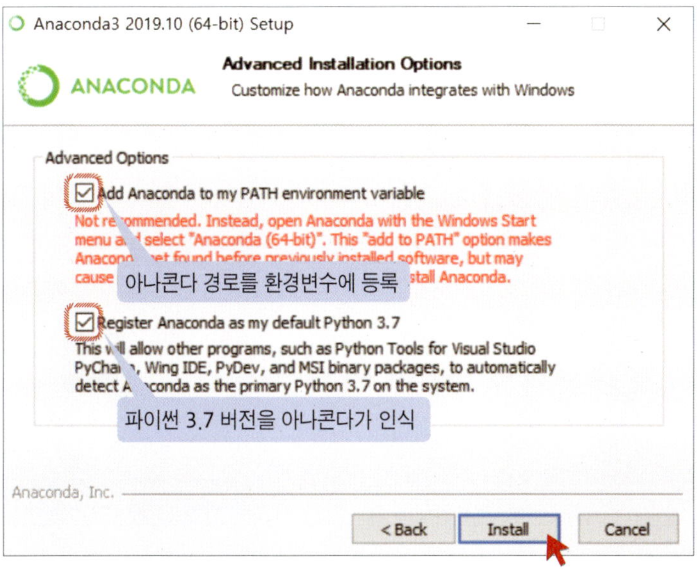

• 설치 종료

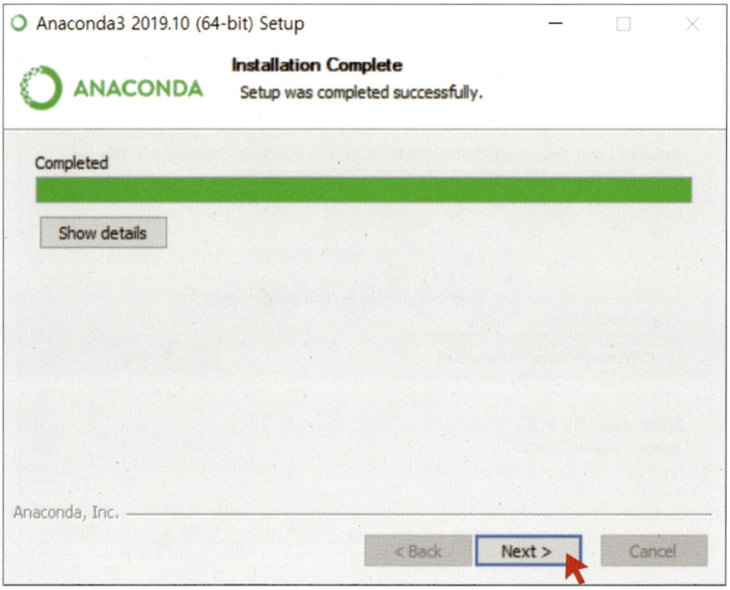
Anaconda3 2019.10 (64-bit) Setup
ANACONDA
Installation Complete
Setup was completed successfully.
Completed
Show details
Anaconda, Inc.
< Back
Next >
Cancel

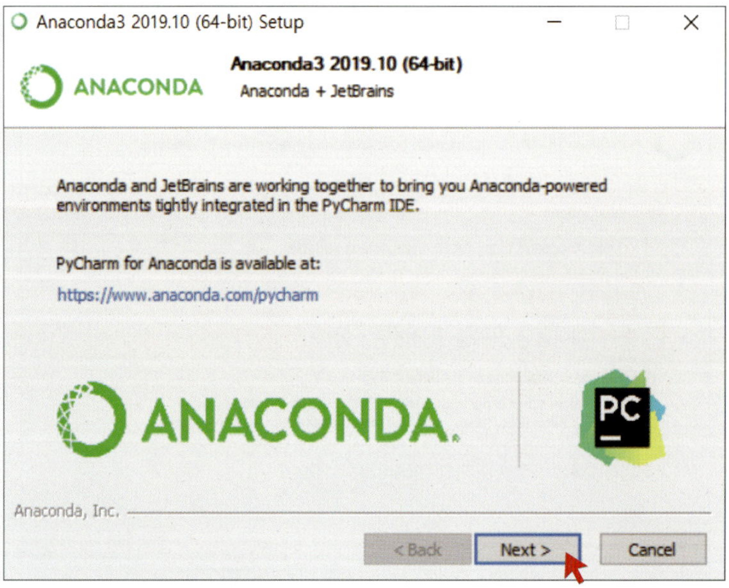
Anaconda3 2019.10 (64-bit) Setup
ANACONDA
Anaconda3 2019.10 (64-bit)
Anaconda + JetBrains
Anaconda and JetBrains are working together to bring you Anaconda-powered environments tightly integrated in the PyCharm IDE.
PyCharm for Anaconda is available at:
https://www.anaconda.com/pycharm
ANACONDA
PC
Anaconda, Inc.
< Back
Next >
Cancel

• 설치된 아나콘다 메뉴와 버전 확인

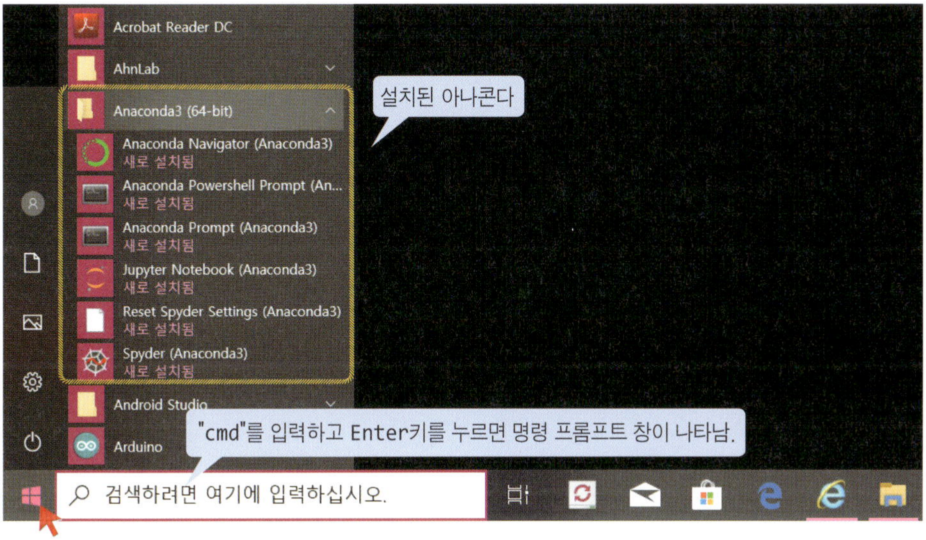

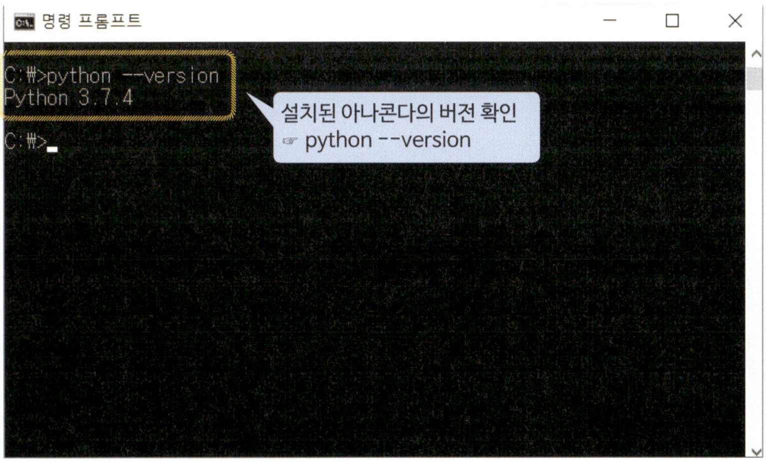

참고문헌

[1] J.R. Bult, T.Wansbeek, "Optimal Selection for Direct Mail," *Marketing Science*, 14(4), 1995, pp.378–394.

[2] Wikipedia, "CDNow", https://en.wikipedia.org/wiki/CDNow, (2020.1.15).

[3] T.L. Saaty, *The Analytic Hierarchy Process*, McGraw-Hill, New York, 1980.

[4] Wikipedia, "AHP", https://en.wikipedia.org/wiki/Analytic_hierarchy_process_%E2%80%93_leader_example, (2020.1.15).

[5] Wikipedia, "linear programming", https://en.wikipedia.org/wiki/Linear_programming, (2020.1.15).

[6] Wikipedia, "TSP", https://en.wikipedia.org/wiki/Travelling_salesman_problem, (2020.1.15).

[7] C.E. Miller, A.W. Tucker and R.A. Zemlin, "Integer Programming Formulations and Traveling Salesman Problems," *Journal of Association for Computing Machinery*, 7, 1960, pp. 326–329.

[8] Wikipedia, "text mining", https://en.wikipedia.org/wiki/Text_mining, (2020.1.15).

[9] Wikipedia, "k-means clustering", https://en.wikipedia.org/wiki/K-means_clustering, (2020.1.20).

[10] R. Agrawal, T. Imielinski and A. Swami, "Mining Association Rules Between Sets of Items in Large Databases," SIGMOD Conference, ACM SIGMOD Record, 22(2), June 1993, pp.207–216.

[11] Wikipedia, "C5.0", https://en.wikipedia.org/wiki/C4.5_algorithm#cite_note-7, (2020.1.20).

[12] Wikipedia, "regression analysis", https://en.wikipedia.org/wiki/Regression_analysis, (2020.1.20).

[13] Wikipedia, "neural network", https://en.wikipedia.org/wiki/Neural_network, (2020.1.20).

[14] Wikipedia, "delta rule", https://en.wikipedia.org/wiki/Delta_rule, (2020.1.20).

[15] Wikipedia, "deep learning", https://en.wikipedia.org/wiki/Deep_learning, (2020.1.20).

찾아보기